徐文立獄中書之三

紀念 1978 中國民主牆運動四十週年再版

人類正常社會秩序概論

徐文立 著

一名良心犯發自北京的深情信札
一位慈父對女兒成長的未來寄語
一個中國人此生不渝的家國情懷

增訂網路版
2018

徐文立

榮退資深研究員

美國常青藤聯盟布朗大學沃森國際研究院

1979 年 10 月 1 日「星星画展」游行前在北京西單民主牆
（36 歲徐文立 1979 攝影王瑞）

徐文立簡介

　　徐文立(1943年7月9日-)，中國安徽安慶人。1978年中國民主墻運動的參與和組織者，主編《四五論壇》；是1998年中國民主黨的領袖之一。兩次被中國政府逮捕入獄，共被判28年，實際服刑16年。1999年獲諾貝爾和平獎提名。1993年和2002年，前後兩次受到美國克林頓政府和喬治·W·布什政府與各民主國家及國際輿論的特別營救，2002年12月24日直接從監獄流亡至美國，2003年5月26日獲美國布朗大學榮譽博士。2003年至2013年於美國常青藤聯盟布朗大學沃森國際研究院任高級研究員10年，執教9年，現已榮退。

　　附件：徐文立簡介全文

　　徐文立原籍安徽安慶，抗日戰爭期間1943年7月9日(中國農曆六月初八)出生於江西安福，父親徐裕文系抗日將領(軍醫、抗日後方醫院院長)。1945年8月15日抗戰勝利後，和父母從江西隨國民政府遷都回南京，之後曾生活在安徽滁縣、江蘇南京市、福建福州市、安徽安慶市，在安慶完成小學學業；之後於1957年隻身前往吉林長春市隨大姐就學於東北師大附中；再後在1960年來到北京隨母親和二姐二哥共同生活，就學於北京七中，1963年以優異的成績完成中學學業，因不滿當時大學的教育方式毅然放棄報考大學的機會，勵志自學成才，1963-1964年曾自費考察中國農村，自修哲學、政治理論、歷史，飽覽世界文學名著；1964 - 1969 年服兵役，服務於海軍航空兵；1969 年從軍隊復員後，就職於北京鐵路分局，1977 年以同等學歷身份報考北京大學新聞系中國報刊史專業未果，1981 年 4 月 9 日深夜秘密被捕。

徐文立是 70 年代末中國民主牆運動的參與者與組織者，1978 年 11 月 26 日開始主編《四五論壇》，為民主牆第一份民辦刊物，倡導政治和輿論多元化。趙南、呂樸是主要合作者，《四五論壇》在 1978 年 11 月至 1980 年 3 月成為當年辦刊時間最長的民辦刊物，共出版十七期。

徐文立為了建立政治反對黨於 1980 年春節前後和秦永敏、傅申奇、劉二安、楊曉雷等人秘密策劃過建立「中國民主黨」；1980 年 6 月 10-12 日在北京甘家口會議上與王希哲、孫維邦、劉二安又進行了建立反對黨討論，因此在 1981 年被中共政府定為組織反革命集團罪。

徐文立於 1980 年 11 月 15 日提出全面改革中國社會的「庚申變法建議書」，以及 1979 年 10 月 1 日參與組織和領導「星星美展」的遊行等一系列街頭政治活動，因此在 1981 年被中共政府定為反革命宣傳煽動罪。

1981 年 4 月 9 日被捕，1982 年被判刑 15 年、剝奪政治權利 4 年；是當年「民主牆案」被判刑最重的政治犯。

1993年5月26日被假釋。之後，遊歷四方，再為在中國建立政治反對派做思想和組織準備。

1997年11月29日，公開提出「結束一黨專制 建立第三共和 重塑憲政民主 保障人權自由」的政治綱領和「公開、理性、和平、非暴力」的政治路線，與秦永敏等全國異議人士建立中國政治反對派。1998年11月9日與查建國、高洪明、劉世遵、何德普等人成立中國民主黨京津黨部。同月30日被捕，被判刑13年、剝奪政治權利3年；又是當年「中國民主黨案」首批被判刑最重的政治犯。

2002年12月24日以「保外就醫」流亡美國。

評價：《紐約時報》(NYT)稱：China's Most Prominent Political Prisoner ——中國最知名的政治犯。

南希·裴洛西稱：Mr. Xu is one of China's bravest, most eloquent and also most measured advocates of democracy. ——徐先生是中國最勇敢，最長於雄辯，也是最能體悟「度」的提倡民主人士之一。

《華盛頓郵報》稱：In the struggle for the values that matter most, Mr. Xu and his compatriots, not their captors, should be recognized as America's true partners. ——在這場為人類最珍貴的價值的鬥爭中，

徐先生和他的同胞們才應該是美國真正的搭檔，而不是逮捕他們的人。

《英國廣播公司》(BBC) 稱: The Godfather of Dissent——異議人士教父。

通常又稱徐文立為：Co-founder, China Democracy Party——中國民主黨創始人之一。

現況

2003 年 5 月 26 日獲美國布朗大學榮譽博士，時任布朗大學沃森國際研究院高級研究員。

2004 年 1 月 28 日起在布朗大學講授「中國民主墻和中國民主黨史及中國近現代簡史、中國大歷史」及「人類正常社會秩序概論」。

2003 年下半年開始籌備「中國民主黨海外流亡總部」，2004 年 12 月 3 日正式成立，任召集人。

2005 年 3 月 9 日再次提出「擯棄一黨專制，擱置臺灣獨立，復興民主中國，共建富裕聯邦」的政治主張。

2006 年 5 月 15 日草擬並代表「中國民主黨海外流亡總部」提出《敦促中共政府在大陸實行政治改革的路線圖和時間表》。

2007 年 6 月 5 日在中國民主黨聯合總部第一次海外代表大會上被選舉為中國民主黨聯合總部主席。該次大會確認了:「追隨辛亥革命諸先賢開創的亞洲第一共和,尊重 1946 年制憲國大確立的第二共和,勵志建設自由富裕、人權平等、憲政民主的中國第三共和。」

2008 年完成了「自由民主社會二大基石和人類正常社會三個支點」的研究,11 月 15 日在香港出版了《人類正常社會秩序概論》。

2009 年 9 月 25 日發起簽署「和平協議」,建設「公民三有」的憲政民主中國致中國海峽兩岸領導人的公開信。(發表在《紐約時報》)

2010 年成功地參與了劉曉波榮獲諾貝爾和平獎的推薦工作。

2010 年 3 月開始發起「走向共和、薪火相傳、紀念辛亥革命建國」共和聖火全球接力活動,2010 年 6 月 4 日聖火在德國柏林墻倒塌處點燃,隨後進行了三個月的「走向共和、薪火相傳」歐洲萬里行,2010 年 12 月 31 日在國父孫逸仙當年起事的舊金山致公堂點燃了全球紀念中華民國 100 周年的第一把聖火。

2011 年 6 月 6 日在中國民主黨全國聯合總部第二次海外代表大會上再次被選舉為中國民主黨全國聯合總部主席。2013 年,年逢 70 歲,從布朗大學榮退;7 月 9 日主動請辭中國民主黨全國聯合總部主席職務。

徐文立第二次(1999.1.13 - 2002.12.24)被關押的「獄中獄」

平面示意圖及說明

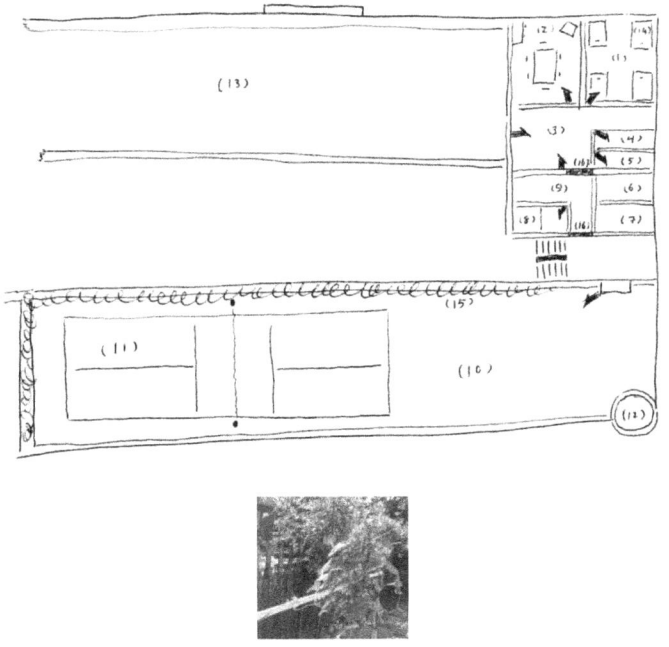

徐文立第二次被关押的"狱中狱"（延庆监狱医院部分）的平面示意图
——徐文立自画于 2006 年 12 月 26 日

徐文立第二次（1999.1.13 - 2002.12.24）被關押的"獄中獄"平面

示意圖的說明

（及帶出的獄中花，現在盛開在徐文立美國家的小院向東一側）

（1） 這是徐文立與其他三位刑事犯（雜務號——協助獄警工

8

作者）同住的囚室,（14）為徐文立的床位。特號監區內所有窗戶全部用鐵板擋嚴。

（2） 這是起居室：吃飯、讀書、看報、寫信、看電視的房間。該屋的監視器是可旋轉的。

（3） 走廊。

（4） 這是囚犯廁所。

（5） 這是獄警廁所兼徐文立的淋浴室。

（6） 這是獄警監視室。備有三臺大屏幕的顯示器，可隨意地切換監視的內容。

（7） 這是獄警休息室。徐文立特號隊最多時配有 7 名獄警，包括一名隊長。不分節假日、每天 24 小時輪流地執行監視徐文立的工作。據知,每天要送監獄總部一份書面監視徐文立的報告，一周送一次監視徐文立的錄像帶。

（8） 這是每月用一次的徐文立與夫人賀信彤的接見室，中間用通頂的鋁合金門框和大玻璃隔開。接見時，徐文立和賀信彤被分隔在兩邊，兩個人的身後分別有一至兩位獄警監視，賀信彤身後上方有一監視器。

（9） 這是走廊。兩邊分別有兩個裝有烏玻璃的鐵柵欄大門、二門，即（16）。

（10） 這是放風場。

（11） 這是徐文立自畫的羽毛球場地。

（12） 這是監獄武裝警察的崗樓。

（13） 這是醫院的主體部分。

（15） 這是徐文立種植的花墙。

說明:(1)至(9)、(14)為二樓;(10)至(12)、(15)為一樓。醫院能看到徐文立放風場的所有窗戶也幾乎全部用鐵板擋嚴。|這是8個監視器,(2)號房間的監視器是可旋轉的。

(72歲徐文立 2015 攝影長達)

目　錄

徐文立簡介（P3）

徐文立第二次（1999.1.13 - 2002.12.24）被關押的「獄中獄」平面示意圖及說明（P8）

目錄（P11）

出版者推薦詞（P13）

李元道：徐文立的基本思想——《人類正常社會秩序概論》增訂版序（P15）

賀信彤：《人類正常社會秩序概論》（原序）及《中共第二次審判徐文立紀實》（P27）

徐文立：《人類正常社會秩序概論》增訂版自序（P78）

《人類正常社會秩序概論》全文（P95）

《人類正常社會秩序概論》正文，即2002年第一封重要家信

《人類正常社會秩序概論》正文，即2002年第二封重要家信

《人類正常社會秩序概論》正文，即2002年第三封重要家信

《人類正常社會秩序概論》正文，即2002年第四封重要家信

《人類正常社會秩序概論》正文，即2002年第五封重要家信

王若水：《徐文立獄中家書（獄中書之二）》序（P167）

王康：在紐約華人文教中心徐文立演講會上的即興發言（P174）

王希哲：讀任畹町先生文《怎樣認識徐文立？》及附件（P189）

任畹町：談徐文立及在斯特拉斯堡全球支持中國和亞洲民主化大會著名演講（P201）

杜應國（貴州）給徐文立妻子賀信彤的信（P205）

《人類正常社會秩序概論》原序二篇——

嚴家祺：讀文立獄中談周易之家書（P209）

胡平：神性的光輝 寫作的神聖（P212）

曾節明：「正常化」是徐文立最有價值的獨創（P216）

新地：讀徐先生《人类正常社會秩序概論》篇外隨想（P229）

徐文立：在紐約簡談人類正常社會秩序（P240）

增訂版評論第一篇：遒真言實：《思想家是人類社會的向導》及徐文立其他文章（P320）

增訂版附錄：其他不得不寫和發表的文字（P371）及徐文立手跡（P687）

出版者推薦詞

這是來自中國獄中 001 良心犯的一本新保守主義奇書

傅雷家書的獄中版

曾國藩家書當代版

一名良心犯發自北京的深情信札

一位慈父對女兒成長的未來寄語

一個世界公民對人類誤區的忠告

被鄧小平、江澤民「欽點」兩度入獄 16 載的徐文立半生坎坷

被克林頓政府、布什政府前後兩次營救的中國異議人士教父的深層思考

徐文立的基本思想

——《人類正常社會秩序概論》增訂網路版序

李 元 道

（2016）

　　徐文立先生的著作《人類正常社會秩序概論》於2008年在香港出版之後，不少朋友探問他的基本思想和動機是什麼，對於這樣大的題目，不是三言兩語就能解釋。有幸蒙徐先生的信託，我試著闡述一二。

　　基於我幾十年來的對社會現狀以及個人在文化與哲學、政治與經濟、歷史與現實等各方面深入思考，以及對徐先生的著作《人類正常社會秩序概論》的探究；概括地說，我以為徐先生是在獄中的長考中深刻地認識到：背離人類正常社會秩序，是中國問題的癥結所在，也幾乎是當今東西方社會的通病和共同誤區。如何撥亂反正，已成為全人類必須回答的問題。他認為，構成人類正常社會秩序必須有三個重要的支柱，否則人類社會將陷入混亂、無政府主義、經濟長期衰退，或獨裁黑暗的光景中。

第一個支柱：人，生而平等。

　　要解釋「人生而平等」這個真理，不能不回顧「天賦人權」這個基本真理。

天賦人權源於拉丁文「jus natural」，應譯為「自然權利」；中國早期譯成「天賦人權」，後一直沿用。這種觀念也是近代自然法學派的一個重要概念，意指人具有天生的生存、自由、追求幸福和財產的權利。「天賦人權」的觀念也是近代歐美民主主義的理論基礎。十七世紀英國的著名自由主義思想家洛克（John Locke）啟蒙該學說。在他的思想裡，人是一種理性的動物，所以人類在自然狀態中，就有所謂「自然法」，與每人都具有的「自然權利」（Natural Right），他人不可加以侵犯和剝奪。為要保障此種自然權利起見，於是國家和政府，遂應運而產生。洛克不是讓該學說走向輝煌的人物，關鍵人物卻是法國人盧梭。

　　在歐洲十八世紀初的啟蒙時代，法國思想家及哲學家盧梭其著的論文《論人類不平等的起源與基礎》以及《社會契約論》，其中所涉及的人民民主思想以及道德的政治哲學，吹起了法國大革命的號角。在《社會契約論》中有很多關於人生而平等的論述：如

- 「大家生來都自由的、平等的，只有為了他們自己的利益，才肯讓渡一部分的自由。」

- 「放棄一個人的自由，無異放棄其做人的資格。」

　　而最著名的就是篇首的一句話「人是生而自由的，但卻無往不在枷鎖之中！」而他這種思想極大地發展了歐洲文藝復興時期的基本信念「天賦人權」。即便是被稱為理性主義者之父的笛卡爾，也在其《方法論》

的開頭就斷言：良知也好，理性也好，對所有的人來說都是天賦的，平等的。

盧梭的這句話「人是生而自由的，但卻無往不在枷鎖之中！」看似是矛盾的，因為自由與枷鎖是兩個相對立的概念。這二者的關係如何以及存在的矛盾，盧梭卻沒有給出進一步解釋。這種困惑恰恰反映了真理與現實的悖論性質。一方面，人人皆「自由平等」是天賦的人權，是具有抽象性的真理；但這種抽象性質的真理卻在現實中被「枷鎖」。盧梭沒有回避他的困惑，但也沒有給出忠告。直到後來一位德國的大哲學家康德，他對盧梭思想的研究提供了一個可接受的方向。

康德繼承了盧梭的「人生而平等」的真理觀察，為了解決盧梭所提出的人類「枷鎖」的問題，後人將他在《實踐理性批判》中的名言刻在他的基誌銘上：「有兩件事物越思考就越覺得震撼與敬畏，那便是我頭上的星空和我心中的道德準則。」而這個崇高的道德法則，則是稱為上帝的「絕對命令」。正是因為本質上「人人平等」，所以人在終極價值自由追求的意義上也同樣「人人平等」，因此他提出了人的實踐理性（批判）的三個公設：上帝存在、靈魂不滅、意志自由。當然康德的上帝觀，不同於傳統基督神學的上帝觀。他的上帝觀念是在實踐意圖上建構起來的，它是向人而在的上帝,是道德的概念,是絕對道德信仰的體現。

這裡不能不提到馬克思及其跟隨者對「天賦人權」的觀點認識。馬克思是從歷史唯物主義的觀點,一方面認為天賦人權是積極的,肯定盧梭以及康德的發現:即真理的抽象先存性,但又矛盾地把「真理」當作了社會的特有產物。從基本上顛覆了真理與現實(實踐)的關係,反對真理的先存與超然性質,而認為真理不過是「現實的總結」,是受經濟與階級制約的。這也是後來許多的共產主義者所推崇的「實踐是檢驗一切真理的標準」荒誕理論的重要依據。

「人生而平等」真理起源於絕對真理的存在。這樣的思想比較讓人難以理解,如同基督教的上帝是絕對的難以理解一樣。然而就在這無法理解卻又嘗試理解的過程中,則極大的激發了西方哲學與思想文化的提升,推動了西方文明的發展。當然討論「人人生而平等」,不可回避基督教信仰的內容。基督教認為,人是神(造物主,上帝)創造的,神按照祂自己的樣式造人,因此人是神聖的。神造人的目的,是叫人榮耀神。神造人的同時,也賦予了人管理萬物的職責。再者,由於每個人都是神創造的,所以,在神的面前,人人平等。由此演繹出了人權的基本觀念:

- 人是應當受到尊重的,是不可侮辱的;

- 人是神創造的，故有生存、自由、追求幸福等基本權利；

- 為了榮耀上帝和管理萬物，人有尋求發展、接受教育、選擇管理者（政府）等的權利；

- 人的權利是神授（天賦）的、生來俱有而不是另外某人賦予的；

- 在神面前，每個人的人權都是平等的。

我雖不是神學大家，卻十分欣賞基督教關於人類尊嚴和尊榮的論述，這也是基督教信仰的核心價值之一。人權的普遍意義，道理不言自明：人都是造物主創造的，所以任何人——不論膚色、性別、國籍，對生命、自由和追求幸福的方向都是一致的。

在社會生活層面，人人平等的真理表現在社會的公平與正義。每個人的尊嚴與個人權利應該得到維護和尊重。無論是文化上的，諸如教育權、言論自由、持不同政見、思想體現等，社會不但應該包容，而且應該積極培養負責任的社會道德習慣來加以回應，確保個人人權不被任何藉口來掩蓋或犧牲掉。法國十八世紀思想家伏爾泰(Voltaire,1694-1778)的一句名言：「我不贊同你的觀點，但我會誓死捍衛你發言的權利。」從另一個角度說明人的平等權應當被尊重。你可以不認可對方的話，但你必須學習尊重和容忍別人與你不同。這是建立正常社會最重要的基石。

第二個支柱：人生而有差異。

　　首先要瞭解什麼是「差異」，差異不是指優劣，而是指不同。比如一個人的出生背景、受教育程度、社會角色等，是存在著不同。從社會學的角度來看，不同的種族或群體個人，因為所在的社會文化氛圍以及時代環境不同，而存在著明顯的差異。比如一位有受高等教育的人和一位沒有受過高等教育的人，如果將他們放在共同的社會圈子中，你會發現他們所遭遇的社會待遇和個人適應能力表現截然不同。這種差異不是「生而平等」來決定的，而是先天基因及後天環境、時機等各種因素造成的。因此，不能因為社會有差異（或不同）來否定「生而平等」的真理，但也不能用「生而平等」來機械式地推論人的差異不存在。

　　經驗領域的差異，不該也不能否定「人生而平等」的真理。前者是社會現象，後者是道德社會的根基。因為在社會經驗中發現了不平等，所以才要追求那超然的「平等」。

　　承認人生而有差異，不代表人可以不平等對待。比如社會上有弱勢群體，不要因為對方弱勢，而忽略了社會有責任響應幫助弱勢群體。恰恰是這種差異性，提醒人們需要從「生而平等」的基本人權，來回應弱勢群體或少數人的存在，減輕弱勢被進一步弱化的趨勢，進而體現社會的道德價值和人性的進步。

人生而有差異，既然不能忽略弱勢者的生存和基本尊嚴，當然也不能成為特權思想的依據。不勞而獲與坐享其成是經驗領域中的兩個極端。承認多勞多得與社會回饋的合理差別，也是對「人生而有差異」這種現實的妥協。需要指出的是，這種妥協絕不是負面的響應，而是針對這種差異存在道德上的平衡。

人生而存在差異，是客觀事實。但如何避免因為這種的差異所造成的社會不公義現象，卻是需要整體的社會負起道德責任。因為人的不完美，因為人性的自私與貪婪，會將人生的差異轉化成社會不公義。比如剝奪別人的權利，榨取不合理的社會資源，貧富極端化等。如果消極面對社會不公義，人除了不斷喪失個人基本人權，反而更助長社會不公義的擴大與延續。而積極面對社會不公義，則可能分為兩種：一個是暴力，藉助暴力來再平衡社會公義；一個是積極非暴力，就需要從諸如法律、社會福利、憲政、公民權來入手，以期達到相對公平的原則。

人生而有差異，造就了社會構成的多元化。而差異帶來的多樣化，進而形成的「多元化」，必是在平等的基礎上才得以持續，只有在社會的容忍度以及更高道德領域才能擴展提升。如果將這種差異放進政治範疇的話，這就需要回應自由主義者關於個體存在和社會群體存在的吊詭關係。法治的概念因此得以制定，以防備多元化因為人性的軟弱與不完美而走上畸形的道路。

「人生而有差異」在現代觀念看，它不是絕對的，也不是一成不變的，它是動態的，因人因時而可變動和轉換。自古以來，「將相寧有種乎」、「唯上智下愚不可移」的觀念都只有相對的真理性。

人生而差異必然也涉及到政治領域。美國政治哲學家羅爾斯(John Rawls)出版的《正義論》(A Theory of Justice)，其中提到兩條正義原則：1)每個人都有同等的權利,在與所有人同樣的自由體系相容的情況下,擁有最廣泛的平等的基本自由體系。2)社會和經濟的不平等應這樣安排:(a)對社會中最弱勢的人最為有利;(b)在公平的平等機會的條件下,職位與工作向所有人開放。

不可否認，羅爾斯最引以為傲的正義學說，是以洛克、盧梭和康德的社會契約論為基礎的。當然他提出的這兩個原則正是基於「人的平等權」這一信念。並藉此探討如何回應改進因社會差異而造成的不正義現象。這種近乎形而上學的理論可以說是一種善意的姿態，來回應社會多樣化的需求。當然不可避免地提出了政治體制的民主思想：政治是大眾性的服務，而不是一黨之私。

人生而「差異」，或許如同盧梭所說的「枷鎖」。這種枷鎖需要隨著對真理「人人生而平等」的認識加深，需要加以對社會改良，使之成為人與人之間或社會不同領域的新工具。這種新工具諸如「憲政」、「民主」、「法治」、「言論自由」等。如此，人生而有差異的這種現象就不會被誤用成「階級分類」或成為剝奪與我們不同之人權利的工具。反而，人通過教育來學習如何去尊重以及容忍差異，並建立彼此理解的和諧的社會，才是一個進步的社會需要積極探索和回應的。

　　同時，人類社會有了對「人生而有差異」的客觀存在的真理的坦然面對，才不至於走上片面追求絕對的平均主義、特別是結果絕對平均的歧途，而讓整個人類社會難以為繼，地球環境難以為繼，結果走向混亂、無政府主義、經濟長期衰退、裹足不前的暗淡前景。歐美福利社會的弊端已經是問題成堆、積重難返了，應該成為後發國家的明鑑。

　　絕對的平均主義、特別是結果絕對平均貌似合理，然而在中國和前社會主義國家的實踐，明白無誤地告訴世人：所謂的絕對的平均主義、特別是所謂的結果的絕對平均不但不可能實現，反而成為特權和特權階層、獨裁黑暗產生的溫床，和絕對的普遍貧困的根源。

　　背離人類正常社會秩序，是中國問題的癥結所在，也幾乎是當今東西方社會的通病和共同誤區。這可能是徐先生認為當今最需要重視的一個「支柱」、同時也可能是讓人們最難以接受的嚴酷現實。

第三個支柱：人，生而不完美。

人之初，性本善或性本惡這樣的爭論，早在中國古代史上就有大的辯論。

第一個提出性善論的是孟子。他認為，人性是善的，就像水往低處流一樣，這是一個不爭的事實。孟子認為，人生來都有最基本的共同的天賦本性，這就是「性善」或「不忍人之心」，當然他的性本善的思想後來也成了後世所謂正統儒家學說。宋代以後流行的《三字經》的第一段說：「人之初，性本善。性相近，習相遠。」就是繼承了這種思想。

在先秦的人文大家中，有一派是極力反對孟子的性善論的，而主張性惡論。這一派的代表就是荀子。荀子說「人之性生而有好利、有疾惡、有耳目之欲,順此之為,必致天下大亂,故性惡明矣」。他的思想基於人在本性發動的時候,必因需求之衝突而致為惡作亂。「人之性惡，其善者偽也」是荀子的著名論點。他認為「好利」、「疾惡」、「好聲色」等，都是人的自然情欲，也是人的性惡的表現。而善的道德意識是後天人為加工的結果。

不論從本性上或是從後天的形成過程來觀察人的本質，基本上都反映出了「人，生而不完美」這樣的事實。雖然也有說過借著教育可以使人變得善良，但是所謂教育原來也是「偽善」合理化的過程。

西方哲學史上對於人不完美更多地是基於對宗教的認識，如盧梭，他說「天造之物，一切皆善，一經人手，則變為惡。」從宗教的角度來看，基督教信仰把人類的不完美歸類為「罪」的影響。而「罪」相對人類而言，更多地傾向於指向人靈性上的遠離上帝──絕對的美善者。而顯明這罪的工具，就是舊約聖經所謂的「律法」。罪、靈性的墮落、人道德的瑕疵、律法的需求、人絕望的地步、救贖的必要──這不可顛倒的順序，把人類對律法的要求，轉而對靈性的救贖要求。對基督教的信仰而言，律法不過是手段，無法救贖人類靈性的墮落。人類的救贖無法借著自身的完善來達成，需要上帝的直接介入──救贖主耶穌基督，借著祂獻祭式的救贖，使人在一種超越的經驗裡得以提升。這也是基督教信仰的智慧之處。

　　人，生而不完美從道德的層面而言，反映在道德所具備約束性和社會標準。人需要道德約束，不然人的軟弱就會引起社會正常秩序的混亂。當道德上升到法律的層面，就成了公眾所共用的權利和義務。一方面我們參與制定法律，另一方面又被法律所約束。美國總統林肯曾說過：「法律是裸露的道德，道德是隱藏的法律。」有人也曾說法律是最低道德的底線，沒有道德支撐的法律必然是反動和黑暗的。從法律的社會規範性質和維護基本人權價值觀而言，這種論述不是沒有道理。

什麼是道德？道德與法律有何關係？用簡單的話來說，我們日常所謂「道德」，就是界定在社會關係中甚麼事應該做、甚麼事不應該做的標準。它是判斷一個行為正當與否的觀念標準，有時體現為調節人們行為的一種社會規範。如果按照儒家的思想，治理國家要「以德以法」，道德和法律就成為相互的關係。道德具有普適性，對整個社會的所有人，不論身份，全皆適用。而從道德延伸到法律，也必然是普適性的，無論是政黨或群體個人，都需要遵守，也是人人平等的。就個人而言，任何人的自由需要是在法治的制約下行使；就公共權力和群體而言，法律也起到制約公權力濫用的作用。沒有法律制約的公權力也是沒有道德的公權力。

　　就當代中國而言，要實現以上提到的三個支柱，我們還有很長的路要走。

徐文立在獄中與女兒談周易四書兼其他
——讀《人類正常社會秩序概論》原序

賀 信 彤

（2002）

我知道文立在獄中有許多思考無以表達,所以他只有通過家信說天道地,以曲折的方式把他的各種思考傳達出來。

每當這些內容流到了我的手中,我再急速地傳到在海外的女兒那裏,常常令我打字的手都顫抖,既令我欣喜又令我辛酸,欣喜的是文立的這些思考終能面世留存了,心酸的是我深知文立未必沒有:「已聞道,夕死可矣」想法,因為他在第二次入獄的後期,見面時他常常情不自竟地對我說:「已聞道,死不足懼。」

他……可是提到了這個「死」字啊……。

我在傳給我女兒這些信的同時,我似乎發現文立是在研究和試圖回答一些深層次和帶有根本性的問題,其中的信息量非常大,雖然以信的方式寫給了女兒,談的內容卻非常廣泛,為了壓縮字數,他可能把可以獨立成文的東西簡約成了一句話,比如「回到了原點」,……。

當文立發現監獄方面已經不允許他再這樣寫下去

的時候，他只好利用接見的時候，只言片語地告訴我，他未能成信的內容：是講「中庸」。

中庸之本意，文立認為是：不偏謂之中，不易謂之庸。庸者，天下之定理，原出於天而不可易，即天經地義之不可易，謂之庸。我想，文立所指的這個「天」指的是「自然」。

文立認為人類社會發展的是非曲直的標準應該是：不能改變的東西，硬要改變之，謂之「左」；可以改變也該改變的東西卻不讓改變，謂之「右」；不能改變的東西傳承之，可以改變也該改變的改變之，謂之「中正」。

我想文立可能認為找到了一種分辨人類社會發展的是非曲直的標準，一個觀察、解決問題的基本點，有可能對中國社會回歸到一個正常、健康的社會來是有益的。當然，文立也會認識到人類社會沒有一種醫治百病的「靈丹妙藥」，自認為正確的未必全正確。

我想文立願意把他這些想法和思考發表出來是想聽取朋友們的批評和指正，所以我就冒然把它發表出來，以聽取意見。

這裏發表的僅僅是文立第二次坐牢後期（2002.7.13—9.17）的五封信的主要內容。為了保持文立寫這些信時的原貌，此次發表時只作一些極個別文字上的修正。

2002年9月底於北京記

2003年2月於美國再記

附：賀信彤 2002.5.31 絕食聲明

我決定在六四大屠殺十三周年祭日前絕食一天。

我絕食，是因為在這個專制國家中，我沒有別的辦法來表達我對基本人權的訴求，對踐踏人權的政府行為的抗議。我知道，面對依然強大的專制政府，我個人的力量是有限的，但我相信，在人權高於主權成為世界文明主流的新世紀，道義的力量終將勝利。

我絕食，為至今仍然無法瞑目的亡靈祈禱，向十年來堅持反抗暴政的天安門母親表示致敬。而且，一些在那場野蠻的大屠殺中失去孩子的母親，在孩子的亡靈沒有得到公正對待之前已經去世，變成新的冤魂。

我絕食，為自己的丈夫徐文立以及所有良心犯，他們僅僅出於對人權和公共事業的關註，出於對自由和民主的追求，而履行憲法賦予的權利，就鋃鐺入獄被判重刑。我對他們遭受的不公正不人道的對待表示強烈抗議。據我所知，許多良心犯如王有才、查建國、劉世遵、安均、方覺等身患重病，卻得不到起碼的人道待遇。我的丈夫徐文立的先後兩次被判重刑（15年和13年），第二次入獄後染上乙肝，如今病情不斷惡化，5月13日的最新檢查指標為「大三陽」，處在病毒持續復制、傳染性極強的階段，如果得不到及時有效治療，只能日趨嚴重，我為他的生命安危憂心如焚。

我絕食，因為我是良心犯的妻子。我和所有良心犯的妻子一樣，常年遭受雙重迫害，不得不承擔著常人難以想象的巨大壓力：一方面，我們的丈夫無辜入獄，家庭從此破碎，孩子不得不在沒有父愛的畸形家庭中長大。我們要獨立支撐家庭的一切，並遭受有形的社會歧視和無形的心理創傷。另一方面，丈夫是專制小監獄中的囚犯，我們是專制社會大監獄中的準囚犯，我們被跟蹤被監視甚至被破門而入，我們的探監和正當要求受到各種刁難。我們常年處在恐怖之中，失去了正常的生活，人權也被踐踏。

通過絕食，我僅僅想提醒中共政權的良知發現，停止殘害生命和踐踏人權，停止迫害天安門母親和我們無罪的丈夫，停止對良心犯家屬的株連，停止傷害我們的孩子。為六四平反，讓母親們能夠公開悼念他們的孩子，讓破碎的家庭重新完整，讓良心犯重獲自由，起碼讓患有重病的良心犯得到保外就醫和有效治療。

通過絕食，我呼籲：全世界有良知的政府和人們，以及關注中國人權的非政府組織，支持天安門母親的道義之舉，關注中共監獄中的所有良心犯，幫助在恐怖中艱難掙扎的良心犯家屬。特別是國際主流社會，不能因為在反恐上需要中國政府的合作，而忽視對中國人權狀態的關注，放棄敦促中共政權改善人權。如果因反恐而放棄對中共政權的壓力，就等於國際社會變相容忍專制政權在國內製造政治恐怖。

　　我要特別呼籲中國人的良知，只有民間良知的覺醒，拋棄懦弱、冷漠和遺忘，

形成巨大的民間壓力，中國的未來才有希望。在一個基本人權得不到有效保障的專制制度下，反抗蠻橫的暴政和爭取基本人權，涉及到我們每個人，我們已經為良知沈寂付出過慘重的代價，如果仍然讓良知屈從於恐懼和謊言，我們還將付出更慘重的人權代價，今天是我被迫害，明天就可能輪到你或他。

　　中國糟糕的人權狀態和政治改革停滯，不僅是中共政權的責任，也與我們每個人有關。

　　中國人，拿出你的良知，負起你的社會責任！

2002 年 5 月 31 日於北京

原載於《北京之春》02 年 7 月號(總第 110 期)

賀信彤：中共第二次審判徐文立紀實/附女兒徐瑾 1999 年 1 月 8 日在美國國會眾議院國際關係委員會聽證會上的陳述

（徐文立妻子賀信彤參照律師提供的助理法庭速記整理）

http://blog.boxun.com/hero/2006/xuwl/14_1.shtml

時間：1998 年 12 月 21 日上午 9 時

地點：北京市第一中級人民法院刑庭第六庭

審判長：王惠慶

審判員：任連才

代理審判員：柏軍（女）

書記員：黃璇（女）

公訴人：王化軍，李磊森，書記員：彭雲華

辯護人：莫少平律師，劉東濱律師助理

旁聽：共 22 人，賀信彤座位在左側中間。

（註：北京民主黨人查建國、何德普 18 日到第一

中級法院申請旁聽，20日查、何等六、七位民主黨人被警方從家中帶走，21日下午才許回家；元哲等數人申請旁聽，被警方帶走，拘留一天，元哲被遣送回原籍。21日上午，北京第一中級法院門口被數百名警察、便衣和武警封鎖；二環路一度封路、每個進出路口由一輛警車把守；從永定門北京市公安局看守所至八寶山第一中級法院門口，近20公里，每一二百米一個警察站立警戒。據後來了解，中共最高層要求：此次對徐文立的審判一定要「萬無一失」。那天全市警察滿員上班值勤，不許請假)。

法庭人員：法警2人，攝影2人，攝像三人(從三個不同角度從始至終攝像)

審判長：「帶被告人徐文立到庭。」

徐文立在兩名法警的押解下步入法庭，他很平靜，目視前方，穿着從家走時的衣服。這時，賀信彤叫了一聲"文立！"徐文立看到妻子賀信彤，笑了。兩名法警立即用手拉他胳膊，不讓他停留。賀信彤又說了一聲"下一個律師我們請張思之！"審判長怒目盯住賀信彤，高聲警告："再喧嘩，就把你逐出法庭！'(註：自從徐文立11月30日被警方拘捕，其妻賀信彤得不到徐文立的任何消息，既不通知家屬被捕人所犯何罪，也不告訴是否正式逮捕，人關在何處。賀信彤幾乎天天與警方聯繫，但得到的回答只有一個"無可奉告"。直到12月18日下午4:30分，才通知賀信彤去法院，告訴21日開庭，只給家屬一張旁聽證。)

審判長：你是叫徐文立嗎？

徐文立：是。

審判長：被告人徐文立，你還有什麼曾用名？

徐文立：主要是徐文立吧。

審判長：民族？

徐文立：漢族。

審判長：你的籍貫？

徐文立：安徽省安慶市。

審判長：你的職業？

徐文立：自由職業者。

審判長：家庭住址？

徐文立：北京宣武區白廣路2條4號。

審判長：徐文立，你以前是否受過法律制裁？

徐文立：如果那稱得上是法律制裁的話，在1982年判刑15年，剝權4年。

審判長：這次什麼時候拘留？

徐文立：1998年11月30日。

審判長：什麼時候市公安局宣布逮捕？

徐文立：1998年12月3日。

審判長：什麼時候收到起訴書副本？

徐文立：12月9日。

審判長：讀合議庭組成人員名單、公訴人名單。徐文立，你有權申請迴避，你申請嗎？

徐文立：我發表以下聲明「這次審判是中國共產黨少數人對中國民主黨人的嚴重的政治迫害。所以，我拒絕回答任何問題， 就像我在看守所期間拒絕回答他們的任何問題一樣。12月9日，審判人員通知我可以請律師，我表示放棄，又說要為我指定律師， 我也拒絕了。12月18日有兩位律師到七處看守所，就是今天來的莫律師，還有一位姓馮的女士。 鑒於他們在這樣一個物欲橫流、金錢至上的社會世風下，能夠不收取報酬，免費為我辯護， 我認為是值得尊敬的，我本人表示接受，對法庭的政治性提問我不回答，我只回答律師提出的問題。」

審判長：被告人徐文立，法庭是重證據，輕口供的。沒有證據，只有口供，不能定罪，有證據，沒有口供，也可以定罪。 你可以保持沈默，但不妨礙我們判你有罪。

徐文立：不語。

審判長：下面開始法庭調查，由公訴人宣讀起訴書。

公訴人宣讀起訴書。（註：起訴書見附件一）

審判長：被告人徐文立，剛才公訴人宣讀的起訴書，你聽清了嗎？

徐文立：不語。

審判長：（大聲說）你聽見了嗎？

徐文立：不語。

公訴人：徐文立，你交待與路透社記者艾伯樂談話的事實。（並宣讀了其中的一段話：我認為，中國民主運動應該追求的目標是結束一黨專制，建立第三共和，保障人權自由，重塑憲政民主。）

徐文立：不語。

公訴人：（又宣布了刑訴法的一些規定。）徐文立，你聽見沒有？為什麼不說話，你不說話，我們也可以給你判刑，判你有罪。

徐文立：不語。

公訴人：合議庭，本案證據確鑿，事實清楚，因為被告人拒絕回答問題，公訴人詢問到此結束。

審判長：辯護人有什麼問題？

莫律師：我來提幾個問題，徐文立，你回答出於你的自願，你也可以不回答。起訴書指控的第一項事實，你接受這次境外記者采訪是事先安排好？還是隨機采訪？

徐文立：不能稱為境外記者，這些記者都是中國政府邀請來京的駐京記者，不只是艾伯樂，還有很多，我接受過很多駐京的外國記者的采訪，這次采訪是事先安排好的。

莫律師：是由記者安排的，還是你安排的？

徐文立：大部分采訪都由記者提出采訪要求，有很多次，這一年多來，有幾百次，這次是我提出的。

莫律師：第二個問題，請把這次采訪的內容的中心意思介紹一下。

徐文立：中心意思可以歸納為四句話"結束一黨專制，建立第三共和，保障人權自由，重塑憲政民主。"請註意，我講的"結束一黨專制"這裏沒有主語沒有說由誰來結束一黨專制。而且用的是"結束"而不是"打倒"、"推翻"。這里是強調用和平的方式。至於由誰來結束，很可能是中共自己。實際中國已存在多黨制現象。臺灣是中國的領土，香港已經回歸，香港有民主黨，主席是李柱明先生，臺灣有國民黨，還有民進黨，它們不都是在中國嗎？這個結束有可能由別人作，也可能中共自己進行結束。

莫律師：你的意思是和中國現實法律不沖突，對嗎？

徐文立：是的。

莫律師：這些文章發表是否征求過你意見？

徐文立：征求過，最後定稿都是由我自己做的。我家門口總有幾個公安，每次我都告知他們，並把定稿的文章給他們一份。 今天的這些證據，實際都是由我主動提供的。我是公開做事的。

莫律師：審判長，我沒有問題了。

公訴人出示了法國國際廣播電臺在 XX 年 X 月 X 日 XX 時段的廣播的《徐文立接受路透社記者采訪》的證明材料。

審判長：徐文立，你對這份證據有異議嗎？

徐文立：不語。

審判長：辯護人有意見嗎？

莫律師：有。這份談話的內容，公訴人只讀了其中的一部分， 不能完全表達徐文立的意思， 徐文立對這個問題的觀點不能完整地表達出來，請求宣讀同樣是這份證據中的部分內容， 請讀原文。

審判長：公訴人舉證後，再宣讀。

公訴人斷章取義地又讀了個別句子。

莫律師讀了一些公訴人故意跳躍和漏讀的部分。

公訴人：(開始舉證)

1、從徐文立家中搜查出的1997年12月7日給王希哲的有關與記者談話內容的傳真；

2、文檢鑒定書。

(法警向合議庭、被告人、辯護人出示這些證據，徐文立拒絕看。)

公訴人：被告人拒絕回答問題，但不妨礙我們判他有罪。下面我們公布記者安琪對徐文立的采訪記錄，對於徐文立顛覆政權的罪行，我們將用事實予以揭露。

公訴人宣讀了安琪與徐文立談話的部分內容。

莫律師：徐文立，請你講一下與安琪對你專訪一文的中心意思。

徐文立：其主要內容是講我們企求的目標，這和與艾伯樂談話的中心意思沒有什麼區別。

莫律師：安琪的采訪是誰來安排的？

徐文立：安琪女士原來在大陸是記者，她是"六四"後出國的，現在是獨立撰稿人，這次專訪是安琪女士由法國去美國時她主動提出的。

公訴人又把《安琪專訪》一文拿出舉證，並有《中國之春》177期上刊登的徐文立手寫文字："凡是要求發表時，必須有徐文立本人簽名，才可發表。"並將1997年12月初徐文立與四記者談話內容證據出示，徐文立拒絕看證據。

莫律師：徐文立，請介紹一下談話內容。

徐文立：當時面臨人大選舉，我首先談了以往的選舉基本是在人民不知情下進行的，目前主要是人民要有參與權。後面我又特別強調分析中國民主運動的形勢、目標、途徑。我重點講了我們要建立一個平臺、一個構架，使人們充分發表自己的見解，推動民主進程。這個進程是公開、理智、和平、非暴力的。

公訴人出示證據：《徐文立與韓東方對談錄》。

公訴人：徐文立誣蔑全國總工會不能代表工人，說共產黨從來沒把工人當作領導階級，煽動成立獨立工會。

莫律師：這次對話是誰提出的，發表時是否徵求過你的意見？

徐文立：是韓東方約談的，他在香港，發表時徵求過我的意見。我在談話中主要講了以下幾點：

1、關於黑箱作業，本身講的是缺乏透明度。

2、中國簽署了聯合國的兩個國際公約。工人有權成立自己的工會、維護自己的權利，應當從共產黨領導一切的現狀中解脫出來。共產黨不能領導一切、代替一切、包打一切，工人有權組織自己的工會、維護自己憲法保障的權利。

我請求宣讀聯合國人權國際公約中有關成立工會的章節。（註：法庭沒有宣讀。）

3、工人有權組織自己的、獨立的工會。當然，成立工會要申報，要在法律範圍內活動，現在實際存在不同的利益集團， 我們尋求的是為不同的政黨建立一個平臺，這些政黨應是成熟的，負責任的，相互制約的。我本人不想組織獨立工會。

莫律師宣讀《徐文立與韓東方對談錄》，針對指控，將相關內容，特別是漏讀部分讀出。

公訴人又出示《告全國工人同胞書》，並指出這裏有污衊總工會， 號召工人成立獨立工會的內容。

莫律師：徐文立，這個《告全國工人同胞書》是誰起草的？

徐文立：武漢秦永敏。

莫律師：你修改過嗎？

徐文立：修改過。

莫律師：內容與你本意完全一樣嗎？

徐文立：為了尊重起草人的意見，沒有大修改，不完全代表我的本意。文告主要講了這麼幾個問題：

1、中國政府自己簽署了這個公約後，應該向中國公民宣傳。這個公約賦予了公民人人有組織工會的權利，人人有參加自己工會的權利。

2、其中一個重要內容是：中國經歷文革，不應有大的社會動盪，希望下崗、失業工人近期內盡可能放棄街頭行為，爭取社會穩定，更多地把行為局限在本單位。當然可以適當地向政府施加些壓力。

莫律師：我理解你的中心意思主要是：

1、這個《告人國工人同胞書》沒有完全表達你的意思；

2、主要是介紹人權國際公約內容。

徐文立：對的。

莫律師：發表時征求過你的意見嗎？

徐文立：是的。

公訴人出示以下證據：

1、1997年12月27日晨，回答25日王希哲的傳真。(註:傳真上告王希哲國內尚無成立工會的條件。)

2、市公安局出的證明：下載的電腦網絡上發現的材料，有不同版本的告書。

3、1998年2月8在公安局詢問的筆錄。

莫律師：有關的證明材料內容不一致。(隨後宣讀了不一致的內容)這個證明《告全國工人同胞書》與徐文立的一些想法並不一致，而徐文立只是做了部分修改。

徐文立：我再次要求現在宣讀《國際人權公約》中有關成立工會的部分內容。（註：仍未宣讀）在告書中有特別告訴工人怎樣行使這種權利的表述，並沒有讓工人不顧法律去組織工會。

公訴人宣讀有關接受境外資助的證據。讀侯宗哲證言和侯宗哲妻子賈志敏的證言，徐文立收到美元500元的收條。

侯宗哲1998年12月8日作的證言大致內容："1998年2月的一天晚上，突然來了一個自稱叫趙力的人，說王炳章托他給徐文立500美元，請我轉交徐文立，我說，我許多年與徐文立沒有來往了。趙力說他不認識徐文立家，還是麻煩讓我轉交。2月27日，我將款交給徐文立，並請徐文立打了個收條。"侯宗哲妻子也有與上述相同的證明，並說，當時她在另一房間睡覺，並沒見到來人，侯去送款時，她囑咐侯："錢的事說不清，一定讓徐寫個收條，好交給趙力。"

公訴人出示鑒定證明，證明收條上的字是徐文立寫的。

莫律師：徐文立，這收條是你寫的嗎？

徐文立：是我寫的。侯宗哲是民主墻時期的朋友，當時他不太做事，經常爭些名利，後來就疏遠了。當時侯宗哲送來500美元，只說是朋友讓他轉交，但這500美元究竟是誰提供的，當時沒說。侯宗哲作為朋友，如果轉達王炳章的意思，能轉身就把收條交給公安局嗎？所以我懷疑這是公安局安排的，也許錢就是公安局給他的，是他們夫婦兩人串通作證。

審判長：你有沒有證據證明這錢是公安局給你的？

徐文立：（對著律師說）我是沒有證據，可他們同樣沒有是王炳章給的證據。

公訴人出示證據：《中國民主黨章程》，並宣讀了章程的前言部分。即"中國人民爭取民主已有一百多年歷史了，辛亥革命推翻了封建帝制。在辛亥革命後，中國曾出現過短暫民主。由於專制制度蒂固根深，無論是國民黨還是共產黨統治中國時期，專制制度只是改變了形式，封建王朝的'家天下'為'一黨天下'所代替。中國民主黨的首要目標是，在中國'結束一黨專政，建立第三共和，重塑憲政民主，保障人權自由'。"

莫律師：《中國民主黨章程》是由嚴家其起草的，

那麼大綱或者基本構架是你提供的嗎？

徐文立：我在前言部分做了一個概括，接受了嚴先生、憲政學家們的意見，把"專制"改為"專政"。落筆是我做的，宗旨是公心至上，為大眾服務，公心至上有別於孫中山先生的"天下為公"。政治原則上強調"公開、理性、和平即非暴力"。

莫律師：組黨的目的是什麼？

徐文立：在民主社會，要有多黨制衡，才能對中共諸如腐敗等問題進行制衡，民間要有反對黨、在野黨，才能對執政黨進行制衡。

莫律師：這次組黨你們履行了什麼手續？

徐文立：組黨是件非常嚴肅的事情，應在官方機構登記備案，這一次沒有這樣做，主要出於三點考慮：

1、中國政府簽署了兩個人權國際公約，兩個公約的實質性內容賦予了公民有組織政黨的權利；

2、中國法律沒有禁止組黨的條款，而法律不禁止的事，公民可以做；

3、沒有相應的政黨法可遵循。中共自身就是一個沒有註冊的政黨組織。

鑒於以上三點，我們中國民主黨京津地區黨部以公告形式成立。

審判長﹛大聲叫道﹜你不許在這進行反動宣傳。(打斷了徐文立的講話。)

莫律師：民主黨第一次代表大會籌備了嗎？

徐文立：我們只是提議籌備，沒有受到全國授權，不會去做。

這時公訴人開始出具證明民主黨存在的以下證據：

1、公安局審問查建國筆錄，查建國講："民主黨京津地區黨部主席是徐文立，副主席是查建國、高洪明、呂洪來，秘書長是劉世遵，其它領導成員和黨員人數是黨內秘密，不能告訴你們，我什麼時候也不會講。"

2、公安局審問張暉筆錄，張暉詳細地講述了成立當天的情況，包括入黨宣誓的手勢、面對方向、宣誓人數。

3、公開發布的中國民主黨京津地區黨部成立公告1號、2號、3號三份文件。

莫律師：有異議，呂洪來自己否認是副主席。

公訴人進一步出示證據《施軍加入中國民主黨的申請書》。

公訴人：由此可以說明，中國民主黨京津黨部的組織活動已經在向境外滲透。

審判長：下面進行法庭辯論。

公訴人：盡管被告人徐文立不回答公訴人的提問，但本案證據已經核實，證據確鑿，事實清楚，被告人犯顛覆國家政權罪：

1、被告人的行為已構成顛覆國家政權罪，被告人徐文立於1982年因犯組織反革命集團罪、反革命宣傳煽動罪，被判處有期徒刑 15 年，主觀惡性大。16年前就勾結王希哲等人聲稱反對封建社會主義，並企圖組黨。被告人一貫敵視人民民主專政。 刑滿後，特別是 1997 年 5 月剝權期滿， 反而變本加厲活動。

被告人徐文立利用境外媒體，制造輿論，聲稱"在中國結束一黨專政，建立第三共和，保障人權自由，重塑憲政民主"，誣蔑人大選舉是黑箱作業，造謠全國總工會不是代表工人利益，煽動成立獨立工會，宣稱"未來的那個憲政和現在已經有的憲法是兩回事；

2、把矛頭直接指向人民民主專政，並且接受境外資助；

3、勾結境外敵對分子組建中國民主黨，其首要目標是："在中國結束一黨專政，建立第三共和"網羅成員加入，舉行入黨宣誓儀式。上述活動中，涉及政治、經濟，已構成顛覆國家政權罪。

莫律師：（宣讀辯護詞，見附件二）

公訴人：被告人徐文立主觀上有目的，客觀上有行為。從言行來看，攻擊的是人民民主專政，要結束一黨專政，建立第三共和，而且和境外敵對分子嚴家其共同制定了《中國民主黨章程》，不是單純的思想闡述。被告人徐文立組建中國民主黨避諱使用"推翻"字眼，但針對的是憲法確定的中國共產黨的領導地位。

被告人煽動成立獨立工會是其顛覆國家政權的言論與行動的聯繫，境外資助一事，證人證明的很清楚，完全可以認定。

適用法律上，既有煽動的行為，也有事實上的行為，從重處罰，適用法律是適當的。

看他的言行，是主動的接受采訪，組黨是具體行為。主客觀是完全一致的，成立獨立工會，是行為的一部分，應看到整體，客觀犯罪現實與目的不相抵觸。

審判長：被告人，你可以作最後陳述。

徐文立：停了片刻，說"好"，我作個最後陳述吧。

16年前，我曾到中級法院，16年後，我又站到這個席位。當時是反革命罪，很慶幸，今天這個罪名已經沒有了，這說明中國社會在進步。上次我被判刑15年，我坐了12年零48天牢。這次，我將不比上次少地面臨牢獄，這我很清楚。我贊賞魯迅的一名言"我以我血薦軒轅"。

審判長：被告人徐文立，你的講話要針對這個案子，不要說得太遠！

徐文立：我不主張革命和暴力，我不會用別人的血染紅自己的頂戴花翎！

審判長：再次提醒你，必須回到案子上，不許扯遠，在法廳上聽我審判長的。

徐文立：93年到現在，我有多次出國的機會，從某種意義上可以說我是自願地站在這裏，或者是受到某些人的擡舉，我站在這個地方。有些人說我執著，有些人說我有點傻。我認為，國家政權是公器，不存在顛覆，公器不存在顛覆。除非國家政權是個人的、私黨的或者是家庭的。別人提些看法、意見就顛覆了個人、家庭、小集團的私利？國家是確實需要存在的，國家要有管理，無政府是對人民不利的。6月25日浙江籌建中國民主黨，證明中國人民是進步了，是中國法律不禁止的，又受到剛剛簽署的國際人權公約的保護。希望中共通過權力機構立即制定政黨法，政權好去管理。政權由兩項構成：1、是什麼樣的人去管理；2、是怎樣實施管理。戰後，意大利政府更叠了兩百多屆，但國家並沒有亂……

審判長：（粗暴地大聲說）徐文立，你離題萬里，整個審判過程，你不回答問題，表示你蔑視法庭，現在停止你的陳述，宣布休庭 20分鐘。

徐文立：你剝奪了我作最後陳述的權利！

（20分鐘後，又開庭）

審判長：宣讀判決書（見附件三）。

徐文立：我抗議！這是政治迫害！我絕不上訴！

（註：幾天後，徐文立寫了一份書面不上訴的文件，見附件四）

賀信彤：我抗議！審判長，你是不公正的，你褻瀆了法律！ 你的法庭審判不是獨立的！

（審判長匆匆離去，法警將徐文立帶走）

附件一：北京市人民檢察院分院起訴書—摘自中國民主黨人徐文立案匯編（9）

(98)京檢分審字第609號

被告人徐文立，男，55歲，安徽省安慶市人，漢族，無業(身份證號碼：110104430701305)，住北京市宣武區白廣路二條4號4門423號。1982年6月因犯組織反革命集團罪、反革命宣傳煽動罪被判處有期徒刑15年;剝奪政治權利4年,1993年5月被假釋。因涉嫌煽動顛覆國家政權罪， 於1998年12月2日被逮捕。現羈押於北京市看守所。

被告人徐文立顛覆國家政權一案，經北京市公安局偵查終結，移送本院審查起訴，現查明其犯罪事實如下：

被告人徐文立刑滿後，於1997年11月至1998年4月間，先後在接受境外記者采訪、《與韓東方對談錄》及夥同秦永敏(另案處理) 發表的《告全國工人同胞書》中，大肆叫囂在中國"結束一黨專制，建立第三共和，保障人權自由，重塑憲政民主"，誣衊"人大選舉是'黑箱'作業"，造謠全國總工會"不是代表工人利益"，煽動成立"獨立工會"。宣稱"未來的那個憲政和現在已經有的憲法是兩回事"，"我肯定是想通過搞政黨政治的方式、改變選舉制度的方式來對中國的政治制度發揮自己的作用"。以上言論分別在境外刊物《中國之春》及其它媒體上發表，為顛覆國家政權做輿論準備。期間，徐還接受了境外資助。

被告人徐文立於1998年11月間，為成立"中國民主黨",與境外敵對分子嚴家其相勾結,共同制定了《中國民主黨章程》(臨時), 並向境內外散發。 該章程在總綱中確定"中國民主黨的首要目標是在中國結束一黨專政,建立第三共和"。1998年11月9日, 徐文立公告成立了"中國民主黨北京天津地區黨部",任"黨部主席"。在此期間,徐通過積極發展成員、舉行宣誓儀式、進行組織分工、策劃召開所謂的中國民主黨第一次全國代表大會等活動,實施顛覆國家政權的犯罪行為。

上述事實,有物證、書證、證人證言、 刑事科學技術鑒定結論等證據在案證實,事實清楚,證據確實、充分,足以認定。

本院認為,被告人徐文立曾因刑事犯罪被判刑,但刑滿後仍無視國法,與境外敵對分子相勾結,接受境外資助, 組織策劃顛覆國家政權、推翻社會主義制度,罪行重大; 其行為觸犯了《中華人民共和國刑法》第一百零五條第一款、第一百零六條、第六十六條之規定，已構成顛覆國家政權罪,且系累犯，應從重處罰。為保衛國家政權和社會主義制度，維護國家安全，本院依照《中華人民共和國刑事訴訟法》第一百四十一條之規定，提起公訴，請依法懲處。

此致

北京市第一中級人民法院檢察員王化軍李磊森

書記員彭雲華

1998年12月9日

(北京市人民檢察院分院章)

附註：

1、證據目錄一份；

2、證人名單一份；

3、主要證據復印件五冊；

4、移送證物清單一份。

附件二：律師辯護詞—摘自中國民主黨人徐文立案

匯編（10）

審判長、審判員：

我受北京市法律援助中心指派，並征得被告人徐文立同意，在徐文立顛覆國家政權案中擔任徐文立的辯護律師，我將遵照刑事訴訟法第 35 條之規定，根據事實和法律，提出證明被告人無罪、罪輕或者減輕、免除其刑事責任的材料和意見，維護被告人的合法權益．接受委派後，我認真查閱了本案卷宗、充分了解案情、會見了徐文立，經過對本案卷宗的研究和今天的法庭調查，現提出以下辯護意見：

一．起訴書對部分事實認定不當、適用法律錯誤

(98)京檢分審字第609號起訴書指控徐文立顛覆國家政權的第一部分"犯罪事實"是："被告人徐文立刑滿後，於1997年11月至1998年4月間，先後接受境外記者采訪、《與韓東方訪談錄》及夥同秦永敏（另案處理）發表的《告全國同胞書》中，大肆叫囂在中國'結

束一黨專制，建立第三共和，保障人權自由，重塑憲政民主'，污衊'人大選舉是'黑箱'作業'，造謠全國總工會'不是代表工人利益'，煽動成立'獨立工會'。宣稱'未來的那個憲政和現在已經有的憲法是兩回事'，'我肯定是想通過搞政黨政治的方式、改變選舉制度的方式來對中國的政治制度發揮自己的作用'。以上言論分別在境外刊物《中國之春》及其它媒體上發表，為顛覆國家政權做輿論準備。"

辯護人認為檢察院的上述指控是不能成立的，理由是：

1、起訴書指控徐文立接受境外記者采訪、《與韓東方對談錄》及發表《告全國工人同胞書》是為了顛覆國家政權做輿論準備，沒有法律依據。

(1)起訴書所羅列的徐文立的言行,在我國現行的法規中並沒有禁止性的規定，而且從法理上講也不可能有這樣禁止性的規定。

(2)如果全面的而不是斷章取意地分析徐文立所有言論,並不能得出徐文立在為"顛覆國家政權"做輿論準備的結論。

(3)即便是"輿論準備"按我國法律規定也不能構成犯罪。

2、沒有證據證明徐文立本人煽動成立"獨立工會"

《告全國工人同胞書》中雖然有:"我們建議全國工人同胞們, 立即開始籌備成立自己的工會"的言詞,但這並非是徐文立本人的真實意思。首先,《告全國工人同胞書》不是由徐文立起草的, 徐為尊重起草人,僅對該文做了稍許修改,所以該文主要反映的是秦永敏的觀點;其次, 徐文立曾多次明確表示反對立即成立"獨立工會", 如在《告全國工人同胞書》發表後的 1997 年 12 月 31 日徐文立答王希哲傳真中說 :"我們應該清醒地看到,國內並無形成獨立工會實體的形勢,絕大多數工人朋友們尚無此迫切的需要。所以,以上兩個歷史性文獻(指《告全國工人同胞書》和《獨立工會章程》--註)帶有很大的超前性。"在1998年2月6日詢問筆錄中，徐文立說："我覺得在中國搞類似波蘭那樣的自由工會，走不通。"問：你是不是煽動(指成立獨立工會--註)？答：不是"。1998年2月8日詢問筆錄中，徐文立說："我本人無意要做什麼，...我本人無意去組織什麼活動，這要在中國政府有相關的法律、法規後才能實行。"又說"所以我告訴王希哲，在現在的中國成立'獨立工會'是天方夜譚。"從以上證言中可以看出，

起訴書指控徐文立"煽動成立獨立工會"是缺乏事實依據的。

3．起訴書指控徐文立的第一部分"犯罪事實"不符合"顛覆國家政權罪"的犯罪構成要件

（1）、起訴書指控，："徐還接受了境外資助"。但檢察院所依據的證據，只有侯宗哲證言、賈志敏證言及徐文立所寫收條。 以上證據材料僅是中間轉交人的

證詞，沒有委托人的證詞，證據上不完整，不能直接證明徐文立所收 500 美元的確來自境外，也不能證明此資金是用來資助徐文立從事顛覆國家政權的活動的，因此， 起訴書中所稱"接受境外資助"不能成立。

（2）、起訴書指控徐文立"與境外敵對分子嚴家其相勾結，共同制定了《中國民主黨章程》(臨時)"，可是，沒有證據證明此《章程》系共同制定，只有嚴家其起草的《中國民主黨章程》， 而沒有徐文立起草此《章程》的證據，因此，不能認定為共同制定。

綜上，請法庭對辯護人的辯護意見予以充分考慮，根據事實和法律給予公正的判決。

辯護人：北京莫少平律師事務所

律師：莫少平（簽名）

1998 年 12 月 21 日

附件三：北京市第一中級人民法院刑事判決書──摘自中國民主黨人徐文立案匯編（11）

(1998)一中刑初字第 2769 號

．公訴機關北京市人民檢察院分院．

被告人徐文立，男，五十五歲，漢族，安徽省安慶市人，無業，住北京市宣武區白廣路二條四號四門四二三號。一九八二年六月因犯組織反革命集團罪、反革命宣傳煽動罪被判處有期徒刑十五年，剝奪政治權利四年，一九九三年五月被假釋，一九九六年四月八日刑滿，一九九七年五月剝權期滿。因涉嫌煽動顛覆國家政權，於一九九八年十一月三十日被羈押，同年十二月二日被逮捕。現羈押在北京市看守所。

指定辯護人莫少平，北京莫少平律師事務所律師。

北京市人民檢察院分院以被告人徐文立犯顛覆國家政權罪向本院提起公訴。本院於一九九八年十二月九日收到北京市人民檢察院分院起訴書後，依法組成合議庭。公開開庭審理了本案。北京市人民檢察院分院檢察員王化軍、李磊森出庭支持公訴。被告人徐文立及其辯護人莫少平到庭參加訴訟。本案經合議庭評議，現已審理終結。

北京市人民檢察院分院起訴書指控，被告人徐文立刑滿後，於一九九七年十一月至一九九八年四月間，先後在接受境外記者采訪、《與韓東方對談錄》及夥同秦永敏發表的《告全國工人同胞書》中，大肆叫囂在中國"結束一黨專制，建立第三共和，保障人權自由，重塑憲政民主"，污衊"人大選舉是'黑箱'作業"，造謠全國總工會"不是代表工人利益"，煽動成立"獨立工會"。宣稱"未來的那個憲政和現在已經有的憲法是兩回事"，"我肯定是想通過搞政黨政治的方式、改變選舉制度的方式來對中國的政治制度發揮自己的作用"。以上言論分別在境外刊物《中國之春》及其它媒體上發表，為顛覆國家政權做輿論準備。期間，徐還接受了境外資助。

起訴書指控被告人徐文立於一九九八年十一月間，為成立"中國民主黨"，與境外敵對分子嚴家其相勾結，共同制定了《中國民主黨章程》(臨時)，並向境內外散發。該章程在總綱中確定"中國民主黨的首要目標是在'中國結束一黨專政，建立第三共和'"。一九九八年十一月九日，徐文立公告成立了"中國民主黨北京天津地區黨部"，任"黨部主席"。在此期間，徐通過積極發展成員、舉行宣誓儀式、進行組織分工、策劃召開所謂的中國民主黨第一次全國代表大會等活動，實施顛覆國家政權的犯罪行為。

被告人徐文立在法庭審理中未做辯解．被告人徐文立的辯護人認為，起訴書對被告人徐文立的指控，部分事實不清、證據不充分，部分指控適用法律不當，請求法院予以公正裁決。

經審理查明：

被告人徐文立刑滿釋放後，繼續進行顛覆國家政權的準備活動。一九九七年十一月至一九九八年四月間，被告人徐文立在境內外刊物及其它媒體上發表言論和文章，煽動在中國"結束一黨專制，建立第三共和，保障人權自由，重塑憲政民主"，宣稱"我肯定是想通過搞政黨政治的方式、改變選舉制度的方式來對中國的政治制度發揮自己的作用"，"未來的那個憲政和現在已經有的憲法是兩回事"。

被告人徐文立為顛覆國家政權積極進行組織活動。一九九八年十一月間，被告人徐文立策劃成立"中國民主黨"，並與境外敵對分子嚴家其相勾結，共同制定了《中國民主黨章程》(臨時)，該章程在總綱中確定："中國民主黨的首要目標是在中國'結束一黨專政，建立第三共和'"，並向境內外散發。一九九八年十一月九日，被告人徐文立公告成立了"中國民主黨北京天津地區黨部"，自任"黨部主席"，並設立了副主席、秘書長，成立了"中國民主黨北京天津地區黨部北美分部"、

"中國民主黨北京天津地區黨部新聞發布中心"等機構。在此期間，徐文立通過積極發展成員、舉行宣誓儀式等活動，擴大組織，籌劃召開所謂的中國民主黨第一次全國代表大會，實施顛覆國家政權的行為。

一九九八年二月至十一月間，被告人徐文立為組織、策劃、實施顛覆國家政權，積極尋求並接受境外資助，且在《中國民主黨章程》(臨時)中明確規定尋求境外資助。

上述事實，有查獲的用來進行組織、聯絡活動的傳真電話等物證以及書證、證人證言、刑事科學技術鑒定結論等證據在案證實。

本院認為，被告人徐文立曾因犯一九七九年《中華人民共和國刑法》規定的組織反革命集團罪、反革命宣傳煽動罪被判刑，刑滿釋放後又與境內外敵對分子相勾結，尋求並接受境外敵對分子資助，進行組織、策劃、實施顛覆國家政權、推翻社會主義制度的犯罪活動，其行為已構成顛覆國家政權罪，系首要分子，又系累犯，依法應從重處罰。北京市人民檢察院分院指控被告人徐文立犯顛覆國家政權罪的事實清楚，證據確鑿。被告人徐文立的辯護人的辯護意見，無事實及法律依據，故不能成立。本院根據被告人徐文立犯罪的事實、犯罪的性質、情節以及對於社會的危害程度，依照《中華人民共和國刑法》第一百零五條第一款、 第一百零六條、第五十六條第一款、第五十五條第一款、第六十六條、 第六十四條之規定，判決如下：

一、被告人徐文立犯顛覆國家政權罪，判處有期徒刑十三年(刑期自判決執行之日起計算，判決執行以前羈押一日折抵刑期一日， 即自一九九八年十一月三十日起，至二〇一一年十一月二十九日止)，剝奪政治權利三年。二、查獲供犯罪使用的傳真電話等財物，予以沒收(清單附後)。

如不服本判決，可在接到本判決書的第二日起十日內， 向本院提交上訴狀及副本，上訴於北京市高級人民法院。

審判長王惠慶

審判員任連才

代理審判員柏軍

一九九八年十二月二十一日

書記員黃璇

（北京市第一中級人民法院公章）

沒收證物清單

1、電話機一部

2、傳真電話一部（MURATAF22）

3、打印機一臺（DESKJET）

4、電腦一臺（T2400CT）

5、通訊錄五本

6、《中國之春》二本總172、173期

我的父親徐文立無罪

徐瑾

——一九九九年一月八日在美國國會眾議院國際關系委員會聽證會上的書面陳述

一九九八年十二月二十一日，北京市第一中級人民法院在僅僅三個半小時的開庭審理之後以"顛國家政權"的罪名將我父親徐文立判處了十三年的徒刑。這種審判是可恥的。那些所謂的"犯罪事實"——那些我父親被據以控訴的罪行——實際上都是和平、理性的行為。而且這些行為都是受到中國去年十月剛簽署的"國際公民的政治權利公約"以及"聯合國世界人權宣言"所保護的。

沒錯，我父親和外國記者交談，他在文章中也表達了對一黨獨裁的不滿，鼓吹成立獨立工會並要求改變選舉制度。他的論述發表在國外刊物上，他也和其他人討論想法交換意見。而這些都是罪行嗎？所有他的這些作為都是公開且合法的。這次審判可說是典型中共制度下的"先判後審"。我父親只在審判前三天見了一次法院指派的辯護律師；開庭時既無證人，當然也就談不上對證人的訊問；所有我父親能做的只是一篇不到十分鐘的辯護陳述，而當他想讀出這篇辯護書時，卻遭到法官的拒絕。

這個審判宣稱是"公開"，但中國法制體制下的這個公開和國際上所認知的公開完全是兩回事。外國媒體被拒旁聽而且被阻攔於法院外遠處的隔離區；國際人權組織要求特派員旁聽觀察也未獲準；其他國家的外交官員，包括外國使館人員，也都被拒旁聽。

親朋家屬中，我母親是唯一獲得旁聽證而能入庭旁聽的人，就她孤零零一個。旁聽證的發配照理是先來先有，坐滿為止；但我母親算了一下，旁聽席上坐了二十二個人(有些人甚至還睡著了)，而空位則還有一堆。我母親也被警告不得在審理過程中做筆記。

我父親決定不上訴，他認為上訴等於是合法化了司法部門對他的整個起訴和審判。而且他希望借此表明中共不僅違反了國際公約，同時也違反了中國自己的國內法律和訴訟程序。這個審判說明了中國多出一部新的刑事程序法和刑法以外，其司法系統的不獨立和一九八一年我父親第一次被判重刑時是一模一樣的。在共產黨的中國，正義是必須向領導人的意志低頭的。

我父親知道他被判重刑的真正原因是中共害怕那些想法相同而屬於不同團體的人組織了起來——象知識分子、工人、農民、政治異議者。而我父親所做的只是想利用他結社自由的權利來組織一個反對黨——中國民主黨，以期望終能建起一個憲政民主的中國政府。

我父親並不是唯一被判重刑的人，中國民主黨的另外兩位成員秦永敏和王有才也因為相同而和平的組黨行為而遭到類似的可恥審判。還有許多一些和中國民主黨有關的人也被侵擾、監禁、剝奪職業。

張善光因為接受自由亞洲電臺談到兩起農民抗議事件而被判十年徒刑，而這樣的審判顯然也和他以前想把工人組織起來有關，因為中共是不允許獨立工會存在的。今天也在此參加聽證會的劉念春先生，也曾因為要求讓工人組織工會保護他們的權益而被關禁。類似的例子還很多。

我請求貴委員會設法促使中國政府立即無條件釋放這些人，使我父親和他們都能重獲自由。其他被控以類似罪名而將被審判的人也應被釋放。我希望美國政府能利用各種機會抗議中共對中國人民之自由的剝奪。我之前也已表達了希望克林頓總統和高爾副總統能為我父親的事件直接和中國最高當局直接交涉，但迄今未獲任何回答。

今天，我也希望你們能支持今年在日內瓦聯合國人權委員會的會議上通過譴責中國人權紀錄的決議案，並且要求白宮和國務院執行工作以確保此決議案能最終通過。

我堅信中國領導人不應簡單地以"內政"為借口來掩飾他們違反國際公約的行為，或借口甚麼政治、公民權利得視一個國家某一時期的社會、文化、經濟發展而不同。在這問題上，中國的十二億人民應有權談話，而這種權利賦予所有中國公民集會、討論並選擇他們領導人的自由，而這種權利是中國人民、中國領導人和你我所共有的。

謝謝你們同意將我的陳述收入今天聽證會的紀錄裏！

（北京之春）1999/2 期

(賀信彤：中共第二次審判徐文立紀實/附女兒徐瑾1999 年 1 月 8 日在美國國會眾議院國際關系委員會聽

證會上的陳述 全文完博訊 www.peacehall.com)

(徐文立 2005 彤攝影)

《人類正常社會秩序概論》增訂網路版自序

徐文立

仰承天恩，因特網昌新，我的精神之子《人類正常社會秩序概論》增訂版 2016 年得以面世。2018 年再上網路，提供免費閱讀、下載，歡迎批評。

說起這本書，直到現在我依然覺得是在夢中，絕對不可想像：我在獄中能夠寫超長的信，順利帶出、傳出，並於 2008 年成書《人類正常社會秩序概論》，簡直就是 上帝成全的「神蹟奇事」。我的《徐文立獄中書之一、二》亦是如此！只有感恩。

那就不由得，想講一些當年在獄中不能講的話。

上個世紀的五十年代，我短暫在故鄉——安慶的日子裏，就聽到我奶奶（外婆。我奶奶早故，未瞻慈顏；故，我從來稱外婆為奶奶）講述反清革命壯士——徐錫麟的故事，我的耳畔依稀還能聽到那沈重的腳鐐在故鄉麻石條的石板路上，趟出的嘩啦嘩啦的聲響；還有那渾身帶著血漬的麻布一條一條撕下……，即「凌遲」行刑的慘烈……，不忍聽聞。那年我 12 歲。

五十年代，中共既篡政得手，本應善待被統治者。可是，循著他們偉大導師列寧的遺訓：失敗的敵人會「以十倍的努力，瘋狂的熱情，百倍增長的仇恨來拼命斗爭，想恢復他們被奪去的『天堂』」（註1）。於是，在全國範圍「鎮壓反革命」，殺人如麻，橫屍遍野；劃著紅勾的槍斃人的「佈告」貼滿了我們家附近的市中心的牆壁和電線桿子，那紅色恐怖在我幼小的心靈中的震撼是不言而喻的。現在，想起依然令人不寒而慄。……

從1978年算起，至今也38年過去了，可能還會有人想不通：在萬馬齊喑、噤若寒蟬、乍暖還寒的那個年代，徐文立，你們怎麼敢開始「拼命的生涯」，即一定會被打成「反革命」的生涯？

難道不知死嗎？難道不知道這是「知其不可而為之者與？」

這些朋友也不可能不知道：「先天下之憂而憂，後天下之樂而樂」；「人生自古誰無死，留取丹心照汗青」；「我自橫刀向天笑，去留肝膽兩崑崙！」這些名句，這些豪言壯語，可能在當代一些人看來，十分迂腐，不合潮流；可是在我，那是自開蒙就滲入血液中的精神，和中國士大夫應有的基本品格；有這樣的情懷和品格，那就會很不一樣，那就會真的很不一樣！有這樣的情懷和品格，我會真真地去做，去赴湯蹈火，毫無猶疑，義無返顧，否則自己會永無安寧。

以至我也會為自己女兒取秋瑾的「瑾」為她的名，叫徐瑾；希望她既有女兒般的溫婉，更有男兒的豪氣。

可能這就是所謂「傻傻」的我，如附在首頁、在民主牆前的那張照片所示似乎行將「就義」的「傻傻」的徐文立。

年輕時代的我就有了的這股子「傻」勁，凡是這股子「傻」勁上來了，是九頭牛也拉不回來的。當年，1963 年我高中即將畢業，我是班主席，功課門門幾乎是名列第一，可是「我要自學」、不滿填鴨式的教育的念頭上了心，九頭牛也拉不回來，母親、哥哥、姐姐們怎樣苦勸也無濟於事，最終我休學自學，主動放棄報考大學，可能也成了當年的奇聞。

我自由了。

自由，其實也是一種無形的壓力，將我塑造成了今天這個樣子。

……

1978 年 11 月 26 日我和戴學忠首先衝擊報禁，辦了民主牆第一份民辦雜誌《四五論壇》的前身《四五報》，它開宗明義就是：「中國，除台灣省（當然還有香港、澳門）外，現在還沒有一張非官方報紙。……對立面的互相依存，又互相鬥爭。……這就是《四五論壇》發刊和存在的理論基礎。」

我創辦《四五論壇》倡導的就是政治和意識形態的多元化。

作為務實的理想主義者，我沒日沒夜地抗爭、苦戰，一直撐到 1980 年初，前後共 17 期。

1979年整整一年，民主牆前的民主討論會、大陸的第一次民意測驗、呼籲救人、大陸的第一次由民間公佈對政治犯的法庭的審判記錄，我都是親力親為……。

1979年10月1日中共30年大慶日，中共由於經濟頻臨崩潰放棄例行的國慶遊行，我和同仁們卻成功地組織了民間「政治要民主、藝術要自由」的「星星美展」遊行，結果是全勝而歸……。

1980年我提出呼籲全面的政治經濟改革的「庚申變法二十條」成為我的政治綱領和理論基礎，前幾年日本NHK電視台還專程從日本到美國我的家中追蹤採訪「庚申變法二十條」，他們認為至今看來仍然有它的現實意義。

1980年春節和夏天、1998年5月-11月我們兩次組黨嘗試。1998年最終建立起中國民主黨，衝擊黨禁；儘管中國民主黨今天在大陸還沒有取得合法地位，那實際也已經是客觀存在，僅僅在國內外就有幾十個分支機構，公開或秘密，而成為了不可能被中共消滅的政治力量。

結果是，1981年4月9日開始，我兩度被判刑共28年，實際坐牢16年……。

其實這一切對於我，僅僅緣於一個單純的想法，就是：毛澤東三巨頭死了，中國該變了！我們不幹誰幹？！

我們中國古往今來，有多少志士仁人不也都是拋妻捨子，殺身成仁的嘛！我們這一代人有什麼就捨不得的？！

有意義、有價值的人生，並不在乎壽命的長度。

今天回想起來，其實是有聖靈在冥冥之中牽引——

當我在獄中不得不用書信的方式寫出我對中國和人類社會深層次問題的思考的時候，我還不是一個基督徒。但是，我內心有 上帝、或上蒼的信仰。當時，只是一直在思考中國1949年之後的重重苦難的根由是什麼？是所謂的共產主義和共產主義變種的社會主義。那麼，共產主義和共產主義變種的社會主義又錯在哪裏？思來想去，我的結論就是：錯，就錯在背離人類正常社會秩序上。但是現在看來，背離人類正常社會秩序的問題，不僅僅在原來的所謂的社會主義的國家，幾乎成為了東西方國家的通病和共同誤區。這樣看來，我這本小冊子就更有了特殊的普遍意義。

這小書就有可能成為：我一生對人類社會最有意義的奉獻。

所以我就更願意奉獻出來，讓更多的人的了解、延展，當然也願意聽取更多的批評。

在獄中我能夠寫這些，又能夠傳遞出去，完全是女兒的來信和向我詢問的問題給我提供了機會，讓我有可能從中國傳統思想中，引申出了人類正常社會的秩序、和不得背離的思路。

出獄之後，來到美國，2009年1月17日我把我的基本思緒和核心內容做了以下的概括：

「我認為，人類正常社會秩序是由三個支點在支撐著：

1）人人生而平等；

2）人生而有差異；

3）人的不完美性；」（註2）

2010年8月19日-11月6日我為紀念辛亥革命一百週年進行的歐洲萬里行時，我進一步地把以上的思考，闡述為：中國（乃至世界的）前途不應再是「現代化」，而是「正常化」。

「『正常化』三個基本點是：

1. 人，生而平等，即人的尊嚴，權利和機會應該人人平等。

2. 人，生而有差異。即社會政策可以向弱勢群體傾斜，但是要反對不勞而獲、坐享其成，承認多勞多得、合理差別。

3. 人，生而不完美。所以要法至上。任何個人的自由是法治下的自由；公共權力更是法治下、以及反

對力量和公眾輿論監督下的公共權力。」（註 3）

1993 年 5 月 26 日開始，我兩度被美國和西方政府及國際輿論營救出獄，1999 年榮獲諾貝爾和平獎提名。最後 2002 年聖誕夜舉家流亡美國，2013 年開始在美國常春藤大學之一的布朗大學榮獲榮譽博士（L.H.D.）並服務十年，直至榮退。同年申請在中國民主黨全國聯合總部主席職位上退休。

其中，2011 年是對我的人生有特殊的意義的一年。

就是在這一年，我在 主的愛僕的引導下，在連接中美兩國的太平洋中受洗，成為了基督徒。之後，我這才明白，人類正常社會秩序，其實都是 上帝的律、上帝的旨意。

我強烈地認為，二十世紀的災難一直蔓延至今，是東方的中國完全拋棄哪怕是虛偽的社會主義，西方完全拋棄所謂的民主社會主義，回歸人類正常社會秩序的時候，來到了。

人類社會只有遵循 上帝的律、 上帝的旨意，人類才能夠避免人為的社會災難。

全世界都知道，現在不少的中國人很「任性」；其實，是「焦躁」，更是對中國未來的不確定性的「焦慮」。毛澤東時代，中國大陸是「人有多大膽，地有多大產」、「上九天攬月，下五洋捉鱉」、「超英趕美」。當下，習近平是「實現中國夢」,揚言:「我們只用了 30 年就完成了西方大國幾百年現代化的進程」、「我們要不甘於世界的現有秩序,要成為世界規則的制定者」、「21 世紀是中國的世紀」、「一帶一路,走向世界」、「中國必定超越美國,本世紀取代美國不在話下」等等,而且最囂張和危險的是在於:中共透過它的「大文宣」不斷叫囂:我們(中共)的利益在哪裡,我們(中共)的邊界就在哪裡。換言之,現在中共的利益已經在美國華爾街的話,中共他們的邊界就在美國華爾街……。

中共開始了新的「大躍進」進而妄圖稱霸世界的時代。

全世界和人民不得不警惕啊!

可是作為中國人,我在美國工作和生活了 14 年之後才深深感到,雖然這幾十年中國大陸的經濟發展和基本建設發展很快,但是就中國總量上和美國比較,文明程度和鄉村建設,中國大陸比美國整整落後了近一百年;美國的自然環境更不是中國可以企及的:美國幅員遼闊、物產豐富、三面臨海、北部還有五大湖;自由的環境和基礎科學堅實,讓它科技高度發達。記得,七十年前的日本也曾經有過「不可一世」的時代,只有屢建奇功的山本五十六因為在美國留過學,他曾經告誡日本人,日本惹了美國,必敗於美國。一語成讖。我在美國工作和生活了 14 年之後才清醒地認識到,美國才是一個基本上實現了「人人生而平等」、「無為而治」的法治國度。

但是，即便在這樣的國度：在學校，校長就是校長，每逢畢業遊行，校長一定走在隊伍最前方，衣飾出眾，權杖開路；在公司，董事長就是董事長；在國家，總統就是總統。反而，沒有社會地位的「所謂絕對的平等」和社會待遇的「所謂的絕對平均」。為什麽？因為他們懂得「人人生而平等」，不代表社會地位的絕對平等和社會待遇的絕對平均；「人人生而平等」指的是人格尊嚴和公民權利上的平等。

造物者，在安排群體生活的人類社會就注定，讓人們「生而有差異」。道理很簡單，一個學校不可能人人是校長，一個公司不可能人人是董事長，一支軍隊不可能人人都是司令官，一個國家更不可能人人都是總統。「人生而有差異」暗合了人類社會生活分工合作的需要。當然，這差異也不應該到了不合理的程度。上下社會階層合理的流動是社會有活力的源泉。

可是，深受「西方文藝復興負面影響」和「共產主義實踐」，特別是毛澤東實質上的「假民主觀、真無政府主義」的雙重洗腦後遺症的中國，卻「平等」的不行、「自由」的不行、甚至「民主」的不行；不知道、也不想懂得「人，生而有差異」；不知道、也不想懂得雖然「將相寧有種乎」，但是「將相」一時一地就只有特定的「一位」。

「平等」不可能絕對；「自由」是在「法治下的自由」；「民主」是有權利的「讓渡、代議」的民主。

史上「無信」、「歹毒」莫過於毛澤東，世上「無情」、「專制」莫過於共產黨。從 1921 年開始的漂亮政治口號，假大空的政治承諾，既成全了他們，也夢魘了他們。毛澤東從 1949 年到「文化大革命」的不間斷的折騰，某種意義上，不就是漂亮政治口號，假大空的政治承諾的夢魘嗎？中共和一切政客一樣，謊言比真話說得還好聽！

現在，就如習近平明明想做一個專制的「紅色皇帝」，卻偏偏要高舉毛澤東的「為人民服務」，當人民的勤務員，高唱：「人民對美好生活的向往，就是我們的奮鬥目標」，真是好聽！不然，專門會揣摩「上意」的幫閒走狗為什麼要轉著彎地，才能騙到全國人民叫習近平為「大大（實際是爸爸）」、彭麗媛為「麻麻（實際是媽媽）」呢？！

所以，我要說：漂亮的口號是政客、更是民眾的夢魘！作為所謂的漂亮口號「中國夢」的「人民的勤務員」的習近平，竟然恬不知恥「誘使」全國人民叫他為「爸爸」，難道還有比這更大、更虛偽、更恐怖的「中國夢魘」嗎？！

幾個世紀，最大的漂亮口號就是所謂「現代化」。那麼，人們指望的「現代化」實質內容，主要有二條：

1，　　人類的物質財富會越來越極大的豐富。

2，　　人類財富的分配會越來越平均的分配。

「現代化」除了隨著科技的進步，的確給人類帶來更多的物質享受和便利之外，人類財富的分配並沒有越來越平均，就這樣不平均，地球都無法承受，要想人類的物質財富越來越極大的豐富、分配越來越無差別的平均更是不可能。中國的所謂模式不可能持續、歐洲的衰微、世界性的紛亂多源於此。看看臺灣的紀錄片《±2℃》就知道這是不現實的。我們不要自欺欺人了。所以我願意，把我曾經提出過的《第三共和宣言》中的"自由均富"修改為"自由富裕"。

我在美國生活的 14 年,讓我很欣賞許多美國人「閒適」的生活態度，既追求「人人生而平等」，又承認「人人生而有差異」，更明白「人人生而不完美」，以平常心過著正常的生活。

我希望，人類用「正常化」「正常社會秩序」替代「現代化」「絕對平均主義」的追求。這就是我 2008 年開始將 16 年牢獄生涯的思考結晶《人類正常社會秩序概論》獻給全人類的全部原因。

我以下的附件中的三、四，就是讓讀者可以看到，觀念的改變，對人類的重要；以及不堪重負的地球，需要人類的新觀念、新態度。

這些就是我發表《人類正常社會秩序概論》網絡版

的時候最想講的話。

（註1）

「從資本主義過渡到共產主義是一整個歷史時代。只要這個時代沒有結束,剝削者就必然存在著復辟希望,並把這種希望變為復辟行為。被推翻的剝削者不曾料到自己會被推翻,他們不相信這一點,不願想到這一點,所以他們在遭到第一次嚴重失敗之後,就以十倍的努力,瘋狂的熱情,百倍增長的仇恨來拼命鬥爭,想恢復他們被奪去的'天堂',保護他們從前過著甜蜜生活,現在卻被'平凡的賤民'弄得貧困破產(或從事'平凡的'勞動)的家庭。」

——（列寧：《無產階級革命和叛徒考茨基》〈列寧文選〉第三卷第 636 頁）

（註2）

《徐文立：2009 年 1 月 17 日我的基本思緒》

（註3）

《徐文立：2010 年 8 月 19 日-11 月 6 日歐洲萬里行的思考——中國前途不應再是「現代化」,而是「正常化」》

附件——《關於人類正常社會秩序和法治的探討》

（2015 年 3 月開始,2-4 內容略）

On Saturday, March 7, 2015, 徐文立:

諸君：我（徐文立）的簡要回覆——

人類社會由於「某種」原因，有個「剛」性的、幾乎是人類自身不可克服的力量、在「無情」地制約著「注目禮」式的等等慾望，所以我在獄中寫這個、後來被我命名為《人類正常社會秩序概論》的小書，出獄後我才可能把這些概括為：

我的基本思緒

（2009 年 1 月 17 日）

2008 年 11 月 15 日，我的著作《人類正常社會秩序概論》在香港出版之後，不少朋友問我的基本思緒是什麼，現在，我概括回答如下：

（一）我認為，人類正常社會秩序是由三個支點在支撐著：

1）人人生而平等；

2）人生而有差異；

3）人的不完美性；

（二）我認為，建立自由民主的政治制度需要兩塊基石：

1）全社會的高度自治；

2）公民用契約合法擁有包括土地在內的私有財產的神聖不可侵犯；

我認為，一切正確的思想、哲學、法理、法律、和政治意識形態，皆應來自於自然和自然法則。

「人人生而平等」既是政治意識形態，又是來自自然、而且是最自然不過的自然法則。「人人生而平等」作為政治意識形態太久遠了，以至於人們忘記、或忽略了「人人生而平等」是來自自然、而且是最自然不過的自然法則。任何人，不管他是榮華富貴一生，還是窮困潦倒一生，或平庸無為一生，都是：生，赤條條而來；死，赤條條而去，這就是「人人生而平等」自然法則的自然基礎。

也許，對人皆是「生，赤條條而來」，不會有不同看法。可能，對人皆是「死，赤條條而去」，會有歧異。因為榮華富貴者，可能是穿金戴銀而去；甚者，身後有金山銀山；無錢無權的孝子也難脫俗，或紙紮個電視、別墅什麼的……。這些，不論抱任何觀念的人，恐怕都明白是做給活人看的。

即便，有人持有靈魂說，恐怕也不會否認死者是無知覺、無意識的。這樣看來，「死，也赤條條而去」，不會錯到那裏。

當然，也有人認為「人人生而平等」是神授的。在這點上，相信不相信神授論，並不重要，至少都不能否認，人是大自然的神奇的造化之物，就如許多中國人並不相信上帝，但是他們卻相信老天爺的神奇的造化一樣。

所以說，「人人生而平等」是最自然不過的一個自然觀、自然法則。把它推為政治的意識形態是後來的事情，特別是西方文藝復興之後。

最後爭論的焦點可能將是「人生而有差異」這個論斷。所謂「共產主義」、或是「社會主義」所以敗亡、「社會福利主義」難以為繼，說明不承認「人生而有差異」不符合人類必然群體勞作、分工合作及和諧生存的實際，是一切極左思潮的根源。「差異」幾乎是「剛性」的事實，有些一般性的「差異」當然不是不可克服和逾越的。這和「人生而平等」指的是人格和尊嚴的平等，不是社會結構中的地位和分配結果的絕對平等是不矛盾的。

（2）在 2015 年 3 月 7 日 上午 12:27，徐文立寫道：

謝謝你在看《人類正常社會秩序概論》，我那本小書的意義在於是對中國和世界未來的思考——

中國前途不應再是「現代化」，而是「正常化」

——歐洲萬里行的思考

（2010 年 8 月 19 日—11 月 7 日）

今年夏天，我自5月18日開始至8月25日在歐洲14個國家，為紀念「辛亥百年、顏色革命、結束專制、再造共和」行走了三個多月。我的體會是——中國前途不應再是所謂「現代化」，而應是走向「正常化」。

人類幾百年「現代化」的歷史表明，「現代化」有利有弊，個別領域弊大於利。

歐洲各民主國家的民眾普遍沒有了「現代化」的焦慮，生活得安逸和從容，因為不論是老牌的西歐國家（英國、德國、法國、奧地利、荷蘭、比利時、盧森堡、愛爾蘭和2006年我曾去過的瑞士、西班牙）、北歐國家（丹麥、挪威、瑞典和2006年我曾去過的芬蘭），還是新近顏色革命回來的原東歐國家（捷克、斯洛伐克、匈牙利），以及2007年以來去過的澳洲、日本、加拿大，不但處於「後現代化」時期，而且處處呈現出「非現代化」的表征，人們普遍崇尚自然、天人合一，越來越察覺社會民主主義的福利社會難以為繼，作為後發國家的中國自然應該明智地把我們過往一味追求「現代化」的方向，調整為天人合一的「正常化」的方向。特別天人合一等等最優秀的諸子百家的哲學思想就生發在我們中國秦朝之前的封建社會。封建不應再是落後、錯誤的代名詞。

「正常化」三個基本點是：

一、人，生而平等。即人的尊嚴、權利和機會應該人人平等。

二、人,生而有差異。即社會政策可以向弱勢群體傾斜,但是要反對不勞而獲、坐享其成,承認多勞多得、合理差別。

三、人,生而不完美。所以要法至上。任何個人的自由是法治下的自由;公共權力更是法治下、以及反對力量和公眾輿論監督下的公共權力。

然而,在當今中國只有完全結束了中共的一黨專制才有可能順利實現社會生活的「正常化」。我們還要走很長的路。

《人類正常社會秩序概論》

（全文）

《人類社會正常秩序概論》正文，即 2002 年第一封重要家信

《人類社會正常秩序概論》正文，即 2002 年第二封重要家信

《人類社會正常秩序概論》正文，即 2002 年第三封重要家信

《人類社會正常秩序概論》正文，即 2002 年第四封重要家信

《人類社會正常秩序概論》正文，即 2002 年第五封重要家信

《人類正常社會秩序概論》正文，即 2002 年第一封重要家信

一

爸爸 2002 年 7 月 13 日的來信

彤並晶兒：謝謝你們的生日祝福！

這月見面訂於 7 月 23 日（星期二）。

我是 7/5 見彤 6/27 信，但彤所提 6 月 19 日信並未見到，彤 6/7 信是 7/11 見到的，謝謝琴給買的布鞋，可惜大了 1 號，穿其它鞋 40 號可以，布鞋就太桄了，這類鞋可能純布底更好穿，若方便就換一雙布底 39 號即可。少帶東西，小包裝鹹菜在超市應有代銷「天園」或「六必居」的，天太熱，不可跑那麼遠去買。

為晶晶買的《中國當代藝術 2001》可買到？可帶我先一閱。

我如子曰：飯疏食飲水，曲肱而枕之，樂亦在其中矣。不義而富且貴，於我如浮雲。所以盡請放心！

晶晶問那個問題，讓我只好先放下研讀的《中國美術史》，閱此史自然是想給晶兒作一下閱讀提示。

那個問題，較準確的答案應該是：

子曰：吾十有五而志於學；三十而立；四十而不惑；

五十而知天命；六十而耳順；七十而從心所欲，不逾矩。

《四書·論語·為政第二》

我為什麼用了「較準確」而未用「正確」一詞呢？因為《論語》本身就不是孔子的原著，而是孔子的弟子們及後世人記載孔子和弟子們對談的「語錄」，這些語錄是否正確記錄了孔子的言論，是有存疑的。中國史界、學界長期以來曾就其中許多問題進行過一些毫無意義的爭論，誤了許多人，也誤了許多事，甚至可以說有些直接阻礙了中國社會的進步。更何況，即便這些語錄都是孔子的原話，也不可認為句句是真理，放之四海而皆準。

對於古人、前人、他人的有價值的言論，只能采取研究、分析、揚棄、創新的態度，不可泥古而不化，中國社會每次的停滯不前，思想精神領域出不來「大家」，就是對某人某學說過於迷信，墨守成規所致的，世代中國讀書人從「我注六經」始，到「六經注我」終，這種學習方法是不可取的。這就是我在晶晶開始重學中國傳統文化時，又要提醒的一方面。

要理解孔子這句話，首先要搞清楚，這是孔子就自身的人生體驗所歸納的，孔子是智者，是聖人，他才能達到這一步、一步一步的，並不是所有人都能做到的，然而現在是所有人都拿此套比，似乎人人都能如此，自欺欺人罷了。當然，也不可以此束縛所有人。所以不宜一概套比，只可以作為一種高標準的參照系，來驗證自身進步的程度而已。

孔子曾謙虛地說自己：我非生而知之者，好古，敏以求之者也。

他認為：「生而知之者，上也；學而知之者，次也；困而學之，又其次也；困而不學，民斯為下矣！」甚至認為：「唯上知（即智）與下愚不移」。這充分表現了他作為社會良心、真正的智者在理論上的徹底性，這是政客式人物所不敢言的。

孔子在他老年時曾說：「加我數年，五十以學易，可以無大過矣。」可見，孔子是多麼重視「易」的學術價值，孔子晚年重點就是研讀「易」，以至把聯繫竹簡的繩索或皮繩翻斷三根，可見翻閱之勤勉。

「易經」才是我們中華文化哲學的源頭。那是先民在狩獵、農耕、婚嫁、生育、出行、戰爭……等等，各種活動時產生的自然需求：預知結果的凶吉，反反復復，經歷千百年的探尋，他們發現凶吉的前景是有規律可循的，他們聰明地發現千事萬物都是由一陰一陽所組成、變化而預示未來的。如上下、左右、東西、南北、男女、好壞、凶吉等等、等等，他們更聰明地發現用圖像能表達得更直觀、更準確、更形象，如—為陽，--為陰，一陰一陽是謂道，陰魚和陽魚構成的太極圖更是如此，陽魚的眼睛長在陰魚那邊，陰魚的眼睛長在陽魚那邊，這說明他們懂得了物質、思想的最基本、最生動的組成，而且懂得了至今許多人並不懂得「你中有我，我中有你」這基本的哲理。上古巫師（即後世史官的前身）用此法、此理預測未來，甚至屢試不爽。所以，不要怕承認「易經」就是占卜的書，就是算命的書。現在有一種將「科學」神話的趨向。其實，「科學」本意即「分科的學問」，它不能與真理劃等號。真正的「易經」從來只是講趨勢，綜合各種可知、未知的因素來判斷、預測趨勢，並非算出肯定的結果，排除其中一些人為制造的迷信和某些手段的不科學成分，它就是一種預測學。

相傳是「人祖」伏羲制八卦（中國人認為半蛇半人身的伏羲、女媧創造了人），是從「洛書河圖」中得到太極八卦的，我和彤曾去的安陽羑里拜訪周文王被殷王所囚的第一所中國中央監獄本是一片荒野，自然文王只能用隨處可尋的蓍草演八卦而成六十四卦，……。

這當然不是說孔子的學說不是中國文化的源頭，那是第二個源頭，那是經世治國的文化的源頭，首先要了解它產生的時代背景，如西方大體相同時代的亞里士多德、蘇格拉底、柏拉圖……。（再談）

        愛你們想你們盼你們的

        徐文立

2002 年 7 月 13 日

　我建議晶晶在讀四書五經之前，要先讀我認為價值如西方聖經一樣的《東周列國志》和中國古代神話傳說這兩本書，既通俗，又可了解時代背景，其中智慧無窮，藝術想象力無窮，很有利於晶晶的創作。

　又及

《人類正常社會秩序概論》正文，即 2002 年第二封重要家信

二

爸爸 2002 年 8 月 1 日的來信

彤並晶晶：你們好！

　　7/29 真是大豐收，見到彤 6/19、7/23、7/24 三封信和信中所附來的晶晶的關切和深愛：「我爸爸麼！」

　　做爸爸的我和做媽媽的彤真是心往一處想，都在不約而同地想著今後怎樣為晶晶未來的家建一個常青的花墻。

　　在盛伏之中，讓彤為晶晶四處尋覓《中國當代藝術 2001》(工人出版社)，真是為難彤了！你們倆是我這一生最愛的二個人，也是我這一生中虧欠最多的二個人。所以總想為你們倆作點什麼……，買《中國當代藝術 2001》就是想讓身在海外的晶兒能即時地、甚至實時地了解國內藝術領域的現狀和最新發展，並有所啟迪和借鑒。據報載，現在，在西長安街延長線石景山那邊建一個國際雕塑園，從初步的平面圖像看，頗有水準。

　　現在有《五經注釋》138 元，可能西單圖書城有售，請買一本。彤買的布鞋自然是十分合腳，那雙皮底布

鞋若是已換好，就不必再帶來，若不好換，40號的也就可以了。……。總之，天熱一定不要揹許多東西。

今年最讓我高興的二件事，一是晶晶將擁有一個大的工作室，剛裝修的話，一定讓它出出異味再住進去。二是彤今夏能堅持遊泳，但願我們同遊弋時，彤能遊500米，會遊了，每周去3-4次即可，能否找一個一天當中人最少的場次去遊？問問那些教練和工作人員，他們有經驗。彤檢查中有三項超標，信中只見二項，還有一項是什麼？

子曰：「知（即智）者樂水，仁者樂山」。山水，我們都喜歡。子又曰：「中人以上，可以語上也；中人以下，不可以語上也。」所以池莉（武漢現代作家）那話有一定道理，不過孔子認為「可語上」的範圍稍寬鬆一些。而且在孔子那裏，「教」是「無類」的。這體現了儒家寬仁的一面。

我那天忘了說展覽是歷史博物館目前在展出的「中國古代文物精品展」，彤值得一看，眼中放得都是真品，假的就打不了眼。不過，今後「故宮」也要建「數字故宮」，讓故宮稀世寶藏在網上供人瀏覽，這可是功德無量的好事。

我7月13日是想到哪裏寫到哪裏，難免不少誤錯，我不想把錯誤的知識傳導給我的女兒，請彤按以下提示（略），將那信認真地訂正，之後再復看1-3遍，再發給晶晶。

孔子說自己是「五十而知天命」，又說「天命不可違」。那何謂「天命」？從現在的孔子言論中似沒有答案。孔子對此類問題一貫采取「敬而遠之」或「存而不論」的態度。依我看，人的命運就是：人生陰錯陽差的軌跡。這「陰錯陽差」便是所謂的「天命」，是任何人不可能違拗的，一個個人你左右不了這「陰錯陽差」，這是「天」定的。所以常言道：謀事在人，成事在天。這個「錯」和「差」都不能當「錯誤」和「差錯」講，這個「錯」和「差」就是「確定性」和「不確定性」的總和。孔子為什麼能說自己「五十而知天命」呢？這跟他成年之後反復研究的「易經」有決定性的關系。「易經」在用於占卜的時候，所用的方法就是在一定程度上模擬了「陰錯陽差」，即「確定性」和「不確定性」相結合的方法。所以在高手（只可能是極少數人）的演繹之下，幾乎能逼真地演繹出這「陰錯陽差」的命運，甚至屢試不爽，再加上「易經」之「系辭」所作的趨勢性的解釋，如常人都知道的「塞翁失馬焉知非福，塞翁得馬焉知非禍」式的非常辯證非常趨向性的分析推斷，所以孔子在深入研讀了「易經」之後，才敢說自己「五十而知天命」。這裏有一個非常有趣的巧合的現象，不論是最高超的東方哲人，還是西方的最頂級的科學家，非得活到生命的晚年才會「殊途同歸」。孔子「五十而知天命」，舉世公認的當代最偉大的科學家愛因斯坦也在晚年在聽了「巴赫管風琴演奏曲」的音樂會之後，吃驚並肯定地說：現在我真的相信有「上帝」存在！因為他聽到了天籟（音賴lai）之聲，用中國詩人的語言：這叫「此曲只應天上有」，這是來自天堂的聲音。當然孔子的「天」和愛因斯坦的「上帝」完全可能並不是一個有形的，如人為的耶穌、聖父、聖母、佛祖那種有形的偶像，而只是存在於冥冥之中的神秘所在。那麼，為什麼非要等到他們的晚年才可能「殊途同歸」呢？那是因為這時候的他們已經變得更純潔、更純粹，也更非世俗化了。當然，不是指所有人的晚年都是如此，一些人不是越來越糊塗嗎？（再談）

　　　　　　　　愛你們想你們盼你們的

　　　　　　　　　　　　徐文立

2002年8月1日

　　天十分熱，我尚好，不知你們如何？念念！八月八日就立秋了！

文立又及

　　彤打乙肝疫苗有反應嗎？當天似不應去遊泳，怎麼要打三次？再及

《人類正常社會秩序概論》正文，即2002年第三封重要家信

三

爸爸2002年8月17日來信（8月22日收到）

彤並晶兒：你們好！

這月見面訂於8月29日（星期四）。

我是8/8見彤7/31信，8/14見彤8/6信的。我8/1信可收到？祝賀彤取得了深水合格證，真是了不起，身體檢查結果也讓人放心。小佳妮實在很可愛，跟她媽媽小時侯一樣可人疼！替我問候孫哥、大姐！彤今夏遊泳一定辛苦了，立秋了，可否到牛街買點羊肉，做白水羊肉補補，每次不宜多買，爭取每次都吃最新鮮的，九點以前去，會買到好部位，多問問老回民牛羊肉的吃法、做法，總之身體是第一位的。8/5又見彤8/2信。

又有二本好書可買：1.林達著《帶一本書去巴黎》，三聯書店，今年5月出版，35元，林達即彤曾買的那三本很好書的作者。2．程乃珊著《上海探戈》，學林出版社，今年6月出版。來時少帶東西，……。

接上信，再和晶晶談孔子·四書等。

世界上常有驚人巧合的事情發生,這種事情又常常

是人類自身無法解釋清楚的。西方人愛稱之「聖跡」。

巧合的是，就在東方中國的文明發端之時，西方文明也在古希臘興起。幾乎在同一歷史時期，古中國出現了老子、孔子、孟子等諸子百家；古希臘也產生如亞里士多德、蘇格拉底、柏拉圖等群賢畢至的壯觀景象。

孔子出生在戰爭頻乃的春秋時期，自認為背負著巨大社會責任的讀書人，他苦苦探尋的是治國安邦的良策。

他的理念和理想集中體現在他的「大學」之中，孔子曰：

「大學之道：在明明德，在親民，在止於至善。知止而後有定，定而後能靜，靜而後能安，安而後能慮，慮而後能得。物有本末，事有終始，知所先後，則近道矣。

古之欲明明德於天下者，先治其國；欲治其國者，先齊其家；欲齊其家者，先修其身；欲修其身者，先正其心；欲正其心者，先誠其意；欲誠其意者，先致其知；致知在格物。物格而後知至，知至而後意誠，意誠而後心正，心正而後身修，身修而後家齊，家齊而後國治，國治而後天下平。

自天子以至於庶人，壹是皆以修身為本。其本亂而末治者否矣；其所厚者薄，而其所薄者厚，未之有也。」

《四書·大學》

這是孔子思想的核心部分。

孔子和他的承繼者在此「核心思想」基礎之上發展起來的孔孟之道，即儒家思想，不但對以農耕為主的中國社會奠定二千多年超穩定發展做出巨大貢獻，同時也對中國專制社會的長期停滯負有不可推卸的責任。

可是，孔孟之道畢竟揭示出了人類社會所共有的亙古不變的一些內在規律，它曾以它特有的智慧光芒照亮了東亞文明、東南亞文明、東方文明乃至整個世界文明，它仍將在未來影響著人類社會文明的全部征程，我們必須研究它，搞清它對人類社會文明的利弊，搞清我們的毛病到底出在了哪裏？興利去弊，造福我們，造福我們的後代。

孔子誕生於亂世，他的思想也誕生於亂世，他偏偏要逆水行舟，探尋並發現「止亂求治」的救世之道，這就注定了他一生的不得志，當他周遊諸侯列國，向各國統治者推薦他的思想的時候，各國統治者不是聽不懂他的理論，就是認為他的理論太不合時宜，不但這些統治者，甚至後世表面尊崇儒家思想的統治者也都更喜歡和更需要「權術」和「厚黑」，以圖擴大他們的疆土或權力，哪裏會去理會什麼「慎終追遠」，便能取得「民德歸厚」這樣奇效的主張呢？以至「權術」、

「厚黑」這種似乎極聰明極實用的思潮在中國的過去乃至現在都能婦孺皆知，大行其道，豈不知這種貌似聰明、其實是小聰明、甚至是骯臟的東西大大地毒害了中國人、誤了中國人，也大大地毒害了中國，也誤了中國，以「權術」和「厚黑」思想武裝起來的、當時的諸侯各國和以後的歷朝歷代的中國統治者，自然而然地也逼迫中國的小小老百姓也「成熟」地用「權術」和「厚黑」以應對，君不見，在中國最盛行最普及最「智慧」也是最消極的想法就是：「出頭的椽子先爛」，「天塌下來，讓大個子的頂著。」結果必然就是，雕蟲小技靈光得很，大智大勇卻可憐鮮見。

生不逢時的孔子，當然從另一層意義上講，又是「生正逢時」的孔子在遊說諸侯列國時常常逃亡如「喪家之犬」，迫不得已才轉而收徒授教，當上後世的至尊「教聖」，這是被逼出來的，歪打正著，以至讓孔子找到了一條將他的學說加以推廣並開花結果統治中國二千多年的坦途。雖然後世的人們將孔孟之道即儒家思想尊為國學，可它的命運也不是那麼一帆風順。凡中國社會處於亂世，孔老夫子必首當其沖，被打倒被糟踐；每捱到治世，才能趾高氣揚，天下至尊。我和彤到曲阜，是親眼看到了孔子那如九五之尊的輝煌的府邸、陵寢的。這也從另一個側面證明了孔儒之學是治世之說。

那麼，孔儒之學是如何，或者說是憑了什麼成了「成功的治世之說」的呢？千百年來不知有多少人窮畢生精力想破解這個秘密而未得。不過依我看，要想破解這個秘密首先要破解孔老夫子，他到底發現並破解了人類社會的什麼永恒的秘密，他到底解決了人類社會哪些永恒的難題，這還要從孔子核心思想，即「大學」入手。

這段「核心思想」在表述上的邏輯美，是無以倫比的，言簡意賅，絲絲入扣。以這段「核心思想」為基礎再結合孔孟的其他論述，可以從以下二個方面，破解孔孟學說的核心秘密和他們破解的人類社會的二個永恒的核心秘密。即：

一．人性·善惡·教化

二．人類社會的基本結構·人等而分之

下面我分而論之。

一、人性·善惡·教化

我們既然研究的是人類社會的問題，自然應該離不開對「人」及人最本質的東西即「人性」的研究。有一種西方傳過來的理論，該理論的首創者起初也重視對人的研究，可惜該理論的開創者和後續的研究者都被人類社會在一時一地的政治關係和經濟關係所迷惑，一味地從一時一地的政治關係和經濟關係出發去定論一切時空下的人類社會。所以無奈在實踐上，就逐步被社會現實所拋棄。盡管世界上古往今來有多少學說成了匆匆過客，可是以研究「人」為學說的孔孟之道卻能「溫故而知新」，風雨過後，總能再露崢嶸。中國的孔孟學說，包括春秋戰國時期的諸子百家，盡管他們的研究和結論在側重上有所不同，甚至有很大的分歧，但在這一點上都十分相同，即對人對人性的研究上是同樣下功夫的。這就找準了研究人類社會的鑰匙—人性。

孟子說：「惻隱之心，人皆有之；羞惡之心，人皆有之；恭敬之心，

人皆有之；是非之心，人皆有之。」

《孟子·告子上》

所以，儒家肯定地認為：人之初，性本善。

我認為，人世上沒有絕對的善人，也不存在絕對惡的人，由於先天和後天兩種復雜因素共同作用的結果，任何人都是善惡皆有之，只不過因人而異，多寡不同而已。依我觀察，人群中善惡參半者居多數，大善小惡者、大惡小善者皆居少數或極少數。而且，人之初就存有向善和向惡兩種傾向的因素。

所以，小孩子從小就不宜嬌慣，否則，遺害無窮。這一點，是險惡環境中生活的動物都知道的道理，可惜一些人類反而不懂得。

人性既有善惡的問題，就自然而然的存在著一個教

化的問題。但是如果誤把這種對人性的教化作為人類的教化的唯一主題，就不可避免的會偏廢對人類社會進步同等重要的其它各類學科的探尋、研究和教化，當然更談不上以創新的態度去發現新領域、新問題了。「科學」就是「分科的學問」。如果唯有「經學」，或只對幾門與人類生存生活息息相關的不可或缺的「文學」、「技藝」、「天文」、「算學」、「中醫」、「織造」、「營造」等幾門有限學問進行研究，或者僅限於經驗積累，那麼古老中國停滯在農耕社會而不能自拔也就是毫不足怪的了。但是又不能以泛濫的「經學」曾誤國而簡單地全盤否定之，因為要解決人類社會自身的問題，還是離不開研究人與人性這個帶有本質意義的根本問題，這是開啟人類社會問題研究的鑰匙，在這一點上，孔孟並沒有錯。

孔子認為一切正確的行為在於「止於至善」，那麼，如何才能「止於至善」呢？就在於「修身」，即自身的修煉和接受教化，因為，「身修」則「家齊」，則「天下平」。

孔孟的修身的目標是「至善」，「至善」對不同的人是有不同的要求的：君要仁、臣要忠、民要孝。孔孟的孝還有一點延伸，就是「弟」，即「悌」。儒學大師朱熹的解釋，「悌」即善事兄長。可是，綜合孔孟的其它言論看，這個「悌」可能更寬泛，不單指對兄長，是對同輩人的一種泛愛。所以，孔孟要求人們「入則孝，出則弟」。他們認為有了這二條，萬事皆平。

這道理看似深奧，說開來也十分簡單。其實，越深奧的理論常常越「簡單」。

人類社會都是由家庭作為基礎單位而組成的。在任何一個家庭裏，長輩對晚輩的關愛往往是無條件的，甚至不求任何回報，所以俗話說：眼淚總是往下流。然而如果出問題，常常就出在晚輩怎樣對長輩上，如果每一個晚輩都能盡孝，而且對其他家庭成員都能「弟（悌）」，即關愛每位同輩人，那這個家庭能不和睦嗎？普天之下，家家皆和睦，再加之君仁臣忠，天下何愁不平。當然，孔孟的「修身」內容不僅僅這樣一條，在這裏也只是提綱挈領，抓住問題的核心借以打開孔孟「核心思想」的奧秘，進而打開孔孟探尋人類社會治理秘訣的思路。

從以上簡略論述中不難看出，「孝悌」這二點在平治天下過程中舉足輕重的作用，所以後世人才敢說「半部論語治天下」、「百善孝為先」、「以孝平天下」，都是這個意思，可見「孝悌」的思想對人類社會有著永恒的普適意義。

至於後世儒家，特別是宋儒把「孝悌」發展到什麼「孝經」、「女經」，乃至絕滅人性的地步，那不是孔孟的本意和過錯。現在，應該承認「孝悌」的思想確實在中國民族傳統中深深地紮了根，對於中國社會的穩定、延續和發展確是起到了積極的作用，而且直到今天乃至永遠都是有積極意義的。

當然「孝悌」的思想一旦絕對化之後，它的消極影響也是十分明顯的。

以明朝的中後期為例。

中國的明朝不同於清朝的很重要的一點就是，清朝的每一位皇帝相對而言都比較勤勉，明朝則不同，明朝除開國的二代皇帝朱元璋、朱棣和末代崇禎之外，中後期的十多位皇帝，幾乎個個是昏庸無能，個別的皇帝的荒唐簡直到了無以復加的程度，然而他們卻能牢牢地坐穩他們的江山達一百多年，他們僅在北京一地就耗資無數地建了十三座恢宏的帝王後妃陵寢，就在於他們依仗了孔孟之道，深深紮根人心而形成的孝和忠。

儒家準確地把握住了：「其為人也孝弟，而好犯上者鮮矣。不好犯上，而好作亂者，未之有也。」

再加之，自隋朝以來中國實行的科舉制度，為專制王朝建立了一支龐大的忠實的穩固的統治全社會的官僚機構來支撐這看似搖搖欲墜的王朝，科舉制度確實為廢止和削弱落後的世襲制，廣開才路，聚集社會精英找到了好途徑，後來這種制度流傳到世界各國，成為他們選拔各級官員及後來的各級公務員的好途徑，這種方式形成的穩固的公務員隊伍在第二次世界大戰後的日本和意大利曾起到了特殊的巨大作用，二戰之後的五十多年間，日本、意大利的政府更迭相當頻繁，前五十年幾乎平均一年更換一屆，全靠公開選拔產生的穩固的專業敬業的公務員隊伍穩定著他們的國家，可是由於中國的科舉制度的考試內容，從唯一的經學到僵化的八股取士，不但扼殺了百科百業在中國的發展，而且使整個堂堂中華越來越沒有了生氣。明朝中後期一百多年的荒唐統治畢竟積重難返，在農民起義和清軍入關的雙重夾擊下，勤勉卻又昏聵的崇禎再也無法依靠「孝」和「忠」這二大支柱挽回明朝的覆亡。

清朝的統治者雖然發跡於東北一隅，可作為少數民族的滿族上層人物卻異常重視儒家思想在治國平天下方面的特殊作用，他們在入關之前就注意延攬當年的大儒出關為他們上層人士和貴族子弟講經授學，入關之後，清朝統治者更是提倡儒家的君仁、臣忠、民孝的思想，再加之清朝的每代皇帝幾乎都非常勤勉朝政，曾把一個農耕社會的中國治理得興旺發達。據西方經濟學家安格斯·麥迪森統計數據得知，1820年中國的GDP雄居世界首位，占全球GDP總量的28.7%，當年美國的大部分地區尚處於荒蕪之中，已經開始工業化的英國、法國加上印度GDP之和才占全球總量的26.5%。其實這種繁榮在中國自秦之後的二千多年的歷史上是頻繁出現的，所謂的「舊中國」並非像某些人刻意描繪的那樣民不聊生，餓殍遍野，正是儒家思想為中國農耕社會奠定了基本穩定、繁榮的思想基礎。現在，越來越多的人從歷經浩劫遺存下來的依然熠熠發光的古跡、古董上認識到，所謂的「舊中國」的大多數年份是穩定繁榮的，只是少數年代出現過動蕩和衰退，即便到了1852年，大清帝國面臨鴉片戰爭、太平天國起義雙重危機的時候，當時中國的社會生活也比周邊許多國家繁榮。當年世界聞名的俄國作家岡察洛夫隨沙俄帝國的「巴巴拉三桅戰艦」赴日本打開通商門戶，途經新加坡、中國、朝鮮，抵日本，在他冗長的遊記中真實地記敘了所見所聞。他在1852年（這個年代我記得不一定準確，但一定相差無幾），到達上海時，上海尚稱上海縣，縣城被太平天國同期的小刀會所占據，可城外的集市卻依然熙熙攘攘，百姓的衣著十分光鮮，著綾羅綢緞者並不罕見。可是當年的新加坡只是供應過往海船的漁村，不時以妓女、蔬果、肉食吸引和招攬海員。朝鮮海岸邊的人幾乎是赤身裸體地向船上呼喚。日本呢？除少數官員穿的較為得體外，多數百姓幾乎是衣衫襤褸。當然，以落後了的政治制度和慢慢變得僵化的倫理思想為基礎的中華帝國，不可避免地在新興的政治制度和百科興、百業興的工業化的新時代的沖擊下迅速地衰落下去。

所謂的睜眼向外看的第一人的林則徐基本思路還是「以夷技之長以制夷」，所謂「技長」也不過指人家的槍炮兵艦而已，並不懂得先進的政治制度和進步的政治理念在某種意義上更重要。（政治制度說簡單了，也就是社會管理的方法，並不值得可怕。）用現代語言說就是，光引進硬件和高科技，不引進軟件，不引進管理和制度，缺乏再生、再創新能力，依然不行，林則徐在這一點上，比那些晚清顢頇的其他高官也高明了不了多少，他當時竟武斷地以為外國人都是天生的直腿子，即腿打不了彎，所以是不堪一擊的。沿著林則徐這種認識水平，幾十年後，清朝末年慈禧太後欽準了大規模的「洋務運動」，雖然「洋務運動」為中國的初步工業的建立和國家綜合實力的增長做出了一定的貢獻，但是由於這些引進對於中國基本上是「無源之水」，盡管中國當年也建立了近代意義的海軍，海軍的艦艇不論在噸位上還是裝甲厚度上都曾號稱亞洲第一，超過日本，可是 1894 年「甲午海戰」一個回合下來，北洋水師就慘遭全軍覆滅的結局。與林則徐同時代的封疆大吏徐繼畬則比他更高明地看到政治理念和政治制度的優劣對一個國家發展的至關重要的意義。現存美國華盛頓 DC 紀念塔中的立於 1853 年 7 月 12 日的漢字碑記敘了徐繼畬在《瀛環志略》中所闡明的很少為中國人所知的極其精辟的一段話：「華盛頓異人也，起事勇於勝廣，割據雄於曹劉，既已提三尺劍開疆萬里，乃不潛位號，不傳子孫，而創為推舉之法，凡於天下為公，鍠鍠乎三代之遺意，其治國崇讓善俗，不尚武功，亦迥與諸國異」，「米利堅合眾國以為國幅員萬里，不設王侯之號，不循世及之觀，公器付之公論，創古今未有之局」。果如徐繼畬所預見，僅僅距徐繼畬這番話之後的一百年，美國就一躍成為了世界頭號強國，頭號強國的美國離建國還不足二百年，徐繼畬作為一個儒家浸淫出來的大清專制帝國的欽命巡撫竟然能抓準「公器付之公論」這一要害核心的全新理念和制度，並敢於公開張揚之，真是令人敬佩之至。徐繼畬才真正是中國十九世紀睜開了眼看世界的第一人。但願我們今天能認識到這一點還不晚。一百四十五年之後，1998 年 6 月 29 日美國總統克林頓在北京大學演講時還深情地提到徐繼畬這一漢字碑，他說：「我十分感謝這份來自中國的禮物。」

「公器付之公論」是對「普天之下，莫非王土」的否定。也是西方社會作為社會減壓閥和安全閥而提出來並實施的政治制度。中國社會缺少這種減壓閥和安全閥，儒家一味強調的是「教化」，可一旦君不君、臣不臣，社會矛盾激化之後，中國社會民眾的第一反應是忍耐，是忍耐、忍耐再忍耐，所以中國人以能忍耐著稱於世，忍無可忍之後的無序爆發加上朝廷殘酷的彈壓的最後結果就是破壞力極大的顛覆，最常見的形式就是群雄割據、農民起義、異族入侵之類的大動亂，百姓塗炭，流離失所，再經過慘烈的內戰，走向改朝換代。

和平的權力轉移幾乎是不可能的。

西方社會的先賢也曾寄托於「教化」，他們也有類似於「四書五經」的東西，叫《聖經·新約》；他們的《聖經·舊約》則有些類似中國的「東周列國志」加「中國古代神話傳說」。《聖經》至今依然對西方社會的「教化」起著特殊的作用。我們不要學狗熊掰棒子，摘一個丟一個，更不要「治一經，損一經」，全盤否定中國傳統文化的特殊價值。每一位有文化的中國人都應該重讀《四書五經》、《東周列國志》和《中國古代神話傳說》，並將之列入中學教材或參考書。

「教化唯一論」也讓西方人在中世紀吃了大虧，中世紀幾百年的黑暗時期令西方人刻骨銘心，在這幾百年中，人們往往看到受人尊敬的君王、教主、僧侶在政教合一的統治下最不守規矩，人們不受教化的事情比比皆是，那麼怎麼辦？他們從人性這根本點出發，認準了「人之初，性本惡」，在這樣的思想指導之下，訂立了以下幾點原則：

1. 人權天賦，人人生而平等。

2. 不允許實行政教合一的政治制度。

3. 不相信任何個人不會犯罪。政治制度的設計就建立在不相信任何個人不會犯罪的基礎之上。以防為主。

4. 不讓權力高度集中在一個人或少數人手中，而不受監督。認為絕對的權力必然導致絕對的腐敗。國家領導人由選舉產生，並廢止領導人的終身制。在君主立憲的國家，君主只是國家象徵，一般不容許擁有實權。

5. 以普適的自然法為基礎，建立法治國家。輿論監督權掌握在公民手中。軍隊國家化。

6．嚴格劃分了私人領域和公共領域的界線，把保護私人的合法財產視為神聖不可侵犯的權利，使之成為法治社會的物質基礎。所以英國有句名言：風能進，雨能進，國王不能進！也就是說，不論農夫的房舍有多麼破敗，風能進，雨能進，國王卻沒有隨意闖入的權力。

……

這種把社會中人與人之間的政治關係和經濟關係及各種其它關係以法律的形式加以規範和調整的社會，孟德斯鳩稱之為契約社會即法治社會。在這種社會里，任何個人和政治勢力都沒有超越法治的權力。法才是最高的統治者。孟德斯鳩們認為這種比單靠道德、即心法規範、調整人們的政治關係和經濟關係及各種其它社會關係更明確、更可靠，也就更安全。雖說非契約社會也都有形形色色的刑律，但這種刑律遠不足以規範和調整人類社會中人與人之間繁雜而又多變的政治關係和經濟關係及各種其它社會關係。

我們在以儒教或以所謂道德說教規範社會關係的國家，直到當代還可以看到這樣一個奇特的現象：每個人的家中只要有條件，可以裝修並保持得如星級飯店，然而近在咫尺的公共使用的地段卻常常是髒亂得如垃圾場。這種現象深層次的原因，是因為儒教及類似的「修身齊家平天下」的理論，實質上就是「家國論」，即家就是國，國就是家，皇帝及其他統治者就是大家長，百姓都是子民，都是家庭成員，孝和忠是第一條的修身要義，個人的權利幾乎等於零。這種私人領域和公共領域根本不分的宗法社會，個人的私人領域可以隨意被以國家的利益、宗族的利益為名的統治者、族紳們侵凌，私人的權利是沒有的，能保住的唯有私有的實物，當然在非常時期連這點私有實物有時也是不可能保全的。所以在這種社會，表現在私有實物的爭奪是錙銖必較，費盡心機，相反對於個人權利上的毫無保障卻麻木不仁，因為這「權利」非但不是神聖不可侵犯，而是根本就不存在。在這種社會里，公共領域未經最高統治者特許任何人不能問津，擅自闖入必然招來殺身之禍，只有極少數不怕死的志士仁人方敢「天下興亡，匹夫有責」，二千多年下來，在國人靈魂深處早已烙下了「自掃門前雪，休管他人瓦上霜」的印記，並深刻在國人的基因之中。所以存在上述的奇特現象就毫不足怪了。要消除這種現象，單靠號召改變是不能真正奏效的。只有私人領域和公共領域有了明確的界線、或邊界，只有真正享有了不受侵犯的個人權利的人才會真正自覺地成為關心公共事務並熱衷於公共事務的人，所以真要讓人們關心公共事務首先要切實保障個人的一切合法權利，而這一切權利的保障又以公民合法的私有財產權的保障為第一需要保障的，使之成為神聖不可侵犯的權利，民方可富，國方可強。

人類社會從來就是不完美的,所以也不可能產生完美無缺的政治安排。孔孟之道也只是在基本層面上滿足中國農耕社會對思想、對理念、對哲學的大體要求,當工業社會以及信息社會接踵而來的時候,人們不得不尋找新的思想、新的理念、新的哲學。人類只能「兩害相權取其輕」。實踐已經證明西方人這幾百年在上述的這種政治設計的安排之下,百科興,百業興,帶動了全人類在近百年有了飛速的發展。但是不論人類社會如何飛速發展,既然是人類社會,那麼諸如「人性」、「倫理道德」這些人類深層次的問題依然會亙古不變的左右著人類社會發展的方向和人類社會的興衰。如「克隆」及「克隆人」這等高精生物技術就必然要遇到「倫理道德」的屏障。這就是今天我們依然要探尋並借鑒古老智慧並讓它與新時代相適應的原因。(再談)

愛你們想你們盼你們的

徐文立

2002年8月17日

8月16日的《藝術人生·徐帆專輯》彤可看?若沒看可從中央臺網站下載再慢慢看,這一集不錯,讓人懂得珍惜和感恩。

以下《法治與法制》可打在我 8/17 信後。

附:《法治與法制》

「法治」與「法制」的意思是很不同的。在這裏不如引用經濟學家、國務院政策研究室主任吳敬璉很簡練也比較正確的注釋，加以說明：「首先是中國從來沒有法治的概念，特別是1957年，因為有些人提出來我們是人治，不是法治。後來就定為右派言論，所以就不許說這個『治』了，只能說立刀『制』，中國的立刀『制』倒是從來就有的。從秦漢以來，據說是非常的嚴厲。它主要是刑法的各種規定。但是，這兩個字，立刀『制』和三點水『治』，它的區別就在於立刀『制』可以從屬於三點水『治』，它也可以與三點水『治』沒有關系。它是一個皇帝、政府官員用來治老百姓的工具，用制度來治老百姓。而『法治』卻是法律高於一切，所有人都要受法律的制約。而且照我看，憲法它首先是治政府。其次才是治人的。憲法給政府的行為劃定範圍，保證人民的權利。中國從來沒有這個觀念。首先這個觀念的樹立就很費事。從各種情況都可以看到，要樹立這個觀念太難。

可能在翻譯上，大部分情況都翻錯。法治是說，是法律的統治（ten rule of law）。但是，這種正式的翻譯文件，一錯再錯，都翻成（the）rule by law，（the）rule by law 這個詞是說用法律作為工具去統治。那麼它的隱含的主語是政府，是官員。」所以現在就通行成了依法治國。

摘自 2002 年 8 月 19 日《北京日報》

《人類正常社會秩序概論》正文，即 2002 年第四封重要家信

四

爸爸 2002 年 9 月 1 日的來信（9 月 6 日收到）

彤並晶兒：你們好！

彤的母校北京師範大學百年校慶，特祝賀彤了。

這次見面看到彤氣色頗佳，又見晶兒萬里迢迢寄來的祝我生日的禮物和那附有「三十歲與六十歲」的照片，那吾兒心裏裝著老爸照的相片，自然欣慰無比、高興無比，只可惜不如「一歲與三十歲」那張上有爸爸在我晶兒一側……。但願這一切很快會成為過去，再在那「三十歲與六十歲」上，有爸爸媽媽與吾兒同在。

上月信，暫看到 8 月 6 日以前的，所以待看全後，再將我 8/1、8/17 二封信須訂正的部分一並附此信後部，不必打出，只須訂正即可，這幾封信這樣的長，一定讓彤打得很辛苦，可為了給晶兒一個正確的傳達，我只好一再挑錯，請彤寬宥。

接上次我的 8/17 信，談下去。

二、人類社會的基本結構·人等而分之

春秋時期的孔子面對亂世，他痛心疾首地說：「禮崩樂壞」，他呼喚：「克己復禮為仁」。他認為只有每個人都能「克己」，恢復「禮」制，才有可能止亂求治，達到「仁」的境界，「仁」在孔子那裏是神聖的最高境界。

那麼，孔子所指的「禮」，到底是什麼意思呢？他一再宣布自己「好古」、「吾從周」。古人一致稱頌的堯舜之治不可考，只有離孔子生活的春秋最近的盛周，才是他認為的好榜樣。周朝的盛業始於曾被殷王囚禁的周文王，他的兒子武王成了開國的周天子。「張而不弛，文武不為也；弛而不張，文武亦不為也；一張一弛，文武之道也。」其中的「文武」指的就是這二位：文王和武王。周的制度是由成王（武王之子）的叔父周公旦設計並奠定的，這就是嚴格的等級制度。這個嚴格的等級制度簡單地說，就是用分工明確、尊卑有序、賞罰嚴明、各安其位的辦法，來確保社會的穩定。在這種制度安排下，什麼級別的人可以穿什麼樣式和顏色的衣服，戴什麼樣式和顏色的帽子，住什麼樣式的房子，坐什麼樣式、幾匹馬拉的車等等、等等，如「佾舞列也，天子八，諸侯六，大夫四，士二」。這些在今天我們現代人看來絕對是私人行為的事情，在當時都作了極嚴格極明確的規定，誰要是違反了這些規定，即違背了「禮」制，那是要受到嚴格處罰的。這種看似簡單，強硬的管理辦法，在穩定當時社會方面卻非常有效，盛周的大業也就是從此開始的。所以，孔子認為春秋時期天下大亂的根源，就是因為先亂了「禮」制，即亂了嚴格的等級制度，才導致君不君、臣不臣、父不父、子不子，不要說諸侯敢不聽周天子的到處爭權奪地，連家臣都敢造反篡位了，那天下不亂才怪哩。

管仲是當時很有名望的政治人物，齊國大夫，曾任宰相助齊桓公稱霸諸侯，可是在孔子的眼中：「管仲之器小哉！」那是因為管仲不守規矩，他壞了「禮」制。

子曰：「邦君樹塞門，管氏亦樹塞門。邦君為兩君之好，有反坫，管氏亦有反坫。管氏而知禮，孰不知禮？」（屏謂之樹。塞，猶蔽也。設屏於門，以蔽內外也。坫，在兩楹之間，獻酬飲畢，則反爵於其上。其皆諸侯之禮。——朱熹解）

子謂季氏（魯國大夫，季孫氏）：「八佾舞於庭。是可忍，孰不可忍！」

《四書·論語·八佾第三》

可見，孔子把「僭越」禮制看成是「亂源」，是最不能容忍的大逆不道，是春秋之亂的根源。

可是這「禮制」，這等級制度的產生，甚至直至今日不要說在中國，就是在世界各國仍然可以看到它強烈的存在和表現形式，那麼它的產生是有根據有道理的嗎？這也就是孔子所破解的人類社會的第二大奧秘：

即人是「等而分之的」,人類社會的基本結構和人類社會必要的合理的社會分工都需要這種等級制度。區別就在於,今天的等級制度不如當年那樣森嚴、那樣無處不在、那樣露骨張揚罷了。然而,在某些方面,有些地方,可能反倒有過之而無不及。

孔子認為,人與人生來就是不同的,後天所受的教化也是不同的,人是可以也應該根據不同的資質和能力「等而分之的」。既然人與人天生不同,後天所受教化也是不同的,那你作為社會一員,在等級森嚴的專制社會裏,一般人就必須無條件的、認可所謂的命運的、即統治者以各種理由和借口安排的、或強行安排給你的社會位置,並盡你的社會責任,否則就是不安分;不安分了,小則亂家,大則亂國;自然這不安分、「僭越」便成了亂源。所以,在孔孟之道看來,只有一味「克己」,服從分配,才是本分,表面上看社會是穩定了,甚至是超穩定了,也會有所發展,也會有所興盛,但為此付出的代價卻是巨大的——被壓抑和踐踏的無數人才和他們可能產生的巨大能量都淹沒在歷史的陳跡之中了!在這種社會中,只有少數的幸運兒成了合理的選賢任能的對象。現代進步的社會,也需要人們客觀地評價自己的資質、能力和愛好,不過只是個人可以較為自主地找準自己的社會位置,或不斷地在動態的調整中找準自己的社會位置來為社會服務。也就是說,現代進步的社會,也並不簡單地否認人與人之間的差異性。區別就在於,一個有個人的自由,另一個沒有或者很少；一個有個人的自主權，另一個沒有或者很少。而不在於社會有沒有等級的劃分。完全沒有等級劃分的社會，在人類社會中並不存在，只存在於某些人的幻想或欺騙之中。

孔子明確地說過：「生而知之者，上也；學而知之者，次也；困而學也，又其次也；困而不學，民斯為下矣！」

《四書·論語·季氏第十六》

同時，孔子認為：「唯上知（即'智'）與下愚不移。」他又認為，大多數「中人」的地位還是可以通過「教化」和個人努力而改變的，所以他又主張：「有教無類」。

那麼，孔子的「人等而分之」的道理在哪裏呢？

主要有二點：

1．孔子的「人等而分之」暗合了人類社會的基本結構。

2．孔子的「人等而分之」契合了人類社會進行合理分工的實際需要。

先談第一點。

孔子的"人等而分之"暗合了人類社會的基本結構

這個問題，讓我們用倒推的方法來說明，先從結果說起。

聰明的猶太人研究各種不同的社會時，發現了一個神奇的數字比例，在「猶太商法」中將之稱為「猶太法規」，這個法規發現了猶如人類社會中男人和女人的產生，總是有一個恰當的相對固定的比例一樣，猶太人發現：盡管各種社會可能有多麼的不同，但都有一個共同的規律，那就是，每個社會的財富幾乎都是按「22：78」這個比例占有。也就是說，任何一個社會的全部財富的78%被22%的人所占；反之，78%的人才擁有全部財富的22%。所以，當年的猶太人雖然被迫分散在世界各地，處境很淒涼，可由於他們聰明地發現了這條規律，並用這條規律作為行商法則，指導著他們非常注意與那22%的有錢人做生意，賺他們的錢；他們又發現女人和孩子是花錢最多的二類人，所以又重點做女人和小孩的商品生意。所以流落各地的猶太人慢慢地也能很富有，然後又涉足金融業，以至成為一些人嫉妒的目標和個別人挑起種族屠殺的借口。

只是人類社會進步到現代，發達國家由於實行了嚴格的累進制稅收制度和高額的遺產徵稅制度、廣泛的社會福利制度，加上教會的力量和眾多的慈善機構的作用，傾力幫助社會的弱勢群體，逐步消除了絕對貧困，縮小了社會各個階層的人們在生活基本層面上的實際差異；隨著經濟的發達，教育的普及，社會上已形成了一個人數眾多的、生活上相當富足的中產階級，使之成為了社會穩定的中堅力量。可是上述的「22：78」的數字比依然是存在的，由於蛋糕做大了，這78%的人的生活也已經相當富有。每個社會都應該竭盡義務和責任給每一個人提供一個恰當的社會位置，並過上體面、富裕的生活。

其實在中國，不論哪個歷史時期，猶太法則也是客觀存在的，只不過有的時候呈顯性，有的時候呈隱性罷了。最近（指2002年）中國大陸的統計資料表明，銀行個人存款的總額80%歸20%人所有，80%的人只占有銀行個人存款總額的20%，再加上其他社會資產的占有情況和無存款的人的情況，最後的結果也基本符合猶太法則所含的數字比例。所以，中國社會科學院的學者也開始作「中國社會分層結構的新變化」的報告，也讓人們可能從中找找你到底屬於哪一個社會階層了。

這一層與那一等，在正常社會其實是對應的。

究其原因，第一在於每個人的資質和能力不同；第二在於每個人所面對的社會情況和社會條件不同。換句話說，就是由於每個人的先天和後天的各種複雜的因素（包括合理的和不合理的社會因素）造成了「人等而分之」，每個人自然地處在了不同的社會階層中。

每個社會中的人的基本情況都是如此，所以每個健全社會中人的基本結構也都是這樣。這是各種人為的方式，甚至包括暴烈的革命的方法也改變不了的，歷史的事實已經一再證實了這一點，讓人們的認識和能動的作為，總是一次又一次地回到了原點。

人的等而分之，暗合了人類社會的基本結構；人的等而分之，決定了人類社會的基本結構。

人類社會發展到近代，自歐洲文藝復興之後，「人權天賦，人人生而平等」的思想的提出和實施，進步的社會不允許人為地明確地把人分成不同的等級，印度社會仍然殘存的種姓制度在法律上也是不合法的。

以人的出身，劃分等級從根本上就是荒謬的。

在中國最早向出身論挑戰的是陳勝、吳廣，只有他們敢說：「將相寧有種乎？」，當代中國向「出身論」挑戰的是文革中的勇士遇羅克。中國民間也一直流傳道：「君子之澤，五世而斬」；「富不過三代；「暴君之後，二世而亡」等等說法。這些說法和見解都是十分正確的，說明了出身決定論是錯誤的；但它只是說明了每個具體的人的條件是變動的、是可以改變的，然而每個個人因先天和後天的復雜因素所造成的差異性卻並沒有因此而消失。「人人生而平等」是偉大而鼓舞人心的先進思想，是指每個個人的人權是天賦的，每個人的人格和尊嚴是完全平等的，在人格和尊嚴上不存在高低貴賤的區別；但每個個人的資質和能力有所不同又是客觀存在的，每個人應該坦然地、心平氣和地、同時又是問心無愧地面對這一客觀存在。人們都有了這種心態，許許多多的社會問題就好辦多了。

正因為這樣，進步的社會為追求社會的公平合理，在提供給每個個人的一切機會上也特別強調「機會均等」，並嚴格按照「公開、公平、公正」的法定規則，來確保這樣機會的平等享有；至於通過公平、公正的競爭，結果怎樣，又是不允許人為地改動的，如果強行將結果整齊劃一或改動，也就消滅了自由競爭、公開競爭，反而造成了新的社會不公平，破壞了社會在自由競爭、公開競爭中加速發展的機制，社會的生氣和活力被破壞，最後的受害者是整個社會，是這個社會的每一個成員。

這就是在保持機會對每個人都「公開、公平、公正」的前提下，承認了人與人在資質和能力上的差異性，所以承認人的差異性和「人人生而平等」的原則是不矛盾的，也沒有什麼不好談，不敢觸及的。可就是這一點，讓多少學者望而卻步，更不要說那些最講實際利益得失的政治人物了。

其實，探尋真理應該是無所畏懼的。

社會現實和現代遺傳學、基因理論都告訴我們，人的資質是有差異的，但是正常人之間的差異又是很小的。既不要怕承認這種差異，又不要人為地誇大這種差異，才是正確的態度。同時又應該承認，有極少數人的遺傳基因因某種原因和某種變異，會有特異現象存在，極少數人的特異潛質是後天學習和努力不可能獲得的，但這種具有特異潛質的人後天不學習不努力，他所具有的特異潛質也是不可能激發出來的。所以，每個人的資質和能力，既在先天，更在後天，每個人只要努力，都可能有更好的前途和發展。

生活在平等自由社會的人和生活在專制社會的人所具有的潛質還是原有那樣，所不同的是，專制社會把許多人的潛質窒息了，平等自由的社會卻把每個人的潛質最大限度地調動並發揮、展現出來了。所以，平等自由的社會一定比專制社會更發達、更先進、更光明、更美好、也就更文明。

孔子發現人的差異性，因為真實，所以正確，它暗合了人類社會的基本結構，問題在於不應為了社會的所謂穩定，而由少數人或僅由最高統治者一個人來決定一切，決定所有人的等級地位，並通過讓人窒息的嚴酷的等級制度，僵化地落定在每一個人身上。

這就讓我們既找到了孔孟之道能確保中國專制社會在農耕的水平上超穩定發展二千多年的理由，又讓我們找到了孔孟之道阻滯中國社會進一步發展以至最後在新的時代大潮面前窒息了中國社會的原因。

2．孔子的「人等而分之」契合了人類社會進行合理分工的實際需要

人類社會是一個群居的社會，為了人類社會最基本

的生存和更好的發展，都不可避免地要求人類在社會生活中進行必要的合理的社會分工，「人等而分之」的基本結構正好契合了人類社會進行合理分工的實際需要。這很可能又是那一只神秘的上帝之手在操縱、安排著這一切，否則怎麼能那麼暗合和契合。

如果人類社會違反或背離這種「人等而分之」的結構契合社會分工需要的規律，結果會怎麼樣呢？

那麼就拿我們曾經經歷過的事情來說明問題。

論從史出，論從事實出，論從實踐出，應該是常理之一，不知從什麼時候開始，許多號稱理論家的人就只會論從論出，只會詮釋所謂理論，註釋所謂理論，落入了「我注六經，六經注我」的怪圈，詰問不見了，獨思不見了，創新更不見了。

下邊讓我們來看兩段事實引出的思考。

我們曾經看到過，也經歷過用絕對的平均主義代替應有的平等、而又有等分的事情，還接受過什麼「書讀得越多越愚蠢」的誤導。的確，是有這樣的文化人，書越讀得多越糊塗，人云亦云，那是掉進了別人的體系和學說之中去而不能自拔者，他做不到進得去，跳得出。可是不能因為確有這樣的文化人，或（如毛澤東那樣）還受過這等文化人的奚落、鄙視，就情緒化地一概而論之，再加上一頂階級的大帽子，中國的知識分子都成了被改造的對象和「臭老九」。這樣，必然的結果就是我們都看到過的，讓低智商、低文化、低水平的人領導和指揮高智商、高文化、高水平的和其他所有人，這種「三低」中貪戀權位的人必然害怕「三高」的人翻身，必然歡迎和設法製造各種各樣的政治運動來壓制、嚇唬「三高」的人，兼而達到嚇唬壓制所有人的目的，這樣中國生產力不下降，社會發展不停滯，中國社會不形成難以愈合的斷層，國民經濟不幾乎瀕臨崩潰的邊緣，那才怪哩。

現在我們又看到了另一個極端的事例。自從恢復高考，社會又流行所謂拿破崙的一句什麼名言：「不想當元帥的兵，不是好兵」，再加上不少用人單位不管需要不需要，是「非本科不要，碩士、博士多多亦善」，這就促成了千軍萬馬都搶著過「接受高等教育，才是唯一出路」這根獨木橋，缺少培養中級人才、低級人才的奇怪現象。農村教育也是除了普教還是普教，然後再讓科學家、專業人士直接面對幾乎是文盲的農民傳授農業科技知識的更奇怪的現象。

據報載（指 2002 年），珠江三角洲地區制鞋業的從業人員高達 250 萬人，然而其中只有二十多位高級技工、二位工藝技術人員。

北京地區的工人隊伍中，技工的比重也不足 10%，而發達國家這種比重卻是 60—70%。

不單是制造業，任何一個單位，甚至高科技的單位國家首腦部門的人才結構也不應該是這個樣子的啊！

任何一個單位都是由極少數領導人，和絕大多數被領導；極少數高級人才，和絕大多數中級人才及低級人才合理搭配來組成的嘛，頂多某些特殊單位高級人才的比重稍大一些罷了，這是實際工作的需要，也是合理分工，人盡其才的需要。

所以說孔子的「人等而分之」正契合了人類社會進行合理分工的實際需要。問題只是這種分工是不是經過了「公開、公平、公正」的選拔程序，是不是可以合理流動，是不是一潭活水。如果選拔失之公平，那才是不穩定了；如果僵化了、不流動了，那才真是窒息了。

孔孟之道是一個偉大的思想體系。但是，從它一誕生，就帶來了一個嚴重的缺陷，就是它的封閉性、排他性和不寬容性。

子曰：「攻乎異端，斯害也已。」

《四書·論語·為政第二》

朱熹解：異端，非聖人（孔孟）（原文就有的——立註）之道，而別為一端，如楊、墨是也。

程子曰：佛氏之言，比之楊、墨，尤為近理，所以其害為尤甚。

對此異端，子曰：「非吾徒也，小子鳴鼓而攻之可也！」

《四書·論語·先進第十一》

這裏「非吾徒」雖曾指季氏及求,而儒家對其它「非吾徒」,也一概是「小子鳴鼓而攻之可也!」

孔孟之道作為主流思想,這種封閉性、排他性、不寬容性遺害中國社會不單是思想界二千多年。英國和西方思想界早期在這方面表現如何,我不甚了解,但自從西方社會經歷了幾百年中世紀黑暗之後,文藝復興從歐洲興起,又經歷了清教徒遭受迫害、驅除事件,近代在英國思想界開始倡導並實行的:「我可能堅決不同意你的觀點,但我一定堅決地維護你的發表你的觀點的權利」這種寬容的學術態度,並影響到社會生活的各個方面,真讓西方社會受益非淺。特別是西方社會在二次大戰又經歷了希特勒的狂暴之後,當代的西方學術界不但懂得了「只有保持物種的多樣性,才能達到自然界的和諧統一」、「保護物種的多樣性,才是環境保護的核心內容」這樣一些進步的思想,而且更加珍惜思想的多元化、多樣性對保持思想界的活力,對保持社會發展的千姿百態、興旺發達所具有的決定性的意義。

其實,孔孟之道這種封閉性、排他性和不寬容性的第一個最大的受害者就是儒家本身。秦始皇一統天下,在中國建立了中央集權的專制政權之後,在意識形態領域,第一件大事就是「焚書坑儒」,從此開了中國文字獄的先河，秦始皇不僅是討厭孔孟的說教，更是不允許包括儒家在內的諸子百家的知識分子的七嘴八舌。

專制者沒有不搞文字獄的；獨裁者沒有不搞文化專制的。

到了漢朝，自董仲舒提出「獨尊儒術，廢黜百家」的主張，這是一個在中國社會起了最壞作用的主張，當它被朝廷采納之後，儒學才真正成為了顯學，雖然後世的儒學也有過一些挫折，但它作為中國專制社會的主流思想的地位始終沒有改變。在儒學入主廟堂之後，道家則經常是躲到深山老林中去另闢佳境，佛教傳入也是在它被皇家認可、禪宗將之中國化之後才在中國得以真正立足。在中國各地，數以萬計的廟宇之中，儒釋道三為一體、或同受禮拜的地方真是鳳毛麟角。

當代科學大師英國人斯蒂芬·霍金的母親說得好：「霍金是有許多想法很奇特，想想看，也沒有什麼不好，不是有那麼多的發明創造都是從從前的奇特思想中產生的嗎？我並不是說霍金的那些奇特思想就是真理，也許其中還有許多謬誤還說不定哩，可是他的奇特思想如果有幾件接近了真理，或因這些奇特想法而對其他人日後的發明創造有所啟發，豈不是很好嗎？」

多明白的一位英國老太太啊！

實際上，任何一種思想體系也不可能終結真理，頂多成為難以逾越的高峰，任何有價值的體系，在人類全部思想長河中，只不過是其中的一環罷了，呈C開放狀，而不會是O，正是這一個個C，鏈成了人類思想文明的長河，生生不息，永往直前。

英國哲學家羅素說，自然科學的研究者也是這樣，他們往往總是在自認為已經接近問題徹底解決的時候，又發現了新的問題，永無止境。

正如現代物理一代又一代的科學家所發現的物質的基本構成，從最初的「分子」到「原子」，再到「電子」，又到「夸克」，現在又到了「弦」，……真是永無止境。

這一切都讓我想起了一部又是英國的電影，電影寫了一位老者，他小時侯就聽說當地民間的一種說法，男子漢在一生中只有自帶幹糧、自背行囊，獨自徒步走到過英格蘭的最北端才算是一個真正的男子漢。他青年和中年時代為了生計和家庭疲於工作，未能實現這個當真正男子漢的願望。到了退休晚年，才得以有機會實現他想成為一個真正男子漢的宿願，他瞞著他的妻子和在外工作的女兒，拖著老邁的病軀徒步上路了，風餐露宿，拒絕了沿途搭車的邀請和美餐的誘惑；中途腳磨出了血泡，他偷偷地跑回家一趟，妻子也裝著沒看見，偷偷幫睡著了的他治腳傷，又為他準備了一雙合腳松軟的鞋，以保護她丈夫的男子漢尊嚴；後來他又在途中病了一次……。總之，他歷盡艱辛才走到了英格蘭的最北端，他終於看見了最北端地面上劃的那一道白線，細看才發現，緊靠白線的南側寫著「終點」，北側則寫著「起點」。

這部電影的片名就叫：《終點·起點》。

名畫《瀑布》、《上升·下降》也蘊含著類似的哲理，不過名畫是視覺哲理，晶晶比我懂。

（想再談《大學·格物》，再談！）

今天又看了一遍電影《鋼琴課》，真好！

想你們愛你們盼你們的

徐文立

2002 年 9 月 1 日

然而近年中國大陸社會的不合理的差距卻越來越大：「反映貧富差別的基尼系數一旦超過 0.4，社會生活必然矛盾重重，這是爆發問題的臨界點。中國的基尼系數，早已不止 0.4；可能已經超過了 0.45。中國官方承認，群體性請願事件十多年來年年直線上升；去年一年發生了八萬七千多起，每天二三百起，平均五分鐘爆發一起。有消息說，今年又比去年上升了 6%。請注意，這是在『穩定壓倒一切』的高壓下節節上升的記錄。」

——鮑彤：《論"和諧社會"》，原載《爭鳴》雜誌 2006

年11月號

——11/3/2006 徐文立補引。

《人類正常社會秩序概論》正文，即 2002 年第五封重要家信

五

爸爸 2002 年 9 月 17 日來信（9 月 21 日中秋節收到）

彤並晶兒：你們好！我 9 月 1 日信可收到？

　　這月見面訂於 9 月 26 日（星期四）。

　　8 月只見到彤 8/2 8/6 二封信，彤的信越寫越流暢，詞藻也華麗而準確。

　　彤：代我祝賀瑋和寶寶！請轉告瑋：過分溺愛的孩子一定沒有出息和不孝，也不會愛人。請轉告寶寶：請記住他們學院一位著名的鄭教授的話，要想當一名真正的中國導演一定要每月至少二次騎自行車走大街小巷，而不是開車。當一名演員也該如此！

　　這是長信系列的第五封，這封主要談《大學·格物》。

　　四書是指（孔子）「大學」、「中庸」、「論語」及「孟子」。

　　「大學」是孔孟思想的核心部分，「格物」又是「大學」最重要

內容之一。

讓我們先重溫一下孔子的「大學」中最重要的部分，其理論之重要、語言之美妙、邏輯之嚴謹、文字之洗練無與倫比，真「大學」也：

「大學之道：在明明德，在親民，在止於至善。知止而後有定，定而後能靜，靜而後能安，安而後能慮，慮而後能得。物有本末，事有終始，知所先後，則近道矣。

古之欲明明德於天下者，先治其國；欲治其國者，先齊其家；欲齊其家者，先修其身；欲修其身者，先正其心；欲正其心者，先誠其意；欲誠其意者，先致其知；致知在格物。物格而後知至，知至而後意誠，意誠而後心正，心正而後身修，身修而後家齊，家齊而後國治，國治而後天下平。

自天子以至庶人，壹是皆以修身為本。其本亂而末治者否矣；其所厚者薄，而其薄者厚，未之有也。」

《四書·大學》

「大學」第一段，孔子說，要「近道」，即懂得或接近天下的道理、乃至真理，必須「知所先後」，因為「物有本末，事有終始」；進一步說，「知所先後」，又「在格物」。

「大學」第二段，孔子為了說明「在格物」這重要的「大學」之道，他不惜筆墨從正反二方反復推倒、演義他的道理給世人，以加深後生學子的印象和認識。

先從目標出發而反推：

「欲明明德於天下」——「先治其國」；

「治其國」——「先齊其家」；

「齊其家」——「先修其身」；

「修其身」——「先正其心」；

「正其心」——「先誠其意」；

「誠其意」——「先致其知」；

最後落實到最重要的「致知在格物」。

後又從事物發展的基本邏輯出發正推：

「物格」——「而後知至」；

「知至」——「而後意誠」；

「意誠」——「而後心正」；

「心正」——「而後身修」；

「身修」——「而後家齊」；

「家齊」——「而後國治」；

「國治」——「而後天下平」。

由此可見，「格物」太重要了。

那麼，下一步了解「格物」的真實含義，就變得十分迫切了。

那「格物」到底是什麼意思呢？

朱熹借程子言解之：「所謂致知在格物者，言欲致吾之知，在即物而窮其理也。蓋人心之靈莫不有知，而天下之物莫不有理，惟於理有未窮，古其知有不盡也。是以大學始教，必使學者即凡天下之物，莫不因其已知之理而益窮之，以求至乎其極。至於用力之久，而一旦豁然貫通焉，則眾物之表裏精粗無不到，而吾心之全體大用無不明矣。此謂物格，此謂知之至也。」

程子的這一段解釋。第一告訴我們「格物」的意思是，因為「天下之物莫不有理」，「格物」就是「即物而窮其理也」。「窮」就是現代人說的「探索」、「窮究」的意思。探索窮究到「豁然貫通」，知「眾物之表里精粗無不到」，則「無不明矣」，「此謂物格，此謂知之至也。」

第二，程子又告訴我們很重要的一點：「惟於理有未窮」，「故其知有不盡也」，也就是說天下惟有「理」這個東西，想探究窮盡是不可能的，所以首先告訴後生學子要有不斷探索真理的思想準備和精神，正因為你通過學習掌握了一些「已知之理」，所以你要以更加、即「益窮之」「以求至乎其極」的精神去探索窮究千事萬物之理。也只有探索窮究千事萬物之理，即「格物」，才能「知至」——「意誠」—「心正」—「身修」—「家齊」—「國治」—「天下平」。

可見,「格物」太重要,太是個好東西,好道理了。懂不懂「格物」的重要性,會不會「格物」的本領,關乎著國家的興衰存亡!

「大學」第三段是告訴我們,這個道理不論對於天子還是庶人都是一樣重要,都必須遵行。

小則興家,大則興國。

那麼,讓我們看看遵行了會怎樣,不遵行又會怎樣;中國人遵行的怎麼樣,是一個什麼結果;外國人遵行的怎麼樣,又是一個什麼結果。看清楚了這些,經驗和教訓就自然出來了。

先從一條小新聞談起。

可能晶晶會想,爸爸怎麼特別喜歡注意一些「小事情」、「小細節」呢?其實,真實的大歷史正是由一些看似的小細節和看似小的事件所組成的。歷史是有骨頭,也有血肉的。甚至有些看似小的事件卻能改變歷史的走向;有些大事情的成敗正取決於一些看似小的細節。

前些日子,有一條小新聞嚇了我一跳!

消息說,美國的奧委會主席因一個小女學生揭發她偽造學歷而引咎辭職。這位美國奧委會主席的辭職,絕對嚇不了我一跳。美國前總統尼克松因一樁偽證都不得不辭職，以避免被國會彈劾。西方社會這類醜聞經常被曝光，不足為奇。這正是一個社會可能走向健康的表徵。

　　嚇我一跳的是，揭發者竟然是一個小學生，竟然是一個小小研究者，竟然是一個小小的「格物者」。這個小女孩是在聽了那位奧委會前主席的有關她自己的奮鬥歷史的演講之後，十分佩服，出於向她學習的目的而生了進一步研究她的念頭，於是進行了查閱、收集、整理有關資料這類「格物」的工作，真是「小孩子的眼睛最乾淨」，在這個過程中她發現了這位奧委會前主席撒了謊，偽造了部分學歷，發現了這些情況後，小女孩並未就此罷手，更是「童言無忌」，她還勇敢地向社會揭露了這位說謊者。

　　這件事情告訴我們，這個小女孩小學階段在學習基礎課程，即在學習人類已知、已有知識的同時，還學習用正確的思路和正確的方法增強自己分析問題的能力、研究問題的能力，乃至解決問題的能力，即「格物」的能力。這些，可都是作為一個有作為的人應有的最重要的能力啊！

　　更嚇我一跳的是，據了解，在美國，不僅僅這個小女孩，而是所有小學生到一定的年齡階段就都開始帶著各自研究的各種與他（她）年齡相適應的問題跑圖書館、走向社會學習用正確的思路和正確的方法去增強自己的分析問題能力、研究問題能力，乃至解決問題的能力，即「格物」的能力。

而我們的孩子們呢？至早也要到大學或大學即將畢業時才真正開始訓練這種能力。中國社會也在非常時期出過一個叫黃帥的對「師道尊嚴」提過一些意見的小女孩，我們開始是「捧死」她，後來是「摔死」她。現在有人提倡「從娃娃抓起」，這是對的，但是如果只是抓「已有已知」的東西，恐怕最終也只是跟著別人從「道斯」到「溫道斯」再到「視窗 2000」；從歐式足球到拉丁風格，形不成適合自己的創新、探索的新機制。

從以上情況看，我們的孩子們的「格物」訓練是每一代人都整整比人家晚了十歲左右；也就是說，他們的每個孩子的「格物」訓練比我們的孩子們早了十年左右！這才真正是嚇了我一跳的原因！也讓我們認清了追趕發達國家應該從哪裏開始追趕。

當然，能「格物」的年齡也不是越早越好，《美國公民權利法》就明確規定，幼年孩子的權利第一是玩。第二是問為什麼的權利。這和以上所列情況似乎有所矛盾，其實正是人家高明的地方，這正是他們在研究了不同年齡段的人的不同生理、心理的不同需求、不同承受力所做的必須的法定的區別。

他們的孩子進入中學之後又怎樣呢？

《北京日報》2002 年 8 月 28 日登載了一位中學

時就留學加拿大的一位小留學生的文章,他告訴我們,加拿大的中學更要求每一個中學生在學好基礎課的同時,也就是在學習人類已知、已有知識的基礎上,要從包括基礎課在內的 20 多門課程中選修自己感興趣的功課,而且和那位美國小學生一樣經常要寫論文,他根據自己日後志向選修工商管理,那他就要模擬一個企業管理,深入實踐,要了解企業的動態,國際發展的趨勢,相關行業的一些問題、情況,再為他所「管理」的企業做出計劃書來。而且,升不升大學,能不能升大學不再聽命「高考定終身」這根「應試教育」的指揮棒了,而是從二十幾門選修課(包括基礎的必修課)中選出七門功課的學分來判斷,及格者即算畢業發證書,學分成績在 70% 以上的,可以投報大學,80% 以上可享受部分大學獎學金。這樣才可能實現「素質教育」,才可能在中學階段繼續學習「格物」的本領,而不用把全部精力放在人類已知、已有知識上,包括那些不盡正確的已知、已有知識上了,更不必把精力主要放在這些已知、已有知識的死記硬背上。

從以上情況看,歐美的每一個孩子在中學階段還繼續小學的做法,即學習用正確的思路,分析問題、研究問題、乃至解決問題,這比會解更多的方程式,記住更多的定理、公式、定義以及許多「社會科學」的教條更重要。當然,中國學生由於比較專注於基礎知識,基礎知識比較紮實的優勢也絕不可失去,它對未來研究生涯中的厚積薄發所起的作用也是不可低估的。

總之，不要「治一經，損一經。」

據報載，美國目前為了提高它的中學教育質量，加強基礎課教育，準備向全世界包括中國高薪招聘20萬名中學教師。而且歐美如美國哈佛、英國劍橋等等世界第一流大學每年招收的新生，除了質量要第一流之外，還規定要從150個以上的國家和地區高材生中來選拔，並提供獎學金，他們看重的是這來自不同文化、宗教、信仰背景高素質的各國留學生會產生不同文化、宗教、信仰的撞擊和互補，所產生的源源不斷的新思想、新理念、新學術、新技術，貢獻給全社會、全人類。

萊夫謝茨曾是普大的數學系主任，他「招聘數學家只有一個條件，就是獨立思考和原創精神。他蔑視那些優美或刻板的證明。據說他從來沒有在課堂上做過一個正確的證明。」他認為，「如果教授們在課堂上講的都已經十分正確完備，學生們把教授們所講的背熟，那不叫本事。」「他的基本思想是盡快使學生投入到研究中去。他要的不是精心打磨的鑽石，反而認為數學家在年輕時代過分打磨會妨礙其日後創造力的發揮。他要培養能做出獨特而重要發現的人才。」

——摘自2002年8月20日《中國青年報》馮鑰《什麼創造了納什奇跡》一文）

看來，歐美的學生，不僅大學時代，而是從小學時代、中學時代就有成千、成萬、成億的孩子開始「格物」哪！

這種社會能不千科興、萬業旺嗎？

我們現在已在強調「素質教育」，但有三大障礙阻礙著我們的步伐：

1．歷史形成的某些傳統及其他相關的影響；

2．「高考定終身」這根「應試教育」指揮棒依然在發威；

3．進行「素質教育」的師資極為缺乏；

這三大障礙中，後兩個克服起來並不難，只要思想認識問題解決了，假以時日，短則三五年，長則十年八年也就初步解決了。報載最近中國大陸一些省市的中、小學已經開始了「研究課程」的試點，這是一個好的開頭；但，這如果僅僅是政府行為，那還是遠遠不夠的，難免使眾多「格物」內容停留在紙上談兵。難的是第一個，除了現實因素，究其根源，還要從孔孟的思想中去找。

孔孟在強調「格物」的同時，又提出了：

「子曰：民可使由之，不可使知之。」

《論語·泰伯第八》

民「知之」都不可以，哪還能格什麼物？

所以，近二千多年的中國，占了人口絕大多數的人就被永遠開除出了「格物」的隊伍，「格物」成了極少數讀書人中的極少數人的專利。

當然，話說回來，就是像歐美國家現在那樣提倡「人人生而平等」，人人都有「格物」的權利，也不是所有人都能真正懂得「格物」，並有所成就的。但是，能不能參與「格物」權利不應由少數人甚至一個人去決定；特別是要明白，能不能因「格物」而出成果，出多少成果，那參加的人數和自由度卻是有決定性的意義。

孔孟在強調「格物」的同時，又提出了：

子曰：「功乎異端，斯害也已。」

《論語·為政第二》

子曰：「非吾徒也，小子鳴鼓而攻之可也。」

《論語·先進第十一》

也就是說，有資格「格物」的已是占總人口的極少數的讀書人當中還有相當的人會因異端，即觀點的不同而被禁止「格物」。

秦始皇「焚書坑儒」；緊跟著漢朝又「廢黜百家，獨尊儒術」；歷朝歷代又時有文字獄發生⋯⋯。

在這樣的高壓之下，中國還有多少人敢真正的「格物」，並格出幾門像樣的學問，那就可想而知了！噤若寒蟬，這由中國讀書人發明的成語，直到文革之後多少年，人們不還是如此嘛。

費孝通獨辟蹊徑從中國文字掌握的艱難上分析了中國近現科學技術落後的原因。

費孝通在 1948 年出版的《論知識階級》中說：「中國的文字並不發生在鄉土基層上，不是人民的，而是廟堂性的，官家的。所以文字的形式，和文字所載的對象都和民間的性格不同。象形的字在學習上需要很長的時間，而且如果不常用，很容易遺忘；文言文的句法和白話不同，會說話的人不一定就會作文，文章是另外一套，必須另外學習；文字所載的又多是官家的文書，記錄和史實，或是一篇篇做人的道理，對於普通人民沒有多大用處的。這類文字不是任何人都有學習的機會。」

介紹費孝通文章的謝泳深刻指出：「文字是得到社會權威和受政權保護的官僚地位的手段。」

費孝通說：「一個靠著特權而得到生產者供養的人，不但不必有生產所需要的技術知識，也不必有任何其它知識。」

僅此也就罷了，可是「那些『四體不勤，五谷不分』的人如果有決定應當怎樣去應用耕種技術權力的話，他只有反對『淫巧』以阻止技術的改變了。」

　　謝泳接著分析道：「傳統社會裏的知識階級是一個沒有技術知識的階級，可是他們獨占著社會規範決定者的權威，他們在文字上費工夫，在藝術上求表現，但是和技術無關，中國文字是最不適宜於表達技術知識的文字；這也是一個傳統社會中經濟上的既得利益的階級，他們的興趣不是在提高生產，而是在鞏固既得特權，因之，他們著眼的是規範的維持，是衛道。」（摘自《北京日報》2002 年 9 月 9 日謝泳文）

　　近現代，科學技術、思想理念和政治制度的落後，是讓我們中國人吃過大苦頭的，再以一件看似小事、小細節引出的大事件為例談一談。

　　還是以「甲午海戰」為例。

　　甲午海戰之前，大清帝國因為「洋務運動」已經擁有了噸位和裝甲都比日本更強的北洋水師，水師的領軍的骨幹力量，即中層艦長級「管帶」也大都去當時的海上強國英國、俄羅斯等國留過學，也是「海歸派」占主導地位，他們開戰之後也大都英勇無比，可是堂堂的北洋水師一個回合下來就被日本海軍給打敗了。

誰都沒想到的是，在戰前就有那麼一位日本青年武官曾向日本天皇密報過他對未來戰爭的預測，他大膽地預言：在未來的海戰中，日本的海軍必能打敗中國海軍。

他憑什麼能這般料事如神？後來才知道，他僅僅是從戰前參觀中國北洋水師時，發現了兩件看似太小的問題，就做出了這驚人的準確的預言。近現代，各國都有在和平時期，邀請其他國家武官參觀本國軍隊和武器裝備的慣例。那位日本青年武官就是在一次戰前參觀中，他趁人不備時故意用戴著白手套的手摸了一下我艦外弦，發現外弦較髒，白手套被染上了黑，後來他又發現艦上的水勇（即水兵）洗的衣服竟然晾在後甲板上的炮身上。

　　一般人看來，恐怕，時至今日在不少國人看來，一個「外弦」，不就是軍艦上邊緣上的一根「鐵棍」嗎？髒點怕什麼？跟海戰的勝負有何關係？小題大做，大驚小怪。可那位日本武官卻不這麼看，他認為越是先進的武器，越比的是精密度，越比的是保養得如何。海上有的是水，平時水兵有的是時間，你一個「外弦」在外軍來參觀的時候都不好好擦，那你整個機器，即整艘軍艦的保養也好不到哪里去；特別是在雙方武裝級別相差不大的情況下，保養不好的軍艦，噸位再高，裝甲再厚，也無濟於事，這是其一；其二，水勇竟然敢在有外軍參觀的情況下將洗好的衣服晾在後甲板大炮上，可見軍隊的管理有多麼松懈，一支管理松懈的軍隊能有真正的戰鬥力嗎？加之落後的軍事思想，落後的思想理念和落後的政治制度的共同作用，甲午海戰的結果，不幸讓這位會「格物」的日本青年武官言中了！看看人家怎樣「格物」，我們怎麼「格物」！甚至可以說，保養水平上去並不難，軍隊管理水平上去也不難，難得是懂不懂得「格物」，有多少人在「格物」，「格物」的自由度有多大，「格物」的財力支持有多大，能不能通過「格物」出原創，出創新，這才是活水，才是源頭。引進沒有錯，但引進畢竟對於自己是「無源之水」；跟蹤世界科技發展前沿也沒有錯，但那畢竟是跟在人家後邊跑。

甲午海戰，中國吃大虧之後，中國的知識分子坐不住了，發起了中國向現代化的第一次沖擊。康有為、梁啟超為首公車上書、百日維新、變法失敗，可這一次改革是全面的，不僅是「師夷之長技」，包括新的思想理念和新的政治制度。雖然也造成了一些積極的成果，但總體上是失敗了。「五四」之後，中國知識分子發起了向現代化的第二次沖擊，沖出了「科學和民主」這兩面大旗，但逐步地因種種原因把學習的方向從英美轉向了蘇俄，結果又不怎麼樣……。

分析起來，問題到底出在了哪裏呢？原因多多，其中很重要的一點，就在於對「科學」和「民主」的誤解上。

先說「科學」。

「科學」應該就是「分科的學問」，它不是真理的代名詞，「科學」應如程子所言：「唯於理有未窮」、「故其知有不盡也。」

依我見：

1. 科學的來源，一從實事來，從實踐來；二從人的思想中來。來源不單單是「形而下」的，也可以從「形而上」中來。

2. 科學中較為正確的理論也分二種，一是被實事，或實踐所證實的；二是僅僅是在人類已知、已有理論基礎上推導出來的假設、假想等等，並未被實證或完全實證。

3. 任何一個思想家、任何一個思想理論、甚至任何一個思想體系也不可能窮盡全部真理，也不應被尊崇為終極真理。當然，某些亙古不變的天然的終極真理，應當承認還是存在的。

對科學也不要迷信，科學的探索應該沒有禁區。

對前人、古人的智慧和經驗，要尊重，要學習，要繼承。但是，一代人有一代人的問題，一代人有一代人的使命，一代人應有一代人的創新；既不要妄想包辦代替下一代人的使命；也不要拘泥於前輩的智慧和經驗。

馬克思就是從反對黑格爾的「終極真理論」中起步的。馬克思到晚年一再對他的追隨者聲明，自己並沒有窮盡真理，自己的理論不是終極真理。馬克思的女兒曾經問馬克思最喜歡的格言是什麼？馬克思答道：「懷疑一切」。

2002年8月19日《北京日報》登載了一篇邵燕祥介紹吳江新書的文章，這是迄今為止，我所看到的國內有關馬克思理論較為深刻的反思的文章，為了準確地介紹這篇文章，我只有大段大段地引用邵燕祥的原文。

邵燕祥說：「我想用『空谷足音』來形容吳江新書和我讀後的感覺。這本書就是《社會主義前途與馬克思主義的命運》(中國社科出版社)」。

邵燕祥說：「吳江數十年來一直進行理論研究，如他所說，『在研究中亦曾人云亦云，受教條之累』，而在這裡他打破了教條式的理論思維定勢。大家知道共產國際是教條主義的淵藪，它的影響及於包括中國在內的許多國度。教條主義有不同層次不同程度的存在，最可怕的是與執政者的權力結合，把馬克思主義變成一種片面的、畸形的、僵死的東西，而且不允許有異議、有批評、有討論，其實踐的後果是災難性的。數十年間，『左』傾空想共產主義就是因此而得以在國際共產主義運動和許多社會主義國家中肆虐的。」

邵燕祥說：「吳江作為『最講認真』的學者回顧了馬克思主義創始人寫作時的歷史事實。在馬克思、恩格斯寫《共產黨宣言》的1848年，社會主義是各種空想社會主義者和中產階級提倡的運動，共產主義則是工人階級的運動(那時有『共產主義者同盟』的組織)，因此他們避免用『社會主義』一詞，並對形形色色的

『社會主義』予以批評，而采用『共產主義』的提法，《共產黨宣言》實際是《共產主義宣言》。但是到了1894 年 2 月恩格斯卻在寫給考茨基的信中提出：『共產主義一詞我認為當前不宜普遍使用，最好留到必須更確切的表述時才用它。即使到了那時也需要加以註釋，因為實際上它已三十年不曾使用了。』」

這是怎麼回事呢？吳江認為，「馬克思主義思想仍然繼承了某些空想成分。現在應當說，『從空想到科學』仍然是一個過程，它要由歷史來完成。可以說，馬克思主義對資本主義的批判部分，西方許多非馬克思主義學者也稱贊它難以超越；然而在發現和創造新世界方面，在提出具體的改造方針時，其論述往往表現出過多的『理想』成分，不少屬於假設和推理性質，有待於實踐來檢驗，其中包括證偽（例如恩格斯說他的對於歐洲革命形勢的估計錯了）19 世紀 70 年代以後，馬克思、恩格斯對資本主義重新進行冷靜的觀察，他們察覺到真正的社會主義革命不可能很快到來，認識到實現共產主義是難中又難的事，共產主義完全要聽命於實踐，由未來的實踐去探索。他們勸告青年人切不可輕言共產主義，更不可輕率地為共產主義預先設計什麼。他們自稱自己並不是共產主義的預先設計師，也希望別人不要充當這類設計師。而後來的馬克思主義者在談論理想時，又往往忘記馬克思所說的『工人階級不是實現什麼理想，而只是想解放那些在舊的正在崩潰的資產階級社會裏孕育著的新社會的因素』這句植根於歷史唯物主義的話;也忘記了恩格斯晚年提出的,實現共產主義是難中又難的事,切莫采取冒進行動的警告,而念念不忘盡快將共產主義理想變成現實,一而再、再而三地這樣做,以至出現變理想為空想的教訓。列寧在十月革命後又普遍使用共產主義一詞,並且把『社會民主工黨』改名『共產黨』只是在經歷了幾次重大挫折之後,認為共產主義『只是在社會主義完全鞏固的時候,才能發展起來』,『社會主義只有完全取得勝利以後,才會發展出來共產主義』,並說『對待共產主義』這個詞要十分審慎。由此可以推知這時列寧已改變了他原來那個『社會主義就是共產主義社會第一階段或初級階段』的看法,開始將社會主義和共產主義區別開來,而和恩格斯1894年的看法達到一致。然而,列寧基於這一清醒的反思而創議的新經濟政策,因他的逝世而中斷。後來的蘇聯則沿著教條主義、『左』傾空想共產主義的軌道滑行下去。」

吳江說,「教條主義和『左』傾空想共產主義是20世紀社會主義的通病,但是中國的教條主義和『左』傾空想共產主義有自己的特點,並有自己的理論。通常說,中國社會主義的『左』始於50年代後期,實際上,可以上溯到1953年,即提前結束新民主主義階段而急速向社會主義過度之際。當時,中國共產黨不顧《共同綱領》,收回了原說要使私人資本主義有一個較大的發展的諾言,決定對私營企業進行『社會主義改造』即收歸國有;同時內部通知『我們的人民民主專政即無產階級專政』。從這時起，由蘇聯搬來了計劃經濟體制和無產階級專政的政治體制。中國的生產力水平比之當年的俄國更為落後，但是，中國的革命者一味相信人的主觀能動性是萬能的，以為有了這兩樣東西，社會主義和共產主義就唾手可得，甚至認為『愈窮愈容易向共產主義過渡』。以此為目標，不停頓地批判『唯生產力論』，不停頓地片面強調生產關系的作用，不停頓地搞「左」傾冒進，而且只準反保守，不準反冒進，那實踐的結果，凡是 50 年代至 70 年代過來的人都是猶有余痛的。這種錯誤實踐，背離了馬克思主義的唯物史觀，卻在毛澤東的《矛盾論》裡找到它的理論根據：『生產力、實踐、經濟基礎，一般地表現為主要的決定的作用，誰不承認這一點，誰就不是唯物主義者。然而，生產關系、理論、上層建築這方面，在一定條件下，又轉過來表現其為主要的決定的作用，這也是必須承認的』云云。實踐證明，全部問題在於所謂『一定的條件』是憑客觀歷史條件和經濟事實來確定，還是憑主觀意志來確定？一旦政治意志凌駕於經濟規律之上……，『唯物史觀』就變成了『唯政史觀』……。」

邵燕祥最後說：「在重新認識究竟什麼是馬克思主義時，吳江說，按他的理解，馬克思主義是關於人類社會發展的一門大史學（即馬克思、恩格斯自稱的『歷史科學』），而非長期被演繹成的『經典原理學』——這可說是教條主義的大本營。」

看來吳江和邵燕祥都是想恢復馬克思主義作為一門學問的本來面目。

記得傳聞毛澤東臨死前曾說：我這一輩子就做了二件事。第一件事是把蔣介石打到那海島上去了，這件事贊成的人多，反對的人少；第二件事，就是發動了這場文化大革命，這件事贊成的人少，反對的人多。我看這番話像是毛澤東說的。

1972年毛澤東和尼克松相見，尼克松恭維毛澤東改變了整個中國，毛澤東回答道：哪里，哪里，我的影響能到北京郊區就算不錯了。我想這不是毛的謙虛，有可能他已意識到他又回到了原點。

再說「民主」。

「民主」成了中國社會二十世紀最大也是最難的一個難題，這個難題看來要跨世紀。

現在的中國，恐怕不大有人敢公開地反對在中國實行「民主」了，可是，口頭說擁護實行「民主」，骨子里反對實行「民主」的卻大有人在。剔除這些口是心非的人，也應當承認在中國實行民主，甚至將民主在全世界進行到底，都是一個大難題。

實行民主難，難就難在有權有勢的人的反對，也難在民主和社會生活中避不開的許多重大問題的關係實在難以解決，譬如：

1．民主與自由的關係；

2．民主與權威的關係；

3．民主與效率的關係；

4．民主與法制的關係；

5．民主與法治的關係；

6．民主與革命的關係；

等等，等等。

這些基本問題不解決，就算剔除了人為因素，民主實行起來，也的確很難。下面我試著談談這些關係和如何解決這些關係的問題。

民主與自由的關係

自由是民主之母，沒有自由便沒有真民主；沒有完全意義上的自由，也便沒有完全意義上的民主，反之，也只有真正的民主制度才能有公民的真正意義上的自由。

在中國講自由最困難，實行就更困難。

當自由的政治理念剛剛傳入中國的時候，嚴復就苦於「中文自由常含放誕、恣睢、無忌憚諸多劣義」，特地費盡心思將穆勒的《論自由》譯作《群己權界論》，並給中國帶來了自由的經典定義：「人生而自由，他可以做任何他願意做的事情，但是必須以不妨礙他人的自由為界限。」

梁啟超在《自由平等真解》中更明確為「人人於法律內享有自由，法律之下享有平等，而斷不容更越此界一作別種之解釋。」

在這樣的自由觀的基礎上，才可能有真正的民主的政治制度。

２．民主與權威的關係

這兩者的關係最緊張，最不好處理。

列寧想出一個辦法，叫「民主集中制」。近一個世紀的實踐告訴我們，民主集中制實行的結果是：多數情況下是集中之下無民主；少數情況下是無政府狀態無集中。多數服從少數乃至一個人的時候居多；少數服從多數的時候罕見。隨後的結果是既無民主又無真正的集中，只有專制。

當然，任何一個社會、一個國家、一個組織、一個團體都受不了無時不在的「七嘴八舌和莫衷一是」。社會生活中，權威是絕對不可缺少的。但是，要處理好民主與權威的關係至少要做到以下幾條：

（１）以憲法的形式保障公民人人有思想和言論自由，以及結社和組黨的自由；

（２）以憲法的形式規定，可以讓公民通過自治方式處理的問題，一律由公民通過自治的方式予以處理；

（３）通過輿論監督和立法、司法的獨立機構來制約行政權力機構，以確保民主制度不受侵害；

（4）政府的權力受到憲法的嚴格限制，並不允許權力的高度集中。但是在憲法的授權範圍，又實行有職有權的行政首長個人責任制；在法律規定的範圍內，行政首長擁有高度的權威和權力；

（5）總之，民主與權威的關係一切都是用法律的形式來界定、來調整、來處理。

這就是，法治之下的民主與個人負責相結合的民主制度。

3．民主與效率的關係

專制的國家似乎很有效率，也能有所成就。可是實踐證明，專制式的決策往往都會造成極大的失誤，乃至禍國殃民。所以，從結果上看，專制制度擁有的是假效率，民主制度才擁有真效率，因為相對而言，民主制度的決策失誤比較少。

4．民主與法制的關係

法制，古已有之，對穩定社會是完全必要的。以往的法制多是治老百姓的，剔除惡法的成分，法制依然能是法治社會和民主社會的基本組成部分。

5．民主與法治的關係

一個社會，沒有了法治，民主就沒有了保障，沒有法治保障的民主，不會是真民主。特別是在現代社會，只有任何一個個人和任何一種政治力量都沒有了超越法律的權力，民主才真正有了保障。

6．民主與革命的關係

革命總是號稱是最徹底的改革，有關民主和革命的關係，胡適有過最精辟的論述，已經把問題講清楚了，我不贅言。1948年胡適說：「要很誠懇的指出，近代一百六七十年的歷史，很清楚的指示我們，凡是主張徹底改革的人，在政治上沒有一個不走上絕對專制的路，這是很自然的，只有絕對的專制政權可以鏟除一切反對黨，消滅一切阻力，也只有絕對的專制政治可以不擇手段，不惜代價，用最殘酷的方法做到他們認為根本改革的目的。他們不承認他們的見解會有錯誤，他們也不能承認反對的人會有值得考慮的理由。所以他們絕對不能容忍異己，也絕對不能容忍自由的思想和言論。」十分遺憾，其後的中國歷史的事實再一次印證了胡適的論斷，沒有了思想和言論的自由，民主只會是擺設。所以，丁文江說：「我不相信人類的進步除去長期繼續努力以外有任何的捷徑。」

人類理想無窮盡，步步實踐皆坎坷。

實際上都是這樣，說起來容易，做起來難。

想你們愛你們盼你們的

徐文立

2002年9月17日

《徐文立獄中家書》序

(即獄中書之二《徐文立獄中家書》，1996年香港出版)

王若水

(一九九五年二月)

我初次見徐文立，是十五年前的事了。那是1979年11月，西單民主牆正在風雨飄搖之中時，有一天，徐文立和另外兩個人來到《人民日報》社，要求轉遞一份給黨中央的信，申請釋放《四五論壇》的劉青。我見了他們，答應把徐的信在《人民日報》的內參上發表，讓中央領導人可以看到。沒想到隨同來的兩人中有一個是公安部門的耳目，他把我的談話內容隨即報告了公安部。公安部又報告了中央。這件小小的事情居然驚動了中央最高層，鄧小平、華國鋒都在報告上做了批示。胡耀邦找我談話，查詢事情的經過。我承認公安部的報告屬實，並對自己的談話作了解釋。我說我看過許多民主牆的壁報，其中《四五論壇》是最溫和、最理性的，應當說這個組織還是可以的。

胡耀邦對我採取信任態度，但提醒我「不要上當」。他談到在此之前他同王軍濤、呂樸談話的情況，說談了很長的時間，沒有效果。他感嘆地說有些年輕人是「無可救藥」，非要在事實面前碰得頭破血流不可。他並沒有見過徐文立，只是憑公安部門的內部報告，對徐文立抱著成見。

胡耀邦同鄧小平以及黨內另外一些人不同，他是主張「做工作」的。胡耀邦的這種態度，給黨內一些頑固分子以攻擊他的口實，認為他是包庇縱容。另一方面，胡耀邦的「做工作」又是注定了不能成功的，因為這並非平等的對話，不是要傾聽對方的意見是否有道理，而是「說服教育」——事先就肯定了「我對你錯」，只是要「我說你服」。這還是共產黨的老一套的「思想教育」方式，對新一代的人當然行不通。

幾個月後，徐文立被捕了。這一關就是十三年。果然如胡耀邦預料，徐文立碰得頭破血流。

我再次見到徐文立，是在他出獄以後。昔日的壯年，如今卻明顯地露出老態，頭髮稀疏，牙齒脫落。人生有幾個十三年！一個人的最寶貴的年華，就這樣在監獄中消磨了。

然而徐文立精神很好，談吐風生，依舊那麼執著，那麼樂觀。徐文立沒有變，徐文立還是徐文立。

十三年來，中國變得很多。出現在徐文立眼前的，是一個高樓林立，酒綠燈紅的北京。昔日民主牆的舊址，如今已是一個繁華的市場。集聚在這裏的，已不是看大字報和上訪的人羣，而是裝束入時的顧客或遊客。和當年相比，這是多麼強烈的反差啊！

我沒有和徐文立談到他出獄後的見聞和感想，不知道他會不會感到某種「文化衝擊」，像初到異國的人那樣。也許他不會，因為家人的來信已經把許多情況詳細告訴他了；但也許他會，因為通過文字了解究竟和親身經歷是很不一樣的。賀信彤早就有這種感覺，說讀她丈夫的有些獄中信件，像是他不食人間煙火的樣子。

徐文立是一個很開通和思想解放的人，對中國目前許多受西方影響的東西，他不會看不慣。中國畢竟是前進了，畢竟是面向世界了。然而，這繁榮的景象背後潛伏着危機。社會不公正的現象在擴大。政治改革滯後。西方的民主和人權理念仍被拒絕。腐敗像癌症一樣擴散。毛澤東仍受到盡情歌頌。徐文立會發現，中國也有沒有變的部分，當年民主牆所批評的問題，如今依然存在。

現在，我展讀徐文立和家人的通信集，只覺得三顆火熱的心在紙上跳動。過去，在毛澤東的年代，也曾有把英雄模範的家信拿來出版的事，那些信裏充滿了豪言壯語，而且從內容到文字都無可挑剔，看得出是經過仔細加工的。徐文立沒有把自己看作是英雄（儘管他是新時期的英雄人物），在他寫這些信的時候，他只把自己看作是丈夫和父親。在信中他不得不回避政治，只談一些人生哲理，文藝評論，同妻子和女兒交流思想感情。通過這些，我們看到一個真實的徐文立。

我禁不住想，胡耀邦如果在世，看到這些信，他也會改變對徐文立的看法的。好像俄羅斯有一句諺語：「一個人越是愛他的妻子，就越是愛他的祖國。」也許不是每個人都是這樣，但我相信徐文立是把對祖國的愛和對妻子的愛結合在一起的。徐文立一家在物質上是清貧的，但在精神上，他們比許多達官貴人更富有得多。他們都有一顆善良、純潔、美好的心。賀信彤不是作家，然而她在信中表達對丈夫的無邊的、火熱的愛的語言，卻是那麼有力、那麼動人，不是從內心的流露，是寫不出來的。還要提一下徐文立給女兒的信。看到這些信，我就想起《傅雷家書》。雖然情況並不完全相同，但那種深沉的、無微不至的父愛，卻是一樣感人的，賀信彤和晶晶是有福了，她們有這樣好的丈夫和父親。徐文立也有福了，他有這樣好的家庭。

市場經濟的發展，帶來的東西主要是正面的，但是我們也要看到它帶來的負面的東西。它使人與人的關係越來越成為冷酷無情的金錢關係，從而造成人性的異化。這是人類進步必須付出的代價。在這種情況下，像徐文立一家這樣的人就更顯得可貴了。人間自有真情在，人性中的美好的東西，是不會完全泯滅的。這樣的人越多，中國就越有希望。

徐文立後記：王若水先生1926年出生於上海市，1948年北京大學畢業，11月開始工作。1949年王若水在北京市委政策研究室工作，1950年底調《人民日報》社。

一度因得罪毛澤東，王若水受到批判，撤職送往大興縣紅星人民公社勞改。他是早期否定文化大革命的人群的一員，他認為文化大革命「是用錯誤的方法對錯誤的對象進行的一場錯誤的革命」。1976年文革結束，王若水回到報社，第二年被任命為《人民日報》的副總編輯，分管理論、文藝、社論內容，他是上世紀七十年代後期《人民日報》的實際掌握者。當時《人民日報》社社長是胡績偉。

王若水先生，其人如其名「上善若水」，是共產黨隊伍中少有的有人性、謙和、有正義感、並敢於表達的君子。所以，他自然成為了中共黨內1978年「務虛派」（諧音如清末「戊戌變法派」）的領袖，他晚年最有影響的重要著作有《談談異化問題》(1980)和《新發現的毛澤東》(明報出版社，香港，2002年)。

1983年3月16日，周揚的有關人道主義和異化問題的文章，在紀念馬克思逝世一百周年學術報告會上題為《關於馬克思主義的幾個理論問題的探討》的演講稿在《人民日報》發表，當天中宣部長鄧力群批評王若水不應該發表該文章。3月26日中宣部會議上，鄧力群宣讀報告，要求將王若水調出《人民日報》。1983年10月12日，鄧力群在中共第十二屆中央委員會第二次全體會議的討論會中再次批評王若水。會後，由胡喬木與鄧力群主導的清除精神污染運動開始。

1987年8月，王若水先生因為支持「八六學潮」，對中國共產黨提出大量反對意見，在「反對資產階級自由化運動」中被中紀委勒令退出中國共產黨，1988年離休。1989年和1993年，先後兩次應哈佛大學費正清中心的邀請，赴美做訪問學者。1994年又曾在美國加州大學柏克萊分校作訪問學者。1998年下半年赴瑞典，任隆德大學東亞及東南亞研究中心訪問教授。2002年在美國波士頓去世。

1979年11月我因劉青承擔公開發布「庭審紀錄」被捕，冒然去《人民日報》社求見王若水先生，那是我們的第一次見面，希望他能夠透過《人民日報》「內參」向中共高層要求釋放並沒有犯罪的劉青；未成想被楊靖擅自帶去的「索中魁（即所謂的『鎖鍾馗』）」出賣：說王若水同情民運人士，並提示徐文立在文稿措辭上不要以彭真之語暗批彭真之所為,反而會刺激了彭真。因此，王若水受到鄧小平斥責、胡耀邦問話。當然對於劉案，還是有了一定好的結果，劉青沒有被判刑，只是「勞教三年」。

1993年5月26日，我在原來15年徒刑4年剝權的期間，坐牢12年48天之後，因中共政府想得到美國最惠國待遇（關稅可從40%下降到8%以下）和申辦2000年「奧運會」，並在國際輿論壓力下，被「假釋」；我很快就去看望了王若水先生，這時他已經和我的家庭成為了知己的好朋友。見面之後，我因王若水先生受到我的牽連，深表歉意。王若水先生反而說：「你不但不要道歉，而是我要感謝你，是你讓我又回到了年輕時代對自由和民主的正確選擇上來了。」

當時，我們希望王若水先生為我們苦澀的《徐文立獄中家書》寫序時，一貫不太給人寫序的先生欣然允諾。現在，在我的《獄中家書之三》再次出版時，王若水先生這篇序依然適合作為《徐文立獄中家書之三》的《人類正常社會秩序概論》增訂網路版的序跋，並以誌紀念辭世16年的我的老朋友——王若水先生。

王康在紐約華人文教中心徐文立演講會上的即興發言

（王康先生核定稿）

本人不多的優點之一是守時。但今天徐文立教授這麼難得的演講，我算好時間從華盛頓 DC 乘大巴趕到紐約，再轉地鐵到場，還是遲到了。

主持人要我講兩句，就冒昧以徐教授大名稍加發揮。

「徐」，好像不算大姓，但形象和意思都好。蘇軾《定風波》似乎也是為徐文立先生所寫：道中遇雨，同行皆狼狽，余獨不覺。莫聽穿林打葉聲，何妨吟嘯且徐行。竹杖芒鞋輕勝馬。誰怕。一蓑煙雨任平生！

遙想徐文立先生當年走進某監獄，那步伐一定緩慢而沉穩，後來走出那道門檻，再進去再出來，就更加「徐行」了。再後來登上飛往新大陸的飛機旋梯，回望故國，徐先生的眼光定然凝重，態度卻依然從容吧。

自由是歷史進程，也是人生狀態。欲速不達，只有從容不迫者，可以湊泊。其實，徐教授已經在中國自由路上「徐行」了近 40 年。我本人也望古稀之年，最近才體會到，相比幾千年的專制王朝，尤其考慮到中國現代的巨劫畸變，中國的自由之路並不特別漫長。像徐文立先生這樣，行在爭取自由的路上，也許比站在自由的彼岸，更值得遵從。

「文」，當然是文化。徐文立先生是基督徒，對孔孟之道更有獨到的體驗和秉持。徐先生溫文爾雅，文質彬彬，屬於「天之未喪斯文」的典型。徐先生最精華的歲月在黑牢度過，在他的形貌、神色、眼光和舉手投足中，我們卻看不見野蠻、狂傲、自命不凡的痕跡。如果對人生和真理沒有真正高深廣闊的領略，很難擁有這種「氣如蘭兮長不改，心若蘭兮終不移」的文化品格。無論按中國古代士大夫的風範，還是現代自由人士的價值取向，徐先生都是十分罕見的「文人」。

「立」，國於天地，必有與立；人於天地，更貴在一個「立」字。儒者把「仰不愧於天，俯不怍於人」作為人生之樂。整整半個世紀，徐文立先生一直「立」在中國的自由行列。我閱人不多，但也意識到，「立」在世上，是人生最難的永久性的功夫。即使因為時世、命運、奮鬥「立」住了，也还可能倒下去，——自己倒下去。在精神、道德、人格上，我們已有的「立」，可能離我們而去。「立」而复倒的案例太多，但徐文立先生會一直立住，因為他承受了牢獄和苦難的煎熬，也經歷了自由和榮譽的檢驗；因為他並不認為生命的意義全在身外某個目標，——即使是偉大的目標。

徐文立教授的父親是中國抗戰英雄，徐教授有相濡以沫的妻子和爭氣的女兒，有天下無數良朋摯友，這是他人生另一樂。徐文立教授「立」在布朗大學講壇十年，傳布中國歷史文化，得天下英才而教之，是其又一人生之樂。君子有三樂，徐文立先生俱足了。

現在徐文立教授已榮譽退休，年屆七十開外，接近孔夫子的年紀了。「徐文立」這個名字大概是您父親或者您爺爺為您取的，好名字！我祝賀徐文立教授有這麼美好的嘉名，祝您長命百歲！

徐文立後記：老康兄幾乎是中國當前唯一可能貢獻給世界的思想巨人

我們中國這六十五年來，在思想理論和價值觀上欠了全人類一筆大債。

英國的撒切爾夫人提醒得不錯：「根本不用擔心中國（應該是一黨專制的中國——徐注），因為中國在未來幾十年，甚至一百年內，無法給世界提供任何新思想。」

然而，苦難出真知。苦難，特別是文字獄猖獗了六十五年的中國大陸，終於有了可能出現思想巨人的氛圍和土壤，只有我們中國人真的給世界提供了新的思想，我們才有可能讓撒切爾夫人的後人們改變她的預言。

我以為，成為中國大陸的對世界有所貢獻的思想巨人的基本條件是：

1， 有一個天然的、幾乎能夠完全抵制、或抵消共產專制主義的家庭環境和家學淵源；

2， 有完全獨立的人格、不拘小節的優秀品質和百折不撓的超頑強性格；

3， 有全能全才，超凡脫俗，尤其思想獨特又新穎；並俱有開出新學問、新思想、新學派的氣度和魄力；

4， 有通曉古今中外名人名著，且強聞博記、過目不忘、更有融會貫通，超人的綜合、揚棄、昇華、創新的能力；特別要有通曉中國的諸子百家和儒、釋、道傳統文化、哲學和思想的底蘊；此人本身幾乎就是一位百科全書的學者；

5， 有過謙遜、淡定、視名利為糞土，心無旁騖、一心一意、孜孜不倦的業績；

6， 有過自身苦難，卻能甘死如飴的特別經歷。

恰恰中華民族有福了，有了王康，他是世界幾百年、中國近千年才會出現的奇才！王康具備以上貢獻給世界的思想巨人的全部特徵，唯獨可能有點欠缺只是他的多國語言能力，配好翻譯助手，幫助王康登上國際舞台不是問題。

可能是我孤陋寡聞，以我視之所及，王康可能幾乎是中國當前唯一可能貢獻給世界的思想巨人。

當然，我相信苦難的中國也還會有這樣一個王康式的群體。

所以，我個人認為，我們作為王康最親近和知己的朋友，有責任保護好王康和全力以赴協助好王康，趁王康還年富力強，又正值創作旺盛期，讓王康在盡可能短的時間內，在一個無憂無慮、完全自由的環境中，保持好他的身體和創作狀態完成歷史性使命。

顯然，我們首先要力勸王康在中國大陸目前的政治態勢下，留在美國，我們共同努力完成在中國和全人類面前、在中國目前國內不可能做到的情況下、矗立起「王康思想」、「王康思想體系」的劃時代的思想豐碑。

今天，我無意給習近平先生作什麼斷言和全面的評價，以他一身比毛澤東更多的實權和虛名，特別他執政以來的種種政治迫害的事例，真真切切地表明：在目前中國大陸政治態勢下，王康在對中國和全人類的當今和未來的思想使命未了之前，都不能夠回國。何況王康1989年就是中國政府的『六四』大案的通緝對象之一；近年王康又不斷地直言不諱地抨擊中共當局侵犯人權和政治迫害的事實；特別是王康極廣泛的思想和言論是從根本上動搖了共產專制的思想體系，最不為中共政府相容；近年王康又在全世界面前揭露薄熙來等等中共要員的驚天大案，讓中共醜惡內幕幾乎暴露無遺，對此有過特殊的貢獻。

現在，王康回國一定會受到中共的嚴酷的政治迫害。

請看看習近平執政以來的種種政治迫害的五大案例，就知道王康現在回國一定會受到中共的嚴酷的政治迫害：

一、 2014年1月26日，新公民運動發起人之一的許志永被当局以「聚眾擾亂公共場所秩序罪」判處有期徒刑4年；

二、 維吾爾學者伊力哈木因發表維護維吾爾民族的言論，長期受警方監控、警告、禁止出門，2014年2月20日被当局以「涉嫌分裂國家」正式逮捕；

三、 2013年9月14日北京大學法學碩士曹顺利女士因擬參與聯合國人權理事會普遍定期審議被秘密拘留。2月19日被送解放軍309醫院，10月21日正式逮捕。2014年3月14日死亡，屍體不明去向；

四、 2014年3月21日，中國四名維權律師（唐吉田、江天勇、王成、張俊傑）為非法關押在被黑龍江建三江「洗腦班」黑監獄的法輪功學員提供法律援助，被當局綁架並遭酷刑致重傷；

五、「六四」25週年前夕，從2014年4月24日開始，長期堅持新聞自由理念，敢於批評時弊，多次獲得國際新聞獎的資深記者高瑜與外界失去聯繫，高瑜的失蹤引起多個國際人權組織高度關注。

這樣嚴峻的中國大陸的政治形勢不允許我們掉以輕心。

讓我們共同努力說服王康留在美國,平安喜樂地繼續他要全力以赴才能完成的對中國和全人類的使命。

你們的朋友 徐文立

2014 年 5 月 1 日

2016-10-04 22:16 GMT-04:00 LaoKang老康:「徐文立先生本人是當世民主先驅,也是真君子。憾因系獄太長,無暇系統研究中外思想。其《人類正常社會秩序概論》卻是1949年後中國人自我啟蒙、自我變法的不朽之作。只因其謙懷風範、學界食洋不化以及浮世躁亂,此書真諦未得廣解。我們一代,無論天分多高、勤奮不息,都不可能在純學術純思想上有所建樹。文立先生寄望於我,是其企盼思想界履行天職久而不果的「移情」,鄙人何能,領此重任。權作勉勵耳。」

2016-10-05 17:17 GMT-04:00 LaoKang老康:「人確實難盡解,但亦非完全不可理解。X先生一定有所感,知人論世為天下兩大難事,知人更難,自知則幾乎辦不到。為兄之道如文立,提攜後學,勉勵常勝貶責(但對鄙人勉勵太過,無論怎樣奮發,都難濟其意),受文立兄勉勵者,豈余一人。而余幾十年受先賢勉勵,有梁漱溟、熊十力諸先賢,他們只覺此庶子可教。劉賓雁則以為,為其作傳者,王康為其人選(十分慚愧,沒有盡責,只力薦馬雲龍擔此責)。

余深厭中共專制，青年時即以在此專制下出人頭地為阿世自辱。今有文立兄勉勵，並不輕鬆。不過得此『知己』之勵，惶恐之外，究感欣慰。

文立兄所謂人的自由、平等與差異，我理解即人類文明秩序的內在框架、基礎和動力。打住，再奉。倆位仁兄秋祺！

王康匆匆2016，10，5」

在 2016年10月5日 下午4:36，徐文立 写道：

二位：

謝謝你們的理解、寬容和錯愛。

我曾經在發：《王希哲所思所想》時說：

「讀懂一個人幾乎不可能；讀懂一位政治人物更是不可能。但是，請求每個人以『不做姑子（尼姑）不知頭冷』的設身處地的心態和換位思考試圖理解別人，而不是我們自己強加給別人，恐怕是應該的。」

共勉！

-

2017年11月和王康諸兄的重要通信

老康兄、XX兄、XX兄：

　　昨天偶遇你們在XX主持《華盛頓手記》的沙龍里：借助歐洲文化危機中知識界2017年10月7日巴黎聲明，海外獨立華人學者首次公開討論保守主義。

我備受啟發和鼓舞，頓開茅塞：你們三位不就是中國傳統的學富五車、謙遜好學的文雅士子嘛？！你們的見解不就是中國新保守主義的先聲嘛？！

昨夜（2017年11月2日 下午10:32），就匆匆冒然發了一短信給諸位。不想，今天一早（2017-11-03 9:17）就收到老康兄如此肯定評價的回信：「其實應當有一份獨立的21世紀文化宣言，中國人要表達的不遜於西方人。老兄《人類正常社會秩序概論》已經先行一步。」

中國文人怎麼就一定「相輕」？！

中國現在就明明白白地擺著老康兄這般相互欣賞、尊重、切磋和提攜的海量胸襟和我多次說的：當今中國首席學問家——王康。

我2002年在獄中時，和三位完全不是一個量級上的思考者，是個完全不懂思想史中「保守主義」為何物的懵懂小子，只是集兩次16年獄中思考，想盡可能地搞清楚中國為什麼病了，得了什麼病，如何醫治它；更沒有想到世界也病在這裡！居然，誤打誤撞出了自己的保守主義成果：

即保守主義也深藏在中國的典籍里啊！

孔孟之論「暗合」了基督教的天道啊！

當然，在獄中還不可能表述的那麼清楚，近年進一步的思考已經凝聚于《人類正常社會秩序概論（增訂版）》、還會進一步凝聚於《人類正常社會秩序概論（網路版）》里。

正如在美國的基督教牧師李元道先生指出的：「基於我幾十年來的對社會現狀以及個人在文化與哲學、政治與經濟、歷史與現實等各方面深入思考，以及對徐先生的著作《人類正常社會秩序概論》的探究；概括地說，我以為徐先生是在獄中的長考中深刻地認識到：背離人類正常社會秩序，是中國問題的癥結所在，也幾乎是當今東西方社會的通病和共同誤區。如何撥亂反正，已成為全人類必須回答的問題。他認為，構成人類正常社會秩序必須有三個重要的支柱，否則人類社會將陷入混亂、無政府主義、經濟長期衰退，或獨裁黑暗的光景中。」

最近我常常說：「中國反對派人士當今，面對的是雙重使命：結束中共的專制，同時要提醒西方民主國家的所謂的『政治正確』和『現代化』有了太多的不正確：一，起碼『均富』不可能；二，所謂『現代化』的負面影響在拖垮全人類賴以生存的自然環境。中國的『霧霾』既是對中國所謂『現代化』的警告，也是對全人類的警告！

新時代應該有新思維、新辦法。

消解專制主義、共產主義和福利主義的辦法，就是力主『人，生而平等』、『人，生而有差異』（我明白全世界贊成這一點最難、也最關鍵），『人，生而不完美』

需要『法治』(我明白中國大陸贊成這一點最難、也最關鍵)……

所以,我 16 年在中共獄中思考的結論是:中國的未來不應再是所謂的『現代化』,而是『正常化』:1)人,生而平等;2)人,生而有差異;3)人,生而不完美。」

請見自媒體《徐文立視角》:
https://www.youtube.com/channel/UCWY3Kky1AK4p78g61qrdOLg/featured?disable_polymer=1

希望老康兄將此信轉 XX 兄嫂一閱,可否?

諸位秋安、遂順!

文立匆匆拜

2017 年 11 月 3 日

━━━━━━━━━━━━━━━━━━━━━━

在 2017 年 11 月 8 日 下午 5:03,徐文立 <xuwenli2014@gmail.com>寫道:我們的三本小書,上午 12:14 已經寄出。14 日會抵達。文立

---------- 已转发邮件 ----------
发件人:Xintong He
日期:2017 年 11 月 8 日 下午 4:37
XX:

你好！看到你寫給文立的信，其中還提到了我，我的眼淚竟然在那瞬間奔湧了出來，謝謝你，謝謝你的真誠，謝謝你的肺腑之言。

今早，我跟文立說，沒有人說過如此讓我感動的話，在那不堪的歲月裏，是人就敢數落我，是人就敢指責我。

其實，非常抱歉，記得，那次是為劉賓雁先生的事，我們在林XX、XX的家里相遇過，回來的路上，我和文立反反覆覆地都說，"那個XX好眼熟，我們一定認識他！"之前，我們家來的人太多太多，我們印象裏的那個XX是英俊青春永駐的，而後那次見到的你是儒雅、可親、穩重的中年學者，居然就沒能把前後的你歸一——確實是我們的老熟人，老朋友！實在糟糕，冒犯、冒犯。

說起北京白廣路，那簡陋的樓、充溢油墨味道的小家，曾經的激情歲月，曾經純真情誼，永遠定格在了最美好的回憶，自己老了，卻不肯讓腦海中的記憶老去，一個個故友親人，永遠那麼鮮活，那麼純真——包括我們的XX。只有艱苦歲月的情意，只有共同努力過的同道中人，才是我們的永存美好！

信彤

2017-11-07 18:50 GMT-05:00：

徐大哥：谢谢您！谢谢您的关注！

我在民主墙时期，去过您的家参加《四五论坛》的活动，其后我们也见过数面。那时，我给孙丰的刊物写过稿件，他对您有很高的评价，认为您是天才的领袖。再后，您就入狱了。数十年来，中国最优秀的人几乎被斩尽杀绝。民族之大不幸！

感谢您为中国民主运动所做的贡献，以及付出的巨大牺牲！我仍然记得您在广安门筒子楼中的家，也还记得夫人。代我问候她。向她鞠躬！男人们坐牢，妻子们则承受了更大更多的苦难，她们不逊于俄国十二月党人的妻子们。中国的女性更坚韧，承负得更多！感谢她们！整个国家、民族都对不起她们！

自1949年后，中国文明全盘覆灭，其残暴、野蛮，无可言述，唯有血泪！ 中国所需要，我们所期望的乃是最简单的，回复到文明的基点。所谓保守主义所主张的都是常识性的，并无什么学问。与其好高骛远，不如脚踏实地，如果中国回到民国的形态，即是民族、国家之大幸。民国的各界先贤就是我们为人处事之榜样。您的大作未曾拜读过，望能找到文本拜读！常常收到您群发的各种文章、视屏、图片，多有受益。知道您归属基督教了，为您高兴，感到您的心梗明亮更开阔了，因而一定会长寿！祝福您和您的全家！

XX

jianhua 於 2017 年 11 月 9 日 上午 10:35 寫道：

徐大哥、徐嫂：谢谢你们！谢谢徐嫂真挚的信！

民主墙的岁月让人怀念，尽管艰困，但那些年青的生命，怀有那么美好的理想和情怀。在那个岁月您们将自己的家奉献出来——包括您们全家人，是多么令人感动！那些记忆是珍贵的。但是您们付出了巨大代价，三十年的苦难！感谢上帝，您们全家终于来到了美国，有了自由的生活。在前，我去看望王康，看到您们女儿画的美丽的公鸡，真为你们高兴，孩子也这么出色！是命运的报答吧！中国的事情很悲哀，数十年的摧毁，国人的人心坏了，民族流氓化。

您们受了那么多的苦难，心还是那么明亮，开阔，让我敬慕！前几年在华府见到徐大哥——与王康、台湾蓝营朋友聚会，您精神矍铄。斗争和苦难成就了您！我住在康奈尔大学地区，美国漂亮的风景区，望您们来做客！何时我去波士顿，就去看望您们！

XX

在 2017 年 11 月 9 日 下午 12:04，jianhua 写道：
谢谢徐大哥！望有机会相聚！XX

2017-11-09 11:43 GMT-05:00 徐文立：

甚喜！甚喜！

你們住處—上紐約康奈爾大學區宛如仙境，我們女兒曾經在上紐約 BARD 學院上大學本科，我們羅德島州亦然如天堂一般。

我們兩家相距約六小時車程，什麼時候等待老康方便一聚。

也隨時歡迎你們去波士頓時來我們家（附上我們的地址和電話）。

2017-11-09 0:49 GMT-05:00 徐文立：

XX兄：

深謝回信和告知XX可能在用的信箱。

更謝謝你對《人類正常社會秩序概論》的讚許和鼓勵。

我和你們及老康兄、XX兄、XX兄這樣學富五車的始終在海內外激盪著民國風的國士相比慚愧得很。

倘若我的文字僥倖地踏進了一點點保守主義的園林邊界，也拜16年獄中的生涯和長考，更拜 天父的保護和眷顧。

但願那本小書對人類和中國未來有微弱的補益，也就不枉此生了。

我深知，不是權力和金錢，而是觀念和思想才能影響和改變世界；當然一定會有正面和負面、高和低之分。

你臥薪嘗膽的鴻篇巨製，才真正是民主中國的奠基石。

夜深了，匆匆收筆！

文立

2017-11-08 22:19 GMT-05:00：

文立兄好！

前些時候XX信箱遭到連續攻擊，好像是廢掉了。

這個信箱你試試： ……

拜讀了你多年前在監獄裡寫的文章，深為敬佩！

你是先知先覺者，我認識保守主義的價值，比你實在晚多了。

希望你好好保重！你的閱歷和思考，對文明之重建有極其重要的作用。

願主賜福予你全家！

XX

王希哲讀任畹町先生文：《怎樣認識徐文立？》

（信文三封及附件）

一、徐文立：得兩位摯友，今死足矣

希哲畹町老友：

　　只有拜謝，不是為我自己，是為了我們共同付出了青春和生命代價的憲政民主的偉大事業在中國的最後勝利！也是為了一切為憲政民主的偉大事業在中國的最後勝利付出了青春和生命代價的所有同仁和他們的親屬（也包括這次表現如此惡劣、曾也付出過的王軍濤、王有才）！同時，對你們兩位老友的高風亮節和認真、嚴肅的批評，只有心存感激，永誌不忘。我永遠會有錯誤，永遠歡迎批評，我會改正。再謝！得兩位摯友，今死足矣！

　　你們的文立

2009 年 11 月 28 日星期六

二、讀任畹町先生文：《怎樣認識徐文立？》

王希哲

最近，任畹町先生因「紐約朋友」的民主黨風波，為民主黨寫了一篇回顧文，其中有兩條意見，非常重要，希哲要在這裏特別地介紹一下：

其一，任畹町說：

我們「可曾想到 98 組黨的基礎在於南秦北徐奮勇打拼半年集合了被打散多年的人員為預備？其開拓性貢獻是大大的。」

其二，任畹町說：

「98 年底老徐擅自組建全國民主黨一大籌備組的確是個非民主非規則非常識的不智之舉，有實質正義的大使命感，然方法不當不具程序正義。」

我們先看第一。

98 組黨的基礎在哪裏？在 1997 年末開始，以北京徐文立為中心，秦永敏、牟傳珩等協助之全國多省市開展半年之久的「空中民主墻」和「廣交友，不結社」活動。通過這類活動，如任畹町說，才把 79-89「被打散多年的人員」重新組織了起來，為後來的全國組黨打下了基礎,也為 1998 年 6 月海外波士頓緊急會議後，以王希哲、王炳章、莊彥為主的民主黨海外籌委會積極策動國內各省市組黨以策應浙江，提供了組織儲備的前提。有如當年的各早期「同盟會」活動為國民黨成立提供了基礎,各早期「共產主義小組」活動為共產黨成立提供了基礎一樣。徐文立等,才真正是今天中國民主黨的奠基人,雖然徐文立自己從未強調過這一點。

反觀王有才為中國民主黨的奠基和組織,做過什麼呢?他除了受浙江組黨志士們(他們又是受王炳章闖關號召組黨激勵)之托,與王東海等出面喊叫了一聲「組黨」外,還做過更多的貢獻嗎?沒有了!北京、天津、東北、山東、山西、湖北、湖南、陝西、廣東、廣西、上海、重慶⋯⋯哪個省市的民主黨成立,是王有才策劃組織的?一個沒有!

即便浙江本身,主要組織者也是祝正明、吳玉龍、朱虞夫等,而王有才,正是犯今天這個「個人意見凌駕於集體之上」的老毛病,被浙江籌委會排除出核心領導集團,王策找到他時,已是賦閒在家的了。

我們不否定,王有才出面喊一聲,也是要有勇氣和擔當的,也付出了犧牲。但他不是什麼中國民主黨的「創始人」和「基層組織者」。除了喊一聲,他什麼也沒有做過,這才是事實。有人喜歡給他這個光環,他自己也樂意接受這個光環,其目的,不過是企圖將自己等同民主黨,以獲得他和某些人謀利的本錢罷了。

我們知道,98年組黨運動開始,任畹町先生便與徐文立有不和,長久攻擊過徐文立(徐文立一聲不吭)。

但今天，任先生跳出過去狹隘的私人成見，站在公心的立場，說出了我們「可曾想到98組黨的基礎在於南秦北徐奮勇打拼半年集合了被打散多年的人員為預備？其開拓性貢獻是大大的。」這樣實事求是的話，希哲是十分欣慰的，值得推薦給大家。

我們再看第二。

任畹町說：

「98年底老徐擅自組建全國民主黨一大籌備組的確是個非民主非規則非常識的不智之舉，（他）有實質正義的大使命感，然方法不當不具程序正義。」

這也是說得對的。不因為與徐文立關系好轉，便180度轉彎，專說溢美的話；對是對，錯還是錯，這才是實事求是的高風亮節。任先生有這個原則，很好。

當年文立組黨一出手，就「擅自組建全國民主黨一大籌備組」，希哲也認為是錯誤的。當時就反復對徐提出了批評。任畹町重提文立當年這個錯誤，現實教訓意義在哪裏？

其實，文立的這個錯誤，與今天王軍濤為首的「紐約那些朋友」所犯錯誤，有非常接近的性質。

當年，文立錯以為北京可以號令天下，便未能平等與浙江民主黨籌委組織充分協商，片面起草公布了「組建全國民主黨一大籌備組」文件，先就居高臨下，強求他人接受，這當然引起了浙江方面的不服和不滿，請希哲主持公道，窺伺在旁的任畹町見獵心喜，乘機發難，攻擊徐外，在北京搞第二個民主黨（國內地方出現兩個民主黨組織，只有北京一處）。文立好在從善如流，不再堅持，事實改正了錯誤。但這個錯誤，也為民主黨後來的北京派、浙江派的形成，造成了後遺。何德普、王榮清、陳樹慶後，才大體修復。

今天，王軍濤為首的「紐約那些朋友」也錯以為紐約可以號令天下，未能平等與1998年第一天起，組織民主黨海外籌委堅持至今的海內外「聯總」組織充分協商，片面起草文件和組織「中國民主黨全國委員會預備組」，先就居高臨下，強迫他人接受和解散，仗著幾個「精英」，先秘密後公開壓迫，甚至發出「最後通牒」。如此的蠻橫專制，怎能不犯錯誤？

如果徐文立當初犯過錯誤，還因為他畢竟是民主黨先期組織的奠基人，今日「忽然民主黨」的「紐約那些朋友」，何德何能？為民主黨做過什麼歷史貢獻？他們錯誤而遭抵制之後，卻不改錯誤，堅持錯誤，一意孤行。「聯總」巋然不動之外，也不妨學春秋鄭莊公問上一句：「多行不義，將何如？」

下面我們附上任畹町先生的文章。

2009年11月28日

三、怎樣認識徐文立？

——兼評李劫以「告別帝王權術」為騙術，以「重啟中國民主政治」為旗號，以「海外民運人文透視」為污損的假學術

任畹町

在國內98組黨期間我們對老徐性格、行事、方法、思考上的個體差異錯看為陰暗、奸雄、投機的人品道德譴責，將使命感責任感的英雄人格看為領袖欲，（我自己這方面也被人歪曲）將民運自由多元的本性看為分裂行為，（當然，盡量不分離。）這些是十分不當的錯誤的。我們應該盡力為老徐挽回那些不真實的不良影響。

民主牆一代的幾個主要人員中沒有也不可能是奸特，由於這類人被緊盯，身邊難有可靠人員，有時候需要自己扮演不同角色直接進入各個領域掌握全局，是事業的需要，是可以考察鑒定的。相信對老徐的污衊性說法會被自行糾正的。

多年來民運有旗幟而無主帥，有眾多名人而無領袖集體是我們的最大悲哀和失利。30年風雨考驗我們不能再沒有頭子了。此次紐約「民主黨全國委員會」的「統一」陷阱使真民主黨穩定堅強團結凝聚，老徐也得到眾人的認同和歷煉，這次進一步重組了班子令人喜悅。將來的各種陷阱還會有，日常還要考驗在座的

各位。

這裏不能回避一個歷史糾紛及恩怨。

98組黨的前期準備從何而來？怎樣理解老徐的突然組黨？

當我們指責老徐「不結社，緩組黨」之後突然在98年11月6日宣布組建全國民主黨一大籌備組是一種投機摘桃時可曾允許他對組黨進程的個人設計？可曾允許他的思想轉彎？可曾想到98組黨的基礎在於南秦北徐奮勇打拼半年集合了被打散多年的人員為預備？其開拓性貢獻是大大的。況且，這並沒有違背他「緩組黨」的設計。也只有民主牆一代才有此使命、經驗、魄力、意志擔當此任。王有才應該感謝徐、秦、牟「廣交友不結社」的奠基方有98組黨的聲威及全局性進展，還有王炳章闖關的促發因素等等。這點是我們過去有意無意忽視的重要方面。

這不比88-89年我身邊無人都在牢中，只我獨立向媒體發文發起「紀念民主牆10周年呼救民主派」，後在北島、芒克、克平等人的呼應下形成國內運動和國際性風潮，帶動了國內知識界的自由氣息，歷時4個月。這就是方勵之等4批次呼籲赦免魏及民主牆人的輿論基礎和背景。

這證實了一個反覆出現的史實和定規，「鐵窗民運」「民間民主派」是我國自由民主進程的「中軍主力、原動機制、主角角色、貢獻主體」四要素，此為我的老生常談了。就是說我們可以獨自領軍，成為某個事件及運動的主帥，只是趙紫陽當政沒有抓我。作為民主牆一代我很自豪這一事件的經驗積累拿出來各位共享，也論駁了民運都是平常人平常心是每個人的事不需要頭子的謬論。

98年底老徐擅自組建全國民主黨一大籌備組的確是個非民主非規則非常識的不智之舉，有實質正義的大使命感，然方法不當不具程序正義。同時，我們考慮到老徐等經營多月的「廣交友不結社緩組黨」已經被組黨風潮邊緣後的急於求成心態也就可以得到合理的諒解了，為什麼一定要定義為陰謀、專權、投機呢！同道們應該從積極方面觀察民運將帥們，允許犯錯誤，同時，應該相信在高貴事業的大熔爐裏，他們有糾正失誤，淨化心靈和修煉品德的能力和自覺。我們近在咫尺但有隔閡是我的不是，那時，老徐做事時很民主協商通知各方的。民運天各一方相知甚少遠不如有根據地的中共中央。

此次紐約冒升「民主黨全委」人們不能不承認其設想是正確方向但程序方法詭異不當，同本土98組黨的背景條件差異極大，不可相提並論。特別重要的是什麼人哪些人在主事？這進一步證明了頭子的重要。老徐雖然擅組「民主黨全委一大籌備組」，但被當局制裁後續有人持續至今，而紐約海外冒升的「民主黨全委」及其效果算什麼！當我們指出風雲詭譎的紐約事件時絕不否認一些參與者的真誠和善意。

同歷次民運整合史相伴的分裂史不同，這次被發難的民主黨聯總以「照會」的形式紳士而平和地結束了這場發難，損失減低到最小。盡管這樣，據說是復旦博士生的李劼仍舊以「帝王權術」「重啟民主政治」「人文透視」的假學術名詞履行了他的某種任務，李的這支爛筆早就在紐約風波這兒預備好的，遲早是要露餡的。

請看，2009年11月16日中國民主黨聯合總部(海外)稱：不得不遺憾地向紐約人員發出最後照會：如果你們堅持自己的片面意志，完全否決《關於成立中國民主黨協調委員會的協議草案》，這次關於中國民主黨「整合」的討論，就此中止，暫時結束。各自去抓緊作本來要作很忙的工作，不必因糾纏發生任何的不愉快。待條件合適時，中國民主黨聯合總部(海外)自會再次提出。朋友們，讓我們為中國民主黨的發展、強大繼續努力。

這一「照會」是歷次民運整合史前所未見的，是民運更為成熟避免惡鬥的標記。這哪裏有「腦子裏馬上就跳出階級鬥爭的信號。黑白分明，你死我活，階級鬥爭」的中傷！？李文對民運滿篇造污首先諷刺「照會」的應用。

何謂照會？查網絡云：

照會作為公文名稱，始於明代。照會有會同照閱之意。除有交涉的含義外，還有談判、磋商、商談、交往、關連從外交史來看，在一個時期內兩國之間的交涉主要采用照會。照會的應用範例十分廣泛。辭典裏關於〔照會〕的解釋有：如銀行對支票持有者會給建議，先「照會」對方的信用狀況。

通知、知會。儒林外史·第十九回：匡超人遞個眼色與他，那童生是照會定了的，使不歸號，悄悄站在黑影裏。

核對審察。宋史·卷九十三·河渠誌三：訪聞先朝水官孫民先，元佑六年水官賈種民各有河議，乞取索照會。

執照、憑證。恨海·第七回：你這裏有甚麼貴重東西？要到那裏去？你說了，兵頭給你照會，送你出境。

察照知會。指外交部對外國使節，或是各省長官對外國領事所遞交的一種外交文書。亦即一國政府將彼此相關的某一事件的意見通知另一國政府。亦稱為通牒、外交照會。

現代照會一般用於國家領導人、外交部長、使館館長等高級領導人和高級外交官的通信來往。常常是具有爭議，抗議，警告的問題。

民主黨聯總的負責人徐文立以「照會」行文表明了爭議的嚴肅性及全局的事業感，也是一個聰明的幽默，將來還可以如法炮制。民運將帥們對中華民族自由民主前途的忠誠和設計是一個冒充「獨知」的小文人小嘍嘍所無力體認的！

因此，我一再說，當代貨真價實的「獨知」無一不出在「鐵窗民運」裏！還有如高智晟、郭飛雄律師，郭泉教授……是也。非鐵窗人員對民運事業和鐵窗志士的痞文在民運倫理道德的面前必然現出醜陋的原形。

李文是 90 年代「中國哪裏有民主主義者？」「民運全是紅衛兵」濫調的再版。

李文「乃至在美國讀了博士的民運學子都深受毛式鬥爭哲學的毒害。」連如此愛抹稀泥的王軍濤也不放過。毛澤東不過是他們污衊民運的一個道具而已！

李文將民運的英雄人格，將民運的仿效先賢，將民運的學理才智，將民運的道義傳統爛比為「毛澤東帝王心態」，譏刺為「偉人幻覺，陳獨秀再世幻覺，曼德拉中國版幻覺，未來中國開國總統幻覺。」可見，李文「告別帝王權術」「重啟中國民主政治」的極端虛偽及對鐵窗民運志士的仇視。

多年的歷程看老徐多是慢一拍，別人做人權民主時，他停留於「四五運動」，別人在宣言變革時他求「變法」，別人在做全國民刊時他自家做「學習通訊」，別人在組黨時他「緩結社」，來到海外時仍在猶豫撿起民主黨，這一切無法定論為錯誤。當然，老徐還是步步跟上來了，坐牢了，而且，善於守成和經營。

民運需要老徐這樣打後衛的主帥。

民運是一門事業，一門職業，一門藝術，一門專業，一門樂趣，一門江湖。

希望我們應牢記「旗幟、組織、領袖三要素」，多做多思，密切聯繫，大家努力，減輕老徐的事務使他抓大事，抓外交，將民主黨循序漸進起來。

我以為，聯總（海外）的牌子既不真實，也屬偏狹，民主黨的總部應在海外，猶如中共在延安從未標註「中共中央（延安）」，似應去掉（海外）二字。

畹町

附件：陳樹慶：真相與和解——給徐文立先生造成的「傷害」表示道歉

http://blog.boxun.com/hero/201101/zgmzdlhzb/20_1.shtml

「由此给徐文立先生造成的"伤害"表示道歉。当然，通过前述两篇文章和本文的澄清，相信流传的那个非常难听的"故事"就从此可以很快消失，这也算是坏事变好事吧！」

任畹町先生在斯特拉斯堡全球支持中國和亞洲民主化大會著名演講

（摘要）

http://blog.boxun.com/hero/201005/zgmzdlhzb/11_1.shtml

(博訊北京時間 2010 年 5 月 31 日 來稿)

——任畹町在斯特拉斯堡全球支持中國和亞洲民主化大會的講話

女士們先生們：

各位來賓：

大會主席：

我來自中國，2007 年訪問了香港、美國及歐洲各國，現在定居在巴黎。

關於中國社會的民主化現代化進程為什麼如此緩慢？我在此做個簡單的報告。

……

中國作為文化古國需要它的人權民主事業具有高度的理論文化。作為 30 年前民主墻運動的我們那時是一群青年學生青年工人。如果，我們的思考研究水平不能回答當今中國的各種現實問題，我們將被歷史淘汰，沒有資格站在今天的講壇上。為此，2001年開始我發起了「建設民運文化、建設民運政治學」。

……

中國社會的民主化現代化進程為什麼緩慢是我在法國人文科學之家的研究選題，有16個專題，在此我簡單介紹目錄。

1.中國社會的政治經濟現狀

2.二十一世紀是不是中國人的世紀

3.前進中的亞洲局勢及中國困境

4.亞洲價值觀及當代中國人權民主自治運動的思想理論資源

5.德意志「特殊道路」及舊俄獨特的農民村社社會主義的全球性災難及惡果

6.中共的政黨中心主義理論和地位的頑固性 中國特色社會主義形態（中國模式）的僵化性

7.中共的百年表述百年情結百年戰略 中共決意打造「百年帝國」

8.警惕「中國不高興」這本書

9.法國外交部百年前不支持孫中山中國革命的歷

史檔案 孫中山「聯俄聯（容—注）共」改寫了現代中國史

10.西方列國支援舊清國政權 袁世凱是中國民主化緩慢倒退的初始主因

11.**臺灣中華民國的危機 不再是大陸民運的後方基地**

12.中國官方「以人為本」治國理念的資源根據 排斥普世價值

13.普世價值遭到中共黨內理論界批判 民間毛派極左力量

14.中西文化異同之爭的 5 種論說 官方極力為舊體制辯護

15.古代文化人依附性及奴性的社會淵源 當今中國文化人的不良現狀 中國異議知識分子的使命。

16.中國鐵窗自由民主運動成熟 堅強 光明 壯闊及被分化瓦解

……

在此，我想提到美國布朗大學研究員，中國民主黨全國聯合總部主席徐文立先生。我們中國人最了解我們自己的事業。徐文立先生為中國民主事業鐵窗獻身 16 年，表現了良好的道德情操，健康的人格人性，忠誠的事業信仰，善於操作和經營民主事業，能夠團結民眾。

現代民運經過 30 年的錘煉、比較、觀察、鑒別，我以為徐文立先生是中國的曼德拉和哈維爾。

中國的人權民主事業不能沒有強有力的領袖及領袖集體。組織、旗幟、領袖是我們事業必勝的三大要素。30 年艱苦卓絕的現代化事業是產生她優秀領袖的時候了。

……

讓我們能團結起來，為我國的民主進程努力工作吧！

謝謝各位！

(博訊記者：巴黎動態) [博訊來稿] (博訊 boxun.com)

杜應國（貴州）給徐文立妻子賀信彤的信

尊敬的嫂夫人：

想不到，第一次給你提筆寫信，竟是在這樣的時候——文立兄被判重刑，再次入獄，舉世震驚，國際嘩然。我因為搬家，電話還沒移過來，聯繫很不方便。但幾天來，通過《美國之音》，整個審判的過程還是多少有了一些了解。我知道你此刻的心情，又是長夜難眠的等待，又是受不盡的白眼和傲慢……，但我想告訴你的是，與十八年前不同，文立此番大智大勇，慷慨歌燕市，從容作楚囚的壯舉，以及他在法庭上的出色表現，包括他的政治主張，已通過你的轉述，通過無線電波，傳到了很多人那裏。說實話，在我們這個資訊、信息高度壟斷的國度，官方報刊能一反以往的沈默，公開報道徐文立和他的"罪行"，這對中國的民主、人權事業來講，究竟是好事還是壞事很難說。

起先聽了審秦永敏、王有才的報道，不知為什麼不見提文立，當時還以為是當局想試試外界反映而故意安排的，後來聽了你轉述的情況，才知道是文立在預審中就抱定了拒不認罪的態度。這在我所知道的以往對持不同政見者的審判中，還是第一次。僅此便足以看出，文立所抱定的決心，正如你所說：我不下地獄誰下地獄！通過這次審判，文立的真誠和獻身精神，以及他罕見的人格、情操，正在而且已經贏得了人們廣泛的尊敬。在這個意義上講，這次審判實際上是一次中共失敗的審判。被判有罪的不是徐文立，不是秦永敏、王有才，而是那套虛假的審判原則和法律制度。同時，審判還以試金石般的可靠檢驗，測出了當局簽署和遵守兩個國際人權公約的誠意及其對國際社會極不負責的態度。事實上，文立等人是在以一種自我犧牲的方式，打一場漂亮的政治戰。所以，從更寬泛的角度講，這次審判究竟對誰有利，這恐怕是審判者事前未曾想到的。與許多朋友很看重國際輿論、西方政要的反映不同，我更看重的是這次審判所表現出來的精神意義和價值震撼—這恐怕才是文立這次付出所得到的真正收獲。它將超越那些表面的反響和評論，而長久地回蕩在同志和朋友，以及那些陌生的普通人心中！

說起來，我與文立也就是一面之緣。萍水相逢，誰也不可能對誰有更深的了解和接觸。但就是在那些短暫的接觸中，文立所表現出來的那些優秀品質和卓越才幹（這些品質和才幹，在我們未見面之前，已在朋友中流傳），卻給我留下了終身難忘的印象。之後，雖然經過漫長的十四年的阻隔，他重獲自由，也居然沒有忘記我這個普通的朋友。之後，在我們又恢復聯系後，盡管他一如既往地投身於他所選定的事業，但他從未要求過我參與什麼，從不提要我就什麼表態或簽名之類，他這種處處為朋友著想，不讓朋友為難，表現出他的包容和大度。對此，我只能表示慚愧和感激。雖然我從未在信中說過，但真正相知的朋友是往往能夠心有靈犀一點通的，我從心中掂得出他的一片苦心。我為有他這樣的朋友而自豪！

尊敬的嫂子，我知道你付出得太多、太多。你所承受的艱辛與磨難、痛苦和悲愁，是我們所無法想像的。十二年的鐵窗阻隔，十二年的孤苦等待，好不容易夫妻團聚，卻只有短短的五年，如今又被迫分離，被迫等待。你不情願，卻又無可奈何。作為女人，誰願意自己的丈夫在刺絲中滾，在險灘上爬？但作為徐文立的妻子，我想，嫂子，你應該為擁有這樣的丈夫而自豪。我常想起文立在給希哲的《春寒》所作序言中的一段話："總有一天，我們中國人應該為一切曾受苦受難最為深重的中國政治犯的妻子和親屬樹一座豐碑。"應該在這座碑上永遠鐫刻下她們的名字。因為，她們所承受的苦難，恰恰是最不引人注意，最容易被人忽略的。

因為天各一方，山路遙遙，不能為嫂子分擔什麼，心裏十分慚愧和抱歉。我想如有機會見到文立，請轉告一聲：我們都很記掛他，也很愛戴他。此外，我們還想邀請你到我們這裏度春節，希望你能來！放松一下，調理調理。

願嫂子多多保重。我相信，13年的刑期只是個象征性的數字，文立重獲自由的日子不會太遠！

捎去我們對你、對文立的祝福！祈願文立能夠在獄中養好身體，迎接新的搏擊！

就此打住。有空我會常來信。祝嫂子在新的一年裏不會失望，開顏快樂！

（貴州）Y.G.

1998.12.25 匆匆

2008年《人類正常社會秩序概論》原序

（二篇）

讀文立獄中談周易之家書

嚴家祺

讀文立獄中家書，深感他對自由民主的堅定信念，文立把自己一生中最美好的歲月，獻給了爭取中國民主的事業。在專制條件下，文立在獄中與妻子女兒聯繫時，無法直言政治，因此，他只能用「非政治方式」，迂回曲直地談中國的文化與中國政治，讀他的家書，也可以看到他，對周易和四書濃厚的興趣。我作為社會科學的學者，直到今天，還沒有讀過周易和四書。一些談周易的書，我也有意不去閱讀。讀文立的家書，這才給我上了周易的一課。

我不讀周易，我不讀四書，追根溯源，與我學數學物理時接受的「科學至上」的觀念有關。60年代初，我讀到英費爾德《哲學的黃昏》一文（註1），我極為「共鳴」。訪問英費爾德的波蘭記者說她在讀拉提爾《藝術思想》時，她說她對那些從科學觀點上看模模糊糊的一大堆觀點，既產生某種似是而非的迷醉，又產生懷疑。英費爾德說，一些哲學家關於「世界」和「原子」的說法，「實質上都是廉價的、哄人的東西。物理學（Physics）一步步代替形而上學（Meta-物理學），從理解的努力所產生的樂趣代替宗教的迷醉的心情，這些努力是理性的勝利。」英費爾德使我從此更排斥哲學，我在哲學研究所的十八年就是在對哲學這樣的認識中度過的，最後終於和哲學分道揚鑣。四十年過去了，回過頭來讀讀羅素的《西方哲學史》，讀讀孔子、老子的話，感到頗有道理，這次從文立的家書當中讀到周易四書上的話，也感到含意十分深刻。看來，哲學遠未及黃昏。羅素說：「哲學是一種介於神學和科學之間的學問。一方面類似神學，含有對若干『確定的知識』，截止現在尚無法了解的事物的揣測；但一方面又類似科學，訴諸人類的理性，而不是訴諸權威，無論為傳統的權威，或信仰的權威。」(註 2) 人類既需要科學，也需要哲學，以及某些似是而非、模棱兩可的知識，而探索人生的意義，就一定會踏入神學和信仰的領域。從有文字記載的歷史直到今天，摩西、釋迦牟尼、孔子、耶穌、穆罕默德、馬丁·路德的影響，遠大於任何一位科學家和政治家。

　　文立家書談周易、談四書、談儒家，但很少談宗教和信仰，我不知道文立今天還是不是一位「無神論者」，從他家書看到，文立身上還是深深地打上儒家的烙印。我今天相信，不讀周易、不讀四書的人，只要在中國的環境中成長，他就不可能不打上儒家的印記；在美國的環境中，只要身上流著中國人的血，就很難沒有這種感覺。

文立和我們同時代的所有人一樣，是在「無神論」的環境中成長的。賀信彤為文立家書出版而寫的文章中提到文立獄中「是非曲直標準」的觀點，我就覺得他身上缺少宗教情感。文立談「不能改變的」和「可以改變的」，使我聯想起 20 世紀美國神學家、也是政治科學家的尼布爾（1892 - 1971 年）說的一句話。尼布爾認為人需要「一顆寧靜的心」，去接受他所不能改變的一切；需要有「勇氣」，去改變他所能改變的，而更重要的是要有智慧，能去分辯甚麼是能改變的，甚麼是不能改變的。尼布爾祈求神，賜人以寧靜、勇氣和智慧。面對中國政治的現實，我認為，儒家文化也許是無法改變的，但專制政治是一定能改變的。在 21 世紀，儒家文化也許會與基督教文化結合，形成一種名副其實的「新儒家」， 新儒家的政治，將是中國的民主政治。

讀文立的家書，使我感受最深的還是家書字裏行間他對妻子和女兒深厚的愛，看到文立一家三口在美國團聚，我由衷地為他們高興。

（註1）《哲學的黃昏》是記者那絲吐蘭卡對英費爾德的采訪，刊登在波蘭《政治周刊》1961 第 22 期上。

（註2）《西方哲學史引言》

（2003 年 3 月 14 日　紐約）

原序之二 神性的光輝 寫作的神聖

胡平

讀徐文立獄中家書《與女兒說周易四書兼其他》，令人感慨不已。

從 1981 年到 2002 年二十一年間，徐文立有十六年是在監獄中度過的。在中共的監獄中，家書是唯一許可的寫作方式，家常是家書唯一許可的內容。對於文立，妻子和女兒是僅有的寫作對象。

文立有一個好妻子，還有一個好女兒。當文立在第一次入獄之初，女兒還是個剛上小學一年級的孩童；等到文立第二次入獄時，女兒已經是學有所成的專業人士。這次文立給我看的五封家書是他在第二次入獄期間寫給女兒徐瑾的。它既有父親的關愛，也有師長式的教誨，又有朋友式的交流。讀起來既令人感動，又啟人深思。

文立希望我對這幾封家書的內容發表評論。誠然，文立這幾封家書非比尋常，其中講周易，講四書，講古代，講現代，講中國，講外國，講人性，講人生，講民主和寬容，講法制和法治；既是文立的思考心得，更是文立的生命體驗，值得評點之處甚多，自不待言。可是我讀之再三，最使我思索不已的還不是這些寫作的具體內容，而是這種特殊的寫作本身。

捷克作家克里馬(Ivan Klima)說:「經常有人問我正在寫什麼,但還從來沒有人問過我為什麼寫作。也從來沒有人問過我最基本的問題:文學對我意味著什麼以及我對文學的理解是什麼。」同樣是生活在共產極權制度下的異議人士,對於文立來說,最重要的問題還不是他寫了些什麼,而是他為什麼要堅持這樣的寫作。

知夫莫若妻,賀信彤寫道:「我知道文立在獄中有許多思考無以表達,所以他只有通過家信說天道地,以曲折的方式把他的各種思考傳達出來。」「每當這些內容流到了我的手中,我再急速地傳到在海外的女兒那裏,常常令我打字的手都顫抖,既令我欣喜又令我辛酸,欣喜的是文立的這些思考終能面世留存了,心酸的是我深知文立未必沒有:『已聞道,夕死可矣』的想法,因為他在第二次入獄的後期,見面時他常常情不自禁地對我說:『已聞道,死不足懼。』他……可是提到了這個『死』字啊……。」

徐文立向我講起他為什麼會提到死。文立說,因為他擔心他的獄中家書會觸怒當局,給他增加刑期(文立的第二次刑期本來就很長——十三年)。再者,當徐文立第二次入獄時已經五十五歲。人一旦上了年紀,心境總會和年輕時有所不同。一個小夥子被判處無期徒刑,也就是被判決死在獄中,他在理智上清楚地知道這一點,但是在意識深處,他其實並不會真的相信這一點,他老是會想著自己怎麼活著出監獄。人上了年紀就不同了，雖然你只是被判處有期徒刑，而按照當下一般人的預期壽命計算，你完全可能活著出監獄，但是你卻不可避免地會頻繁地想到死，想到你很可能將在監獄里了此一生。

西哲云：哲學是習死之學。對死亡的意識會使我們對生命有一種緊迫感。不難想象，第二次坐牢的徐文立一定會常常想到死。愈是在這種極端處境，愈是能顯示出人的本來面目。通過這幾封家書我們看到的徐文立，那份從容不迫，那種娓娓道來，簡直難以讓人相信作者正身處牢獄之中；更不用說那種對人生、對理想的思考和議論，當然，也還有那自然流露的一片親情。文立深感來日無多，「死去原知萬事空」，但唯有深情永在，唯有真理長存。平常我們說對真理的探索要不倦不休，對理想的追求要無怨無悔；在這裏，徐文立就是一個人證。

文字真是人類最偉大的發明，它使得人可以戰勝時間與空間的阻隔。對於兩次坐牢的徐文立，漫長歲月和大好年華在被迫的孤獨與無所事事中過去了，消逝了，然而憑借著文字的力量，人可以抵抗虛空，抵抗生命的虛耗，努力為剝奪意義的生活賦予生活的意義。在這裏，寫作是肯定自身存在的最後方式，思想可以借助文字得以留存，生命可以借助文字得以不朽。作為讀者，我們盡可以對文立這幾封獄中家書的內容見仁見智，但更重要的是，我們要設身處地，體會文立為什麼要堅持這樣的寫作。人是有幾分神性的，而照我看來，象文立獄中家書這樣的寫作就閃現著神性的光輝。

曾節明：「正常化」是徐文立最有價值的獨創

在民運人士當中，徐文立是一個受孔孟影響很深的人，但他尊孔孟卻不泥於孔孟，他肯定儒家獨特的價值，卻又明確地批判儒家的「教化唯一論」，以及它的不寬容傾向（即子曰：「非吾徒者，小子鳴鼓而攻之可也！」）；但在明確批判儒家弊端的同時，徐文立又強調：再不能「治一經，損一經」，表明他對儒家的總體尊奉態度。這也體現出他的中庸之道。

滿腦子「科學民主」的人，容易恥笑徐文立的此種「陳腐」，我倒以為，儒家的修養，正是徐文立最具價值的地方。此種價值已經在他的社會交往中體現出來：徐文立是民運人士當中，與西方人士和政府交往最成功的人之一，而徐文立卻不諳外語，此種外交成功的秘訣，除開徐文立的性格之外，就是儒家所強調「禮」和「信」——有儒家修養的人，能夠自然流露出「禮」和「信」；而那些否定儒家的同輩人之所以在外交場合時常碰壁、路越走越窄（甚至淪為孤家寡人、老年公寓宅男），就是因為他們自然流露的東西是紅衛兵、是毛澤東、甚至其言談舉止猶若康生再世……

可見中國儒家的修養，與西方紳士傳統，有著某種相通之處，而與之最格格不入的，是「馬列鬼子」和不要任何傳統的「科學民主」稟性。

但，徐文立對儒家的揚棄，有些地方是值得商榷的，如：

他對孔子「攻乎異端，斯害也己」的否定，他認為這是文化專制主義的主張。我以為文立兄這是誤解了孔子的本意，孔子所指的異端，應該不是正常情況下不同的觀點，而應該是指那種有違常理常倫的極端、偏謬之論（所謂「離經叛道」之論），比如：那種認為同性戀比異性戀好之論、那種認為人口越少越好之論、或者如馬克思那樣，否定作為人類文明自然形態的私有制、否定人類道德、鼓吹階級專政、號召消滅有產階級……或者如某立異以為能事的某文化買辦、「基督徒」、「獨評」人士那樣，莫名其妙地咋呼：「屈原是垃圾」！……

另就是他對孔子「民可使由之，不可使知之」的批判，認為這是愚民主張。然而由於中國古代沒有標點符號，全憑上下文短句，因此對孔子的這段原話，歷來存在重大爭議，另一種解讀是：「民可，使由之；不可，使知之。」如果孔子的本意是這一種，那麼就不是愚民主張。我個人以為，這後一種意思，才是孔子的本意，因為如果愚民是孔子的本意，就與孔子的幾乎所有其他主張相抵觸，則孔子的學說就無法自圓其說。

再就是徐文立注意到：一些有著儒家傳統的國家和地區，直到當代還有著一種奇特的現象：每個人的家裝修和維護得很好，但近在咫尺的公共地段卻髒亂如垃圾場；徐文立認為這是「家國論」的弊端造成的。

我以為，此種看法並不準確。例如，泰國不是一個有著儒家傳統的國家，但我親眼所見：此種現象在曼谷卻比比皆是。這到底是什麼原因？我認為：這主要是社會組織不發達、政府服務落後造成的，因為注重私人住所而忽略公共地段，是人的本性，這與有無儒家影響沒有多少關係；日本、韓國、臺灣、香港的例子證明，儒家對建立社會公益組織、改善政府服務沒有妨礙，阻礙社會組織和政府服務的，是專制。

除了對儒家的一些看法值得商榷外，徐文立對中國和西方歷史，尤其是滿清歷史的解讀，也有著失準、失當的地方，但這並不影響徐文立的獨特價值，有道是：「金無足赤，人無完人」，徐文立不僅飽讀經書，書畫國粹，亦無師自通，作為隨「新中國」建立而成長起來的「解放牌」一代，且常年生活於僵屍陰魂不散、滿清鬼影幢幢的北京城人，能有此中國傳統修養，對歷史能有此把握能力，已經是出乎其類、拔乎其萃了。

總體來說，徐文立是一個行動家，缺乏連篇累牘的思想著述，但這決不意味著他思想的貧乏，實際上徐文立思想的深度和獨到發現，超過好些「民運理論家」。我以為，徐文立思想中最有價值的地方，是他針對中國轉型，創造性地提出了「正常化」的概念。

數月以來，在電郵和電話通話中，徐文立多次向我提起「歸正」和「正常化」這兩個概念，徐文立說：

不要標新立異、好高騖遠，中國現在迫切需要的是「歸正」、是「正常化」……徐文立的提法，引起了我的深思：

我現在想：脫離本民族的文化傳統去追求憲政民主，能否成功？恐怕不能成功。這世界上沒有一個憲政民主的國家，其政治體制是建立在對本國文化傳統否定的基礎上。脫離本民族的文化傳統去追求憲政民主，就象脫離本國土壤，把一棵樹栽種於花盆中一樣，是注定長不大的。

《河殤》作為「六四」運動的思想前導，全盤否定華夏文明（所謂「黃色文明」—大河型農業文明），把傳統中國文化乃至文明與自由民主根本對立起來，在這種思想指導下的民主運動，一開始就打上了注定失敗的標記。

現在中國最缺什麼？大多數異議人士都不假思索：最缺憲政民主！但如何建立憲政民主且能確保穩定和長治久安，這就眾說紛紜了。對此，一個常識是：中國人容易適應的制度，容易穩定和長久；那麼什麼是中國人容易適應的呢？首先必須是合乎人性的；再則必要是合乎中國人的民族習慣的……向這個方向行進，就是「歸正」、「正常化」。由此可悟，只有「正常化」的民主化，才不容易亂，才能民主化而有所成，那種拋開中國國情再行試驗某種全套新主義、新學說的純粹「科學民主」搞法，必然造成新的混亂、新的災難

——那種主張廢除漢字代替以字母文字的「民主化」、那種主張以基督教文化全盤改造「劣等」中國文化的「民主化」、那種全盤移植美國政治、經濟、社會制度於中國土壤的「民主化」……都是其中之一。

雖然「改開」已近四十年，現在的中國仍是個不正常的國家，中國共產黨在其馬列主義實踐徹底失敗、共產意識形態完全破產的情況下，居然舉著馬列的破旗「掛羊頭賣狗肉」大搞有專制特色的原始資本主義，憑此繼續賴住政權。中國之不正常，就集中於「掛羊頭賣狗肉」——政府說一套做一套帶頭搞假。

而中國當今社會道德前所未有全面崩壞，主要原因就是政府「掛羊頭賣狗肉」帶頭搞假，帶壞和毒化了整個社會風氣。試問，政府帶頭搞假、以身作賊，又怎能說服老百姓「八榮八恥」呢？又怎能指望官員廉恥自律呢？所以，習近平、王岐山的反腐倡廉一定失敗！

也就是說，中國要「正常化」，首先就要「名正言順」，就必須去除馬列的「指導」，去掉共產黨的領導，就必須明確承認「普世價值」、保障私有財產——就必須停止誣衊什麼「憲政民主是資產階級的民主」（誰是資產階級？你習近平能代表無產階級？）……這有兩種方式：一是共產黨自己改旗易幟、改黨章、修憲法；二是共產黨被人裡應外合推翻，再啟動「正常化」。

我以為，「正常化」是「民主化」的必由之路：「正常化」不一定馬上得到民主，但是「正常化」必將結出憲政民主的果實；而忽視了「正常化」一味追求自由民主（很大程度由葉利欽的「休克療法」極端政策引發），即使暫時建立了憲政民主政府，也無法鞏固和長久，必然招致動亂和專制的強烈反彈。俄羅斯就是例子。

但話又說回來，現在俄羅斯盡管處於普京專制反彈當中，但她已經拋棄了共產黨包袱、在付出了「休克療法」的巨大代價之後，她已「歸正」為正常化國家：俄羅斯普京政府並沒有「掛羊頭賣狗肉」，其法律保障私有財產，俄羅斯社會已經脫離蘇聯而回歸人類正常社會形態，即便獨裁者普京，在口頭上也不能不承認憲政民主的價值；這是現今中俄的巨大區別，現今中國，仍全套保留共產時代惡法、憲法、政治體制，中共當局迄今在價值觀上根本否定憲政民主。

中國要想民主，首先必須「歸正」，因此，「正常化」比「現代化」、「民主化」的提法都好。

今天徐文立先生提出中國「正常化」的目標，這是新的、劃時代的創舉。

需要特別指出的是，徐文立的這一創造性提法，正來自於儒家思想——孔子的「人等而分之」論。徐文立認為：

「1.孔子的『人等而分之』暗合了人類社會的基本

結構;

  2.孔子的『人等而分之』契合了人類社會進行合理分工的實際需要。」

(《人類正常社會秩序概論》之《九月一日家書》)

也就是說,每一個人在人格上是平等的,但是人與人之間,存在能力和出身等方面的差異;因此,一個正常的社會,就必須是一個容許貧富差距和一定程度不平等的社會,反之,則是一個不正常的社會:

無視人與人之間的差異性,人為地追求絕對平等(及至經濟上的平均主義),必然導致極權社會;而人為地擴大貧富差距和人與人地位的不平等的社會,必然是一個專制獨裁社會或權貴等級社會。

這是徐文立對儒家思想最具智慧的領悟。

寫於 2015 年五月十二日下午於夏涼紐約州

徐文立致曾節明的二封信

(2015 年 5 月 9 日第一封)

節明:

  深謝你寫的《徐文立先生印象記》及《解讀徐文立(1-4》,特別是那些批評和商榷的內容,這對於我的再思考、再學習,幫助最大。

  我完全贊成:孫中山先生的五族共和的思想和實踐。

你說呢？

我還是比較相信，我在我書中提到的西方經濟學家安格斯·麥迪森的統計資料，雖然 GDP 決不能說明社會的全部，但是 1820 年（正值清朝）的中國當時的 GDP 是雄踞世界第一，占全世界的 GDP28.7%；兩次洋務運動之後，中國經濟開始了現代化等等，也是事實。

以及，我在俄國貴族岡察洛夫他不帶偏見的遊記《巴巴拉三桅戰艦》中，記述的 1852 年前後的中國和日本、朝鮮、新加坡、香港等等。

我是一個自由得在餘暇很閒適的人，好玩、好動，雜讀雜看，自然談不上會是個思想家，頂多算得上是個思想者。我自認為，可能我的《人類正常社會秩序概論》及對它的補充內容，或許會對未來中國和世界有些意義——回歸「正常社會」，事情就這麼簡單，地球也會比較平靜。

所以我的思考側重在兩方面：

A．

（一）我認為，人類正常社會秩序是由三個支點在支撐著：

1）人人生而平等；

2）人生而有差異；

3）人的不完美性；

B．

（二）我認為,建立自由民主的政治制度需要兩塊基石：

1）全社會的高度自治；

2）公民用契約合法擁有包括土地在內的私有財產的神聖不可侵犯；

我認為,一切正確的思想、哲學、法理、法律、和政治意識形態,皆應來自於自然和自然法則。

我在 2011 年,曾經整理了一個《中國大勢》-徐文立近年文選,現在作為附件發你參考；有關當前政治上一些想法,可能可以看看我網上《文集》中的：

http://blog.boxun.com/hero/2007/xuwl/4_1.shtml 等等

·徐文立：我们怎么办（1）（2004年9月28日）(共2页)

·徐文立：我们怎么办（2）（2004年8月15 - 19日）(共8页)

·徐文立：我们怎么办（3）（2004年9月12日 - 30日）

·徐文立：我们怎么办（4）（2004年9月27日 - 10月1日）(共2页)

·徐文立：我们怎么办（5）（2004年 10月11日）

·徐文立：我们怎么办（6）（2004年11月3日）

·徐文立：正派和明白的人们组织起来，行动起来——在中国社会民主党二大上的发言（2007年3月17日）

·徐文立：我们怎么办（7）（2004年11月2日）(共2页)

有一些特別不通事理的人，就不必計較他說了什麽和沒說什麽了。另外，在這個世界上，改變一個人幾乎是不可能的。

祝春天來了，你處的上紐約更美麗、舒心！

2015 年 5 月 9 日上午

附——

📖解读徐文立（之六）：徐文立对满清「经济成就」的误读 曾节明

2015-05-11 13:59:09

□ZT 徐文立先生的意见，并就文中失礼之处，向徐老致歉 曾节明

2015-05-11 21:54:34

(徐文立致曾節明 2015 年 5 月 11 日第二封)

節明：

我防止你對我書繼續誤讀和繼續借題自我發揮，我在2015年5月9日上午致你的信中，明確指出：「兩次洋務運動(你應該了解洋務運動是指晚清時期)之後，中國經濟開始了現代化等等，也是事實。」

你於2015-05-11 13:59:09 發表在《獨立評論》上的「解讀徐文立（之六）：徐文立對滿清『經濟成就』的誤讀」一文，卻硬生生地、鑿鑿地說：

「這反映出徐文立對所謂『滿清經濟成就』的錯判和誤讀。

首先，徐文立想當然地以為：鴉片戰爭之前，清朝的經濟發展要好於後來，正是西方列強的沖擊和農民起義，導致清帝國經濟的衰落。這種認識大錯。」

這顯然是不合適的，我雖然希望有批評、甚至指教。但是，我不能接受，你生造我的所謂意思（我什麼時候說過你引用的以上那些話），再由你評判；那不如說你是在拿你自己作為「假想敵」，而不是我，自己評判自己更恰當。

（二）你認為：「徐文立以岡察洛夫在『巴巴拉三桅戰艦』的見聞，來作為清朝經濟成就超群的依據，是有失偏頗的」。

然後你又說：「日本的外貿和資本主義萌芽比當時晚明還要興盛，發展到近代，日本會反而不及經過滿洲野蠻征服和落後愚昧殖民統治的中國？這是說不過去的。」

然而，我說的冈察洛夫到日本的是1853年之後，還是日本的「幕府閉關鎖國」時代的後期，（冈察洛夫他們的『巴巴拉三桅战舰』到達日本時，只是購買淡水、菜蔬等等食物之類瑣事，當地的官員都無權應允，事事、次次都要快馬7日來回到東京都幕府請示。）之前日本只允許荷蘭和中國商人在限定的區域和範圍和日本經商。所以，至今日本的长崎豪斯登堡(Nagasaki Ten Bosch)的保存著當年的「荷蘭城」。可能談不上你斷言的：「日本的外貿和資本主義萌芽比當時晚明還要興盛」。

1853年，是美國羅德島州的一位海軍佩里將軍率一艘戰艦首先在江戶打開了日本的門戶，武力威逼日本幕府開放門戶的。在日本稱作「黑船事件」。俄國的冈察洛夫他們到日本的時間晚於美國人。現在羅德島州依然保存著日本政府贈送的日本人民感激佩里將軍幫助打開日本國門戶的紀念碑，和日本贈送的無數櫻花；顯現了日本人的胸襟，值得肯定。

歷史記載：明治維新（日語：明治維新／めいじいしん Meiji Ishin？）是指日本在1860年代到1880年代間，以維新志士所建新政府為核心的民族統一主義與西化改革運動。在當時此一改革運動稱為禦一新或一新，後世則以此為明治天皇時期的運動，稱之為「明治維新」。1860年代到1880年代日本真正的「改革開放」、工業革命剛剛開始。之後，中國的洋務運動，又稱自強運動、同治維新，是清後期至清末時，清廷洋務派官員以「師夷長技以制夷」為發展基礎，在全國展開的工業運動。「師夷之長技以自強」和「師夷之長技以求富」分別是前期與後期的運動口號和目標。該運動自1861年至1895年（正是晚清），持續約35年。

　　希望你能夠對你（之六）不當之處，有所更正。讓我們繼續共學共勉。

2015年5月11日晚10:49

讀徐先生《人類正常社會秩序概論》篇外隨想

新地

\<chinxindi@\> 於 2016年8月9日 下午11:21 寫道：

　　六十多年的社會失序，讓人覺得「人類正常社會秩序」這幾個字很觸心。不懂政治哲學，一點感想，如認為有用，還幫助改錯，那是榮幸。——新地

LaoKang老康　於 2016年8月9日 下午3:47 寫道：

　　文立兄：新地這樣評論《人類正常社會秩序概論》，恐怕沒有第二人，真是「篇外隨想」！

　　他本是很純粹的書生，不懂人情世故，記憶力好，能背誦很多古文，自然科學的頭腦。

　　我母親川大1941年畢業，1963——66年教新地高中化學，我們重慶一中有不少優秀教師和學生，都枉費了，全中國都一樣。跟個體生命一樣，歷史大都不遵循自然規律，不可逆轉，將來中國實現民主，那也是另一個中國了。也許可以寄望，卻不親切，跟我們無關了。

老康匆匆

徐文立 於 2016年8月9日 下午5:15 寫道：

未必無關。特別是你（王康）的思想注定讓她的聖賢群多了一位最年輕的來者（新地）。

文立

寄件者： LaoKang老康

日期： 2016年8月9日 下午12:45

　　新地，從細胞分子學討論人類社會秩序，其實可成一門新興的大學問，你太多精力消耗於上班路途，太可惜！

　　我青年時看過愛因斯坦《論運動物體的電動力學》、《重力場方程式》，還在你那裏借過《愛因斯坦傳》，至今記得文革中讀愛因斯坦的特殊樂趣。海森堡《物理學與哲學》好像也是你的，後來看了薛定諤的《生命是什麼？》我一直認為物理學是最值得獻身的職業，有那麼多偉大的物理學家，物理學是最接近上帝旨意、最接近音樂的科學。

王康 8,9

徐文立 於 2016年8月9日 上午11:18 寫道：

　　深謝新地，真是為我們開出新天地的視角。

　　我可以放在我準備出的《人类正常社會秩序概論》網絡版裡嗎？

於 2016年8月9日 上午6:40 寫道：

讀徐先生《人類正常社會秩序概論》篇外隨想

（手機文字，多有錯）

新地

每位人體約有37.2萬億細胞。人體細胞的總數是全世界現有人口的總數（70億）五千三百多倍。

大多數細胞都有完整的基因組，有一些細胞，如成熟的紅細胞，為了執行特定的功能，其基因組包括線粒體基因組被程序性地消除了。因此紅細胞沒有細胞核也沒有線粒體。

Lubert Stryer 的《生物化學》一書的封面裝幀有一幅令人遐想的核糖核酸模式圖，展示了DNA双股螺旋分子的冠狀切面，從中窺望仿佛是綿亘无盡的隧道，生物分子信息隱匿於外圍堅固的核糖磷酸架之內，信息分子的碱基仿佛是在跳愛情分子的圓轉舞，兩兩成對，構成長鏈螺旋，迭然成序，次第延伸。在人的细胞核染色體內DNA碱基对數量達三十億之多。編碼基因約有四萬，但其中只有二千多個基因被人類初步認識。

双股螺旋的直徑約20埃（angstrom），每十對碱基對旋轉360度递進一圈，螺旋的每層相距34埃，每對碱基則相距3.4 埃。1埃等於百億份之一米。如將人细胞核内染色體之DNA碱基對延展開來可長達1米。人體有核細胞37萬億，所有的DNA碱基對延展開來將達400億公里，等於地球到太陽距離的200多倍！

二十世紀的科學界曾認為生物的一切性狀都是由DNA鹼基序列決定的。1953年華生與克里克在他們的生化實驗室展示了DNA的雙螺旋結構，由三個碱基決定一個氨基酸的DNA密碼終得破解，隨後克里克并首次提出了遺傳學中心法則。這一法則闡明了遺傳信息流的方向。亦即信息分子與生物性狀的關係。

中心法則認為DNA碳基序列是生物性狀的信息源，經轉錄為RNA模板以后，最終被翻譯成蛋白質。這種觀念近來受到了挑戰，但如同牛頓力學原理一樣，在相當大的範圍內具有廣適性。

組成人體的37.2萬億細胞由一個始祖細胞 —— 受精卵演生而來。每一有核細胞(生殖細胞除外)都帶有組成人體的全部信息，本質上都可以演生成為一個人，這已經被克隆羊多莉所證明。細胞的形態各異，功能不同，通訊聯絡，運動合作，生老病死息息不止，可以比喻說人體是一個具有37萬億人口的超級大國。在人體這個巨大的細胞社會里，如果沒有一種「天行有常，不為堯存，不為桀亡」秩序來規範各類細胞，整個人體就会崩潰。

細胞的守序性是人體完成生命功能的前提條件之一，也是生命奧祕之所在。

研究細胞的守序性不僅僅是為了袪病強身,也為了探源細胞生物學和天人社會的奧秘。

胚胎的心臟細胞分散在實驗室的溶液里會自動聚合起來重新組合成心臟和心臟的傳導系統，這種依序性是從哪裡來的？

海綿被撕碎后在海水里會重新聚合恢復原態,這種依序性細胞生物學如何解釋？任何優美的芭蕾舞都不及顯微鏡下淋巴細胞的舞蹈，抗原的呈遞和應答的銜接，淋巴細胞的出征與歸巢，無不在有序之中，更不必說神經網絡的有序性。

癌細胞的生成是對人體細胞社會的破壞。

雖然各類教科書都說有癌基因的存在癌因而發生。其實人體細胞社會的正常秩序從來就沒有安排過癌基因的存在。也不符合生物分子億萬年的進化歷史。

醫學教科書里赫然載明原癌基(protononcogene)，癌基因(oncogene)和抑癌基因（ tumor suppressor gene ），這種稱謂讓人誤會。其實這種基因與細胞的增殖与分化相關。是極為重要的功能基因。細胞在發育中向形態各異，功能不同的發展過程稱之為分化(differentiation)。從功能上看，原癌基因實際上是管控低分化（向幼稚細胞或祖細胞方向發展）的基因。而抑癌基因是管控高分化（向終末細胞如神經細胞、成熟紅細胞、漿細胞等第以及細胞程序性消退

（Apoptosis）的方向發展的基因。這兩類基因制約着細胞數量与分化的進退消長。

肉芽形成以填補創口，終於皮膚創口邊緣不再過度增長，它們這種比較幼稚的細胞"到岸"即止，然後纖維母細胞，纖維細胞各種分化程度較高的細胞依序而來，疤痕形成，創傷得到修補，傷口痊癒。肉芽細胞並不轉移浸潤。這種制約人們見慣不以為奇，但很少思考為什麼。

血細胞不斷生成與消亡，但始終有範圍恒量。皮膚基底細胞不斷「推陳出新」，秀水膚容也不會因之而得寸進尺厚重難堪。細胞高分化與低分化基因的功能行使使機体得以除舊布新，癌細胞的產生是這兩類基因異變的結果，因為它們管控着細胞的增殖與分化。其余基因異變只能產生非癌性疾病，例如糖尿病等等。

所謂異變是指基因DNA碱基序列發生錯誤性改變。碱基序例是程序指令，決定蛋白質的合成和細胞性狀的趨向。

引起碱基序列異變的因素常見的有數種，例如病毒與病菌侵染、紫外線與電磁幅射如X射線、化學物如苯及其衍生物、生物毒素如黃曲霉毒素以及自然突變(mutation)等等。其中以病毒侵染為著。

乙型肝炎病毒可能引起肝癌為人所共知。

2005年發現了病因——幽門螺旋菌，胃癌通常繼發於幽門螺旋菌感染引起的潰瘍。由於幽門螺旋菌感染得到控制，胃癌發病率隨之大幅下降。

人類乳突病毒（HPV）引起婦女宮頸癌。艾滋病毒(HIV)引起淋巴癌，EB病毒引起鼻咽癌。病毒、病菌或物理、化學因素可誘發癌症，都是因為引起了細胞的基因DNA礆基序列失序發出了錯誤的分化-增殖信號所致。

基因礆基序列錯亂，錯誤的分化增殖信息指令使細胞返老還童，并賦于它們「永垂不朽」的特質。

海拉細胞和制備單克隆抗體所用的淋巴瘤細胞就是兩個例子。

「海拉細胞系源自一位美國黑人婦女海瑞塔·拉克斯（Henrietta Lacks）的宮頸癌細胞的細胞系。一位外科醫生從她的腫瘤上取下組織樣本，並在實驗室中進行培養，這名美國婦女在1951年死於該癌症。

此細胞株不會衰老致死，並可以無限分裂下去，至今都被不間斷的培養。此細胞系跟其他癌細胞相比，增殖異常迅速。海拉細胞已經成為醫學研究中十分重要的工具。據推算，迄今為止培養出的海拉細胞已經超過了5000萬噸，其體積相當於100多幢紐約帝國大廈。」（引自維基百科）

制備單克隆抗體的雜交瘤技術就是利用了骨髓瘤細胞傳代不死的特徵與抗體產生細胞(B淋巴細胞)雜交以取得均質純化的抗體。

如控制增殖與分化的基因礆基序列錯亂使細胞向低分化和增殖方向極端發展，這種基因就成了真正意義上的癌基因。這種基因並非機體所固有，因為基因對應着性狀，癌并非是一種性狀而是一種疾病。

分化程度越低的癌細胞惡性程度就越高。它們是叛軍而不是敵軍，敵軍是病毒、病菌、寄生蟲、生物毒素。

癌「叛軍」初起，始于青萍之末，往往被機體防御系統—免疫細胞得而識之并加以清除。但也可能防御力微，「叛軍」勢大，長槍短劍亂如麻，穿街鬻巷犯皇宮，沿着血道、淋巴道浸潤蔓延損壞重要器官，整個細胞社會秩序大亂，直到完全崩潰，生命於是終結。

無生命界的總傾向是從有序趨向無序。高勢能向低勢能流動。「激湍之下，必有深潭；高邱之下，必有浚谷。」司馬季主所言就是無生命界的勢能趨向。無生命的碳、氫、氧、氮獲取太陽能，互相鈎連搭建組成分子，有序化地取得勢能，形成生命。太陽以愛因斯坦質能方程$E=mc^2$描述的方式輻射宇宙能量。但生命活動依存的僅僅是化學能。元素的原了核了「場」，生命活動的演員是生命元素碳、氫、氧、氮等等的外層電子。生命活動的能量來自化學鍵，化學鍵的能量來自太陽。生命本質上是太陽驅動的。

葉綠體的光合作用利用太陽能把無序的二氧化碳與水合成有序的碳水化合物，貯以化學鍵能。線粒體相反把碳水化合物—葡萄糖氧化為二氧化碳和水，并釋放出能量，用載體ATP（三磷酸腺苷）傳送。人的一切活動，思維情緒、舉手投足、眨眼聳眉、呼吸心搏用的都是ATP傳送的太陽能，肌膚能夠溫暖也是因爲ATP傳來了太陽能。

一分子葡萄糖在體內徹底氧化可供能形成三十八分子ATP并釋出六分子二氧化碳、六分子水。儲存在葡萄糖中的太陽能被ATP帶走，葡萄糖失能解體，又重新變成低化學能位、無序的二氧化碳和水。太陽賦予它們能量，在葉綠體中它們又被有序地整合起來，重新變成碳水化合物—澱粉、纖維和糖并釋放出氧。這種循迴的韻律來自生命，綠色森林為飛禽走獸提供了氧，生命本身就是美麗的的詩篇。

生命的趨向總是從無序到有序，從低勢能趨向高勢能。

物理學家薛定諤在他一九四五年發表的小冊子《生命是什麼？》裏說：「生命集中了秩序之流」。

以細胞為例，假如把細胞比做一座城市，這座城市有上千座發電站——線粒體，有眾多巨大的制造業工廠

—核糖體，有安全部—溶酶體，有巨大的中心數據庫—核染色體，有變電設備—膜電位（換算為市電壓，其常規電壓，靜息電位高達數萬伏特），有極為複雜的通訊網絡—各種受體和蛋白質轉導系統，有眾多的進出港口—離子通道，有雄偉的蛋白質建築—內質網，「盤盤焉，囷囷焉，蜂房水渦，矗不知其乎幾千萬落。」以及各種各樣的廣衢大廈—微絲、微管、亞細胞結構。

這座城市一旦失序，整座城市傾刻崩潰—細胞死亡。組成細胞的分子分崩離析，無序的碳、氫、氧、氮了無生意，各奔前程，它們如能獲取太陽能，也許還可以進入下一次生命「輪迴」，道成肉身，或者永歸無生命態，在天地之間流浪直到宇宙終結，成為無質的純粹能。

人是碳、氫、氧、氮等元素的集合體。這些元素原子本無生命。有序的相互聯結使它們成為了生命，并成為了思維、思想和載體。

這種有序性至為難解，比細菌簡單得多的Ｔ4嗜菌體被分解成各個部分以後，能在溶液里自動有序地「組裝」成原態。為什麼？如何？至今難以解釋。把水泵拆散了，放在水里，它能自動有序地裝配成原態嗎？

在蛋白酶的作用下，碳、氫、氧、氮等組成分子最終被「裝配」成了人。其有序性無疑是宇宙奧秘。

人是生命的最高形態，也是人類社會的「細胞」。不管是專制皇權社會還是自由社會，一個社會要具有生命力必須要有正常的秩序。正常社會守序性和凝聚力的維持依靠社會公義和以道德為依據社會強制—法律。倫理道德是謂禮，「禮禁未然之前，法施已然之後」。教化成禮，反教化是谓惡。

權傾天下者，「一言可以興邦，一言可以喪邦」，反教化即為大惡，是禍亂社會真正的致癌基因。

社會公義的核心是道德律。國家的政治制度和文化背景可以不同，但在人心中的道德律應該是一致的。敬守人的尊嚴是禮，禮制約人心，「克己復禮為仁，一日克己復禮，天下歸仁焉。」

———————

徐文立在紐約簡談人類正常社會秩序
——「漫長的聖誕夜和我對未來正常社會的願景」講話

（整理稿）

2016 年 7 月 2 日徐文立受「大紐約區美華民主正義聯盟」的邀請，在紐約法拉盛「華僑文教服務中心」發表了題為「漫長的聖誕夜和我對未來正常社會的願景」的講話。這是錄像的整理稿。

講話錄像的鏈結

http://boxun.com/news/gb/intl/2016/07/201607040700.shtml#.V3p3mrh96M8

目錄

1)徐文立「漫長的聖誕夜和我對未來正常社會的願景」講話

2)「漫長的聖誕夜和我對未來正常社會的願景」講話的補充和說明

「漫長的聖誕夜和我對未來正常社會的願景」講話

（賀信彤 整理稿）

徐文立

（2016年7月2日）

尊敬的鼎（王鼎鈞）老

尊敬的各位前輩、各位先進

尊敬的各位朋友們：

下午好！

我剛來到美國不久的時候，有位朋友告訴我，在紐約，能找到十個人聽你講話就算不錯了。但是，沒想到14年過去了，今天下午還會有這樣多的朋友、前輩，還有99歲、100歲的尊老們來到這裏，所以讓我感到有一點惶恐。

能得到這樣的機會，我覺得首先特別的要感謝張學海大哥，他的努力，他的安排，才使我有這樣的機會。同時我還向大家報告，我正在三天前，收到了從臺北中華民國政府對我父親抗戰時期的業績作的表彰——送給他紀念章、還有馬英九總統簽署的證明書。這一切都跟張大哥的努力和幫助分不開，所以我要特別地感謝他。同時要感謝「民主正義論壇」給的機會，能夠讓我在這樣的地方講話，再有就是「僑教中心」提供的這樣好的場地，所以我特別要感謝褚總幹事長和「僑教中心」所做出的各方面的努力。

客氣的話就不多講了。下面我們就進入正題，我今天講的內容大概分兩個部分。

因為，現在報出徐文立這個名字，不要說社會上，就是在座的，可能很多的人不知道誰叫徐文立，曾經有一位斯坦福大學的教授問，「徐文立講話，徐文立在哪呢？」我站在那了，她還在找是誰呢，因為她聽說徐文立是位女士；我站在那，她就覺得不相信這就是徐文立。很多的人對徐文立這個名字已經淡忘了，不知道他曾經做過什麼，其實這很好，歷史上的很多的人都被歷史所淡忘；不要存被人家記住的指望。

但是今天不然，就是要讓大家知道一些，大概地了解徐文立到底是誰。

相信在法拉盛生活的老朋友們還記得 14 年前《世界日報》的頭版，套紅地登過這樣的一條消息（出示當年的《世界日報》），就是說徐文立來到了美國，他們很客氣地稱我是「民運的老將」，另外，還有個副標題可以看到是「江澤民送給布什的聖誕禮物」。這個副標題讓我心裏頭有點不大舒服。一個人麼，或者還算是個人物的人，被人當個「禮物」去送，這實在有一點點尷尬……，如同 1993 年作為一個「籌碼」，把我從監獄裏頭提前「假釋」出來，「籌碼」這個詞也讓人覺得不太舒服，但是不管怎麼樣，我曾經經歷過這樣的一些階段，使得今天看起來這個人有一點像出土文物一樣；那麼，我今天就把這個出土人物是怎麼出土的過程，大概跟大家報告一下，也就是我「漫長的三十六小時的聖誕之夜」。

我是1978年從事民主運動的，當時中國大陸北京有一個民主牆，後來在臺灣也有一個民主牆。我後來去台灣跟施明德先生見面，談起這件事情，他覺得很親切。

我們是1978年開始的，我是1978年的11月26日；本來應該是11月28日，是我女兒的生日，我是想把我要創辦的一份民辦的刊物獻給我女兒，後來提前了兩天，發布了當時我創辦的一份《四五報》後來叫《四五論壇》的民辦的刊物。可能因為你們在美國生活過，在臺灣生活過，或者在香港生活過，會覺得出一份民辦刊物算什麼？我們有的是！大家要知道在中國大陸就是不成了。中國大陸那個時候，特別是自從1957年之後,中國知識分子的脊梁就讓毛澤東和共產黨給打斷了，不大再有人敢說話，萬馬齊喑啊！我要辦一個民辦的刊物，不同於它中國共產黨的，要建立一個多元的社會的政治主張，不大有人敢說。

我在發刊詞中說：除臺灣、香港、澳門等地以外，中國大陸沒有一個不同於中國共產黨政府聲音的刊物，所以我要創辦這樣一個刊物；政治主張很顯明：就是多元化。

這是 1978 年 11 月 26 日的事情，可是未曾想到了幾十年之後，人們一提起民主運動，就問我：「你認識王丹嗎？你認識 1989 的人嗎？」根本不知道 1989 年的前十年，1978 年開始中國大陸曾經有過一段民主牆的歷史。因為中共最善於閹割它不喜歡和捏造它喜歡的歷史，這是它的拿手好戲。

　　《四五論壇》是跨了三個年頭（1978-1980），在民主牆是辦得最早，被迫停刊最晚的一份雜誌，一共 17 期。

　　不得已的停刊得到了編輯部全體成員的一致簽字同意。

　　另外，在這個期間有秦永敏、傅申奇、楊曉蕾、劉二安等等人，想組織一個名叫「中國民主黨」的反對黨組織希望我參加，當然那時候沒有公開，秘密商議；我告訴他們時機不成熟，他們同意我的意見，放棄了。這是 1980 年春節前後的事情，是準備在武漢召開的一次會議。

　　後來 1980 年 6 月 10-12 日，我又在北京的甘家口，召開了「甘家口會議」，還是秘密討論建立一個反對黨，後來大家一致決定，主動放棄。

　　所以我本人在 1978 年的民主運動當中，既很榮幸，也很不幸地被判了「民主牆案」最重的徒刑：15 年徒刑 4 年剝權。第一次就被判了 15 年徒刑，是因為雙重罪，組織反革命集團罪和反革命宣傳煽動罪，當時還不叫顛覆國家政權罪。

1993年的時候，中美的外交還是「蜜月期」，貿易往來已經增幅很大，過去之間的貿易往來大概只是幾十億美元，在1992年的時候可能是170億美元了（我記得不是很準確；資料表明，根據中方數據，雙邊貨物貿易額從1979年低起點的24.5億美元，快速增加到1992年的174.9億美元。美方統計分別為23.7億美元和331.5億美元。）

（注：最惠國待遇，給予，還是不給予，區別巨大；不給予，關稅是40%；給予，關稅是8%以下。相差32%以上。）

中共政府認為如果它的產品不能大量地進入美國，很難繼續發展，鄧小平也算是很聰明吧，就答應了美國政府的某些要求，包括在1993年5月26日這一天，釋放徐文立。當然不只釋放了我，前後陸續釋放了一些人。如果釋放了我們，那麼當時的克林頓政府就可以簽署一個命令，否決美國的上院和下院，即參議院和眾議院不給予中國最惠國待遇的議案，也就是說，美國要給予中國最惠國待遇。倘若如果參議院、眾議院還是想否決，那起碼要三分之二以上的議員再投否決票，才可能否決總統的議案；這在兩黨政治較為平衡的美國國會是很難做到的。於是乎，就於5月26日釋放了我，克林頓政府在6月3日、或6月4日就可以在白宮簽署一個總統令否決上下兩院的議案；以此，安撫反對的聲音。

因此，我在 1993 年 5 月 26 日得以假釋，那時，我已經被關押了 12 年 48 天。總的來說，我兩次被關押的期間，可能因為我有相當的國際影響力，所受的待遇應該算是好的。有的人說，徐文立的待遇太好了，好到讓我們懷疑他是不是共產黨培訓的高級特務，（笑）是有這樣子的說法啊！當然，怎麼樣說，倒也無所謂了，二次坐牢 16 年的事實擺在那個地方。

我在兩次被關押的 16 年當中，大概有 10 年左右是可以打羽毛球的。我每天有二次放風，可以打羽毛球，可能沒有別人享受過這種待遇，才有了那些「閒話」。但是也不是 16 年都是這樣，有 5 年的光景，因為我在剛剛入獄時，利用「單獨關押」私下寫了一本書（即《獄中書之一 獄中手記：我以我血薦軒轅》，在美國發表了；這在中共監獄史上，之前可能從沒有發生過的事情，他們自然惱火。他們就把我放在一個三平米的反省小號裏，這個反省號衕道，一共有十幾個反省小號,全部騰空，就放了我一個人在那個地方，呆了五年之久。而且，不讓我的親屬跟我見面，在我的再三要求之下，可以一個月寫一封信。

但是，寫信的內容和字數早就開始限制了。我從 1981 年 4 月 9 日深夜被捕，中共政府完全違反他們自己制定的「訴訟法」，不通知我的家人：被捕的理由和關押地點。我的家人的一年半之久不知我的下落和死活，四處走訪、打聽，備受刁難和羞辱，我太太急的異常消瘦和突生腫瘤。待我1982年9月左右從北京公安局看守所轉進了北京第一監獄後，才開始允許我給家裏寫信，我自然什麼都想告訴我的家人和老母親，我一口氣寫了20幾頁，他們就找我，說，你不可以寫這麼長的信，我說，不可以寫這麼長的信，那寫多少頁為好呢？他們說，兩頁紙。他們沒想到，我把這20多頁的內容都寫在這兩頁上了，兩面寫滿了。寫完了之後他們說，還是不行，你不能寫這麼長的信。我說，那你們幹脆告訴我，寫多長為好，他們說每封信不能超過2000字，所以如果大家看過1996年香港出版的《徐文立獄中家書》的人，就可以看到，我的那些家信幾乎每一封信都是2000字，或接近2000字，總歸不超過2000字。

我1998年第二次入獄，開始一直還是2000字一封信。

2008年在香港出版的這本《人類正常社會秩序概論》，是我第二次在監獄裏快要出來時，寫的五封信的一個匯合本（當然，當年我在獄中被高度「隔離」，並不知道即將出獄的準確消息；我這次判刑13年，剛剛坐牢4年多；只是從我太太的暗示中，判斷有可能提早出獄；但是也不相信會提前那麼多年）；但是，這次寫信，我奇怪的發現他們不再在一封信2000字上和我計較了，甚至我試著寫的越來越長，一封信可以寫近萬字；這，我才得以比較充分地寫出了我這本《人類正常社會秩序概論》，簡直就是「神蹟奇事」！神助、天助也！我最後再講這個話題。

雖然，我在那里頭，有 10 年光景能夠打羽毛球，得到了比較好的對待，甚至還有過特殊的小灶待遇，但是我也坐了 5 年的反省小號。反省小號很高，大概有五米高，怕人上吊吧；小號的門不許關，在我門外，有一個也是犯人的人，面對著我，看著我，24 小時地看著我。另外，他們從日本進口了一個索尼的監視設備，安放在牆犄角 2 多米的高處監視我。對不起，我也很淘氣，我曾經趁他們不備的時候，我順鐵柵欄門，爬上去，看了一下子它是個什麼機器，是個索尼的監視器。你想想，1985、86 年的時候，這樣的監視器全世界還很稀有呢，不像現在，各處、滿大街都是，他們從日本進口的這麼個東西，監視著我，也沒起過什麼作用。當年，那種機器有個毛病，啟動和關閉，都會有一個輕微的「啪嗒」聲；而且他們只允許一位領導值守，他在一個不大的辦公室再隔出的一個小半間的黑小屋裏看，處境比我也好不了多少；看了些日子，他也看不出什麼名堂，他也煩了，不再看了，「啪嗒」的聲音也就沒有了。

我在這個環境中，苦熬了 5 年！

冬天很冷啊，因為他們把暖氣包給裝錯了。有裝暖氣常識的人都知道，那暖氣是有氣暖包、水暖包之分的，不能用氣暖包去做水暖包，否則那暖氣根本就不起作用。很冷！雖然他們也不斷換大一點的直接燒煤的爐子，也還是冷！

我要內穿棉毛衣褲、加毛衣褲再加棉衣褲，外加我用一套新的棉衣褲改製的、從上蓋到下的大棉坎肩。

全因為我堅守了「零口供」，絕對不透露我的那本在美國發表的書，是怎樣出了監獄的。因此，他們幹警一傳十、十傳百，都認為和我打交道，仗義、安全；北京「一監」的警察都佩服我的死硬、有尊嚴，他們也厭惡慫包軟蛋。反省號的警察頭說了：老「零幺」（001-他們為我內定的編號，不希望其他人知道我的真名實姓）不是說「冷嘛」，那就他要多少條被子，就給他多少條，以致我的床下鋪的棉被如「席夢思」墊那麼厚；同時，也才可能用一套大號的新棉衣褲改做成了一個大棉坎肩。

夏天很熱，沒有窗戶，熱到什麼程度，雖然我不用勞動，也不用做什麼，還是汗流如注，最後只能穿一條短褲，背靠著水泥牆降低一點自己身上的熱度。這時候，反省號的警察頭就不斷讓看守我的犯人們給我水喝，和供涼水讓我擦身體。

在這個地方熬了有五年之久，是我人生當中可能最艱苦的五年。

（當然，關在這裡時間久了，他們的監管也鬆了許多，就有了我養蜘蛛、小刺蝟、小貓和小狗，養花，甚至練就一雙分辨飛行中蚊子公、母的「火眼金睛」的趣事，今後再講吧。）

後來，1993 年就因為克林頓政府用最惠國待遇為條件把我交換出來，假釋出來，當時我已經關了 12 年之久。我的女兒再看到我時，當時眼淚就掉下來了——她說，沒想到爸爸會這麼老！

我也從三十多歲到五十歲了。

可是，我這個人還不安分。可能大體如范似棟記述的，孫維邦那些不盡準確的說法：「通過坐牢我覺得徐文立的看法是對的，坐牢之前我的覺悟沒有他那麼高。」「（我孫維邦）是以一個老百姓的身份對政治發表觀感，認為中共不好，希望中共改好，而徐（文立）則好像站在了政府的對立面，並且是以一個政治領袖的姿態說話。」范似棟評論說：「徐文立表面很平和，作風也實在，有時候好像比孫維邦還溫和，但在明眼人看來，他時時露出爭奪天下的雄心大志。」（摘自范似棟《老虎》第八章第二節 青島來的異議人士）

和中共爭天下沒有什麼不對、不好，這是爭奪中共專制的天下，爭出個民主憲政的天下，中共不可能出讓它的權力。其中組建反對黨是最自然、最必要的政治上的「雄心大志」；對此，不能沒有想到，我們不但當年就想到、而且做到了，有些所謂的政治「大」人物過去謾罵、譏諷中國民主黨的組建，現在又去偷和搶，不知是可恥、還是可憐！

1993年我出獄之後，一直在秘密地組建「中國民主黨」，逐步開始形成了我、查建國、高洪明、劉世遵、何德普聯繫武漢秦永敏等等地方為核心的建黨團隊；不然不可能1998年在北京憑空「蹦」出這個五人核心團隊。況且，在全國的中國民主黨「組黨」活動，被中共連續兩年強力鎮壓之後，唯一有北京黨部公開堅持到最後，2002年最後一任負責人何德普入獄，才轉入地下；浙江、四川和重慶的黨組織雖然時斷時續，也是堅持最好的二個團隊。

當然，1998年是浙江的一些年青人首先舉起了這個義旗，我和秦永敏號召了全國28個省市同時響應，所以中國民主黨是在中國大陸28個省市同時舉行成立的一個全國性反對黨。

美國政府一般是不對其他國家在美國的反對組織、流亡者組織表態的，但是唯獨南希·普羅西作為美國議長的時候，對中國民主黨做了肯定，她並說：「Mr. Xu is one of China's bravest, most eloquent and also most measured advocates of democracy. ——徐先生是中國最勇敢，最長於雄辯，也是最能體悟「度」的提倡民主人士之一。」她祝賀了中國民主黨在美國召開的二次海外代表大會。在王炳章、廖燃和中國民主黨後援會的努力下，我和秦永敏、王有才共同得到了1999年諾貝爾和平獎的提名。所以，中國民主黨是一個有一定國際影響和得到國際社會承認的中國反對黨組織。

很可惜，紐約法拉盛有很多叫「中國民主黨」的，對不起，我真的不太知道他們為什麼這麼叫，這個名字可能在他們騙難民錢和美國移民局時好用一點吧，但是可以說他們很多的組織跟我們沒有任何關係，根本也沒有參加過任何中國民主黨組建的活動，也並沒有對於我們的黨章、黨綱有任何的認可，可是呢他們就是這樣叫，甚至叫「主席」，他們某一位「主席」還說：「徐文立你不要囂張，有一天是我們把你給開除出去！」對不起，至今他們還沒把我開除出去，我已經從主席的位置自動地提出了離任，我現在只是中國民主黨全國聯合總部的榮譽主席，我已經從「主席」位置上離任了。

1998年我們在中國大陸建立中國民主黨，共產黨當然惱火得很。因為你(徐文立)不但有綱領和理論，你還搞組織，居然你在1979年10月1日，中國共產黨最重視的三十周年大慶那一天（他們自己宣布，因為經濟情況不好，那年大慶不舉行了），你徐文立居然能夠發動一次「星星美展」的遊行，就在長安街啊，就在北京啊，這個是有歷史記載的，有「時代周刊」照片為證的，他們（外國記者們和「四月影會」成員、還有長春來的偶遇此事件的王瑞先生）拍了很多照片、甚至錄像和電影，相信有一天會有一部紀錄片《北京之春·星星美展》公開上映。

那是在北京長安街和前三門大街上，中共三十年大慶的時候，舉行這次遊行的。其實，我當時就說了：「有一場勝仗，我可以帶你們打！不知道你們敢不敢跟著我打？」當時，有一位詩人叫芒克的，他跳到桌子上說：「老徐說了，有一場勝仗可打；不要說一場勝仗，就是一場敗仗，我們也跟他打了。」芒克這一句話就把這個火給點起來了，然後舉行了遊行。但是我們非常有節制，並沒有做很過分的事情；共產黨也做了相當的讓步，發還了扣留的「星星美展」展品、1979-1981三年分別安排在北海「畫舫齋」一次和「中國美術館」二次的展出。所以，這件事情就這樣圓滿地落了幕。

「星星美展」的藝術家成名時，我就開始了十幾年的牢獄生涯，謝謝他們在「星星美展」十年回顧時，還想到了我，慰問了我的親屬。

1998年我組建中國民主黨，很快就被抓了，不到一個月，我就被再次投入監獄，第一批三個人被判刑，我（徐文立）被判了13年，秦永敏被判了12年，還有王有才被判了11年。共產黨對這種事情從來就是反應很快，絕不手軟，有關這次打擊，可以從江澤民的選集查到，他明確表示：「近來有一個動向，就是國內外的敵對分子相互勾結，策劃所謂『合法組黨』，或者打著什麼別的旗號搞組黨的政治圖謀，實際上是想在中國搞出一個與共產黨分庭抗禮的反對黨，最終推翻共產黨的領導和社會主義制度。對他們的這種政治野心，我們要保持高度警惕，一有風吹草動，必須立即制止在萌芽狀態，必須堅決徹底地粉碎他們的這種企圖，切不可心慈手軟。」

所以，我再次地被投入監獄，判了 13 年。這時候，美國政府確實可以說是，下了非常大的力氣，又來救援我。所以，我每見到美國政府領導人的時候就會跟他們說，很對不起，一再讓你們辛苦，讓你們費心了。

這一次，他們費的心真的是很巧妙。

就是在「911」之後，上海舉行了一次 APEC 會議，在會議進行中，美方向俄羅斯總統普金公開地說，我們會邀請你到美國來訪問，不但紅地毯鋪在白宮，而且會請你到得克薩斯布什總統的家鄉去烤牛肉。這在美國，是最高的外交禮儀。那麼，當然普金很高興就答應了。這件事情很快就傳到了江澤民的耳朵裏，大家知道，江澤民是一位自認為他也是大國領袖、又特別好虛榮的人，你布什在我江澤民發跡之地上海，請普金不請我，這是非常丟面子的。所以，他毅然決然地決定，用外交途徑跟美國談判，他也要在他離任前最後一次來美國的時候，享有同樣的待遇：進白宮，同時到得克薩斯的布什的家鄉去烤牛肉。（真的實現的那一天，從電視和照片上，可以看到江澤民一反一貫在公眾場合注意照護夫人王冶坪的禮儀，一個人「失態」地、迫不及待地大步走向布什的家，置王冶坪於不顧，後來還是布什夫婦主動去攙扶了王冶坪。）

江澤民吃這頓烤牛肉把我給救了。

美方就提出來了，你這個要求並不高，很容易達成。那怎麼辦呢？你們就把徐文立釋放了吧。那，江澤民私下裡就已經決定了，把徐文立釋放了吧。可是蒙在鼓裡的中國的公安部和安全部在和美方初期談判中，還堅持在說「放誰，我們也不可能放徐文立」。可是外交上已經答應的事情，他們也不可能反悔，所以，才有這麼一句話："作為聖誕禮物送到美國"，就是這麼來的。

在 2002 年的 12 月 24 日，我在我的祖國——中國渡過了 24 個小時的聖誕夜，來到了美國還是聖誕夜，所以我這個聖誕夜是 36 小時之長。離開自己的祖國的時候，西面是紅霞滿天，到了美國的紐約的這一天，如果大家有記憶的話，2002 年 12 月 24 日的紐約是銀色的聖誕夜！下著雪。所以，我是在夕陽紅滿了天離開了祖國，然後是白色的聖誕之夜來到了美國。這就是我漫長的 36 小時聖誕夜，向大家先匯報到這裏。

下面，我想講一講跟我這本書有關係的一些話題。今天，不可能很詳盡地來講我這本書，我這本書的名字叫的有點大，它叫《人類正常社會秩序概論》。可能很多的朋友會問，人類有正常秩序嗎？我個人認為是有的，是什麼樣子的一個秩序呢？我這本書當中有講，今天就不會去細講這本書的內容，但是我會從三個角度、三件事情去講一講跟這本書有關係的內容。

大家不知道能不能記得今年 6 月 5 日，在世界上發生了一件很大的事情，這件很大的事情可能跟我們中國人關係不大，所以我們中國人恐怕不太會注意。這是件什麼樣的事情呢，我也不要買關子了。這個事情就發生於遠在歐洲的一個小的國家，這個國家很富裕、很和平，它叫瑞士。它舉行了一次全民公投，這是一個最喜歡搞全民公投的國家，這次公投的內容是什麼呢，就是未來，由政府給每個成年人、小孩子發錢，就是無償發福利，你就躺在那兒，什麼事情也不做，一個月就要給你多少錢，多少呢——成年人要給每人每個月相當於美元 2,600 元，對不起，我這是把瑞士法郎和美元大概折算的結果；也就是說，你什麼事情也不做，每個月國家政府就要給你美元 2,600 元，每個小孩子大概給 700 美元。也就是說，夫妻兩個人就可以拿到 5 千多，再加上小孩子的，你想假定你有兩個小孩子也有 1 千多，這是可觀的數，對不起啊，我的數字概念比較差，大概四口之家這個錢數是很大的，就是說你還可以什麼事情也不做。可是，大家知道瑞士全民公投的結果是怎樣？百分之七十幾的人投了反對票！把這個議案給否決了。那麼可能一些人會說，瑞士人怎麼這麼傻呀，白給你錢，什麼事情都可以不做，坐享其成……。瑞士人說，沒有免費的午餐。你今天得到這個，結果不知道今後會怎樣？我們只是簡單舉瑞士一個例子，它今年的財政收入大概是660億，可是這個計劃如果實施的話，要付出2000個億，也就是財政收入的差額是1300個億，這個1300個億從哪裏出啊，如果經年累月下去，瑞士非得把自己的那些老底全都吃空了。所以瑞士人覺得不可以這樣子。

那麼，我再舉第二個例子，我是在中國大陸成長的一個人，我早年也是很相信共產黨和毛澤東的，曾經很擁護他們，很支持他們，後來慢慢覺得不對了，什麼時候開始覺得不對了？下農村、當兵、進工廠之後，一直到了林彪事件出現之後，我徹底地轉變了，這個過程我就不講了。

只講一件事情，我小的時候，上初中的時候，不知道你們聽說過沒有？毛澤東、共產黨號召要深挖地、打麻雀、還有大煉鋼鐵，讓全民都煉鋼鐵。深挖地怎麼個挖法？我那時候初中，本來就吃得到的東西不夠多，讓我們挖的是兩個人以上高（大約3米5左右）的土地，從底下，把這個土地的土翻、翻、翻，過渡兩道崗才能把它從底下翻到上面。就這麼一塊地方，也就如我們現在所坐的這麼個地方的一半不到，一個星期都幹不完，一個班級的人有三、五十人孩子，幹一個禮拜都幹不完。要這樣子地深挖地，說這樣深挖地的結果是可以得到高產。有些真正懂行的老農民說，見鬼了，底下都是生土，沒有我們現在都懂的腐殖質，怎麼能夠高產呢？毛澤東當年就號召這樣做，大家也就跟著做，全國都這樣做啊，不是這個學校做，那個學校不做，打麻雀，用氣槍打（當年中國大陸極少人有氣槍），用彈弓打，然後跑到樓頂上去敲鑼，同一天都去敲，說這樣麻雀就沒有地方落，他們就會自己累死，但是山林那麼大的地方，他們會跑掉的。可是，當時中國就是這個樣子（**一個「皇帝」只要他能夠做到「指鹿為馬」，他就能夠順利地實施他的獨裁統治**）。而且毛澤東還很會糊弄我們老百姓，說什麼「人人皆為堯舜」，中國就一個堯，一個舜吶，還是傳說，怎麼可能人人都是堯舜。那時候又說「人有多大膽，地就有多大產」。最後，一畝地過去收成是二百斤、三百斤，在中國傳統上就不錯了；毛澤東相信在他的領導下能夠出萬斤，甚至幾十萬斤，他就這樣子吹了，吹的人們都很高興，毛澤東還說中國人能──「上九天攬月，下五洋捉鱉」。所以，直到今天，大家回想一下，你們接觸過的、來自中國大陸的人，大部分人的口氣是不是都很大，你說一年我掙十萬美元，他會說「咳，十萬有什麼？只要給我個機會，我能掙一百萬、一千萬」。你說這個樓不錯，他就敢說「我把它買下來」。可怕的是，經常有人不以為是在吹牛啊，心里頭想的就是這樣。當然，我不是說我們中國大陸的人不好，受那種教育鼓動的結果就是那樣膨脹，膨脹的結果怎樣呢，最後大家知道：餓肚子！餓死幾千萬人、以至「易子而食」啊！因為把牛X吹得太厲害了，而且認為靠所謂「覺悟」就能做到這一切。

那麼,最後得到的結果你知道是怎麼樣的嗎？在政府部門工作的人，能夠做到什麼程度，居然在上班的時候除了拿一張報紙看，喝一杯茶之外，還可以打撲克、下象棋，一個政府機構能夠做到這個程度。工人怎麼樣呢，工人在家裏頭沒有洗澡的條件，就每天到工廠去洗個澡，然後就沒活幹，呆著。農民怎麼著？也很聰明，高梁地一起來時，就在「青紗帳」裡抽煙去了，或者玩個小牌或賭個博。這樣的國家能夠讓人們吃飽肚子嗎？所以，在大躍進之後，就是三年天大的飢荒啊，不是自然災害，他們硬說是自然災害。氣象記錄，那三年沒有發生大的自然災害，最後的結果是幾千萬人餓死！當然各國學者的統計數字都不會一樣，但是至少共產黨不能否認確實有餓死幾千萬人的事情發生。為什麼是這樣的，大家可以想想，就是牛X吹過頭了。下面我還要講根本性的原因是什麼。

最後我再講一個例子，在2006年的時候，我去瑞典訪問，瑞典這個國家覺得就是個天堂似的國家，感覺瑞典的人一定是非常的講禮儀,懂禮貌,不會騙人，這樣的國家也一定是極其優美，童叟無欺。可是未曾想到，我到了那裏的第一個城市馬爾默，發生了一件事，我的印象很深，當然這事情也不能完全怪別人，這個事情首先要怪我自己。第一，我不知道他們用的不是歐元，我以為他們用歐元，就沒有兌換他們的克朗，所以我就只是拿了歐元，覺得肯定通行無阻了；第二，可能這個當事人也不懂得歐元，但是我不大相信，她天天在那裏賣咖啡，她怎麼會不懂得歐元、克朗之區別？那是瑞典入關第一站。我居然用50歐元就只買到了兩杯咖啡，兩個小甜面包，找我15克朗。她給了我一個小票，用了38克朗，但是她收了我50歐元，找給我15克朗。我後來換算我當時的50歐元相當於他們的500克朗，38克朗，她應該找我462克朗，她卻找給我15克朗。如果她認為我那50歐元跟她們的克朗是一樣的，她應該找我不是15克朗，而應該是12克朗。這個數字我還算得出，當時我就說「No」，她居然還從她的收錢盒子里拿出了我那50歐元給我看，然後撕了這收據票就給了我，我當時因為要趕火車比較急，我妻子一個人在車上等待我，語言又不通，我只好接受這個情況拿了東西就走了，沒有計較。

我一想，瑞典這是怎麼了？後來在瑞典的朋友告訴我，他們瑞典人也會騙病假條了，也會說謊了，本來是不會的。

到了斯德歌爾摩之後，我又有一個非常非常失望的地方，我相信在座的很多的朋友也去過瑞典，也去過斯德歌爾摩，如果你細致地觀察一下，現在只有斯德歌爾摩城市里頭，還像一個歐洲城市；到郊區一走，你就發現已經不是歐洲城市了，它所有的郊區發展了很多的輕軌鐵路線，每條線支出去的那些地方蓋了很多只有原社會主義國家、前蘇聯和中國過去才有的那種的盒子樓，像個火柴盒一樣的一個一個的樓，為什麼蓋這麼多樓啊，移民太多了，難民太多了，都湧向了這個國家。所以就把這樣一個很富足的國家給拉「貧」到了這個程度。當然它這個盒子樓要比前蘇聯、中國的盒子樓裏面的設備要好得多，房間大一些，還有可以租用的公用桑拿房。這些條件要好一些，但是無窮盡的盒子樓延伸在斯德歌爾摩的城郊，讓整個斯德歌爾摩已經失去了原有的這種繁華、優雅，當然從斯德歌爾摩到芬蘭赫爾辛基的海峽谷當中，還是很漂亮，那些散落在海峽兩岸的房子還像珍珠一樣鑲嵌在兩岸。

我說的這三個例子，有一個共同點，什麼呢？就是人類社會從歐洲文藝復興以後，做了一個很好的事情，主張「人人生而平等」，但是同時發生了一個非常大的一個理論上誤區：「人生而平等」，難道「人生而就沒有差異」了嗎？每個人所得到的結果也就應該沒有差異了嗎？就可以簡單的「均富」了嗎？

在這個過程的千百年，大部分思想家、政治家，包括現在各國那些說起來很好聽、唯一就是想騙選票的政客們都在欺騙大家。

所謂的「政治正確」害死全人類了，政客們當然不敢說真話！像孔子那樣敢講真話的思想家、政治家幾乎絕跡！

稅，大家希望收的越少越好；福利，越來越高越好。

也就是說，「人人生而平等」這樣的思想，是對的，但是延伸成為「人人均富均等」，讓整個社會，整個世界發生了今天我們所看到的這樣的亂象，一些地區的一些人不顧他們自身的條件，湧向了那些發達的國家，反正你是福利國家，反正你對我們每個人都一樣，所以我就去搶這個東西。一旦入了境，上班不上班得到的幾乎一樣多，外加生孩子的補貼，瑞典已經有太多的移民不上班，一味的生孩子；原本的瑞典人也開始學會說謊，騙病假條子；不勞而獲，坐享其成，必然的結果，就是坐吃山空，就是所謂的「民主社會主義」、或者「社會民主主義」的徹底破產。加之外來人口慢慢超過原住民人口的時候，整個社會的原有的健全的主流價值觀也會完全崩塌。

我也知道，我也喜歡聽所謂「好聽」的話，也喜歡得到一些不勞而獲的所得，比如「徐文立，我們每年給你不要多了，十萬美元，過好生活就行了，也不用做什麼」，如果是這樣子的話，每個人都這樣子，那麼這個社會還能夠持續下去嗎？

上帝、或曰上天所給人類社會的那個資源是定量的，是恆定的。上帝、或曰上天所給每個人的使命是不同的，給你的天能、天性和機遇也是不同的，個人的選擇、奮鬥和機會都是十分有限。

當然，機器人盛行的時代，無償分配會越來越多也未嘗不會出現……。

謀事在人，成事在天。

我講一個簡單的事實和道理，每個人都可能會服的事實和道理。比如說我這個人，在整個以往的生涯中可以說從來沒有太富足過，在一定程度上也有一點窮怕了，所以有的時候也想經一點商，能不能經一點商補貼一點家用，或補貼我在政治上的用度，但是我每次做、每次失敗，不是不努力，說明什麼？我徐文立不是那塊料，天生就不是那塊料。也就是說，人一定是天生就有某些才能，後天又給了你某種機會。

當然，過去的社會當中有兩件事情不好，就是人的命運由一個人決定，由皇帝決定；共產黨統治的社會，一切由共產黨決定；這個做法不好。還有就是底層的人不可以翻身，這也不好。但是，人得要承認，每個人和每個人的情況是不一樣的，你的天賦不一樣，你後天得到的東西、機遇不一樣，我徐文立經商永遠失敗，所以我後來就死了這條心，再苦，我也不會再去經商。

因為在座的各位都是有閱歷的人，說這些很容易聽得明白，比如說：有人說，「嗨，當個老板有什麼了不起的，我也可以去當」，你試試看，你真的當了老板你盡做賠錢的買賣，你掙不了錢。

美國是講究團隊精神的一個國家，為什麼講團隊，就是人的情況是不一樣的，就像打仗，不可能大家都做總指揮，都做總司令，那誰做班、排、連長啊；就像一個工廠，一個企業都是當總董事長、總經理的，誰去當科員，誰去當事務員，誰去當務工者？

天定的人類作為一個群體生活，就一定每個人有它的不同點。所以，我認為人類社會你必須承認：第一，人生而平等；第二，人生而有差異。人要承認這種差異，要適應這種差異；當然每個人都可以奮發，你奮發成不了的時候，你改變不了的時候，你要認可這種情況；如果不認可，社會就是一種亂象。第三點，人人都是不完美的，沒有一個人可以說我是完美的。所以，從這個意義上來說，一個國家最需要法治監督的是那個國家的領導人，或者是你想當國家領導人的人。

所以，我覺得人類社會的基本架構中的三個支柱是：第一，要認可「人生而平等」，是指的你的尊嚴，你的起跑線應該是一樣的；第二要承認「人生而有差異」；第三點，「人生而不完美」，沒有一個人是完美的。

所以，我也知道這種思想很不討巧，很不討好，特別是對於從事政治活動的人，最好是哄著大家都願意跟著他走，但是走來走去，走到一條黑道上去，他就不管了。

所以，我的這個想法，這個東西寫出來，對我來說也是蠻心酸的，你作為政治人物，你該去騙人啊，騙選票啊，騙跟隨者啊，你怎麼寫出這個大實話，誰跟著你走啊。

所以,第四我相信人是會有理智的。就像瑞士的國民一樣,他們懂得一旦如果這樣搞下去,他們的國家一定會被吃垮,給拖垮,也沒有那麼多資源讓你們去享受。當然,能夠讓人們接受我這樣的想法很難,就像孔子當年在亂世提出治世之道:「孝悌能夠治天下」。

關於這個道理,友人問我古人怎麼說「孝悌」能治天下?我說很簡單啊,其實真理有時候就是簡單的。現在就講講這個:「孝悌可以治天下」。因為天下是由每個家庭組成的,家庭的問題是兩方面,一個上,一個下,長輩和晚輩,長輩疼惜孩子絕對不難,就是我們中國人常說的話「眼淚向下流」麼。可是眼淚從下往上流就難了,就這一點難,如果你能教化人做到「孝」,問題就好解決了嘛。上輩人疼愛下代人是無條件的,下輩人如果也能無條件地尊敬自己的長輩;「悌」是平輩相互之間的愛和「博愛」,這樣這個家庭就和諧了。個個家庭都和諧了,整個社會不就和諧了嗎?當然說起來容易,做起來還是有難度的。

又如,「慎終追遠,民德歸厚」也是一個道理。

我感覺到,我們中國的古代文明是有它一定道理的,所以我就在我的書中說:中國的古代文明暗合了人類社會正常秩序,我希望大家能逐漸接受這個一點,我知道很難,甚至有些人拿到這本書,也就是看兩句就扔掉了。但是,我相信人們的理智,和人類發展過程的痛苦教訓，能夠讓人們慢慢地接受這些的思想。

　　這就是我對未來人類社會的願景，這個願景不討巧，也不討好。但是我想作為一個政治人物最重要的還是要誠實，把正確的東西講給大家更好一些，我不想騙大家。

簡談人類正常社會秩序——回答問題部分

問題 1.你如何看待習近平的治國方略？（比原問題省略了許多）

徐文立答：我願意回答你的問題，我很尊重你的意見，如果我沒有誤讀你的問題的話，你大概想講的是：現在中國共產黨有很多的改進，習近平先生是一個不錯的先生，我們應該尊重他，讓他帶領中華民族走向一個新的開始。我知道你所講的意思，還有中國大陸的很多朋友會有這樣的想法。

但是，我們不要說太大的實例，我們說一件看似的小事情，習近平曾經在一個場合，接見了邊遠地區的一些學生和老師，其中有一個老師就問習近平先生，這個可是錄像啊，不是我給他編的故事，在錄像裏，當時這位老師問習近平先生：「聽說現在許多人稱你為『習大大』，我現在是不是也可以成你為『習大大』？」當時，習近平先生很洋派地回答了一句話，"Yes"。也就是肯定，說，是的，可以的。是不是這個意思？這是事實，不是我編的。

那麼，我們去想一想，「大大」這個稱呼。

在中國大陸有很多的方言，同樣一個詞，各地區的叫法、內涵會不一樣。但我是安徽安慶人，我從小就管我的父親叫「大大」，也就是說起碼我們安徽安慶把爸爸稱為「大大」，「大大」就是父親；據我後來查，中國有很多的省份、很多的地區是把「大大」稱為父親，或者父親稱為「大大」的。特別是習近平的陝西老家、他插隊的地方，是把父親成為大大的。那你習近平作為那麼「開明」、又那麼「博學」的，看了那麼多、那麼多的世界各國名著的人，你又對中國文化那麼了解的一個人，你難道不能夠了解讓人們叫你為「大大」，就是強迫全國人民稱你習近平為「爸爸」嗎？！

大逆不道啊！天理不容啊！你色膽包天，你好色好大的膽，敢「強姦」天下人的⋯⋯啊！天理不容啊！大逆不道啊！

大家想，想想中國幾千年的歷史當中，哪一任皇帝說，大家以後不要叫我「陛下」，叫我「爸爸」好了，你作為一個習近平先生，這一點都沒有做好，還要談什麼別的嗎？！

「大大」這個稱呼，可不是一個簡單的稱呼問題。

我們這個民族，最不能容忍的事情，就是冒充別人的爸爸！

現在又有人稱彭麗媛女士為國母，大家知道，「中華民國」成立至今稱誰為國母，連宋美齡都只稱為第一夫人，也沒有稱為國母，那怎麼彭麗媛就稱為國母呢？！

一個想做全國人民「爸爸」的人，一個想做國母的人，結合在一起，來管理這個國家，想想恐怖不恐怖？

（這時，提問者想插話）對，我了解你的意思，我們要看大的國事，難道剛才講的「大大」這個稱呼問題，不算國之大事？

那麼在國之大事上請你看看，現在中國周邊的國家，還可以稱中國為朋友的國家有多少個？幾乎沒有了吧，越南不是，朝鮮不是，朝鮮也不認中國政府是朋友，如果一個國家在這樣子一個領導人領導下，成了這樣的結果：周邊的國家都不承認自己是你的朋友，那你這個國家還有前途嗎？還好過嗎？這日子起碼不好過，對不對？

（提問者又想插言）你可能有千條理由、萬條理由，想再討論下去。但是我今天舉了一個大例子，一個所謂的小例子來跟你進行磋商，已經比較充分了。當然了，你可以保持自己的觀點，不見得你要勉強接受。

問題2.現在大陸有一股「民國熱」，是對「中華民國」的懷念，你對國民黨和共產黨兩個黨的未來，以及國家的未來是怎樣看的？

徐文立答：謝謝這位前輩，對不起，我要講實話，我認為，國民黨和共產黨都有它們自身與生俱來的缺點，都受到過蘇聯共產黨很大的影響，在某種程度上毛病都很大，都曾經想一個黨、一個領袖來統治這個國家，都有過這樣的想法。但是，國民黨畢竟是主張民主、自由、憲政為宗旨的黨；而共產黨呢，是把民主自由的旗子叫得很響，但是他們是堅決不去做、一個很狡猾的黨。國民黨呢，有所改正，後來慢慢地恢復了憲政，在這個意義上來說，國民黨盡管現在在臺灣的處境不太好，但是我覺得在中國大陸，它的處境在未來有可能、只能說有可能比共產黨要好。因為現在的「民國熱」，已經熱到了什麼程度，大家知道連髮式，連行為舉止，連衣服都效仿民國當年的流行，就是說明當下有它的魅力所在。

當然，是不是一切都恢復舊的就好呢，也未必，會有一些改變但是起碼我們「中華民國」在一段時間里頭是創造了很好的輝煌，只是日本帝國主義把我們的這個進程打斷了，中斷了。 所以我覺得「中華民國」回到中國大陸這種可能性是蠻大的，就像前蘇聯這個國家，就很快地回到了俄羅斯的老狀況，這種「易幟」並不是一個很難的事情，所以有可能「中華民國」反倒成為了最大公約數。

現在我們有一些在紐約的、來自中國大陸像 XX、還有 XXX 等等人在聯合國門前升「中華民國」國旗呢，所以，這表明了在中國大陸的一些年輕人，或者有相當的一批人有這樣的想法。但是說老實話，也不是那麼容易。因為中國大陸被灌輸的關於「四大家族」怎麼貪污腐敗的影響有些根深蒂固。

現在我才知道，美國政府針對「四大家族」是做過審計的，他們的資產並沒有多少，並不像所誇大的那個樣子。所以，隨著歷史真相的恢復，特別是記載了五十幾年歲月的「蔣公日記」在斯坦福大學胡佛研究所經家族把關人 Shirley（Visiting Fellow）公布之後，人們才知道，蔣公絕對是要抗日的，而且是有完整的、迂回的、持久戰的做到抗日至勝利的戰略戰術。這是中國大陸的許多學者參與論證的結果，這「日記」不是寫給別人看的，是寫給蔣公自己看的，天天在那裡反省，有那些做得不好，比如他年輕的時候多看了某位女士一眼，他都要寫「今天要記大過一次」。所以，我覺得隨著歷史的真相越來越恢復，可能中國大陸的很多人會改變以往的錯誤看法。但是，共產黨的影響力是很厲害的，不要想象的那麼簡單，能夠那麼快地解決這個問題。但是，隨著真相逐步一點一點知道，可能情況會好得多。但是，這只是預測，很難說一定會是這樣。歷史有時候會讓你感覺到很突然，你怎麼會想到，會有個「武昌起義」一下子清朝就完了，就沒了。前蘇聯一夜功夫就解散了。所以，有的時候並不是我們某一個人的願望和預測可以做得到的。契機往往是不可預測的，這個東西有它內在的一些東西。只有上帝曉得。

問題 3.如何看待在抗戰中，中共毛澤東與日寇勾結，破壞抗戰的問題？

李勇大哥提問的同時，發言道：在網上看到的消息，日本有一位作家「遠藤譽教授（Homare ENDO）」寫了一本書，講抗戰期間的史實。因為，我們今天紀念「七七盧溝橋事件」，之後張學良搞了「西安事變」、國共合作抗日，就在這個時候，這位日本作家寫到：毛澤東在國共合作期間，利用國共合作，知道國軍的行動，把情報賣給日本人，前後拿到的錢是$2,500萬美元，在紐約過去坐地鐵，$0.11美元一次，現在是$2.50，那麼按現在美金的市價，你想當年的$2,500萬是個什麼概念呵！然後，每個月還要補貼$20萬美元，毛澤東派到敵後區的、在上海的人和日本人接頭，一個月費用是$20萬美元，是美國一個警察的五年的收入，想這是怎樣的一個事情啊！那麼換句話講，我們說有人勾結日本，那是漢奸，我們罵汪精衛是漢奸，我現在根據這個歷史，根據這個日本人寫的這本書，她是從日本情報局里面拿出的資料，證明毛澤東幹的這件事，那麼這是中國有歷史以來，不光是不抗日，而是最大的漢奸！

徐文立答：李勇先生能夠從那麼遠處來到法拉盛，我向你鞠躬，李大哥是我在這兒的最要好的朋友之一。

這個問題，我想，您剛才講的已經回答了。在某種程度上中國的這個變局，確實讓人很痛心，就是「西安事變」，張學良先生做了一件絕大的錯事，讓共產黨有了這樣的機會，很痛惜讓共產黨篡奪了政權。但是我今天也要講，共產黨也不完全就是一個毛澤東，在他們早年的時候也是有一些有赤子之心，也想救國也想改變，讓中國走向一個自由和民主社會的人，只是後來共產黨越變越壞，陰謀詭計越來越多，所以如果簡單地回答您：毛澤東絕對是一個大漢奸，可能是頭號漢奸。

問題 4.你能不能把共產黨和民進黨作個比較？

徐文立答：這個話題我必須站起來回答，太過嚴肅。每個政黨它的情況都會很不一樣，作簡單的比較並不是太合適的辦法。我們要尊重民進黨，特別是一些元老派，他們受的某種教育，特別是在 1948 年或 1949 年之後，他們覺得很壓抑，或者在兩蔣時期威權統治很厲害，所以想有自由與民主，有這樣的想法和願望的一些民進黨員，或者民進黨的元老們，在某種意義上是值得尊敬的，我們不需要過分地去苛責他們。當然，我知道，我也問過一位民進黨的大佬，我說：「據說你們曾經在洛杉磯、舊金山有中共白手套給你們錢，是不是有這回事？」他說：「我不能證實，但是我也不否認。」也就是說有過這樣的事情，也就是說，可能民進黨在當時的情況下是受了共產黨的一些資助，因為共產黨有一個想法，就是說在中國只有把國民黨徹底消滅了，它才能夠實現真正的一黨統治。那你國民黨到了臺灣，那它就一定要團結自己的敵人的敵人啦，那就是要利用民進黨，所以民進黨在那個時候有過受共產黨資助的事情，從政治意義來說，也應該抱著一個比較諒解的態度。另外，有一些民進黨員覺得我們從來就是所謂的臺灣人，我們幹嘛要跟你們大陸卷在一起，只要這個想法不是謀求個人的利益，我們也要抱著比較寬容的態度去看待他們。但是如果說，我就是執意地要想獨立，我不惜挑起兩岸的戰事，不惜戰爭，我也要搞獨立，我一定要獨立出去，血流成河，我也要這麼做，對不起，這樣的人，我看是人民的公敵，那不僅是大陸人的公敵，也是臺灣人的公敵。當然，我也不贊成中國大陸的一些人，比如說，臺灣要獨立，就一定要打，甚至用原子彈打都可以，我也不贊成這個主張。所以，我覺得一個政黨組織，它有它的一個發展脈絡，它有過它的過去，很難把這兩者做一個比較。但是，他們前期有一個共同點，許多的民進黨人是受（我剛才說的）從文藝復興以來的左的思潮的影響，對於共產主義，對於社會主義有向往，覺得那是個好東西，我年輕的時候也覺得它是個好東西，後來才知道那個東西是做不到的，不說它欺騙，也起碼是做不到。因為在中國大陸實行過，最後的結果是不行的，後來才在鄧小平時代改變了。中國農民曾經問過共產黨：你們現在說讓一些人先富起來，可是我記得多少年前在我們中國就有一些人先富起來了，在城市，你們把這些先富起來稱為「資本家」，農村把他划為「地主階級」，都作為你們踩在地底下、一定要打倒、要消滅的對象，你們怎麼今天又讓一些人先富起來？這起碼說明，共產黨過去一貫的作為是錯了。

現在更明白了，鄧小平讓一些人先富起來，**實質**上是讓紅二代、權貴們先富了起來，中共他們今天才可能這樣壟斷國家的絕大部分財富狂妄自大、為所欲為。

一些人先富起來本來是一個社會的正常形態，不正常的形態是什麼？──這個差距拉的太大了，就不正常了；而拉的太大了的是在哪裏？是在中國大陸啊，大陸拉大到什麼程度啊，一百元一張的人民幣，可以堆放成一個床的那麼大面積、那麼厚實的錢放滿在床底下，**貪污**那麼多的人民幣，這個官員不過就是個科級官員，是一個北戴河管水的那麼一個領導人，可以**貪污**到這麼個程度，（第一位提問的聽眾補充：水務公司的）對，就像這位先生說的。所以，拉大這個差距的，是統治中國大陸的中國共產黨！

各個國家，任何一個社會把差距拉得太大都是不正常的。但是一定會有差距，沒有差別也是不正常的。

人類的正常社會秩序，我不是講的特定的哪一個國家，認為日本那叫做正常社會秩序，我不太贊成，但是，我也不贊成對日本一概地貶低，「日本人」它有它的特點，它有值得我們學習的方面，但是我們不要學習它的軍國主義，不要學習它的欺負人，不要學它那種殘暴。

所以我覺得作為一個正常的人，不僅僅是政治人物，都要憑良心說話、做事情，說實話，做實事。

問題 5.針對中國大陸瘋狂鎮壓中國民主黨黨員，海外人士該做些什麼？（很多民主黨人如陳樹慶坐牢了，民主黨人坐牢判刑總共超過 1,000 年，我們在海外可以發聲，我們能夠做什麼？）

徐文立答：我們在海外能夠做的事情很多，我本人也在參與做的一些事情，向大家稍微簡單匯報一下，可以供你做參考：

作為未來的中國應該是怎樣的一個國家，我們在做制憲的討論。中國未來應該是一個憲政的國家，這個國家的憲政應該是什麼樣子，我們在討論，在研究，大家可以參與，這是第一件事情。第二件事情，就是繼續發展中國民主黨在海外的力量，為什麼不提在中國大陸的發展，因為在中國大陸發展在某種程度上是非常危險的，現在只要有人說自己是中國民主黨黨員，就可以定你「顛覆國家政權罪」。正像剛才這位女士所說的，我們中國民主黨 1998-1999 第一批被判刑的人的刑期加起來就超過 1,000 年，何況後來的啦。所以，在中國大陸的發展可能要比較隱蔽，但是一定要發展。中國民主黨一定會在未來，成為中國改變時的一個最重要的力量；在中國大改變的時候，中國民主黨的大旗只要高高一舉，必將吸引來千軍萬馬的追隨和擁護。

政黨組織在某種程度上是一個準軍事組織，不是可以隨便兒戲的，隨便今天想來就來，明天想走就走的。中國民主黨作為一個政黨組織，應該在未來的政治變動當中起到重大作用。

再有一個你也知道了，叫做「同城飯醉」，就是說政黨組織除了要有它的核心力量，還要有週邊力量，「同城飯醉」就是它的週邊力量。

另外，就是海外各個地方都在進行的「民國復興運動」，為什麼要做「民國復興運動」？我一向認為，「民國復興」是最容易取得最大公約數的，臺灣特別是國民黨很容易接受這一點，大陸的很多人也容易接受。一個政治的追求，就是要想到最大公約數，讓人民可以接受。概括地說，我在布朗大學榮退之後，我也從中國民主黨全國聯合總部主席的位子上退了下來，現在我所做的主要的，也就是這三方面的工作，供你作為一位年輕的同仁做參考。

問題 6.國民黨落選後，如何反思過去，贏得下一次大選？

提問者說：我的問題是這樣的，這次臺灣的選舉國民黨很失敗，選舉時我們表現得也很不好，國民黨和民進黨比較，我們的優勢是我們忠誠的黨員還在，還有海外的資源，我們僑胞的力量，我們不利的是年青一代人有「天然獨」的問題，根據你的政治經驗看，我們國民黨在未來的選舉中間，我們還有沒有機會重新掌握這個政權？讓我們在臺灣的「中華民國」有一個復興的機會？

徐文立答：我想，不但在中國大陸，在臺灣都有這個希望，復興「中華民國」。我知道國民黨是一個人才濟濟的政黨，我了解的一些朋友就想學習蔣經國先生那樣，在臺灣「走透透」，因為基層失去，它的樁腳不存在，是國民黨大敗的一個根本性原因，有些人在做「走透透」，有些人在回到民眾當中，回到樁腳當中。我想國民黨在臺灣也是很有希望的，在這樣一個生死存亡的關頭，中國國民黨員不會退縮，也不會躺倒不幹，我相信作為一個百年老黨的中國國民黨，是有希望的不但在中國大陸，也在臺灣。

問題 7.如何評價中華民國的憲法？

徐文立答：有關「中華民國」憲法，我稍微補充一下，我們「中華民國」憲法是 46 年制憲會議制定的憲法，當然後來又有了許多的修憲，46 年這個憲法從某種程度上，共產黨也不得不承認，它也參加了意見，而且吸納了它主要的八條建議，它那時候講自由和民主不管是瞎話也好，騙人也好，那說的比國民黨還要漂亮呢。

46 年憲法，胡適先生說是可以和美國憲法相媲美的一部憲法，所以，現在行憲的「中華民國」的憲法當然包括中國大陸，這是毫無疑問的，我大概做一點這樣的解釋。

問題 8. 如何評價新公民運動？

提問者說：我們通過話，我是秦永敏的朋友孫志剛，秦永敏介紹給我，認識你，和你通話的時候，他還沒在監獄裏，現在又在監獄裏，是被失蹤狀態，剛才你講了海外的團隊應該怎麼來運作，你也知道秦永敏在大陸搞了玫瑰團隊，我也參與了，我是在新公民運動里面的工作，在內部是交叉的，既在玫瑰團隊裏面，又是新公民運動的人，同時有的兩個，我既是玫瑰團隊編號 047，我又是新公民運動義工的編號 0923。對於我們在大陸這樣的團隊，對秦永敏能否提供一些幫助，如何幫助，給個建議。謝謝！

徐文立答：志剛你好，我知道玫瑰團隊做了很多的工作，新公民運動也是這樣，我想他們的存在本身就是對秦永敏的非常大的支持。海外的呼籲過去一直做得很努力，我本人到非常多的國家，親自跟那些國家的議員、國際人權組織講營救秦永敏的事情，加拿大有專門的「國際大赦」小組負責。

特別是在秦永敏即將出獄的時候，我和已經對中國人權狀況比較冷淡的一些西方政府談這個問題，徵得了法國政府的承諾，就是他們會在秦永敏先生出獄之後，請他到法國做簡短的訪問，聽到這個消息，我傳達了給剛剛出獄的秦永敏先生，他當時不想出國，我們只好尊重他的選擇，用一句中國的老話，就是「求仁得仁」。他覺得過去所付出的，正是對中國民主事業所做的貢獻。

尊重他的選擇，不等於我們不去營救他，關注他，我們只是不能勉強別人也跟我們做一樣的選擇。

問題 9.假如未來台海發生武裝衝突，美國是否依然會保衛「中華民國」？

提問者說：1979年美國和「中華民國」斷了邦交，也就是一種背信棄義，和中國大陸建立了外交關係。那麼，我們現在看到的南海的局勢發生了非常大的變化，中國在南海多島進行軍事基地的建設，無人飛機、大型飛機現已降落在南海所謂島嶼，美軍已經啟動了戰備的反應，兩艘航空母艦在該地區警戒。我的問題是如果未來南海交戰，一旦中國大陸膽敢武力侵犯臺灣的話，我們的盟國會不會像過去那樣，還會背信棄義離我們而去？我非常擔心這一點，因為「中華民國」實在很脆弱，單靠我們的力量還不足以抵抗這麼一個強大的共產黨。如果我們的盟國還是會動搖的話，我想我們諸位，在這裏的「中華民國」的子民也好，信徒也好，很擔心。

徐文立答：謝謝你這個問題。你這個問題是蠻棘手的，不好回答，但是我願意回答。國際事務上，我們要保持一種符合國際慣例的想法和說法，有一點很明確，對一個國家，特別是國家的領導人，是一定以自己的國家的利益為重的。所以從這個意義上來說，很難用「背信棄義」這樣一個詞語來形容另一個國家的國家政策。你比如說，1993年，美國給予中國最惠國待遇，那麼可能有人就說，那你不是養虎為患嗎，把一個共產黨養大了嗎，這個事情要分好幾個方面來看，第一，我們看看，我們是在美國生活的，我起碼也生活了十幾年，美國的物價雖有波動，但是應該承認波動不大，波動不大到什麼程度？現在，中國大陸來的遊客都要買美國的產品回去，甚至有的人買了一些美國的產品，就把來往的飛機票的錢買回去了，也就是說美國的物價低到相當的水準，在某種程度上，應當說，美國當時從國家利益決策給予中國最惠國待遇，對於它的國家是對的。用了中國大陸的廉價的勞動力、資源，甚至中國大陸不惜破壞了自己的自然資源而付出了，不但對美國而且對整個世界也作出了貢獻，當然這個貢獻不是共產黨的，是老百姓付出的，是中國子孫後代賴以生存的資源付出了！這是第一點，我們怎麼看這件事情。第二點，我們看看雖然中國大陸官員那麼貪污那麼腐敗的情況之下，老百姓的生活水準應該承認，比三十年前高了很多，所以這里又不能不承認美國給予中國最惠國待遇的一定的好處。那麼回過頭來說，以美國在中國大陸取得的利益和在臺灣的利益相比較，作為當時的美國領導人決定跟中國大陸建交，在某種程度上跟臺灣斷交，在這個意義上，你不能不承認，是有他們國家利益上的考量的。從這個意義上來說，我覺得在國家關係上，不好用簡單的「背信棄義」的這樣子的詞語去形容它，一個國家的外交首先它要考慮自己的國家利益。我們要從這樣子一個寬容的態度上去看美國。但是，美國是不是對臺灣事務完全沒有給予支持和關懷呢？不是，起碼韓戰的時候，如果沒有美國當時臺灣蠻危險的，後來也不斷地有一些美國對臺灣的經援、軍援，或者各方面的幫助，包括他們還有一個「與臺灣關係法」在這邊。但是，真的要發生兩岸交火的問題，美國會不會出兵，我覺得，以我現在的判斷，我們只講現在，不講以前和以後，我覺得美國可能不會坐視不管，因為這個局面出現對於美國的利益會損傷巨大，和以往不一樣。所以在這種情況之下，趁中國大陸的軍力還沒有發展到對它難以制衡的情況之下，它會出手的。當然了，我也認為大的戰爭不大有可能，因為現在大的戰爭一定會要動用更高級的核武器，這樣子的結果，是任何一個國家難以承受的。至少習近平的女兒曾經在哈佛學習過，起碼在那段時間，習近平要按這個核按鈕的時候，特別是射向波士頓的時候，他會猶豫，起碼會猶豫。何況現在共產黨，不管他所謂掌握了全宇宙的真理，它有多自信，他們的子孫，他們最好的一些資產，還有包括他們的小三，都送到美國來了，他們是在美國生活的。所以中美要發生大戰的可能性的機率，應該說是很小的。而擦槍走火，一些撞擊，或者偶然的一些事故是有可能的，但是目前美國在維持臺海的現狀的情況之下，要比以前會積極的多，但是熱點很多，朝鮮問題是個熱點，釣魚島的問題也是個熱點，南海又是個熱點。但是這些熱點，你要看到，其實是有一些人或者有一些利益集團在那掀起的，並不是能夠代表完整的國家博弈。我們別的不說，至少中共的軍方希望軍費越多越好，軍隊的腐敗是你難以想象的，我剛才講話時，忘了一個話題，1961年、或者1962年，我在全國人民餓肚子的時候，有一次去到總參招待所的機會，去看我的一個朋友，他是我在長春師大附中最要好的朋友，叫朱延X,他的父親只是當時吉林軍區的政委，吉林軍區是個小軍區，中共曾經是五大軍區或者七大軍區，但是吉林軍區是個小軍區,他的父親只是政委，政委在當時可能是大校，也就是一個大校銜的軍官到北京來開會，住在西直門內的總參招待所，我去了以後，我當時上高中，一個小孩子去，他父親說，虧了你今天同學來了，我們今天可以加兩個菜，再加一瓶茅臺酒。那個時候是什麼時候啊，多少人餓死啊，沒有飯吃的情況下，一個小孩子來了就可以加兩個菜，一瓶茅臺酒。到他們的洗手間用的是毛巾，現在在美國的最高檔私人聚樂部，擦手都開始不用毛巾了，用的是比較厚，比較好的紙巾，那時候中共總參招待所吃飯的時候去洗手，用的毛巾，擦完了就扔了，當然有可能消毒了再用。就是說當時全國人民餓肚子，餓死幾千萬人的情況下，中國軍隊是這麼個樣子的情景，他們鼓噪一些緊張局勢，來求得更多的享受，或者更多的軍費，當然我們也不能否認有一些中共的軍人也是所謂的很愛國，願意強軍的，這種人的想法不能否認是有的，但是這是個很危險的傾向。如果中共的軍隊過分強大，我也不相信它真的會那麼強大；就說是那麼強大的話，對世界是很大的威脅，它正成為一個軍國主義的紅色帝國的危險是存在的。這一點上我和王康先生有共同的看法，很是擔憂這樣的情況出現的。

問題 10.人類正常社會秩序的第三個特點是什麼？

提問者說：看到報紙上報道徐文立先生提出的人類正常社會秩序，剛才我聽到了兩點，平等和差異，還有一點我沒有聽清楚，麻煩你再講解一下。

徐文立答：謝謝您這麼仔細，我首先也要自我表揚一下，我沒有用那麼長時間去講話，讓大家提問的時間比較多一點，我覺得這蠻好。

我說的第三點是「人人都是不完美的」，包括我徐文立，也有非常多的缺點。對，人人都是不完美的，所以從這個意義上來說，對一個國家來說，最需要監督的就是國家的領導人，因為他畢竟會影響一個國家的方向和國家的社會政策，對國家領導人的監督應該是最強有力的，而不是反過來，他有無限大的權力，比如說，那位習先生已經當上了中共中央軍委主席，他當了總書記，他還當了國家主席，然後呢，所有的組，什麼國家安全組，什麼網絡組，他都當組長，這樣子的話，真的他會很累啊，真的他會很累，真的他擔了他擔不起的很多的責任，就是說任何方面出了狀況，大家都要記到你的頭上，沒有人跟你去分擔啊，這樣好不好？真的習近平，真的有一點點不自量力。我們過去都知道，中國總理叫周恩來，起碼還知道胡錦濤時期有個總理叫溫家寶，現在有的時候我跟外國人朋友（通過翻譯）講起話來，他們不知道中國的總理叫什麼。這，對他習近平來說是一個很大的不好，他應該知道這種情況吧？你幹嘛給自己身上壓那麼多的擔子？比如說，在一個家庭裏頭，你作為一位先生的話，你不要又去外頭賺錢，回來以後所有的鍋碗瓢勺，都由你去整理，孩子也由你來帶，甚至孩子也由你去生養，你生養得了嗎？生養不了啊！每個人都有他的局限性，男人生養不了孩子，你就交給婦女去做好了，媽媽可能在疼孩子、帶孩子上比我們男士更有經驗。要有所分工。對不起，我不是說，我和我太太分工有多好，一個家庭都要這樣做，何況一個國家了，不要由一個人擔起這麼多的擔子好不好？你如果擔這個擔子，擔得太過沈重的話，對你本人的身體也不好嘛。據說，習近平甚至還有一個設想：你想像普金一樣，當了五年的國家主席，然後再續五年乃至終身；再有呢，有些人給習出了個主意，馬上在他手里頭改變成「總統制」，「總統制」全民選舉，他掌握著國家的主要的宣傳工具，然後再當選，當一個所謂的新總統，五年，然後再續五年，他想學彼得大帝，"給我二十年，還給你一個新的俄羅斯"。像普金一樣也想搞二十年。

他甚至已經早期地在開始培養他自己的女兒了，女兒悄然地跟著最高領導人秘密地到美國訪問，到英國去訪問，你幹嘛做這種動作？準備「世襲」啊！這種動作的結果其實是害了你們這個家庭，害了你的孩子。所以我覺得習近平先生在這一點上太過自信，太覺得自己太重要，認為「只有我能夠把這個國家管理好」，這對他來說，其實是自己對自己不公平啊，還是自己減少一些負擔比較好。

我就覺得我有的時候在家里頭，把可能不該管的事情管了，就有點太累。隨著年齡愈來愈大，就把很多的事情都推到我的太太身上去了，越來越像個油瓶倒了可能都不扶的人。

所以我也借這個機會講一下吧。可能習近平先生也不會聽我的話，但是，有一點點值得欣慰的，好像我曾經寫過這樣的話，「如果習近平還讓全國人民叫他『大大』的話，那麼我就叫他『小小』，叫他『習小小』」。後來，好像他自己已經開始出來說，希望大家不要再叫他「習大大」了。這是一個改進嘛，也是一個變化嘛，這是個好事情嘛。你看包括彭麗媛過去太多露面的機會，現在也在減少，這也看得出來起了一點點作用，希望我勸他太累這句話也傳到他的耳朵裏去，不要把擔子都擔在一個人身上，李克強該擔他的總理的職務還讓他去擔，這樣子的話，對一個國家有好處，對你個人身體也有好處。

問題 11.如何看待部分海外民運人士倒向民進黨一邊？

提問者說：我問一個問題，我是從臺灣過來的，雖然不是國民黨，可是，我覺得國民黨從49年以後到了臺灣，對建設臺灣是非常有貢獻的，為什麼民進黨對年輕人,灌輸所謂「自然獨」？還有一部分民運的人士，到臺灣以後他們非常傾向民進黨或者民進黨的論述，然後來反對國民黨，就發布這些言論，他們這些年輕人，當然現在已經不是年輕人了，我記得王 x 來紐約的時候我們大家都去歡迎他，去聽他演講，也很愛護他，那為什麼他們倒了臺灣以後，就完全沒有了「中華民國」、或者大陸的年輕人的「民國熱」呢，我想徐先生會不會比較了解、解釋一下，謝謝。

徐文立答：我很感興趣你的這個問題,問題也蠻棘手，但是我願意回答。因為正像你所說的你不是國民黨，而且來自於臺灣；我在某種程度上也是來自臺灣的一個女婿，我的岳父就曾經長期在臺灣生活，因此讓我的夫人童年非常的悲慘，一歲多就失去了父親，永遠再沒有看見他，而且背上了個「臺屬」的包袱，所以我今天帶來一本書就記述了我夫人的這樣一段悲慘的歷史，我的老泰山曾經生活的地方就是漢口路有一個叫做《怡客咖啡》的地方，父親原來就住在那兒，過去原址是個日式的建築,但是老先生1953年就過世了,我太太始終不知道，所以我太太是六十年後才實現了去臺灣的夢，那個時侯她的媽媽是準備在六十年前帶她去的，六十年後，跟我一起去了。所以我太太寫的這本書當中記述了她這段歷史，名叫《不堪此夢六十載》。

我很願意回答你所說的這個問題，你所關心的可能是一些民運人士的做法和態度，我們今天不好具體地評價某一個人，但是我覺得有兩種情況：一種情況確實受了那種教育影響的結果，認為臺灣本來就是獨立的一個地方，既不屬於中國大陸，也不屬於日本，也不屬於過去的荷蘭人，原本它就是獨立的，甚至人種都不一樣，有人這樣子地去解釋、去想，我幹嘛現在要跟你扯在一起，搞得那麼不清爽，把我卷在裏頭，我為什麼不可以成為一個獨立的國家？比我人口少，領土小的，很多的地區和國家都獨立了，我為什麼這個地方不能獨立，在國際上受那麼多的侮辱，不可以拿「中華民國」國旗，都不可以說我是臺灣人或者是「中華民國」人，都不可以，所以有些人出於義憤，或者受到這種教育和影響，一些臺灣的年青人就所謂的「自然獨」，形成了這樣子的一種觀念，包括我的學生都有這樣的想法，也包括一些民運人士，所以應該看到有一些是他自己的認知所造成的。

但是，很可能有一些民運人士是這樣的一些人，有奶便是娘，尋著錢去的，從他一開始就是錢，錢掛帥，為了錢可以出賣情報。不是假的，那是真情報啊。為了錢，今天李登輝上臺，他就說他好，吹捧他，順著他說，什麼山東也可以獨立啊。

我那次去臺灣，他們已經安排好陳水扁見我，最後陳水扁他們可能認為我的認知和言論不符合他們的想法和要求，臨時決定不見我了，後來我太太說，虧了不見他！

因為我從事政治活動到今天為止，沒有拿過美國政府和各國政府一分錢，我做任何事情是靠我誠實勞動得來的錢，所以我在這一點上就比較獨立。如果一個政治人物是跟著錢轉，就會看到你所說的那種現象。但是，有些情況我們則要體諒，因為在美國找個工作也不容易。

你比如說，我在布朗大學，有的人就說徐文立怎麼這麼風光，在大學能夠工作十年啊，布朗大學可不是一般的學校啊，是常春藤大學，你還能夠教書，你連大學都沒有上過，你能去當教授？對不起，我真的當了教授，我真的得到了學生的歡迎，教授的評分是學生評的，一個完全獨立的機構在做這個評分，最好的是1分，我最好的時候得到過1.12分和1.19分，我得到了接近1的分數的評價。

我講給學生的是他們願意接受的，你比如說，我們中國大陸或者臺灣都有一個說法，我們簡單地說一下，說你這個人的思想有點落後、或守舊，就會說，你的思想很「封建」，這個話對嗎？錯了！甚至認為中國

「封建社會」始於「秦朝」延續二千多年。

「封建」，以學術觀點來說，中國成為封建社會在什麼時候？是春秋戰國時代。不是秦以後哇，正是在春秋戰國時代中國有「諸子百家」出現了，「百花齊放」，哲學思想最為繁榮的時代，那個時代是一個可以作為落後、守舊的代名詞嗎？不可以呀，你要以這個作為代名詞就錯了，中國自秦之後，公元前221年秦始皇建立秦朝之後，建立的是一個「廢封建，立郡縣」的中央集權的一個專制社會，所以從這段歷史來說，不光是中國大陸，包括臺灣，也不是非常正確地教給孩子們的。中國大陸的高等教科書講到歷史的時候，還是說秦之後是封建社會。

我給學生們講的這些課，是他們喜聞樂見的，當然我也不是專門講這些，我不是研究型的學者，我通過自學，有我自己的獨立見解，跟學生去分享，學生們是很歡迎的。

當然有人會問：「你不能用英文講課，你怎麼講？」

因為布朗大學的許多學生的中文程度極好，有的學生隔了一個屏風，在後面講話，你猜不到他是美國學生，好到這種程度。甚至我有一些ABC的學生跟我講，「老師當年我爸爸媽媽讓我講中文，不是要求我學，只是講中文，我都不講，我今天才後悔了，我都不如那些美國和西方學生的漢語講得那麼好。」所以，我之所以能在布朗大學教書，不是說只有美國政府認可你，你就可以在那講書的，那是混不下去的。最初只給我半年的聘書呀，六個月，這六個月，我每天早上 4 點會驚醒，我會問我自己：半年之後我怎麼養活我自己？怎麼養活我自己家，我怎麼能夠繼續有精力工作，再為中國的民主事業服務？我那個時候不斷地在做事情，做研究，另外開始講課，果然可以講下去。

我剛來美國的時候，有四個學校可以選擇，是哈佛大學、哥倫比亞大學、耶魯大學還有布朗大學，我選擇了一個比較偏遠、僻靜的布朗大學，遠離了一些民運人士可能比較喧鬧的漩渦，我才可以得以「安身」，然後才可以「立命」地做我把中國民主黨的旗幟和火種保持住的工作，而且得以在這個地方繼續地講學下去（聽眾插言：布朗大學的學生的觀念是比較新的）。布朗大學是一個以自由主義著稱的學校，在美國由中學生投票想上的大學，布朗大學永遠是第一名或第二名。她以自由主義著稱，自由主義到什麼程度？學生可以自己創造科目，跟教授商量好了，學校就可能批准。

由於學生聽我的課中，我講了許多世界名著。一位學生以為我對世界名著很有研究，他說老師，您可不可以就世界名著單給我開一門課？我說我可以效仿《相約星期二》的這種方式給你講課，說到哪，就講到哪，也可以聯繫世界名著。但是我們不要固定內容，你要上這個課必須答應我個條件：每一周要寫一篇論文，比別的學生還要嚴格。

我同意講這門課，沒有一分錢報酬；我願意給她講，最後達成了科目，她報到學校，學校就給了她這樣的一個機會，最後也得到了一個學分，她聽我的主課得了一分，這個又得了一分，兩分，她整個本科可能要40學分，得了兩分再有其他的38分，就可以畢業了。

但是布朗大學的學生開始認為，進布朗多麼自由，進了這個門檻以後才知道有多難，大部分的學生每天要工作、學習到深夜2、3點鐘才能夠睡覺，最後才知道這個自由主義著稱的學校有多難，但是很喜歡，知道這個學校的社區環境和活動很好，對自己的能力有多大的培養，所以要想獨立，要想在一個著名的大學站得住腳，所付出的艱辛是只有我自己知道。

我如果貪圖虛榮，一味仰慕哈佛大學的大名，那就傻了；後來才知道哈佛有個規定，不管你來自於哪個國家，必須用英文教學，然而我不能用英文教學；相反，布朗大學說了，你用漢語教學正是你的一個優勢，你不但講了中國的歷史，講了中國的許多思想、哲學給我們聽，同時你傳授了中文，所以布朗大學就很聰明啊。

布朗大學2003年授予了我「人文科學的榮譽博士」（L.H.D.）稱號，還特別邀請我在2003年的畢業典禮上演講，這在美國是崇高的榮譽，連聯合國安南秘書長得到了布朗大學的榮譽博士，也沒有享受到在畢業典禮上演講的禮遇，只有美國的前外交部長奧爾布拉特女士，她才享受了這個禮遇，既得到榮譽博士又在畢業典禮上演講。這次典禮的紀念冊還第一次特別用中文收錄了我提議的中國經典部分內容，並由我的學生在典禮上用中文誦讀孔子的《大學》。我只是想說，學校給我這樣的榮譽，是因為在某種程度上我是努力的，我是好好地工作的。

也因此，才得以讓我作任何事情上不會向錢看，當然我不能要求別人也做到這點，所以我跟美國國務院的朋友說，請對我們這些流亡者，抱著一種很同情的態度來看待，今天我也希望你們也能這樣，因為你們幾代人在美國生活，基本上一出生，就有房子，就有車，含著金鑰匙出來的，可他們是流亡者，一文不名啊，不懂語言、習俗，所以在這兒發展，有很大的難處，他們有的時候不得已要向你們伸手，那也是沒辦法的事情，但是美國不是一個隨便你伸手就可以養活你的國家，所以不靠自己努力，是不可能真正的立起來的。

（二）

徐文立「漫長的聖誕夜和我對未來正常社會的願景」

講話的補充和說明

1，　既然是對未來社會的願景，那就不是主要在說現在。既然，未來我們要不同於現在的中共，我們作為一個新興國家的建設者，就不能不對未來有個願景。

2, 正如記者林丹所寫：2008 年，徐文立集其 16 年獄中對人類社會、對中國未來思考的五封重要家書，彙編成《人類正常社會秩序概論》。他認為，人類正常社會秩序是由三個支點在支撐——人人生而平等；人生而有差異；人的不完美性。他在書中說：「我的理想是：中國可能成為中國優秀文化傳統和現代憲政民主巧妙融合的新興國家。」同時，他認為「中國只有完全結束了中共的一黨專制才有可能順利實現社會生活的『正常化』」。 對中國儒家學說深入研究多年的徐文立在演講指出：「中國的古代文明，暗合了人類社會的正常秩序，這也是我對未來社會的願景。」

3, 所以我相信，未來中國只要「慎終追遠」，就一定能夠「民德歸厚」。中國未來很有希望成為一個健康、正常的國家。

4, 「自由」應該是與生俱來的權利，人人嚮往，人人應享有。喜歡「自由」的人們，當你能夠充分享受「自由」的時候，你會發現：其實「自由」，也是一種無形的壓力；當你不知道「邊界」在哪裡的時候，「自由」也會是一種巨大的壓力。

5， 我反對絕對平均主義，是因為絕對平均主義會導致絕對的普遍的貧困；何況，人世間還沒有真正存在過絕對的平均主義；即使人世間還沒有真正存在過絕對的平均主義，絕對平均主義的初步影響和實踐，就已經導致了絕對的普遍的貧困和世界性的亂象了！再看看：實質上，是在宣揚、或者用絕對平均主義誘惑人的共產主義，以及所謂的社會主義都一樣，成了笑柄、成為最大的災難遺禍人類，人類永遠不可忘記！可是，恐怖的是：特權資本主義的中共政權還依然以自己是社會主義國家自詡，中共、習近平卻依然宣示：要為共產主義而奮鬥！

6， 我為什麼在布朗大學授課時，側重講王學泰先生的《遊民文化和中國社會》？

我在布朗大學向學生們教授「中國大歷史」時，為什麼用較多的時間和篇幅講述了王學泰先生的《遊民文化與中國社會》，原因主要有三：1，做人文科學的學者，就是要有王學泰先生獨立的、勇敢的探索真理的精神，標新立異，言人不敢言；2，既然是我的學生，他們想要掌握打開中國大門的鑰匙，就不能不了解開啟了被遮蔽了千百年的「半個中國歷史」的王學泰先生的《遊民文化與中國社會》；3，要從本質上了解（甚至不同於蘇共的）中共，就要知道它的領袖毛澤東和它的黨是一個「植根於中國遊民文化中的一個黨」,「其本質屬於流氓。而流氓的特點是:殘暴、缺德、下流無恥、不講道理、沒有原則、沒有是非、混淆善惡觀念。」

最近,看到著名的人權律師郭國汀的一段話,說得精闢:「從中共迫害法輪功,特別在道德、倫理、人倫角度,以及從中共歷史上,和近年來非法隨心所欲的采用酷刑、暴打、欺詐、欺騙、羅織文字獄等流氓手段迫害人權律師等方面,已經充份證明,中共政權是個貨真價實的流氓暴政。如果一個政權僅僅是專制,那麼它還有救。如果一個政權僅僅是獨裁,仍然有救。但是如果一個政權是個流氓暴政,那就無可救藥。為什麼這樣說呢?因為如果一個政權是個流氓政權的話,其本質屬於流氓。而流氓的特點是:殘暴、缺德、下流無恥、不講道理、沒有原則、沒有是非、混淆善惡觀念。那樣一個政治流氓,那樣一個流氓政權肯定是無可救藥的。我之所以講這個主題,目地就是希望全人類覺悟覺醒,對中共流氓暴政不要抱有任何幻想。」「共產黨與黑社會流氓本質一模一樣。不過共產黨比黑社會更流氓更下流最殘暴,因為黑社會流氓,僅僅是控制一個地區,它的勢力範圍只在一個地區內,比如上海的黑社會它只能控制上海,它並沒有像共產黨一樣控制全中國。而且社會流氓，他們的殺人獵貨或者他們幹得犯罪勾當,比如經營賭業,或經營妓院,或走私毒品，就是為了流氓集團賺錢。但是他們在幹這些事時,還有底線,比如他們要殺人,都要經過一定的程序,最後還有底線,不濫殺無辜，黑社會要消滅某個對象時,或某個競爭對手時,他不會把他們的家人，或者無關的任何人都幹掉。而共產黨連這個底線都沒有,所以說兩相比較,共產黨實際上是連黑社會的流氓都不如的超級政治流氓。」

7, 我更反對中國大陸中共統治下的貧富巨大的差異，前三十年是極度「隱性」的貧富差異;現在三十年則是：極度「顯性」的貧富巨大又巨大的差異。(我在回答問題部份,特別提到了中國大陸三年大飢荒時,隱性的中共的特權;中國大陸在中共統治下,實質上是等級最分明、貧富差異最巨大的國家。而列舉了中共的貪官的貪污行徑)。

8, 我不贊成自不量力、不切實際的人生追求。我不贊成的傾向，僅僅是自不量力、不切實際的人生追求的傾向。

9, 我反對「血統論」,我同意「王侯將相寧有種乎？」。我堅定地認為:「人才的流動和升遷才是社會有活力的根本」。我更反對皇帝一個人和官僚集團、毛澤東和中共極少數人決定所有人的命運。我也反對任何人決定他人的命運。但是，我又相信，謀事在人，成事在天；基因和家庭的影響，可能決定了一個人一生的大部分走向。

10， 1980年春節前，秦永敏、傅申奇、楊曉蕾等等人發起、劉二安參與，準備在武漢，召開醞釀成立反對黨「中國民主黨」的會議，希望我參加。但是，我那時已經被中共便衣警察和「小腳偵緝隊」(這是中共特色社會基層管制的最可靠力量和方法，至今如此；她們還是「毛粉」的基本成員，頑固的很。因為中共軍隊的下層軍官大都來自農村，1949年他們大批進了城，成為了中共的基層幹部，大部不如他們的上級普遍「換了老婆」，他們的農村妻子也就隨著進了城，自然頗得中共政權信賴，幾乎「大字不識一升」的農村婦女一躍成為了中共最堅強的管理社會基層的領導力量，她們真心感激毛澤東和共產黨的提攜之恩。她們又大都出生在民國時代，趕上了「嚴禁裹小腳、提倡放小腳」的好時候。中共統治初始的階段，直至上世紀八、九十年代，她們就攥著「放開的小腳」走街串巷為中共政權「看家護院」，監視鄰里，向公安局的派出所的「片警」打小報告，因此她們得了一個美名「小腳偵緝隊」)嚴密監視，不能前往。我和來訪者，談了我的意見：「建立反對黨絕對必要，但是現在條件太不成熟」，希望他們放棄。後來，他們聽取了我的意見而放棄。同年，6月10-12日我在北京甘家口旅館，又發起召開有王希哲、孫維邦出席，劉二安參與的建立反對黨的討論。最後，與會者一致認為，條件不成熟而再次放棄。

11， 所謂美國最惠國待遇對於當年中國大陸意味著：給予，是8%以下低關稅；不給予，是40%以上高關稅。可以這樣講，當年中國大陸倘若沒有美國和西方國家給予的最惠國待遇，也就沒有中國大陸的經濟近三十年來的高速發展。美國和西方國家這三十年也享受不到產自中國的廉價、質量也逐步有所改善的商品。以至使美國和西方國家（包括金融危機時期）物價的相對穩定。

12， 1985-1990年，我在北京市第一監獄被管押的「反省號」，是八十年代新蓋的「反省號」。所以，才會有3平米大小、5米高的屋頂。

13， 有人說：「應該是社會理想秩序。是應然判斷，老徐弄成了實然判斷。」

也有人說：「徐文立的說法有把中國古代社會浪漫化之嫌。」

徐文立答復——「神然」的人類社會的正常秩序，自然不是「應然判斷」，更不是「實然判斷」；當然也不是「浪漫化」。僅僅在這一點上，所以我才說：「和至死也不肯信『神然』的，就不大好討論了」。

摘自網絡的評論——

1）「2008年，徐文立集其16年獄中對人類社會、對中國未來思考的五封重要家書，彙編成《人類正常社會秩序概論》。他認為，人類正常社會秩序是由三個支點在支撐——人人生而平等；人生而有差異；人的不完美性。」

2）「徐文立在演講指出：『中國的古代文明，暗合了人類社會的正常秩序，這也是我對未來社會的願景。』」

3）《人類正常社會秩序概論》第23頁（徐文立2002年8月1日寫）「現在我真的相信有『上帝』存在！」

徐文立答朋友下面的來信——

「我也更願意用人人受造而平等的看法

1）智者不敢當。但是，深謝先生的理解和獨特延展，更加有說服力。

2）廣義的民主運動和社會不可要求一統的價值觀。

3）但是，一個民主的政治組織卻是需要基本一致的價值觀。合則同行；不合則離去；不可同床異夢、離心離德。——徐文立」

来自朋友的信——

「首先我非常欣賞徐文立教授的見解，我要引述《獨立宣言》中對此的論述：We hold these truths to be self-evident, that all men are created equal, that they are endowed by their Creator with certain unalienable Rights, that among these are Life, Liberty, and the pursuit of Happiness.

我更願意用人人受造而平等的看法。我們是按照上帝的樣子被造出來，這個概念比人人生而平等的含義有些不同，這是強調了我們是上帝的兒女，如果承認這一條，就必然承認我們人人都是罪人，也就是徐教授說的不完美。

人人生而平等的概念上是模糊的，徐教授將生而平等的範疇定義在人權範圍，譬如生命權、自由權和追求幸福的權利等，可是人權的源頭在哪裏？不是在政府，而是在造物主。因此，這些權利不是天生的，父母給的，（父母給的，父母就可以取回），也不是社會或者國家給的（他們也可以取回），而是造物主給的。這樣，獨立宣言的寫作者在一開始就賦予人權一個神聖的源頭——造物主。

我個人一直認為，我們來到海外搞民運的人士，必須要一個統一的價值觀，這樣才可能保證我們內部不會由於一點點的小事情就吵個不可開交，我們才可能團結起來與世界上最邪惡的中共暴政進行戰鬥。可是這樣的統一價值觀又有違於民主的基本理念，有的人把這樣的做法類同於中共的統一思想。所以，在實踐中我們民運圈子內基本上是各述其見，各行其事，互相猜疑和互相攻擊比比皆是，有一位民運大佬認為這是民運的常態，不足為奇。

徐文立教授是一位智者，他一直在思考我們是否遵循一個基本價值觀，這是民運朝著正確方向在走。」

徐文立再回朋友下面的來信——

「XX仁兄：

能夠在你萬分專注於民國人文復興寫作的書桌邊發出如此深情的信，是我今天73歲生日，除愛妻、女兒及外孫兒女們祝賀之外最令我感動的事情。尤其贊成你有關『神聖起點或來源』

的妙筆。

也更是勾起我回憶那年：你精心做三明治為野餐（後來我也不斷效法仁兄作為流亡者的待客之道，想來我們都是物質上『窮』慣了的人）、專門帶我們『受洗』於《蓋茲堡演說》(Gettysburg Address)紀念館、沙場、墓地、小路，你專業地講述這個肅穆的美國國家公園、墓地對於美國和全人類的意義，動情地描述林肯總統的風采、睿智、洗練，似乎讓我們在風中都能夠聆聽到了林肯的蓋茨堡的演說：『Of the people, By the people, For the people——为人民所拥有的，被人民所选出的，为人民而服务的——民有、民治、民享。』並帶回中國去！

那是受教、那是沐浴春風，享受，是在仁兄引導之下！

永誌不忘。

……

文立」

- -

来自朋友的信——

「文立兄：

我自己這一攤寫作已吸盡了精力時間，不可能參加其他討論。從近年來對民國史的閱讀，我支持你的觀點。

儒學不僅造就了輝煌的中華文明，而且可能成為現代文明的平衡或補救。

自由的邊界問題，我思考了許久。現代民主制度並非『歷史的終結』。在相當大的程度上越過了自由的邊界。

一切哲學、法哲學、倫理學、社會學、憲政學，都必須有一個神聖起點或來源。不回到神聖起點，我們及後代將面臨的不僅是社會崩潰，而且可能是文明崩潰。

其實問題很嚴重。

既然否定了神聖來源，就只能如此。

我們的思考與寫作是極其孤獨的。不管在極權主義的中國，還是在自由主義氾濫的美國。

望兄珍重！

XX 匆匆」

查建国談仇富

按：查建國和曾寧討論的問題對未來民主憲政中國極為重要，而且有現實意義。

為了減少「以權而貴」階層的負隅頑抗，可以提出有具體指標的「贖買政策」，比如主動交出100億人民幣的「以權而貴」者，可以退1%為他所有，以此贖他的

「原罪」；其他一般、小的「以權而貴」者，可以類比；將「贖買政策」草案，供有權威的臨時立法機構決定，作為「贖買法令」頒布實行。

反之，不主動交出「貪款」，將以「特別法令」，處以沒收全部財產、終身監禁不得假釋等等、直至死刑的刑罰。

我正在最後整理我的拙著《人類正常社會秩序概論增訂版》的電子版本，它恰恰討論的深意是這類問題。不久，我會免費發送給你們，供你們參考。

久沒有曾寧消息和email，請告訴我他的email，謝謝！

此信請轉他，謝謝！

——徐文立按

查建国谈仇富

昨见曾宁兄谈仇富，也凑几句。所谓仇富有两种:

一，在半市场经济中，在经改政不改邓路线下，产生了权与企勾结致富的权贵阶层。国民对这一批靠权致富的人仇恨是正常的，是变革不合理制度，促进民主转型的正能量。

二，在市场中合法公平竞争中也涌现出一批富人，对他们则不应仇视，而是依法监督和学习追赶，这时的仇富则是影响经济发展的负能量。

人的能力有大小，竞争产生差异正常。

在第一次分配阶段讲机会平等，讲依法依规。在这期间会产生穷富扩大，这是可接受的，不可避免的正常现象。

在分配的第二阶段，国家利用级差所得税，遗产税和富人用慈善来调节前段产生的穷富差异。这是分配结果的再调整。

我们反对"毛派"利用人们对权贵阶层的仇富来复辟毛时代。

马克思把资本家的投资所得视为无偿占有的剥削，大错且危害极大。他以"剥削论"为整个主义的基石，扩大阶级矛盾，挑动阶级战争，将人类社会引向空前浩劫。

毛利用穷人仇富心态杀地富灭资本家，将中国带入一个"大锅饭"，票券民生的赤贫灾难中。

我们反对民粹中的仇富思潮。真理多迈一步既谬误，民粹思潮将富人一锅烩而仇之则极端了。

民粹中的仇富，仇官，仇权，鼓吹暴力都是这种"多迈一步"的极端，应防之。

转文：

民粹和仇富，是中国社会民主化变革的过程中，需要警惕的两大最主要的危害和错误倾向。民族的，和纯粹的，以及，对富有阶层的仇视、仇恨，是中国民主化变革中两大最主要的危害，因为这两种极具潜力的，巨大危害和错误的倾向，将意味着极有可能把中国社会引向灾难。而如何清理和清算在权贵化的变革过程中，所形成的大量的国有资产的流失，以及在这一过程当中的巧取豪夺，瓜分民脂民膏，所形成的权贵集团的犯罪所得，又不能不说是一项浩大而有细致的紧迫工程。

曾宁 2016.10.17

****

極好的不完全相同的意見

有人説——

讨论之前最好厘清概念内涵和外延，否则鸡同鸭讲。

什么是仇富？仇的什么富？是合法合理的富？还是不合法不合理的富？

在中国历史上，合法合理的富，除了统治者所有的，从未被承认过吧？无论是天子贵胄，还是叛乱者，对别人财富，甚至生命从来是予取予夺的。

不合法不合理的富，就更不用说了。

所以，仇富本身的含义就太复杂了。对合理的仇，那是人性的贪婪；对不合理的仇，也同样是贪婪，是无心无力无望却又不忘的贪婪。

可见，仇富，无论什么理由，其实都源自人的本性，自私和贪婪。这是人性问题的社会反应，而不是什么社会本身的问题，更不可能是正能量。

仇富本身也是一种原罪，冠以正义之名，本身就是政治正确，离人类正常社会相去甚远。

我也不赞成赎买法令，模糊了是非，早晚会被翻案。天真之处在于，贪婪的人们花完了钱，会忘记他拿了99%，依然会回来找你要那1%。贪婪是本性，欲壑难填。

杜绝革命，整顿社会，发展经济，改善民生，才是出路。

仇富不独属于今天，从来就有，从来是对社会发展的巨大阻力。只要是革命，源于仇富，必然仇富，革命本身就是掠夺，就是行恶。所以，只要还仇富，早晚会革命，只要还革命，就一定仇富，这是一对孪生邪灵，且生生不息。

只有杜绝革命，才能阻止仇富，人类社会才能恢复正常秩序。

有一种说法：民主化革命将是历史上最伟大的革命，他不会产生专制和邪恶，他只会带给我们光明。

我想说的是：当年的中共说的比这个还要好，当年的中共从枪林弹雨中走出来，胆魄要高得多。所以，在鼓吹民主革命的人们能证明他们比当年的中共伟大之前，请先证明你们不是骗子

「真理」是天定、先驗的

徐文立：「真理」是天定、先驗的，人至多是發現和接近、沒發現和疏離而已 2016-11-03 07:35:16

「真理」是天定、先驗的，人至多是發現和接近、沒發現和疏離而已。人，倘若不能理解這些，還堅持信仰所謂的唯物論才是真正可笑的。

****

2016-11-03 06:21:27

徐XX "社会制度总是不断产生发展和进步的，不是先存在一个理想正常制度"让人们去违反。那种说法，完全是不懂理论的人的胡话。

人类的制度，一开始总是很落后的。民主制度也是由历史产生，不断发展和完善的，需要不断修正，防止缺点，发扬优点，发展得更完善，更"正常"。因此，对于以后产生和发展的更完善的制度而言，现在的制度永远不会是未来社会理想的"正常制度"。人类社会不可能预先存在一个理想的先验的"正常社会制度"，然后一

成不变地用这个"正常社会制度"来衡量和解释其他的一切。这样的理论，是非常可笑的。

───────

防止所谓「现代化」一般意义上的偏颇和弊端

谢谢建议。

我希望未来作为奋斗目标，不再提所谓的「现代化」，只是防止所谓「现代化」一般意义上的偏颇和弊端。当然，「科技创新」也是要审慎对待的大事，如生物工程中的「克隆」技术……。

——徐文立简复

2017-01-16 23:35 GMT-05:00 老臧

徐兄：

您 22 日要演讲，祝贺您。我想提一点建议：关于"现代化"应加以说明。因为"现代化"一个重要内容是科技创新。这是人类社会发展的一个强大的驱动力，永不停止——资源日益匮乏，只是一个方面。当否？请斟酌！

───────

徐文立淺談「人類正常社會秩序」

——微信群第二次講話

（2017 年 1 月 22 日）

尊敬的各位群主、主持人冰之雲女士、講座預告製作人和辛苦的轉播員，所有朋友們：

女士們、先生們：

提前給諸位拜年了！

謝謝大家的抬愛，才有了去年 12 月 18 日我的「第一次微信群講話」，那次我主要講了「憲政民主國家應有的二大基礎論」、「中國當今社會已有的位移論」和「對中國未來樂觀及二個不樂觀的預見」；那次雖然沒有講稿，卻出乎意料地得到了那麼多的鮮花和鼓勵。

謝謝大家！

特別感謝這一次講座的「預告」，將我和我的摯友——王康先生的合影作為了封面；不然我想今天，可能不會有這麼多的轉播群和聽眾朋友，足見王康先生的巨大影響力。

中國這六十八年來，在思想理論和價值觀上欠了全人類一筆大債。

英國的撒切爾夫人生前，提醒得不錯：「根本不用擔心中國（我想，撒切爾夫人應該是指一黨專制的中國吧！——徐注）」，撒切爾夫人是「因為中國在未來幾十年，甚至一百年內，無法給世界提供任何新思想。」

然而，撒切爾夫人可能忽略了「苦難出真知」的道理。苦難、特別是文字獄猖獗了六十八年的中國大陸，終於有了可能出現思想巨人的機遇，只有我們中國人真的給世界提供了新的思想，我們才有可能讓撒切爾夫人的後人們改變她的預言。

我以為，成為中國大陸的對世界有所貢獻的思想巨人的基本條件是：

1， 有一個天然的、幾乎能夠完全抵制、或抵消共產專制主義的家庭環境和家學淵源；

2， 有完全獨立的人格、悲天憫人的高尚情操、不拘小節的優秀品質和百折不撓的超頑強性格；

3， 擁有幾乎全能全才，超凡脫俗，尤其思想獨特又新穎；並俱有開出新學問、新思想、新學派的氣度和魄力；

4， 有通曉古今中外名人名著，且強聞博記、過目不忘、更有融會貫通，擁有超人的綜合、揚棄、昇華、創新的能力；特別要有通曉中國的諸子百家和儒、道、釋傳統文化、哲學和思想的底蘊；此人本身幾乎就是一位百科全書的學者；

5， 有過謙遜、淡定、視名利為糞土，心無旁騖、一心一意、孜孜不倦的業績；

6、 有過自身苦難,卻能甘死如飴的特別經歷。

恰恰中華民族有福了,有了重慶布衣學者、現在流亡在美國的王康先生,王康先生是世界和中國千百年才會出現的奇才、民間思想家、中國當代第一才子!

王康具備以上貢獻給世界的思想巨人的全部特徵,唯獨可能有點欠缺只是他的多國語言能力,配好翻譯助手,幫助王康先生登上國際舞台不是問題。

可能是我孤陋寡聞,以我視之所及,王康可能是中國當前唯一可能貢獻給世界的思想巨人。

當然,我相信苦難的中國也還存有這樣一個王康式的群體,王康不至於那麼孤獨。

今天,我的講座要面對王康兄,和無數一直在聆聽王康講座的朋友們。所以,我第二次微信群講話就不得不擬稿宣講,要格外審慎。

下面我們進入正題。

現在,到了該講講中國和世界未來的時候了。

我以為,對於中國未來最為重要的就是二點:

(一)新思想和新觀念:即回歸到「正常社會秩序」;僅僅說「正常社會秩序」這一點,既新、又不新。

(二)重新制憲。

今天不談重新制憲,只談新思想和新觀念。

第一，為什麼新思想和新觀念對於中國和全人類社會那麼重要？

理由很簡單：千百年人類的歷史發展表明，真正改變世界的除了「科技力量」，就是人文的「思想和觀念」；而不是武力、權勢和金錢。中共武裝到牙齒的「槍桿子」在新思想和新觀念面前，並沒有那麼可怕。

我們來看實例：

有了文藝復興和各國及美國先賢們貢獻給全人類的天賦的「人人生而平等」，以及後來林肯的「民有、民治、民享」的思想和觀念，才有了憲政民主的美國和各個民主國家。憲政民主的美國及各個民主國家，和貌似強大的專制政權比，哪一個更強大？德國、日本、意大利的軍國主義在二戰中的覆滅，前蘇聯在冷戰中的解體就是鐵證。當然，是憲政民主的美國及各個民主國家更強大，他們的強大不僅僅在於物質上，更在於他們時時刻刻保守著的有著深厚人文底蘊的信仰、教育、秩序，以及建築、環境、音樂、藝術，更有每個人的尊嚴和品味、以及對他人的尊重和愛。

反證的例子，是共產主義的思想和觀念。我們中國人得到的所謂共產主義的思想和觀念大體是這樣的：聯共（布）黨史用所謂的人類社會發展的五階段論，以示共產主義的合法性、必然性；又說，共產主義社會是能夠做到消滅人剝削人的制度；更說，唯有共產主義社會才能夠做到物質極大豐富，各盡所能、按需分配。真是前景美好得不行不行的。曾經，大半個世界和人類、及無數的熱血青年為此獻出生命而不悔，結果是血淋淋的現實讓全人類清醒，共產主義的思想和觀念是邪惡的思想和觀念，上世紀初，就有中國知識份子先知先覺，認識和指出過這一點（1998年5月4日北大百年校慶之際，由李慎之先生作序、劉軍寧博士主編的一本新書《北大傳統與近代中國——自由主義的先聲》中有記述），可惜這些振聾發聵的說法被共產主義的『幽靈』及共產黨等等左傾勢力和中共政權所壓抑，可悲的是，至今依然有人沈迷於此而不拔。

正反兩方面的實例，都在在顯示思想和觀念比武力、權勢和金錢更為重要，它們能夠正確、或者錯誤地改變全世界。

第二， 現在大家都知道：世界病了。

那麼，病在哪裡？如何對症下藥？

現今的世界性的問題是老的共產專制未除，主要存在在中國，中國又出了一個什麼「建設有中國特色的社會主義，就是為了實現共產主義」的大活寶；就是這個大活寶，用最皇權的專制者的排場，接待共產主義最要消滅的各國的資本家代理人，目的難道也是要實現共產主義理想；他簡直就是一個精神分裂的大活寶！

最近的達沃斯會議上，又是他——全球第一大共產黨的總書記來到那裏出席全球化資本主義盛會，向人們鼓吹全球化的好處。吊詭得很！

另外的世界：歐美、特別是歐洲的民主國家因為「均富」等等福利主義的所謂「政治正確」，而不堪重負，甚至即將被「壓垮」。

最可怕的是，共產專制還沒有削解（請注意，我用的是刀子旁的「削解」，而不是「消解」；這是因為中共的專制，恐怕不是能夠輕易「消解」，可能是要「削解」的），福利主義盛行的各民主國家卻可能被「壓垮」

先說民主國家的「均富」等等福利主義的所謂「政治正確」，似乎正確；然而實際上它違背了「人，生而有差異」的天律。人類既然群體生活，倘若沒有差異，如何能夠分工而合作？最簡單的道理：一隻軍隊，沒有士兵、班、排、連，每個人都是司令，能夠打仗嗎？靜心而想：人，不論生前、還是後天，怎麼會沒有差異呢？結果卻要「均富」，現實就是毛澤東時代中國曾經的「普遍均貧」，以及今天民主國家的不堪重負；另外，地球資源不堪重負！人類的垃圾也讓人類和地球不堪重負！

所以，我說：中國反對派人士當今，面對的是雙重使命：結束中共的專制，同時要提醒西方民主國家的所謂的「政治正確」和「現代化」有了太多的不正確。

一，起碼「均富」不可能；

二，所謂「現代化」的負面影響在拖垮全人類賴以生存的自然環境。

中國的「霧霾」既是對中國所謂「現代化」的警告，也是對全人類的警告！

有朋友提醒說：「因為『現代化』一個重要內容是科技創新。這是人類社會發展的一個強大的驅動力，永不停止。」

我要明確回答，我之所以希望未來作為奮鬥目標不再提所謂的「現代化」，只是防止所謂「現代化」一般意义上的偏颇和弊端。即便「科技创新」也是要審慎對待的大事，如生物工程中的「克隆」技術潛在的危險等等不勝枚舉……。

所以，我2011年就提出了：中國前途不應再是「現代化」，而是「正常化」。

一個正常、健康的社會同情弱者，經濟政策向弱者適度傾斜沒有不對，完全應該，但是一定要適度；過了「度」，變為鼓勵和製造「懶人」和「窮苦剝削者」，也是大錯特錯。

比如最近一位朋友告訴我一個典型的、他親身經歷的例證：美國加州「有一個叫做『房屋處』的政府組織，根據住房補貼《第八章》資助『貧困住戶』。一個單親母親帶兩個小孩，可以租到一套三睡房公寓，可以獲得每月三千九百二十七美金（每年四萬七千一百二十四美金）的住房資助，還無須繳納任何水電雜費。舊金山市的最低工資是接近十五美金一小時，每週40小時，週薪六百美金，每年52個星期，稅前年薪僅僅三萬一千二百美金（稅後總工資兩萬五千美金左右）。一個不工作，或者只做半職工、打零工的單親母親，僅僅每年住房資助一項就是一位勤奮工作的普通工人稅後總工資收入的一點八八倍（多二萬二千美金），在巨大的利益驅使下弊病百出」，他說：「我們這些老實的納稅人則瘋狂大失血。」

「更奇葩的是這個單親母只需要支付其工資單之帳面收入的三分之一以下的租金，其餘部分全部由『房屋處』根據住房補貼《第八章》資助。（這位朋友）有一個租客原來是做女侍應的，每月工資單之帳面收入兩千美金，她付六百美金租金一個月，其餘的由『房屋處』支付；後來，她故意讓老闆開除掉，按照失業金支票面額的三分之一來支付租金，每月只須繳納一百多美金的租金，其餘的全部由『房屋處』支付；更有甚者，她領完失業金之後，沒有去找正式工作，每月只象徵性交二十五美元租金，其餘的則全部由『房屋處』支付！後來（這位朋友）才發現，原來她一直在做現金交易、不需要開發工資單的特種行業的生意，還做得風聲水起，撈得盤滿缽滿。」

這類「住房補貼」的福利主義政策，原本是在實施「大愛」的同時，防止「貧困住戶」的子女成為更大

「問題青年」的政策。可是，一旦過了「度」和疏於監管，就讓整個福利主義的民主國家血流不止，難以為繼！

所以，我認為人類正常社會秩序的第二點是「人，生而有差異」。能上能下，盡可競爭；但是，也要認可差異。

專制社會最大問題就是「人，生而不平等」；那就要用「人，生而平等」這鐵律去「削解」它；而且，今日中共的專制在保護著、製造著中國社會的各個方面的「不平等」和「貧富越來越大的差別」。所以，我的人類正常社會秩序論的第一條就是「人，生而平等」。

我的人類正常社會秩序論的第三條就是「人，生而不完美」。社會領袖、社會菁英、普羅大眾「人人不完美」，人人都想自由、富足，就是要「法至上」才能達成。我們同時知道，唯有憲政民主才能夠做到「法至上」。共產專制下，是不可能「法至上」的。

我的理想就是：「人人生而平等」；社會福利應該向弱者傾斜，但是要適度，所以要承認「人人生而有差異」；鑑於「人人生而不完美」，社會管理者和被管理者都要被安排在憲政民主的框架內生活。

我在獄中 16 年所思所想，凝聚成的《人類正常社會秩序概論》就是這三點：

「人，生而平等」；

「人，生而有差異」；

「人，生而不完美」。

　　嚴格地說：人類正常社會應該是這三點，也不是什麼新思想和新觀念，其實自古有之，天定的。今天，我之所以稱它們為新思想和新觀念，只是過去沒有人這樣系統地提出過。

　　有關的話題還很多，希望大家提問題、或者日後進一步探討，或者看看我的《人類正常社會秩序概論》(增訂版)再來討論。(這書，我今後會提供免費的電子版本，送大家閱讀。)

　　好不好，下面請諸位批評和提問題，我樂於回答。

_____

「《人類正常社會秩序概論》增訂版」評論第一篇

遒真言實:思想家是人類社會的向導

【導語】

徐文立先生,中國現代可敬的民主運動英雄。

更可敬的是,徐先生並非一般的鬥士,而是一位思想深邃的智者。

作為智者,徐教授的《人類正常社會秩序概論》是一部智力勞動精品。特別是「人生而有差異」的思想具有開創意義。

對於一個當代人,如此評論是不是庸俗的吹捧?非也,沒有必要。此乃本人——一個歷史和社會研究者慎重思考的結論。

【正文】

在中共黨國歷史上,1976年「4.5」天安門運動是第一次偉大的民主運動(將惡魔毛澤東拉下了神壇),第二次是改革開放初期(1980年前後)的民主墻運動。徐文立是民主墻運動的優秀組織領導者。1981年銀鐺入獄。出獄後,意志堅強的徐先生不屈不撓,繼續發動組建反對黨為中國爭取自由民主而奮鬥,1998年再次入獄。壯哉!中國民主運動的先行者!

徐先生不僅是一位不畏強暴的民主勇士,更可貴更可敬的是，他是一位勤於思索而且見解高超的思想家。其論著《人類正常社會秩序概論》可謂振聾發聵的一部傑作。

* * * * * *

如何治理社會（人類活動的空間）？——即政治——始終是擺在人類面前的一道重大難題。

公元前——2000多年前，就引起了偉大先哲們的高度關注。西方政治學的創始人是亞里士多德，東方是孔丘。

17世紀，一道亮光劃破漫漫長夜，驚醒了世人——歐洲自然法學派巨人們格勞秀斯、洛克及其後的孟德斯鳩、盧梭、潘恩、傑斐遜等響亮地提出：人人生而平等、人身自由權利神聖、私有財產不可侵犯、人民主權、權力分立、憲政法治……。

從此，世界有了道義！

從此，世界有了正義的規矩！

從此，誕生了民主憲政制度！

從此，地球發生了翻天覆地的巨變！

* * * * * *

人人生而平等。全人類——所有的人，都是地球的主人，一切不道德的專制制度（社會公權力掌握在少數人手裏）都必須徹底摧毀！

自由民主是摧枯拉朽不可抗拒的時代洪流！

※ ※ ※ ※ ※ ※

徹底摧毀專制制度，民主（全體人民主權）制度一統天下，是否萬事大吉？

非也。

人——萬物之靈，是地球上最奇特的動物：永不滿足。

人類社會，是洶湧澎湃的長河，永遠奔騰向前，永無止境。

因而，人類需要永遠不停地思索：社會如何治理？

※ ※ ※ ※ ※ ※

眾多思想家指出：

文明社會必須保持競爭機制——經濟私有制和自由市場是滋生競爭力的沃土。

文明社會必須保持法治——不允許傷害他人自由的個人過度自由。

然而，文明社會仍然可能發生動蕩。

為什麼？——因為人永不滿足。

※ ※ ※ ※ ※ ※

平等，與自由一樣，也是一個復雜的理念。

政治上的平等——人的尊嚴平等，自由權利平等，發展機會平等，法律面前平等——已經解決，但社會財富分配難以平等。人類社會經濟上從來沒有平等過，未來也永遠不可能平等——不是「難以平等」，而是「永遠不可能平等」。

為什麼呢？因為經濟上完全平等，社會必然失去競爭機制，必然停滯不前，必然最後崩潰。

這就是文明社會的動蕩之源。

* * * * * *

看起來，文明社會最難治理。

在專制社會裏，世人愚昧：「君權神授」(《尚書·召誥》，《韓非子》，羅馬帝國奧古斯丁)，信之；「勞心者治人，勞力者治於人」(《孟子》《滕文公章句上》)信之；「龍生龍鳳生鳳，老鼠的兒子會打洞」(中國文革，反動紅二代的口號)，信之。

在專制社會裏，以強凌弱，弱肉強食，強權壓迫，平民們只得忍氣吞聲，逆來順受。

民主文明時代則不然。人人都是社會的主人，享有充分的言論出版自由、結社集會自由、遊行示威自由。

低收入者不滿意鬧事怎麼辦？

「維穩」永遠是政治優先考慮的問題。

公權力利用財稅手段進行二次分配，劫富濟貧，建立福利制度。這是道義的需要，是民主政治的偉大進步。

但是，不斷遷就廣大低收入者不斷擴大社會福利不斷增加稅收，又必然制約社會健康發展。這又如何是好？

以前學界缺乏這一方面的思考。

徐文立先生又一次先行。

＊ ＊ ＊ ＊ ＊ ＊

徐教授在《人類正常社會秩序概論》里提出「人生而有差異」。

極其平凡的道理。

可是，捅破這層紙，就是偉大的發現！

我也曾多次說過：如果，腦殘智障者與愛因斯坦、比爾·蓋茨、袁隆平收入平等，合理嗎？

但是，我沒有捅破這層紙。

指明「人生而有差異」，這是非凡的思想，卓越的貢獻。

人類必須理智地對待社會財富分配：既要保障低收入者有尊嚴的生活，又必須堅持按貢獻大小有區別的分配原則。

做好宣傳，人人心安理得，形成理性氛圍，這是民主文明社會維持穩定的需要，也是民主文明社會永葆青春不斷發展的需要。

* * * * * *

向思想先行者徐文立先生致敬！

【遒真言实：徐文立重要的理论创新 - 「正常社会」- 博讯主页

https://www.peacehall.com/news/gb/pubvp/2016/10/201610030126.shtml

遒真言实：徐文立重要的理论创新 - 「正常社会」（博讯北京时间2016年10月03日来稿）. 徐文立更多文章请看徐文立专栏 「正常社会」这个词组，有些人在著作中偶而提 ...】

「正常社会」这个词组，有些人在著作中偶尔提到，但都没有理论价值。给「正常社会」赋予社会学术语意义的第一人，是徐文立先生。

这是需要高度重视的理论创新。

在《人类正常社会秩序概论》一书中，徐教授系统地论证了「正常社会」的基本要素和建立正常社会的必要性。美中不足的是，没有给这个新概念一个明晰的定义。

什么是正常社会？一言以蔽之，即：人人政治上平等的理性社会。换言之，即：理性的民主宪政社会。

徐教授说，正常社会的第一个支点是：人人生而平等。

「人人生而平等」这一论断的知识产权属于人类的伟大先哲约翰·洛克(英国人 1632—1704)。洛克在《政府论》中明确提出：在自然状态下人们平等地拥有「生命、财产和自由」三项基本权利。从自然状态进入文明社会，生命权、自由权、财产权仍然是每个人不可剥夺的权利。(《政府论》下篇)

这也是人类第一次明确提出人权——做人的基本权利。

无疑，在人类漫长的既往史中，在宪政民主制度诞生以前，都是公权力掌握在少数人手里的专制社会，根本不可能有平等人权——每一个人都享有的人权。

因此，在「宪政民主」出现以前，地球上从来没有一个正常社会。

那么，是不是说，宪政民主社会就是正常社会呢？

徐文立认为：亦不尽然。

徐文立教授的理论创新就在此处。

为什么？

如美国,反种族主义反过了头,竟然出现了让黑人种族、土著美国人在教育与就业问题上享有特殊照顾的《平权法案》,奥巴马总统任内竟然兴起了「黑人的命重要」运动——发生了种族「逆向歧视」——人们诘问:难道白人的命、亚裔的命、其他族裔的命不重要吗?

这就是不正常。在正常社会里,所有的人在政治上(包括法律)都必须完全平等,不允许任何人、任何群体享有特权。

再如德国,2015年12月31日,科隆中央火车站发生了2000-3000余名阿拉伯裔男子分组包围路人,光天化日之下公然进行强奸和抢劫,受害者多达1200余人;同日斯图加特、汉堡也发生了类似事件约10余起。

此乃惊天暴行!

可是,对于此等惊天暴行,一向标榜「言论出版自由」的自由民主世界的一个大国——德意志——传媒界竟然集体失声了三天整!

显然,这是极端不正常。

这种极端不正常现象是怎么造成的?

因为传媒界片面追求「政治正确」,压制了不同声音。——这就说明,自由民主世界出现了认识偏差,政治偏差。

（过往的「政治正确」在新的「正常社会」、「正常化」价值观的时代，未必再正确。——徐文立注）

在正常社会里，任何人的自由都不能伤害其他人，都不能侵犯其他人的人权。

在正常社会里，在任何事件上都不能压制不同声音。

徐先生对于自由民主世界的非正常现象，更多地关注过分追求财富的平均分配，反对过度的高福利高税收。他主张，社会政策向贫弱群体倾斜但必须杜绝不劳而获坐享其成，必须维持合理差别——实行按贡献大小分配的原则。

社会需要爱，需要关心贫弱群体，需要讲道义。但是，也需要保持社会的健康发展。

福利过度，善良的愿望就会走向反面：养了懒虫，形成了对劳动者和投资者的剥削。

（西方福利主义是社会主义、共产主义的变种。最大的受害人群是中产阶级——徐文立注）

福利过度，负重而行，必然阻碍社会进步。发展下去，社会必然停滞，以至于崩溃。那么，自由平等民主，通通会毁于一旦，烟消云散。

这就是对于民主世界非正常发展的理性思考。

* * * * * *

自由民主世界，只有形成理性氛围才能永葆青春，只有形成理性氛围才是文明的正常社会。

建设文明的正常社会，最大的敌人是平民主义。

【笔者避开民粹主义，以免引发歧见】

平民，即普通老百姓。在专制社会，与之相对的是统治集团。在民主社会，与之相对的是富人群体，一般来讲，富人群体的代表人物都是出类拔萃的精英。

平民和精英，都是政治上平等的社会成员。

平民和精英，自然生成，任何时候都必然存在。

什么是平民主义？即：平民利益至上。——不管三七二十一，一味强调平民利益。

在任何社会里，平民都是大多数。民主社会亦然。

在民主社会里，如何解决不同利益群体之间重大的利益分歧？最好的规矩只有「多数决定」。

既有规矩规定的优势，再一味强调平民利益，不言而喻，平民主义必然造成政治偏差，形成社会混乱。——这是民主社会难以克服的弊端。

（然而，美国政治生活中就比较注重学习它的原宗主国 - 英国比较平衡的政治经验。——徐文立注）

是以，平民主义是建设文明正常社会的大敌。

* * * * * *

平民主义，不仅认识上片面，而且，非正义。

为什么？

徐文立先生指出：

人有差异——先天后天都有差异。

有差异，对社会的贡献自然不同。对社会的贡献不同，收入有一定差别，难道不是合情合理天经地义的吗？

徐文立先生还指出：人人都不完美。

富人不完美：能力非凡，但造成了贫富悬殊。怎么办？一方面，公权力进行二次分配，劫富济贫；另一方面，社会道义促使富人参与公益事业，做慈善家，推动社会公平。

平民亦不完美——能力不如人，自然昭示了不完美。怎么办？心安理得。——贡献小，收入少一些，自应心安理得。

人人都有爱，人人都努力为社会奉献，人人都心安理得，是维护自由民主世界稳定的必需，也是维护自由民主世界持续健康发展的必需。

* * * * * *

关爱贫弱群体，保持竞争机制，理性地看待自由平等，理性地看待适度的贫富差距，此乃文明的正常社会也。

徐文立《人类正常社会秩序概论》2016 增订版『亚马逊』出版

点击这里购书：

http://www.amazon.com/dp/1945231017

遒真言实：徐文立的"正常社会论"是非常有益的理论探讨

在研究徐文立先生的"正常社会论"讨论中，一位朋友提出："严格意义上讲，徐文立先生的思考并不是社会理论创新，而更多的是一种具有宗教情怀的哲学思想，一种理想主义和现实主义结合的探索。"

这位先生很有思想，致以敬意。

一

先厘清基本概念

什么叫理论？

理论，指人们关于事物知识的理解和论述。

如是，徐文立先生的"正常社会论"称得上理论。

（二）什么是科学理论？

即对某种经验现象或客观事实的可检验的系统性解说。

科学理论与理论的区别在于：

一经得起逻辑质疑。如亚里士多德的自由落体学说，伽利略运用逻辑分析认为不能成立，结果被推翻。

二经得起实践检验。伽利略通过逻辑推理，提出了自己的自由落体定律，经过实验被认定正确。

三对人类的社会实践有指导意义。

**

马克思主义是理论。从逻辑上分析，破绽百出；通过大规模的社会实践，被证伪；于是，其所谓的指导意义被最后否定。因此，它不是科学理论。

二

上述那位朋友，从宗教情怀上否定徐文立先生的理论思维，值得商榷。

徐教授 2011 年成为基督徒，而"正常社会论"的构思则在几十年前。

再者，不可以宗教情怀否定社会科学理论。如杨小凯先生也是基督徒，但其卓越的科学理论贡献不可抹杀。

三

徐教授的"正常社会论"，绝非理想主义思想。诚如那位朋友所言，理想社会必是人类社会的末日。

"正常社会论"贵在指出自由民主社会存在一些（或者说"许多"）非正常现象（并非否定自由民主制度），唤起世人的警觉和理性思考，从而避免非理性情绪滋长阻碍社会发展进步。

怎么进行理性思考？

徐文立先生提出：既要尊重"人人生而（政治上）平等"，又必须正视"人人有差异"（先天后天都有差异）、"人人不完美"——这是理性看待社会的三大基点。

在这样的思想基础上，自由民主社会就能够形成浓重的理性氛围，从而不断克服情绪化的偏狭的利己主义的不正当追求，从而保持自由民主社会稳定，从而推动自由民主社会健康发展。

徐文立先生的理论创新意义正在此处。这是社会科学一个重大问题。

四

理论是否科学？前提是，实事求是。

徐教授的"正常社会论"，一切论述依据都是实实在在的客观社会现象。

五

理论是否科学？更重要的是，逻辑探讨。

徐教授"正常社会论"的基本思想是：

1、"人人生而（政治上）平等"是人类先哲们的伟大发现。政治上平等，就是人格尊严平等，发展机会平等，自由权利平等，法律面前平等。一言以蔽之：人权平等。

这样的社会，就是自由民主社会。——这是正常社会的基础。

2、因为"人人有差异"，社会政策需要倾斜，关爱弱势群体，实行福利制度，使穷人能够有尊严的生活。——这也是正常社会的基础。

3、但是，如果不正视"人人有差异"（先天后天都有差异）——"人人对社会的贡献大小不同"，在经济收入上、在社会财富分配上也追求平等，那么，就会产生真正的不公正—— 一个简单的道理：脑残智障者如果与爱因斯坦、比尔盖茨、袁隆平们平等分配，合理吗？——这就是自由民主社会的不正常现象。

这种思索，在逻辑上无懈可击。

六

理论是否科学？最重要的是，实践检验。

现代自由民主社会，由于非理性的追求经济平等，造成福利过度、财税过重，从而发展迟缓，甚至出现了全民懒散堕落的希腊现象，充分证明了徐文立"正常社会论"理论的正确和重要。

**

是以，徐文立的"正常社会论"称得上是科学理论，也称得上理论创新，是非常有益的思想理论探讨。

【文后按】

徐文立的"正常社会论"中，关于"人人不完美"和"自由"必须制约等论述的重要性，笔者另有专题论证。

特別謝謝質疑、建議和批評

在 2016年9月30日 下午10:19，徐文立 写道：特別謝謝質疑、建議和批評。

在 2016年9月30日 下午4:37，遒真言实 写道——

徐兄：这不是根本问题。你能提出「人有差异」就是非常重大的贡献。此乃铁律。

我只是考虑，一个正常的社会，不管天赋如何，必须鼓励世人后天勤奋努力，只有这样，才能永葆竞争机制，推动社会不断健康发展。否则——听天由命，那么，整个社会必将懈怠懒散，以至于停滞和毁灭。当否，请斟酌！弟10.1

2016-09-30 17:04 GMT-04:00 徐文立 <xuwenli2014@gmail.com>：

我們全文是強調了競爭、流動的意義；可是我們人生經歷告訴我們，真的是:「人類一思考，上帝就發笑」；人再努力也扭不過天命，人自身努力的改變是微乎其微。

所以我在「增訂版」中說：

「我不贊成自不量力、不切實際的人生追求。我不贊成的傾向，僅僅是自不量力、不切實際的人生追求的傾向。」

「我反對『血統論』，我同意『王侯將相寧有種乎？』。我堅定地認為：『人才的流動和升遷才是社會有活力的根本』。我更反對皇帝一個人和官僚集團、毛澤東和中共極少數人決定所有人的命運。我也反對任何人決定他人的命運。但是，我又相信，謀事在人，成事在天；基因和家庭的影響，可能決定了一個人一生的大部分走向。」

在 2016年9月30日 下午7:17，遒真言实 写道：

徐兄：

強調競爭、流動的意義、反對「血統論」，同意「王侯將相寧有種乎？」。堅定地認為：「人才的流動和升遷才是社會有活力的根本」。更反對皇帝一個人和官僚集團、毛澤東和中共極少數人決定所有人的命運。也反對任何人決定他人的命運。不贊成自不量力、不切實際的人生追求。

这都是很正确的。我们认识一致。

但是，应该鼓励人们不向命运低头，努力奋斗。

像霍金，刚刚成人不久，便全身瘫痪，失语，四肢只有三个指头能动。如此厄运，万分之九千九百九十九的人都会意志垮塌、绝望而自杀。但他顽强的与命运搏斗，终于成功，而且非常成功。

马云投资屡屡失败，败得一塌糊涂，但他坚持不懈，另辟蹊径，也终于大获成功。朴正熙1973年刚刚制定了重化工发展计划，几个月后，突然爆发第一次石油危机，半年中间油价翻了几番，韩国又贫油，全赖进口，但他不向命运屈服，逆向思维，很快，在全球一片大萧条中，韩国经济腾空而起。

蒋介石又是一典例。抗日战争爆发前，全球公认，中国必败无疑：两国实力悬殊，中国又内乱不止，并且没有同盟国。蒋曾几次自己闭门痛哭。但他不向命运屈服，屡战屡败屡败屡战，终于迎来了太平洋战争爆发，中国抗日战争随着第二次世界大战的胜利而胜利。

这样的例子很多。在最艰难的时候，他们都没有看见一丝光明，但他们坚持奋斗，终获成功。

一个正常的社会，还应该鼓励创新思维。

伽利略是一典例。

不久前，美国一个女孩子发明培植藻类植物生产石油，还有一个男孩发明新电池……当初，科学家都难以相信他们会成功，但他们的超常思维给人类带来了巨大的福祉。

**

您的学说，主体是正确的。

任何学说都必须经得起质疑。

我们是朋友。我是善意。

你既然强调竞争，就应该鼓励后天努力，不该强调天命。

但是，人的后天努力，必须尊重自然规律。像毛泽东的「人定胜天」「人有多大胆地有多高产」，纯粹是瞎胡闹。　弟10.1

在 2016年9月30日 下午10:12，遁真言实 写道：

徐兄：

我待人真诚，不爱虚情假意。我喜欢交诤友，欢迎任何人提出批评。曹思源先生夫妇两口都是我的挚友、诤友（曹已去世）。

任何人都有缺点都有考虑不周的地方，我也一样。

我是补台的，是善意。

听天由命是消极的人生态度。在自由民主世界，制度优越，生活水平高，人人听天由命、不思进取、得过且过，社会就会丧失竞争机制，是很可怕的。

亚里士多德、约翰洛克、潘恩等以及中国的孔子人生态度都很积极。

努力奋斗积极竞争，是正常社会一大要素。

积极竞争，成就有大小之别，对社会的贡献各各不同，很正常，因为人人能力不同，人人有差异是铁律。所以社会分配要有一定的差别.——奋斗失败怎么办？有社会保障。——这就是正常社会。

当否？敬请指教！　弟10.1

理論研究需要諍友

在 2016年10月1日 下午9:02，徐文立 <xuwenli2014@gmail.com>写道：

只有歡迎。

我們是兄弟，我們是朋友，更是理論和事業上的諍友。

所以我和你一樣，是直率對直率的討論問題。

這些，我都會收錄在增訂版的再增訂中，只是因為理論研究需要諍友。

在 2016年10月1日 下午8:12，遒真言实 写道：

徐兄：关于「正常社会」，我的评论与您的本意可能有所出入。我认为，立论在中国的角度，并不新奇，但对民主世界却有创意。

一部作品，评家会从各个不同角度进行评论，像评红楼梦、评三国演义、评水浒。这些，对于扩大影响都有益处。请斟酌！　　弟　遹真言实 10.2

不跳出舊思維，中國民運沒有希望和前途

徐文立

（2016 年 10 月 7 日）

因為忙，無瑕出席最近在紐約召開的「中國政治變局與民主化前景研討會」。今日得空，看了幾個人的發言，總體印象是沒有新思路，基本還是在毛時代教導給中國人的那些思維、規則中打轉轉，只不過換了所謂「民主」的旗幟而已。

倘若不信，請看看會議發言的時間控制上，就最能說明問題：在自由法治的美國紐約開會，卻基本沒有真正民主社會的、在同一會議中的發言時間的「人人平等」和「有約在先」：有人可以口若懸河 17 分鐘，東拉西扯，放任自流；有人才說 3、5 分鐘發言提綱，就會被呵斥，最後 8 分多鐘草草下台。

當代中國民運已經三十多年了，卻始終不明白：「民主」不是和中共當權者反著說，就能成功的；你高唱「四個」，我乾吼「五個」就能夠成功的。

既然，我們至今也只能基本按西方「憲政民主」的藍圖，去實現中國的民主化。那麼，我們為什麼不先去研究一下，西方「憲政民主」的藍圖的基礎是什麼呢？再看看我們中國已經有什麼了？缺什麼？缺什麼就補什麼嘛！

為什麼還要在口頭的「階級鬥爭」、「武裝鬥爭」、「政變起義」，以及這類思路所帶來的焦慮中掙扎、打滾呢？

我們不難知道西方「憲政民主」的基礎主要就是二條：

1）全社會的高度自治；

2）公民用契約合法擁有包括土地在內的私有財產的神聖不可侵犯；

我認為，一切正確的思想、哲學、法理、法律、和政治意識形態，皆應來自於自然和自然法則；而不是所謂的「專業水平」，倘若真的有「專業水平」，那就請你告訴世人你的「專業」是什麼？你的「專業工作」是什麼？你的「專業水平」在哪裡？一個無業游民還奢談什麼「專業水平」，羞不羞？不就是會背幾段書，鸚鵡學舌一番嗎！或者編一些所謂的外國政要和學者向你請教了什麼，你向「一些外國政要和學者的『空氣』」吹噓了什麼；所謂中共「特使」「老校友」向你討教了什麼，你又向所謂中共「特使」「老校友」的「畫像」承諾了什麼未來的「爵位」嗎？！

別忘記：政治，不是課堂學得到的。

那麼，請看「憲政民主」的基礎：

「公民用契約合法擁有包括土地在內的私有財產的神聖不可侵犯。」

現在的中國除了土地沒有法定的私有化，連所謂的「國有企業」，哪個不是「權貴」實質私有？「保利」是「國企」吧，卻是實質的「權貴」私有。

所以，我2010年1月18日《中國大勢》就指出：「(1)當今的中共，早已是變了性的中共；變性中共，能有什麼前途？(2) 當今的中國大陸社會，已是發生了整體位移的中國大陸社會：

(1) 1978年之後，鄧小平領導的中共的變性過程只是更加露骨，為了走出經濟困境，中共『打左燈向右轉』，開始認可公民擁有私有財產的合法性，不再高調消滅『萬惡之源』——私有制，實質上拋卻了所謂共產主義的理論；中共一發而不可收，官商勾結，繼1949年之後第二次侵吞全民財富，中共權貴成為了最卑劣的私有者——高度壟斷的『權貴私有集團』，今日中國的『一黨專制』就是靠高度壟斷的權貴私有集團在支撐。

所以，現在的中共是完完全全地變了性的中共，稱它為『中國私有權貴黨』，最為妥帖。

（２）大位已移，黨權專制還能坐得穩嗎？

近一百多年，中國社會發生過兩次大的整體位移。

中國大陸高等院校教科書至今不認可、搞得許多中國文化人至今不懂得：遠自二千年前，秦始皇開創郡縣制，廢封建，立郡縣，皇帝一統天下，就終結了氏族和部落首領延續幾千年的『封土建國』的制度——即『封建制』。中國社會自秦朝始，就進入了中央集權的『皇權專制』時代。也就是說，中國社會自秦以降至1911年的兩千多年，就不是什麼封建社會。對此重大歷史斷代，羅建先生《糊塗的『封建』》一文，聯繫陳寅恪、胡適、黃仁宇、李慎之和王學泰等先生的學問，有精道的縱論，不在此贅述。中國大陸教科書，囿于中共曾盲目崇信馬克思主義西學和『聯共（布）黨史』所謂的『人類社會發展五階段論』；中共新一代領導人又學位虛高，本無學養，更無人文科學的底蘊，卻集全社會職能於一身，而不能撥亂反正。

當然應該承認，1912年之前，這種中央集權式的『皇權專制』雖然有過種種罪惡和不合理，它和中國社會以農耕為主的生產活動方式還是基本相適應的，所以曾創造出幾度恢宏強大的東方帝國。

奇特的中國『皇權專制』，在社會底層，居然還保有『士紳宗族自治』（或曰社區自治）的空間，直至蔣介石的『黨權專制』的『民國時代』。這個空間，因1949年前後，毛澤東領導中共進行所謂的『土地改革』，才完全被封死。全世界，恐怕只有中國共產黨才用『小腳偵緝隊』去取代『士紳宗族自治』，延用至今，是凡所謂節日遍佈大街小巷的『紅袖箍』，讓整個中國大陸社會的品味彌漫著裹腳布的腐臭和低劣，真乃天下奇觀，被世人嗤笑。

貌似強大的中國的『皇權專制』二千年後，一旦面對工業革命的新世界，就立即捉襟見肘起來。1840年前後，外國列強的『堅船利炮』壓迫着不思進取的晚清政府被動地結束了閉關鎖國，進行了中國近現代史上的第一次的『改革開放』，西風東漸，摩登事物層出不窮，公民社會浮出水面，工商行會日漸壯大，私人資本登堂入室，整個社會發生了第一次嚴重位移，表面上依然金碧輝煌的帝國大廈越來越失去了原有的支撐點，所以它『一朝覆亡』就成了早晚的事情。

這時候，中國社會『泊』來了一種叫『新聞紙』的東西。中國，自有了這個叫做『大眾傳媒』的東西，才有了『摧枯拉朽』的章太炎和鄒容的『蘇報案』，才有了廣播新思想的最佳路徑。舊制度最怕的是新思想，而不是新兵器。

所以現今，敏感的王我就敢斷言：『十一年不是某人的刑期，而是某些人的大限。』」

所以，中國社會已經開始了中共不得不的社會「自治」，中共的政令才不出「中南海」。

1， 中國已經多黨制：大陸除了中共、或八個還是九個花瓶黨；最大的反對黨在網路上，網路反對黨比海外民運大的多；還有被鎮壓在地下的中國民主黨（這就是，為什麼有人在海外恬不知恥要搶奪「中國民主黨」這面旗幟的根本原因）。中國台灣有國民黨、民進黨等等黨派；香港、澳門有泛民主黨派。只是共產黨在表面上還在罔顧民意地維持著千瘡百孔的「一黨專制」。

2， 「微信」、「自媒體」已經打破了中共對言論和出版的高度和全面的箝制。儘管中共還更用酷刑、綁架、電視示眾，也擋不住社會良知在國內外的輿論舞台上大罵共產黨！

3， 中共基層組織的渙散和潰敗，中國大陸社會已經開始了高度自治的進程。

4， 「維穩費用之巨」，說明中國大陸「群體事件」已經打破了中共實質上禁止公民自發遊行的禁令。

5，　「現代化」的弊端，中國環境已經紅燈警示；中國大陸幾乎要成為最不適合人生存的國家，大量的「權貴」、有錢人乃至平民的移民和越來越多的食品進口，已經在呼喚中國社會的「正常化」。

中國社會的巨大變化，中國民運曾經功不可沒。

但是，中國民運再不跳出舊有的窠臼，一定沒有希望和前途。

《正常社會秩序概論》的由來

徐文立

2016 年 10 月 15 日

（提要）

中國反對派人士當今，面對的是雙重使命：結束中共的專制，同時要提醒西方民主國家的所謂的「政治正確」和「現代化」有了太多的不正確：一，起碼「均富」不可能；二，所謂「現代化」的負面影響在拖垮全人類賴以生存的自然環境。中國的「霧霾」既是對中國所謂「現代化」的警告，也是對全人類的警告！

＊＊＊＊＊＊＊我先談一談我的《人類正常社會秩序概論》的由來。（下面簡稱《正常社會秩序概論》）

從 1981 年入獄、1998 年再次入獄之後，我就有了時間想一想：我自己忠於的民主事業和毛澤東時代開始的共產黨的主義的對錯和對錯的癥結所在。

最後，我發現出在違反《正常社會秩序》上。而且，出在有偉大歷史意義的文藝復興之後的「矯枉過正」上。

文藝復興之後，高揚「人生而平等」是偉大的政治主張，但是隨之而來的「均富」思潮也就泛濫了幾百年、也政治正確了幾百年，左的思潮更統治了思想界幾百年。無形、和有形的結果就是共產主義思潮泛濫、之後變體的「社會民主主義」、「民主社會主義」，即本質上的「福利主義」被廣泛的追捧和實踐。沒有人（特別是西方政客）敢說「不」！

今天共產主義在全世界碰壁，也沒有人說出真正的根由：其實是「均富」的幻想之後，要政治正確地實現它，進而幾乎「合理合法」地在共產國家出現的「強制」，而演化出來的「專制、暴虐」，以致今日中國還再以共產主義作幌子；西方民主國家的「社會主義」思潮也幾乎成為了政治正確！——這都是「均富」的夢想和實踐造的禍。甚至，連我自己也長期不敢不提

「均富」。

我有幸出生在民國時代、又成長在毛式共產主義的現實中，讓我切身嘗到了「均富」思潮的苦果是：

1）假「均富」；

2）更專制；

3）普遍赤貧；

4）整個社會的品味、精神生活也拉低到「暴富的中國人在泰國餐廳搶蝦吃」水平。

反觀西方民主國家，福利主義，沒有人敢說「不」。卻正在拖垮、拖死整個民主國家。

中國反對派人士當今，面對的是雙重使命：結束中共的專制；同時要提醒西方民主國家的所謂的「政治正確」和「現代化」有了太多的不正確：一，起碼「均富」不可能；二，所謂「現代化」的負面影響在拖垮全人類賴以生存的自然環境。中國的「霧霾」既是對中國所謂「現代化」的警告，也是對全人類的警告！

中國社會已經不自覺地位移到了《正常社會秩序》基礎上來了(我 2010 年的拙著《中國大勢》早有論述，盡管有無知無識者嗤之以鼻：「那也沒有新意」，那也請有興趣的朋友參考附件，在此不贅述。)

對於一個正常社會秩序，中國缺：

（一） 真正的民主憲政，即法治。

（二） 化公為私的「權貴所有」怎樣回到中國社會奇缺的、也要適度的「全民健保、退休保障和義務教育」上來；另外，土地在法治條件下的合情合理的「私有化」。

（三） 整個社會有序的「高度自治」，當然首要條件是結束中共的「一黨專制」，日後的各種政黨組織也不得再干預政壇、政黨組織內部之外的社會生活，當然不再「一黨專政」，也不是「一黨獨大」。

（四） 在承認「人人生而平等」的同時，承認「人人生而有差異」及「人人都是不完美」的。

（五） 其他的也都重要，都比不了以上四條。

　　我現在特別不喜歡寫長文。至於《人類正常社會秩序概論》算什麼，有沒有意義，更不是我自己說的了。「先天下之憂而憂，後天下之樂而樂」才是我唯一的著眼點。

附件1-4

（1） 徐文立：『漫長的聖誕夜和我對未來正常社會的願景』講話視頻及說明

（以此版本的整理、修訂稿為準）

http://boxun.com/news/gb/intl/2016/07/201607040700.shtml#.V3p3mrh96M8

（2） 徐文立《人類正常社會秩序概論》2016 增訂版『亞馬遜』出版

點擊這裏購書

http://www.amazon.com/dp/1945231017

（3） 中國的變局與破局

（4） 中 國 大 勢

「中國大勢」和「中國的變局與破局」

中國的變局與破局

徐文立先生 Mr. Xu Wenli

https://www.youtube.com/watch?v=Iqxtcvai-PM

發佈日期：2013年8月13日

2013.08.11

徐文立先生在加拿大，温哥華演講錄音

主題："中國的變局與破局 - Changes and Break Through in China "

中 國 大 勢

http://www.duping.net/XHC/show.php?bbs=10&post=1328845

http://d6w2dqn4lwcw.cloudfront.net/0/?url=bG10aHMuMV8xL2x3dXgvMTAwMTAyL29yZWgvbW9jLm51eG9iLmdvbGlvL0EzJXB0dGg=

徐文立

(2010年1月18日)

文章要點

(一)當今的中共,早已是變了性的中共;變性中共,能有什麼前途?

(二)當今的中國大陸社會,已是發生了整體位移的中國大陸社會

(三)英特網,將是加速中國大陸社會變遷的催化劑

(四)自由、民主政治制度的穩固基石,是社會的高度自治和公民擁有合法的私有財產

(五)中共權貴私有集團和全國民眾的矛盾,是當今中國大陸社會的主要矛盾

(六)實現"公民三有",有可能是中國大陸社會和平轉型的破局之道

(七)中國的民主政治制度,要生發和植根於中國優良傳統和價值觀當中

(八)中國實現民主化和國家統一的最佳之道在於和平、理性和非暴力

中國大勢

最近，又一位遭政治停職的北京政法大學法學院教授蕭瀚先生在2010年1月1日祝願朋友們：盡情地用笑聲，「拉開專制崩潰的序幕。」

蕭先生此言豪邁,歷史將證明蕭瀚先生的預言是偉大的預言。

那麼，何以會是偉大的預言呢？

去年歲尾，中共政府重判劉曉波和《零八憲章》很可能就是它的末世瘋狂；2009年六十大慶，北京天安門周邊市民不許邁出家門，中共的"輝煌"竟然在"鐵桶"裡"表演"，就是端倪。

晚清政府經兩次洋務運動，經濟也不差，1894年慈禧六十壽誕，卻因甲午海戰失利而困在甯壽宮裡苟且；1903年清王朝同樣以言治罪判處章太炎和鄒容，八年之後，武昌首義，一朝覆亡。

當今時代早已不是閉關鎖國的明朝，也不是步履蹣跚的晚清，事物變化的週期不再是百年，更新換代已是以十年計了。

那麼,今日中國,大勢如何？出路如何？國人當問。

請諸位靜心地注意以下幾點中國大陸社會的基本事實和變遷：

（一）當今的中共，早已是變了性的中共；變性中共，能有什麼前途？

1921年由蘇俄一手助產的原本還有點理想主義色彩的中國共產黨早已壽終正寢。

中共的變性始於1949年之前，更充分的證據是學者楊奎松先生研究發現：1950年4月，中共政府"出臺了一個《中央級行政人員工資標準(草案)》，規定黨政人員最高一級的工資收入可以是最低一級的28.33倍"，比至今仍然是二等公民的中國大陸農民的收入在當年就至少高出50倍。可是，1949年之前，那個被中共罵得狗血噴頭的"腐敗政府"——中華國民政府"1946年頒佈的標準，除總統和五院院長等選任官外，文官共分為37個級別，最高一級的收入是最低一級收入的14.5倍。"那個被中共罵得更應"無地自容"的西方國家政府"除極少數國家外，英、法、德等國的，包括行政長官在內，最高最低工資差，均在8－10倍左右，美國、日本差距較大，也只有20倍。而且，它們差距之大，多半只是總統或首相個人的工資較高，有時會高出下一級行政主管一倍以上。"可知，西方發達國家政府官員高低之間的收入差距，多半遠小於所謂的"新中國"官員的收入差距。

看看這些硬碰硬的資料，最尷尬的恐怕是那些睜眼說胡話的毛派信徒。

結論是肯定的：中國現實社會的不公平、不公道，始作俑者恰恰是毛澤東。

三年的內戰，作死了主要是中國農民千萬以上，國共雙方都有罪錯，國民黨是造錯者，共產黨則是造罪者；1959年到1961年三年史無前例的大饑荒，中共作死了又主要是中國農民幾千萬，造罪者是極權主義的共產專制，成罪者則是"赤色皇帝"毛澤東；1957年反右和1966年至1976年文革十年，毛澤東更是把中華民族良心的脊樑打斷、把中華民族知源的根脈切斷！

1978年之後，鄧小平領導的中共的變性過程只是更加露骨，為了走出經濟困境，中共"打'左'燈向'右'轉"，開始認可公民擁有私有財產的合法性，不再高調消滅"萬惡之源"——私有制，實質上拋卻了所謂共產主義的理論；中共一發而不可收，官商勾結，繼1949年之後第二次侵吞全民財富，中共權貴成為了最卑劣的私有者——高度壟斷的"權貴私有集團"，今日中國的"一黨專制"就是靠高度壟斷的權貴私有集團在支撐。

所以，現在的中共是完完全全地變了性的中共，稱它為"中國私有權貴黨"，最為妥帖。

得道多助，失道寡助。當今的中國，怎會容忍極少數人聚合的權貴私有集團長期作威作福呢？那麼，實為"中國私有權貴黨"的中共還會有前途嗎？變了性的中共能會有前途嗎？

古諺道：名不正則言不順。不正不順即是死途。此其一。

（二）當今的中國大陸社會，已是發生了整體位移的中國大陸社會

大位已移，黨權專制還能坐得穩嗎？

近一百多年，中國社會發生過兩次大的整體位移。

中國大陸高等院校教科書至今不認可、搞得許多中國文化人至今不懂得：遠自二千年前，秦始皇開創郡縣制，廢封建，立郡縣，皇帝一統天下，就終結了氏族和部落首領延續幾千年的"封土建國"的制度——即"封建制"。中國社會自秦朝始，就進入了中央集權的"皇權專制"時代。也就是說，中國社會自秦以降至1911年的兩千多年，就不是什麼封建社會。對此重大歷史斷代，羅建先生《糊塗的"封建"》一文，聯繫陳寅恪、胡適、黃仁宇、李慎之和王學泰等先生的學問，有精到的縱論，不在此贅述。中國大陸教科書，囿于中共曾盲目崇信馬克思主義西學和"聯共（布）黨史"所謂的"人類社會發展五階段論"；中共新一代領導人又學位虛高，本無學養，更無人文科學的底蘊，卻集全社會職能於一身，而不能撥亂反正。

當然應該承認，1912年之前，這種中央集權式的"皇權專制"雖然有過種種罪惡和不合理，它和中國社會以

農耕為主的生產活動方式還是基本相適應的，所以曾創造出幾度恢宏強大的東方帝國。

奇特的中國"皇權專制"，在社會底層，居然還保有"士紳宗族自治"(或曰社區自治)的空間,直至蔣介石的"黨權專制"的"民國時代"。這個空間，因1949年前後，毛澤東領導中共進行所謂的"土地改革"，才完全被封死。全世界，恐怕只有中國共產黨才用"小腳偵緝隊"去取代"士紳宗族自治"，延用至今，是凡所謂節日遍佈大街小巷的"紅袖箍"，讓整個中國大陸社會的品味彌漫著裹腳布的腐臭和低劣，真乃天下奇觀，被世人嗤笑。

貌似強大的中國的"皇權專制"二千年後，一旦面對工業革命的新世界，就立即捉襟見肘起來。1840年前後，外國列強的"堅船利炮"壓迫着不思進取的晚清政府被動地結束了閉關鎖國，進行了中國近現代史上的第一次的"改革開放"，西風東漸，摩登事物層出不窮，公民社會浮出水面，工商行會日漸壯大，私人資本登堂入室，整個社會發生了第一次嚴重位移，表面上依然金碧輝煌的帝國大廈越來越失去了原有的支撐點，所以它"一朝覆亡"就成了早晚的事情。

這時候，中國社會"泊"來了一種叫"新聞紙"的東西。中國，自有了這個叫做"大眾傳媒"的東西，才有了"摧枯拉朽"的章太炎和鄒容的"蘇報案"，才有了廣播新思想的最佳路徑。舊制度最怕的是新思想，而不是新兵器。

所以現今，敏感的王我就敢斷言："十一年不是某人的刑期，而是某些人的大限。"此其二。

（三）英特網，將是加速中國大陸社會變遷的催化劑

英特網，對於專制統治者來說，是它永遠打不贏的戰爭。英特網的原創就是無中心、無起始、無終點，既然打不爛，它就堵不死。它如水銀瀉地，無孔不入，什麼金盾、銀盾，最終是千瘡百孔，勞而無功。"人權理念"，二三十年代在中國就有先賢傳播，1978、1979年又有人登高一呼，只是到了英特網時代，在中國才真正有口皆碑，中共也被迫將保障人權寫入憲法，並簽署聯合國的《經濟、社會和文化權利國際公約》和《公民權利和政治權利國際公約》。

現在，幾乎一個博客、一個維特就是一個報館、一個通訊社，令中共統治者驚恐萬分，焦頭爛額。當今中國，"言論反對派"天天在大陸和專制政權唱對臺戲，抓不絕，禁不住，言論自由有可能成為第一個被突破的禁區。對前途，該悲觀的是中共，而不是我們。

請看：中國當今大陸社會又發生了本質意義上的整體位移，中共統治者是多麼不願意看到這種整體位移，又是多麼不願意承認這種整體位移。可是，花自飄零水自流。恰恰中國大陸社會帶有本質意義的整體位移不但發生了，而且越來越嚴重，早已不可逆轉，中共一党專制賴以支撐的支點日漸萎縮，而且中共一党專

制現今唯一賴以支撐的支點就是這個日益成為眾矢之的的"權貴私有集團"，中共的貪官污吏猶如過街老鼠，人人喊打；公開罵中共，早已成了中國大陸的風尚。也許當初"新洋務運動"的中共始作俑者也沒有料到會有今天；也許，鄧小平曾隱隱約約地感覺到了這一點，記得有人曾問過他，五十年後香港的政治制度，是不是要變得和中國大陸一模一樣？他卻含糊其辭地答道：到時候，都一樣了，還用變嗎？"都一樣了"是何意，當可存疑、當可深究。

問題是這個本質意義上的整體位移，並不是中共放手發生的，八九‧六四之後江澤民和李鵬不是想過走回頭路嗎？不是到蘇南一帶，高喊要消滅"和平演變"的社會基礎嗎？鄧小平知道，那對於中共更是死路一條；鄧小平不得不親征"南巡"，一巴掌把江澤民和李鵬打了回去。

中國大陸社會這三十年的變遷，主要動力當然不是中共；中國大陸社會這三十年的變遷的主要動力是因餓而餓怕了的中國農民，是因窮而窮怕了的全體中國人。

另外，悖論的是：今日中國大陸因暴富而得到了最大私人利益的權貴私有集團，它也不會主動地把這個整體位移拉回來。他們是一群只會作威作福、花天酒地、紙醉金迷、吸毒成癮的吸血鬼，是不會也不可能顧及身後洪水滔天的當代路易十五們。所以，從這個意義上來說，中國權貴私有集團既是最大的掠奪者，同時又是中國大陸社會最大的整體位移的推手。此其三。

有此三者，足矣，社會巨變正在臨近。

中華大地，又是"山雨欲來風滿樓"了。

表面繁花似錦的中共一黨專制早已是一座朽牆，推倒它是早晚的事情。

（四）自由、民主政治制度的穩固基石，是社會的高度自治和公民擁有合法的私有財產

那麼現在，中國大陸社會天天、時時都正在發生的、似乎不為人覺的整體位移，移向何方？可以肯定的是潛移默化地移到一個新的基石上面去了。那麼，這個新的基石是什麼呢？

要搞清這個問題，我們首先要搞清楚，一個自由民主的國家的基石是什麼？反過來再看看，中國大陸社會天天、時時都正在發生的、似乎不為人覺的整體位移，移到一個新的基石上的那個基石，和一個自由民主的國家的基石是不是一個東西？

聽起來這個問題似乎很複雜、高深、奧妙。

然而，真理才是最簡單的，並不複雜，也不高深，也不奧妙。

試看：

1）我們都知道，一個穩固的自由民主政體並不會因為一些社會和經濟上的風浪就從根本上發生動搖，如有人所謂"民主觸礁了"。那是因為，它有兩塊堅實的基石：一是社會的高度自治，二是基石的基石——每個公民都平等地擁有合法的私有財產的權利和機會，而且在實際上人人擁有合法的私有財產。

倘若我們懂得了這一點，那麼我們也就拿到了解開穩固的自由民主政體的鑰匙。

以美國白宮為例。白宮總統的權力可謂不小，但是除了美國憲法賦予他的外交和國防等等大權之外，美國的各個州相當於中國的一個省份的事務，他卻無權過問和干預。這，在一個"專制體制"下是不可想像的。清末的翻譯家為了對應中國的州府制度，把美國所謂的"State"翻譯為"州"，是不盡準確的，嚴格意義上，美國的"State"其實是個"國"，它有完整的立法、司法、行政的三權分立的機構，不受聯邦政府的干預和左右，成為了美國社會最大的自治體，所以美國是一個聯邦合眾國，再加上民間社區的高度自治，再加上定期的任職和定期的選舉，再加上公眾和輿論、司法獨立的監督。這樣，就確保了美國總統永遠不可能獨裁天下，這樣就成功地把國家的領導人關進了"法治的籠子"裡面去了。一個自由民主的政治制度就這樣建立和穩固起來。

再以臺灣為例，儘管它的民主制度還有待完善，但是現在的臺灣的當選總統已經不能、也不敢隨意地過問和干預南部高雄市的地方事務，甚至同黨執政的臺北市的地方事務他也不能、也不敢隨意地過問和干預。

這就是地方的和全國的高度自治在一個自由民主國家當中起到的基石作用。

中國人也開始懂得，"開車文化"都能夠開出一個個的自信、自主、自治的個人。商業化的社會，市場化的社會、哪怕不完全的市場化社會也必然造成無數個自治體。2008年汶川大地震，成千上萬的志願者自主、自發地奔赴抗震第一線，也是一個佐證。

儘管現在的中國國有經濟依然控制在極少數人手裡，就像當年西方的資本也同樣壟斷在極少數的人和家族手裡。但是，這種現象遲早會煙消雲散。

今日中國大陸社會這樣的基礎性的位移,誰能夠把它拉回來？！ 不可能吶！

所謂的"政令不出中南海"，那是好事情，那是紅色王朝即將覆亡的前兆，止都止不住。

2）我們再來進一步看看第二塊基石的基石。我們就以一些人不屑的《零八憲章》為例，從它誕生的第一天起，它就是高昂著頭顱出世的，第一批的連署者就有303位在國內的社會賢達,至今還沒有聽說有哪一位投降的。中共法庭在判決劉曉波博士的時候也間接地告之天下，已有一萬多人在《零八憲章》上連署。還有一些《零八憲章》的擁戴者，竟然要組成陪劉曉波坐牢的壯士團，向強權示威。輿論說，他們是"溫馨而又囂張"。近年來的中國，何時何地見過這樣的大好局面？！這叫民不畏死，何以死懼之？！

想想1989年三十三人的簽名，之後，簽名者是個什麼樣的情境？退縮者有之、反悔者有之、檢討者有之。那也是不得已，完全可以理解。

再想想1957年五十五萬乃至幾百萬，可稱為中國脊樑的右派和准右派們，竟然幾乎沒有幾人不檢討的，不向中共告饒的，不向毛澤東屈服的，真真情以何堪，當然也完全可以理解。

那麼，可理解的道理在哪裡？道理很簡單，1949年前後，土改、公私合營、公社化、全部國有化（實質上是"中共黨有化"）之後，中國的知識份子的生殺予奪的全部的大權，連吃飯、養孩子等等人生的最基本的生存權全部被中共和毛澤東緊緊地掐死在手裡了。生存至此，能有幾人不投降？！

今天的胡錦濤，其兇狠決不會亞於毛澤東、鄧小平和江澤民，但是他做不到了，因為整個中國大陸社會基礎性的大位已經漂移了，1978年開始的中共不得已不進行的商業化、市場化、私有化的進程，已經開始讓中國大陸社會初步具備了"此處不養爺，自有養爺處"了。賀衛方教授就是實例，剛剛被所謂的"社科院"政治停職的范亞峰、張博樹二位先生也泰然自若、毫不退縮，又是實例。今非昔比，中國大陸士人又開始有了自己的智慧財產權和賴以自立的私有財產和社會條件了。

《零八憲章》群體性的無畏和不恐懼，至少說明，中共專制統治長期賴以苟活的第一法寶——謊言早已失靈；第二法寶——暴力和高壓給人們帶來的恐懼也正在消解。這兩個失靈，意義深遠……。

概括起來，這就是自由民主的政治制度的"兩基石論"。

當然,中國大陸社會的這兩塊基石離建立一個穩固的、自由民主的政治大廈還差得很遠很遠。但是，中國大陸社會帶有本質意義的基礎性位移，已經越來越為中共的紅色王朝的覆滅奠定了基礎。

但是,也請人們不要指望自由民主的社會就是一個絕對平均主義,絕對恣意自由的社會。自由民主的社會，它是一個法治秩序的社會，它僅僅保證法治下的自由，它僅僅保障人人生而平等,機會和權利的平等。但是，它不會虛假地否認人的差異性，它只保障誠實勞動的合法的私有財產，它不鼓勵懶惰，它更不遏制勤奮，因為絕對平均主義的社會不會是一個有前途的社會。自然之法不可違，法自自然，天人才能合一，社會才能和諧。（詳論請見2002年獄中拙著《人類社會正常秩序概論》•2008年香港出版）

（五）中共權貴私有集團和全國民眾的矛盾，是當今中國大陸社會的主要矛盾

中共權貴私有集團和全國民眾的矛盾，是當今中國大陸社會的主要矛盾，幾乎是不必論證的社會現實。

中共權貴私有集團既然是一小撮，就必然與廣大民眾相對立，也必然與七千萬普通的中共黨員相對立；中共權貴私有集團固有的來得容易，便更加貪得無厭，就必然加劇與廣大民眾的對立，必然加劇與七千萬普通的中共黨員的對立。中共權貴私有集團又必定因它固有的貪得無厭、飛揚跋扈，而引發有決定意義的重大的經濟危機和社會危機，越來越多的群體衝突已是不爭的現實，迷信暴力機器的中共權貴私有集團終有一天，突然發現他們已經成為真正的一小撮的時候，他們的武裝力量也會不那麼可靠了。顏色革命必將來到。到那時，除非中共權貴私有集團分化瓦解，放權讓利，允許言論自由和結社自由，允許獨立工會，允許結社和結党自由，如當年西方社會的大資產階級的作為。可是，在這一點上，恐怕中共權貴私有集團遠不如當年西方社會的大資產階級開明、自尊。到那時，倘若中共權貴私有集團不投降，那只有滅亡。

當然，市場經濟，哪怕不完全意義上的市場經濟，也一定會逐步地、漸進地培育人們獨立思考、獨立判斷、尊重他人和遵守契約的習慣；也天天給人們免費上課："公平交易"、"人權平等"、"商業經濟就是契約經濟"、"市

場經濟就是法治經濟"、"你活，也要讓別人活"、"玉石俱毀不如談判妥協"等等，水滴石穿，和平轉型也不是沒有可能，那只會讓再一次給中國人帶來無窮災難的共產革命永遙無期了……。那我們中國人算是得福了。

我相信，形勢不饒人，形勢比人強。

那麼，怎樣能最好，而不是最壞呢？

（六）實現"公民三有"，有可能是中國大陸社會和平轉型的破局之道

變革不能等待。

我認為，化解之路和破局之道，就是通過"維權"運動和"民權"運動,持續不斷地綿延不絕地實現"公民三有"。

"民有、民治、民享"，是憲政民主的核心。其中"民享"又是三民主義的基礎。

"公民三有"就是"民享"的具體化。

"公民三有"是指"公民有業，公民有股，公民有產"。

"有業"：指國家應該提供每個公民充分就業和擁有個人事業的公平機會和待遇。當然，任何一個社會也不可能做到百分之百的就業，但是只有憲政民主的國家才有可能將失業率壓低在最低的範圍之內，並給予失業者應有的失業補助和再就業培訓的機會。另外，會特別強調在就業機會前的人人平等。

"有股"：六十年來，中國大陸由於全體公民的努力，在國有企業中積累了巨大的資產。近年，中國大陸這些企業股份化之後，中國大陸的公民卻一無所得。問題更嚴重在於，中共的權貴私有集團無償地掠奪了這本應屬於全民所有的巨大資產。因此我們認為，中國大陸的公民有權合法獲得他們應得的國有股份；中國大陸的公民有權向中共權貴私有集團討回自己的血汗錢。當然，中國大陸的公民這種合法擁有，需要通過立法的方式取得公平的份額。中國大陸社會必然要走這一步，這將成為最大的變革動力。當然，我們也鼓勵私人企業家合理地讓員工佔有企業的適當股份，這只會有利於私人企業的發展。私人企業這個部分，自然不應該由國家干預，是應該通過股東和股東大會與員工集體或員工自由工會和平協商來解決。

"有產"：主要指房產和地產。公民應該合法地擁有私人的完全意義上的房產權和地產權。國家不得與民爭利，和任意剝奪公民的合法擁有的私有財產，特別是房產和地產。當然，我們充分估計到解決地產問題是一個極為困難的問題，必須通過國家的立法手段，使得每個公民在地產權上人人平等，徹底改變中國大陸農民始終處於二等公民的不平等的現狀。

其中，"公民有股"和"公民有產"，最是利器。唯有以"公民三有"才能從根本上毀棄權貴資本主義的歧途。

（七）中國的民主政治制度，要生發和植根於中國優良傳統和價值觀當中

中國人從19世紀以來，特別是受了外強欺辱之後，一些人一味地以為只有外國的東西才好，一會兒"馬先生"，一會兒"資先生"，恰恰忘了我們還有一個"中華好先生"，還有一個"人類社會的正常秩序"在那兒永遠起着作用。達不到和諧的時候，就是違背了這個秩序；要想和諧，就要回到這個正常秩序。老祖宗早講過。這不是簡單的打倒和推翻能夠做得到的。共產黨為了打倒甚至消滅國民黨，讓中國人死去幾千萬；他們執掌政權後，又人為地造成了幾千萬人無辜的死亡，這種簡單的重複和循環不可取。

人們不要忘記，緣於一篇文章和一篇"勞動黨發起宣言"被打成右派、經歷二十年囚徒生活、鮮為人知的徐璋本先生1957年就一針見血地指出："從人生自然哲學的一體性來看，馬克思忽略了「人」的關係而把人看作經濟制度的產物,這種倒因為果的學說不能作為「人生哲學」的指導思想。另外，強調「階級鬥爭」的方法，與黑格爾的「戰爭進化論」同樣是脫胎於人類自私仇恨和殘忍本能的極端表現。""馬克思治學態度一方面承受了德國學術界的嚴謹詳盡有條理的優良傳統，一方面也承受了德國普魯士的「絕對性」和「不相容性」。這種宗教色彩的絕對性和不相容性，應用在他的忘卻人類兩種矛盾生物本能的「行動政治哲學」上，

就產生了他的高度理想和仇恨心理,只講目的、不講方法的、矛盾的人生政治哲學觀。""東方印度和中國特有的對人生本能的深刻體會,和毫無宗教迷信和教條主義的「大同人道主義精神」、「人天一體觀」大徹大悟……"才是人類社會的"正途"。研究者認為,徐璋本先生就憑他那一篇文章,在將來的中國思想史上當會有他的地位。(謝泳:《錢學森和他的同學徐璋本》)

全人類的普適價值和中國社會固有傳統優良價值相融合,才是中國的大勢。

不解決制度性的問題,不瞭解人性的問題,不瞭解人類社會正常秩序,都不可能根本性地解決中國的問題。

1)我們應該學習西方的不輕信任何個人、多元制衡、民主的政治制度,讓壞人都不便於和不敢於輕易做壞事。

2)另外一方面,我們又要發揚光大中華優秀文化:法自自然,天人合一。信任人、相信每個人內心都是有良知的(所謂人人心中都有一桿秤),來要求人們三省吾身,內求諸己。講究人的修學、修性,也就是說未來中國需要既重制、又重教。教育是第一位的。

3)要承認人類社會有正常秩序可循,不可違背。

中國的出路在於教育、制度和正常秩序。

(八)中國實現民主化和國家統一的最佳之道在於和平、理性和非暴力請華夏子孫不要忘記孫中山先生彌留之際呼喚的是：和平，奮鬥，救中國！

以"學術研討"進而"圓桌會議"達成中國的政治和解、制度轉型以及兩岸的民族和解，以民主憲政立國解決政治合法性危機，以"公民三有"毀棄權貴資本主義的歧途，以建立憲政民主和光復中國文化來奠定"主權"的正當性根基，從而實現民族國家的統一。這就是說通過"一中二憲二府"的和平發展，解決現階段的兩岸現狀，消除分裂和對立；在未來通過授權的"制憲會議"，完成和平民主轉型，結束專制；最終建立自由仁義和民族統一的中國第三共和國的新文明，才是在中國實現憲政民主和國家統一的最佳之道。

這就是我和臺灣前立委錢達先生以及大陸年輕的新儒學研究者孔識仁先生共同推動兩岸簽署和平協定的全部目的。

有可能將中國大陸社會引領向高貴的百科全書式的智者——王康先生最近說："我們的摩西不止一個，曉波是最近的一位。勿使我們的摩西太寂寞，中國才有望。這個信念屬於劉曉波。"

我相信，也一定屬於大家。

我相信，中國的忠烈祠永不缺耿耿忠烈。

我相信，中國有賢者、智士引路，前程必無量。

大位已移，不可逆轉。

大勢已定,不可阻擋。

中華民族得福了!

――――――――――

增訂版附錄：其他不得不寫和發表的文字

不愉快的文字

（1-7篇）

（1）

難道你徐水良不是血口噴人嗎？！

徐文立

（2016年9月4日）

徐水良2016年9月4日藉口「驳继续造谣的王希哲」鑿鑿地在網路上公開說：

1.「那海外后援会，……徐文立当时根本不是民主党，怎么竟然变成"徐文立委托"？」

然而，我徐文立1980年春節前參與了秦永敏、傅申奇、楊曉蕾策劃及劉二安知會的建立「中國民主黨」武漢會議的商討。我認為，時機不成熟，大家尊重我的意見就放棄了。

1993年我出獄之後，一直在秘密地組建「中國民主黨」，逐步開始形成了我、查建國、高洪明、劉世遵、何德普等等人、聯繫武漢秦永敏等等地方為核心的建黨團隊；不然不可能1998年在北京和全國憑空「蹦」出建黨的北京和其他地區的核心團隊。並且，在全國的中國民主黨「組黨」活動，被中共連續兩年強力鎮壓之後，唯一有京津黨部仍然公開堅持到最後，直到 2002 年第三梯隊黨的負責人何德普入獄，才轉入地下，繼續奮鬥。

1997 年左右，我公開地提出了「結束一黨專制，建立第三共和，保障人權自由，重塑憲政民主」的政治綱領；和秦永敏及全國同仁們建立了「空中民主牆」，在武漢創立「中國人權觀察」和北京異議運動消息發送中心，將最新的國內各地異議活動及異見文章和消息透過香港和外媒傳遞到全世界，並開始著手建立全國範圍的中國民主運動和後來的中國民主黨的「傳真機」和「電腦因特網」聯繫；敦促中國政府簽署聯合國的兩個國際公約；強調「工人有權成立自己的工會、維護自己的權利」；那一期間我見中外記者幾百次，幾乎每天在家接受外媒電話採訪；和世界各國駐京外交官進行頻繁的交往，以期國際社會關注中國的民主和人權事業。

不然，中共不會在「民主牆」案中判我一個最重刑：15 年徒刑、4 年剝權；1998 年「中國民主黨」第一批判刑又是最重的一個：13 年徒刑、3 年剝權！

當然，中國民主黨 1998 年 6 月 25 日是浙江的一些年青人首先舉起了這面義旗，我和秦永敏當日在通話中決定，號召全國 28 個省市同時響應建立中國民主黨，所以中國民主黨是在中國大陸 28 個省市同時舉行成立的中國反對黨。

1998年7月20日我和秦永敏發動全國異議人士簽名和發表聲明，營救被拘押的浙江的中國民主黨人。

那請當時不知在何處、在做什麼的徐水良說說，我徐文立什麼時候才算「中國民主黨」黨員？！

徐水良卻鑿鑿地說：「徐文立当时根本不是民主党」，這不是血口噴人，是什麼？！

2. 徐水良2016年9月4日藉口「驳继续造谣的王希哲」鑿鑿地說：

「事实是，当时有一些钱，要送给大陆。……说不能通过徐文立给，说通过他，钱很可能就少了，没了。」

那你徐水良就拿出真憑實據，哪一筆錢是「通过徐文立给」，「钱很可能就少了，没了」的？！

你徐水良還不必來什麼「可能」，請一一鑿鑿地羅列出來。否則，難道你不是血口噴人嗎？！

3. 徐水良在2016年9月4日藉口「驳继续造谣的王希哲」之前，不斷地陰險地在《獨立評論》和其他發文中暗示、以致最近公開說我徐文立是中共「特線」，以期污損我，你為何如此歹毒，你心裡有數，我和朋友們心裡也有數。

那請你徐水良拿出真憑實據來證明:我徐文立怎麼就是「特線」了？！否則，難道你不是血口噴人嗎？！

一個(徐水良)1979年還在肉麻吹捧毛澤東的「毛粉」，出到美國把肉麻吹捧毛澤東的「毛粉」的文章再次公開發表，然後正事不做，跟幾乎所有人翻臉，還恬著臉地幾乎天天嚷嚷着捉「特務」和「特線」，活脫兒一個不把海外民運搞亂、搞垮誓不罷休的人；日常連個話也說不清，文章水平也就是「本人是发起运运第一个老运运」式的自吹自擂，還好意思信誓旦旦說出小人猥琐狂言来「等……再来心胸豁达」，真是不知羞恥為何物的東西！

附件：

驳继续造谣的王希哲 徐水良 [2817 b] *2016-09-04 04:16:56*

http://www.duping.net/XHC/show.php?bbs=11&post=1366885

———————

（2）

徐水良的蠍毒之心和幾千美元事

徐文立

（2016年9月5日）

我2016年9月4日公開發表《難道你徐水良不是血口噴人嗎？！》，要徐水良回答我的三個質問，徐水良至今不敢正面回答,那我就只好在「美國勞動節」這一天,再寫出此文。

徐水良2016年9月4日在網路上公開藉口「駁继续造谣的王希哲」鑿鑿地說:

「事實是,当时有一些钱,要送给大陆。……说不能通过徐文立给,说通过他,钱很可能就少了,没了。」

徐水良言外之意十分蠍毒,即:徐文立在中國大陸時,假冒民運的名義,全部、或者部份貪污、私密了一筆、甚至幾筆公款!

徐水良故意把應有的證據,說得無根無據、含混不清;十幾年了,他和我同在美國,他從來不向我求證,突然發表在《獨立評論》上,歹毒地說:「事實是,当时有一些钱,要送给大陆。正义党讨论通过谁给浙江?我主张通过林牧老先生和许良英,或者丁子霖等,说通过他们,钱再多,也不会被截留。说不能通过徐文立给,说通过他,钱很可能就少了,没了。正义党一致同意我的意见,你(王希哲-徐文立注)也同意。但后来因为技术原因,几个年纪大的,没精力管这事,说还是直接给浙江。正义党就决定直接给浙江。4千美元通过香港送。

后来,你(王希哲-徐文立注)很气愤地告诉大家,说徐文立电话,说他自己已经给某人开了五千美元支票,要我们马上把钱打到他女儿账上,否则,她女儿就破产。你说你很气愤和震惊，和他大吵一架，对徐文立说，我们不是通知你给浙江的钱不经过你徐文立送吗？你这不是强抢抢钱吗？你怎么能这样做？徐文立回答说：难道我用五千美元也不行吗？你回答说，钱是我们海外的，凭什么给你用？我们海外的钱总共也还没有到五千美元，而且钱已经到香港。你这样做让你女儿破产，关我们海外什么事？大家看到徐文立如此强行抢钱，非常震惊。因此更加不相信徐文立。当时讨论怎么办，傅申奇王炳章主张这次就把钱给他，下不为例。我说：不搞下不为例，而且钱从香港回来，一来一去，汇率损失就是很多。对王希哲说，你通知他，让他收回支票，收回支票不过损失一点点钱，让自己解决。大家都同意我的意见。本人和大家根本不相信徐文立，徐文立也不是民主党，除了你，本人和其他一些人也不会和徐文立有什么联系，怎么可能（我徐水良 - 徐文立注）是受徐文立委托成立海外后援会？」

　　然而，事實是：

1，　　我從1978年11月26日開始從事中國民主運動至2002年12月24日流亡海外，24年間，我只得到過海外用於民主事業的公款二次：（第一次）所謂的王炳章1998年2月託人帶給我的500美元。至今我不知道是不是真的是由王炳章託人帶給我的，還是公安局設的局，以便讓我有接受「境外敵對勢力資金支持」的罪名，因為那位「污點證人」是個背叛者。

（第二次）王希哲在1998年夏天轉給了我幾百美元用於公務。幾天之後，就有人提出要向我報銷他的家庭電話費，理由是他的長途電話費都是為了民主事業；我問了王希哲，王希哲斷然回絕。後來，此二項公款完全用於建立全國範圍及與海外聯繫的中國民主運動和後來的中國民主黨的「傳真機」和「電腦因特網」聯繫之用；不足部份完全由我個人稿費、個人獎金、「國際大赦」一次性對我的生活補助、私人支助給我的收入，甚至從我太太的工資中支付。1993年我雖然出了獄，可已經沒有了工資。

我能夠理解許多人可能不相信，以徐文立的名氣、做那麼多的事，不可能在24年就得到過兩筆「民運公款」——這樣微薄的一千多美元的資金支持。

然而，這就是有關我的事實。

繼續不相信者，請舉證。

可能有些人還會說:「打死我也不相信」,那就奉勸這種人,不要染足任何「奉獻的事業」,或者乾脆去學政治領域有些人的「一切向錢看」、「有奶便是娘」!

2, 當時,我人在中國大陸,人和電話被中共高度監視,經常被傳訊和短期拘押,海外不可能告訴我,徐水良你們1998年的什麼4,000美元怎麼來歷、去向和用途。對此,我完全不知道和不清楚。與我無關。

3, 我女兒作為我一個窮工人出身的政治犯的孩子在美國留學,完全得靠她自己在學校拿全「A」、或者「A+」的成績和打零工及好心的美國人的極為有限的資助,才能升造直至波士頓大學藝術系碩士畢業(全世界只有大英博物館才有資格授予藝術博士學位)。2000年碩士畢業後,女兒毅然放棄紐約「大都會博物館」的邀請,來到遠離紐約的美國最寒冷的東北部的新罕布什尔州(State of New Hampshire)作私立中學的教員。

1998年的她,還是學生時代,怎麼有可能一開支票就是「五千美元支票」?!

現在，在美國生活的人恐怕有一點點良知的人，也不會像徐水良這樣信口開河到這種地步！！！

我在美國生活14年，我的銀行實際存得住的存款一般是幾十美元,最多沒有超過500美元。不相信的話，可以組成「有公信力的五人小組」查我的14年私人的銀行帳戶。

但是，1998年是有過我在湖南張善光案件緊急時，讓我的女兒開過一張1,000美元支票的事。但是那是1,000美元支票，決不是什麼「五千美元支票」！

當年，張善光案件亟需律師費，託當時湖南異議人士劉XX緊急向我求助；我向王希哲求援，一貫急公好義的希哲爽快地答應了；但是支票久久不見寄來，我情急之下只好勉強女兒想方設法寄1,000美元支票救急，給湖南異議人士劉XX。後來發現，不但沒有見到劉XX將這錢轉張善光的凭據（轉沒有轉我們至今無法核實），而且湖南朋友又发現從此劉XX不再露面，下落不明。

當我們緊急請銀行拒付時，可是銀行告知錢早已取走了！希哲也沒有辦法補上我女兒的損失，女兒跟家里哭訴道：「不行，學我就不上了，打工算了吧！」

作為父親的不慎，給千萬里之外的女兒帶來的損失和痛苦是我一輩子償還不清的！

現在，更沒有想到的所謂「同道」徐水良的心及手段和共產黨的蠍毒無恥，造謠誣陷如出一轍，這明明是魔鬼啊！

難怪北京許老先生生前說：「徐水良這個人討厭得很，一天到晚就會胡說八道！」

難怪王希哲會說：「徐水良是一个阴暗龌龊的人！」

徐水良的鬼話是：「事实是，当时有一些钱，要送给大陆。……说不能通过徐文立给，说通过他，钱很可能就少了，没了。」

那徐水良就必須一一鑿鑿地羅列出來：徐文立在中國大陸時，是怎樣假冒民運的名義，全部、或者部份貪污、私密了一筆、甚至幾筆公款！

否則，徐水良就是血口噴人！！！

――――――――――――――

附件：

1）順帶說一下，我的學生在學術研究中發現一位美國「因特網」專家披露：中共現在的「防火牆」,就是從應對1997年起「建立全國範圍的中國民主運動和後來的中國民主黨的『電腦因特網』聯繫」而啟動的。這正是我所倡導的。

2)另外,也順帶說一下,1998年這時候有一位在我家住過的山東年輕人劉XX,我們情同手足地招待他,他事後卻到處散佈:「全中國異議人士沒有一個人有汽車的,就是徐文立有一輛豪華轎車!」

而且,他每到的一處異議人士家,走之後,這位異議人士就招致被抄家,電腦被沒收。

更有甚者,他還居然帶著警察到山東燕X開的餐館,進了門,才沖著似乎要帶他走的警察大喊大叫:怎麼了,組織中國民主黨犯什麼法了?!就這樣生生地把堅持「廣交友,不結社,不組黨」的燕X開的餐館給攪黃了、並入了組織中國民主黨的罪,之後燕X被捕,直至跳海渡去台灣,受盡劫難,剛剛才有了太平自由的生活。

就這位劉XX看過、也坐過我家這輛「開50公里時速時,就直哆嗦」的二手的北京車－吉普2020。可被他上網並到處宣傳為「豪華轎車」。

可這輛車，是我用我們全家12年48天寫的「血淚家信」——《徐文立獄中家書》在香港出版，得到的4萬港幣稿費加一點錢買的。

這位劉XX就忍心硬是造這個謠，撒這個謊！

這都是些什麼人啊！稱他們什麼為好呢？！

─────────────

（3）

李洪寬先生真懂什麼叫「良性互動」嗎？

徐文立

（2016年10月12日）

李洪寬借著群發的郵件，公開地嘲笑和譏諷並點了我徐文立的名：

「在 2016年10月10日 下午6:13，LHK <李洪寬> 寫道：

梦想家不断出现啊。

二十年前徐文立先生提出来主动与中共良性互动，结果这个政府把他逮起来扔监狱关了十多年。

现在这个李想是瞪着眼不看乌坎村民选举的实际遭遇，却舔着脸散布不切实际的梦想小说片段。」

可能是我10月7日在郵件群發中、並公開發表的「不跳出舊思維，中國民運沒有希望和前途」，觸動了某些人的敏感神經了，老虎屁股摸不得了啊！

那麼，讓我們在中國民運的實踐中，拿一些眾人皆知的實例看看，李洪寬最看不上的所謂的「主动与中共良性互动」。

那麼，以編「小參考」而聞名的李洪寬肯定不會健忘：

是誰？為了僅僅換取提前幾個月的出獄，而公開支持中共政府申辦2000年奧運會；

又是誰？在1989.64大屠殺的頭號元兇鄧小平帶著罪孽死去的時候，作為「階下囚」，舔著個臉給鄧小平家屬發去所謂「唁電」！

那麼，以編「小參考」而聞名的李洪寬肯定也應該不會健忘：

是誰？1979年初中共抓民主牆人已經在成為常態的情況下，在民主牆前組織民主討論會、第一次在中國大陸搞民意測驗公開抗議中共政府迫害異議人士、公布「XXX的庭審紀錄」等等、等等，1980年11月15日提出全面改革中國社會的的政治綱領，1981年初號召：全國異議人士「緊急下潛」，被中共定為：反革命宣傳煽動罪，而不是什麼真正的刑事罪？！

又是誰？1979年10月1日中共30年大慶日，組織和領導了「星星美展」遊行：藝術要自由，政治要民主。

- 徐文立：1979年10月1日民间人士举行的"星星美展"和平示威游行——记民主墙的一场行动(共2页)

- http://blog.boxun.com/hero/200906/xuwl/3_1.shtml

- 再发此文以感谢"实地摄影大师"——王瑞30年前所摄的珍贵照片首次发布(共2页)

- http://blog.boxun.com/hero/200907/xuwl/1_1.shtml

更是誰？1980年二次參與和領導、1998年再次「組建直接與中共對抗的反對黨」；1997年11月29日，提出「結束一黨專制 建立第三共和 重塑憲政民主 保障人權自由」的政治綱領和「公開、理性、和平、非暴力」的政治路線；被中共定為：反革命組織罪，而不是什麼真正的刑事罪？！

李洪寬如果辨不清，那請孫維邦、范似棟先生教給你：

「可能大體如范似棟記述的,孫維邦那些不盡準確的說法：『通過坐牢我覺得徐文立的看法是對的，坐牢之前我的覺悟沒有他那麼高。』

『(我孫維邦)是以一個老百姓的身份對政治發表觀感，認為中共不好，希望中共改好，而徐(文立)則好像站在了政府的對立面，並且是以一個政治領袖的姿態說話。』

范似棟評論說:『徐文立表面很平和,作風也實在,有時候好像比孫維邦還溫和,但在明眼人看來,他時時露出爭奪天下的雄心大志。』(摘自范似棟《老虎》第八章第二節 青島來的異議人士)

和中共爭天下沒有什麼不對、不好,這是爭奪中共專制的天下，爭出個民主憲政的天下，中共不可能出讓它的權力。其中組建反對黨是最自然、最必要的政治上的『雄心大志』；對此,不能沒有想到,我們不但想到、做到了，有些所謂的政治人物過去謾罵、譏諷中國民主黨的組建,現在又去偷和搶,不知是可恥、還是可憐！」(引自徐文立《人類社會正常秩序概論》增訂版)

李洪寬倘若還是辨不清,那就只好請中共政府教給你：為什麼1978民主牆案和1998中國民主黨案，前後相隔20年，二次判刑最重都是徐文立，那就是因為徐文立太會「主动与(我們)中共良性互动」了！

那麼，誰值得最鄙視「主动与中共良性互动」的李洪寬嘲笑和譏諷？不用我告訴李洪寬先生了吧？！不要老是為別人扛著槍,只敢欺負欺負大自然的「飛禽走獸」!來點狠的對付中共!

不然,我只好說:李洪寬先生你真不懂什麼叫「良性互動」;枉費了你在紐約法拉盛,於89眾兄弟面前曾經誇讚我徐文立是:在民運最會煽動媒體的人。

****

在 2016年10月11日 下午11:40, donglinjieshi <王希哲>写道:

老王没有做梦呀!

1、老王是说,你若是仇共反共民运,天天喊要清算,推翻、杀绝共产党的,就不要幻想,而应该去革命。你要乌鸦把口中的肉掉下来,你就应该对乌鸦说点好话。哪有天天喊要清算,推翻、杀绝乌鸦,却又要乌鸦"开放民主",把肉给你掉下来的?

2、老王是说,一个社会如果存在着两大你死我活的敌对势力,就不会有民主,也不能人为去"搞"民主。否则一定内战厮杀。老王哪里做梦了呢?是你们在做梦呀!

3、老王是说,如果你不是对共产党有不共戴天历史仇恨,只是要求民主,甚至先只要求监督权检察权不要求执政权,那末,在这个前提之下"为什么不可以尽力回到在中华人民共和国宪法体制内求民主争发展的轨道上来呢?"现在的左翼民运不正在这样做的吗?开始并不反共的自由主义主张的中国民主党,不也奋斗了十几年了吗？抓了几个人关几年就不得了了吗？民主那么容易得到？美国民主奋斗多少年？抓过多少人？甘地，马丁路德金们都没有坐过牢吗？一坐牢，就放弃"和平理性非暴力"了吗？

回过头，你们认为中国的"甘地"马丁路德金""（刘晓波们）是幻想，要革命，老王什么时候反对过呢？就在这篇讲演里，反对你们了吗？没有呀！有名教授提出训练几百敢死队空降中南海斩首，老王反对了吗？没有呀！老王"做梦"在哪里？

只是洪宽问老王：压死共产党的最后一根稻草在你老王手里，你放不放下去？老王答说："不放！"

因为：

1、老王与共产党没有仇恨，老王确对共产党历史的奋斗有感情。老王只希望共产党民主化，首先是对不反共的"人民民主化"，"社会主义民主化"。五十年一贯。（曾一度幻想国共再合作搞民主，后发现不行）

2、老王还要看"压垮"共产党后，可能是谁上台（还没说完，洪宽便打断）。若代表外国势力反华毁华的势力上台，老王不但不放下那根"稻草"，还将站在保卫共产党一边，与这个势力作坚决斗争，打掉它的"稻草"。

老王"做梦"在哪里？堂堂正正。

老王社长

2016年10月11日

****

在 2016年10月10日 下午6:13，LHK <李洪宽>写道：

梦想家不断出现啊。

二十年前徐文立先生提出来主动与中共良性互动，结果这个政府把他逮起来扔监狱关了十多年。

现在这个李想是瞪着眼不看乌坎村民选举的实际遭遇，却舔着脸散布不切实际的梦想小说片段。

二十多年下来，王希哲也还在做梦：

****

作者：赛昆 "某人"支持中共政府申辦2000年奧運會"本来不应该受谴责。但是，" 2016-10-12 18:58:12 [点击:29]

即使出来以后华丽转身:反对中共申办2008年奥运会，也属于正常现象，无可厚非。

但是，其一众拥趸手下，却攻击其他民运人士支持中共申办2008年奥运，特别是攻击在国内的异议人士如胡佳（似乎是因为胡佳在2008年获萨哈罗夫奖，进而获诺贝尔奖呼声很高），这就令人不齿了。

那位谴责王丹支持申奥的安魂曲，大概没想到吧："一贯正确"之人也曾经支持黄俄申奥。

螺杆先生说支持申奥的王炳章辈是"民族主义作怪"，那么有时支持有时反对的人是什么主义作怪？俺看是个人名利主义作怪：）

（4）

魏京生先生原本是反共的嗎？

徐文立

（2016 年 10 月 19 日）

王希哲先生曾經多次斬釘截鐵說、今天又說：「实话说，民主墙时期，只有一人是公开了反共的。这就是魏京生。」

其實大謬。魏京生先生原本是反共的嗎？

倘若，魏京生先生原本是反共的。他就不會說出：「为民主的斗争是中国人民的目标吗？文化革命是他们第一次显示自己的力量，一切反动势力都在它面前发抖了。」（引自《魏京生于一九七八年十二月五日在西单墙贴出的他的第一张大字报，后发表于一九七九年一月八日出版的《探索》第一期》）

在這之后，魏京生先生1997年11月16日到了美國還曾經強调，文革是當代中國民主運動的源頭。不然，魏京生先生也不會強調他父親和毛澤東、江澤民的來往，並有專文；更不会透露，他小時候，江青親手抱過他等等微妙的情感。

因為我們中國人都懂得中共「延安整風」之後，至1976年前的中共就是毛澤東的中共。魏京生先生有这样反共初心吗？没有。當然，这也并不是什么错误。魏京生1978年民主牆時期的幾篇文章基本上寫的很好，就足夠了。只是王希哲先生不要這麼为魏京生先生作这么肯定的结论。

正如范似棟先生所言：「魏出身於低層中共幹部家庭,他父親是中共軍人出身，這類人員是中共成員中最愚昧最殘暴的類別,他們是毛澤東統治的最堅定支持者,沒有毛澤東的農民造反他們怎麼能翻身,進城都難」，他只是中共軍隊大院中不得意的中下層軍官的孩子們的頭目想出人頭地而已。

如果說他在民主牆初期的實際表現,你說魏京生先生是個反對鄧小平份子、嚴厲批評過中共,倒是貼切的，有文字在。

下面我引述的范似棟先生的文章《一個德國人筆下的魏京生》，我核對過台灣出版的《魏京生前傳》，范似棟先生沒有任何篡改,完全忠實於《魏京生前傳》原書，就可以準確了解魏京生先生和文革的淵源和割捨不斷的聯繫。

一個德國人筆下的魏京生

http://blog.boxun.com/hero/fansidong/3_1.shtml

范似棟

魏京生過去是怎樣的一個人？

還不到蓋棺論定就評論一個活人，一個被政治包裝得嚴嚴實實，面目全非的人物，一個在顛倒的時代被顛倒的中國人，說起來真夠難。

首先由誰來說呢？中國政府的話，海外的中國人不怎麼信，國內的中國人也不怎麼信。即便拿出魏的檔案，似乎是真憑實據，人們也還懷疑是當官的編故事糊弄老百姓。如果有一個知根知底的人出來說話，人們也不信，怕那人也是被政府收買的或被中共嚇怕了的。

政治這個東西太骯髒，一沾上它的邊就說不清。

所以我舉手發言告訴大家，根據我的調查和研究，魏京生是一個不思改悔的罪孽深重的壞人，對這樣一個毛澤東思想培訓出來的下流的犯罪分子，大家不應去信，更不要去捧。

但是大家一下子轉不過彎。有好事者王希哲在餃子會議上問魏京生，你有沒有在文革中打過人？魏矢口否認。於是有種種流言，說我可能是妒嫉魏的名望，又說魏京生自己都納悶，范似棟以前都不和我認識，怎麼就和我擰上了。這話有點道理。比如，北京看不起或不看好魏的人，他們多少與魏見過面，說過話，共過事，他們說魏不好還有點根據，而我和魏京生是素昧平生，從無來往。

　　有民運圈子裡的人來問我，你怎麼會知道魏的過去所作所為？你不是北京人，你怎麼能這樣肯定魏在文革中有犯罪行為呢？我坦白地說，我是根據我的文革生活經驗，綜合分析有關魏的許多資料，如魏的文章，魏的歷史，然後推斷出來的。我當然沒見過魏京生打砸搶，但我見過文革初期來上海點火串聯的拿著皮帶到處打人的北京老紅衛兵，也親眼見過上海的紅衛兵打砸搶，文革時我所在的中學裡就有好幾個老師被打死打殘。我認識那些打死老師的紅衛兵，有些還是我的同學，我熟悉他們和他們的思想。我也熟悉中共高幹子弟和自詡的高幹子弟。

　　我是在79年聽說魏京生和他案子的。我一早就不喜歡魏并懷疑魏不是個好人，原因有以下幾個，一是魏出身於低層中共幹部家庭，他父親是中共軍人出身，這類人員是中共成員中最愚昧最殘暴的類別，他們是毛澤東統治的最堅定支持者,沒有毛澤東的農民造反他們怎麼能翻身，進城都難；二是魏曾經是'聯動'成員,'聯動'的成員絕大多數是66年紅八月中最兇殘的一族，紅衛兵不是都犯事的，也有安份守己，明哲保身的紅衛兵；三是魏在七十年代未向鄧小平發難，不利於異議活動的生存和中國政治的非毛化；四是魏的文章有流氓暴戾氣，文如其人，這一點最重要但往往被人忽略；五是當時西單牆的其他參加者都對魏的這一行為表示異議和規勸，魏卻一意孤行，置異議活動的整體利益於不顧。

雖然人們聽我這樣說，知道我不是信口雌黃，但多數還是將信將疑。那麼，有一本書可以說明問題，證實我的看法和結論。

那本書是98年9月在台灣出的，書名叫《魏京生前傳》，是魏的一個德國朋友，JURGEN KREMB（中文名周勁恒）著，葉慧芳譯，捷幼出版社印行。魏京生為這本書寫了前言。

前言開頭就是："周勁恒先生是我的老朋友。他和他的妻子周素禧在北京當記者時認識了我，從此我們兩家即成為好朋友。他對我的了解不僅僅是聽我說的，而且從我的家人、朋友、老同學那兒聽到許多連我都忘記的舊事。"

接著魏又說："我聽到有人批評周先生，說他的書讚揚得太過份，批評得太少。開始我不打算替周先生辯解，當事人嘛，應該避一避嫌疑。免得別人說你不夠謙虛，不夠虛偽，不符合中國現行的行為準則。但我又想，多少年以來，中國人遵守的這套虛偽的行為準則是好的嗎？它弄得人們都不敢說公道話，不敢愛憎分明，不敢去偽存真，不敢抑惡揚善。""所以我決定替周先生說幾句公道話,這也是我應承擔的責任。讓那些虛偽的準則見鬼去吧,反正我從來也不是什麼循規蹈矩的乖寶寶。"

魏京生的這些話很可笑，令人回憶起紅衛兵時代的混蛋邏輯。 明明是周為魏作傳，為魏辯解，魏反而說成，"我決定替周先生說幾句公道話"，"替周先生辯解"。魏的人品可想而知。

現在我們打開這本書的正文，看看這個"從來也不是什麼循規蹈矩的乖寶寶"在文革中做了些什麼。這本書中如果是讚揚魏的話，我們不必太當真，因為周與魏一家人之間的關係非同一般，而且材料來自魏京生和魏的家人，周先生對中國所知有限，沒有可能分辨材料的真實程度。如果是涉及魏在文革中的壞事和醜行，我們不妨作為魏的罪證認可，且視之為冰山一角，因為魏京生只有隱瞞的可能，包括向魏的兩個妹妹，魏玲和魏珊珊，絕不會無中生有往自己臉上抹黑。

該書第四章第90頁，"年輕一代在不斷灌輸學習雷峰的思想教育之後，也準備為毛澤東空洞的任務效命，魏京生，石峻學，姚家霖，張秦的團體也不例外，他們就像所有紅衛兵團體一樣，打砸燒搶讓人害怕。年輕人血氣方剛，殘暴好戰，兇殘的叛逆性格，己經準備好要顛覆整個中國社會。他們從一出生開始，就在中國傳統的桎梏下教育成長，現在他們從對毛澤東的神化崇拜中獲得鬆綁，於是義無反顧地追隨紅色皇帝，不管是否會讓自己和他人陷入絕境。"

第91頁，"現在，革命，暴動，血腥暴行是魏京生，石峻學和姚家霖每天的功課。在這一場中國歷史上最血腥殘暴的權力鬥爭下，理想和狂熱變成了鬥爭者的工具，但他們卻不自知。他們相信，毛澤東的所作為，是要帶領他們成為新人類的典型，創造更美好的世界。正如同數百萬年齡相近的年輕人一樣，他們要掀起狂風，席捲全國。""紅衛兵也可以逕自到公安單位，任意調出別人的檔案資料，然後蜂擁群集到階級敵人的住所，把人揪出來毒打，公開屈辱一番，焚燒書籍，破壞古物，藝術品。凡是階級敵人，壞分子臭老九，知識份子，都難逃抄家的命運。"

第92頁，描述了魏京生和其他紅衛兵抄家的情節。"被抄的是當時的北京工商聯主席的家。在二樓有許多珍貴的捲軸和花瓶，房間內，整片牆都是書架，這真是典型的資產階級。但是這群年輕人還不敢開始打砸破壞，直到廚房裡傳來砸瓷器的聲響，魏京生這班人才開始砸這些古董。"

第93頁，"現在，所有的學校都搭起了所謂的牛棚，學生們可以任意地把老師，校長，或是同學之中的反革命分子關起來，審訊，或是在這兒折磨，整死他們。他們要發起全國反學術權威的鬥爭，要打倒知識份子。魏京生的同學有人隨身帶削尖的鐵柱，以便隨時刺向階級敵人，讓流出的血柱沿鐵柱而下，就像暴風雨時，屋簷宣洩而下的雨水一樣。有人拆下了單車鏈掛在脖子下，當成武俠小說裡的流星錘，準備隨時讓敵人腦袋開花。現在校園裡衝突事件不斷，為了自保，魏京生和石峻學也總是隨身帶一支削尖的箭，幸好，他們從來沒有用過。"這裡說魏和他的同學是為了"自保"才隨身帶一支箭，這個"自保"的動機似乎不可信，因為當時被打倒的知識分子才有自保的需要，而打砸搶的紅衛兵沒有這個必要。至於有沒有用過的問題，我想即使用過，魏也不會向寫書的洋人承認。

"七月底，他們又參加了兩次抄家行動。第一家是位於北京城西的郭沫若家。""隔天晚上，他們去抄齊白石的家，齊白石是中國知名畫家……"

第94頁，"魏京生也參加了這兩次抄家行動 魏京生跟著這些藍色裝束的同學，他們大吼小叫地爬上來時的卡車，活像是一票流氓無賴。"

第98頁，"魏京生是狂熱的毛主義分子，為了革命的榮耀，要他動手打架，對抗階級敵人，他絕不遲疑。"必須說明一點，那時所謂的階級敵人哪有與魏京生和紅衛兵們'打架'，或'對抗'的機會和權利，只有被毆打被侮辱的份。這個錯誤不知是魏故意說錯，還是洋人的筆誤。待考。

第五章，第121頁："在他們學校裡，暴行橫肆，一團混亂。三樓教室儼然就是一座賊窟，學生聚集在此研商如何打劫附近商家。一次，他們洗劫了玉泉路上一家酒家，結果老待子和老狗(注：魏京生在中學時的渾名)醉得不省人事。中學生還去偷附近人家養的貓狗，吃了肉，把毛皮釘在牆上。"第125頁，魏京生參加了一個北京老紅衛兵組成的毛澤東思想合唱團，但是他們缺乏經費，"於是魏京生的一位鄰居——楊小陽，跑去撬開紅衛兵抄家倉庫的鎖，這兒有紅衛兵在各處抄家沒收的寶貝，現鈔，存款簿和首飾。小陽決定也沒收部分現金和存款簿，作為活動的經費。當時，沒收家產不是件稀奇的事，毛澤東的私人秘書陳伯達，江青，特務頭子康生，還有地方幹部的家裡堆滿了抄家沒收來的古董珍寶。小陽裝了一麻袋現金和存款，後來他還用偽造的印章盜領存簿裡的錢，全部作為合唱團活動的經費。""剛開始時，魏京生只在合唱團擔任一般工作，"在魏和小陽去了趟廣州回來後，小陽被捕，魏接任合唱團負責人。另據陳勁松撰寫的《魏京生傳》所述，這次楊從抄家物質中盜竊了廿萬元的現金和存款。這在當時來說是一筆相當大的金額。 魏和楊關係親密，魏對楊的盜竊是共同參與或事先知道，還是事後才被告知，我們不得而知。但當魏一伙開始大把化這筆錢的時候，魏不可能不知情。按文革時的刑事處罰案例，盜竊廿萬元的案犯必判死刑，知情不報，共同享用贓款者也要判個十年至十五年徒刑。第六章，第135頁，"北京完全陷入混亂之中。魏京生一回到家中，先招來父母一頓責罵。'聯動'的紅衛兵在北京胡作非為，就像土匪一樣。魏京生也曾是其中的一員。他們在大街遊竄，糾纏不跟他們走的女孩子，還隨便動手打人，對抗公安警察。整體而言，早期多數紅衛兵是幹部子弟，他們的一個口號就是：紅色恐怖萬歲。"這本德國人寫的《魏京生前傳》，我們暫時看到這裡。我們有沒有必要再去翻查有關魏醜行和罪惡的其它資料？那些資料很多，有的說魏京生曾強姦多名女子；有的說，文革那幾年魏京生的弟弟是個街道上稱霸一方的土流氓，而魏則比較好，不常插手這些流氓事務，諸如拔份兒打群架一類事兒；還有一個曾在文革時期被綽號老狗的紅衛兵打傷的老人，現在美國願意作證； 也有人揭發67年魏曾偷過王某的自行車，被抓住後拒絕認錯和道歉；也有人說魏是聯動的一個搞宣傳的小玩鬧；有的說魏在文革初期，因不是高幹出身，常常被高幹子弟欺侮，所以魏喜歡冒充高幹子弟。相信魏京生一定否認這些資料的真實性，我們也無法證實這些資料，所以我們也不必多費心思，翻閱那些資料，也不必多費口舌，說魏還有其它的醜事和罪行。有這一本《魏京生前傳》就夠了。真的夠了。中國共產黨好不好？YES OR NO容易犯簡單化的錯誤，不同背景的中國人可能有不同的結論。但是如果說中國共產黨有些事做得不好，犯有錯誤，甚至罪行，我想一小撮之外的中國人都會贊成。那麼，哪件事做的最不好，罪大惡極呢？我想非文革莫屬，文革中哪一種人最壞？打砸搶抄的紅衛兵最壞。如果還有人說魏京生是好的，無罪的，清白的，你覺得噁心不噁心？現在，我相信所有有正義感，有良知，對中國文革受害者有同情心的人，無論政見，無論國別，無論階級，都會像我一樣從心底裡鄙視，否定魏京生，把他釘上罪惡的十字架，直至永遠。

《老虎》全書連載26第四章第三節魏京生案

http://blog.boxun.com/hero/200912/fansidong/28_1.shtml

魏京生於七八年底曾經在西單牆貼出他的第一張大字報，其中寫道：「為民主的鬥爭是中國人民的目標嗎？文化革命是他們第一次顯示自己的力量，一切反對勢力都在它的面前發抖了。」[11] **這說明魏京生當時對文化大革命還是肯定和留戀的，魏還認為文化革命就是「為民主的鬥爭」**。文革後的中國，肯定還是否定文化大革命是一場嚴重的政治鬥爭，除了文革派的少數人以外，幾乎所有的中國人都反對和否定文革，而魏京生恰恰肯定和讚美文革。這是個很值得深思的問題，可能魏擔心那件二十萬現金的案子，被司法部門重新追究。如果文革是對的，是「為民主的鬥爭」，那麼他們的那個盜竊案子也可能被認為無罪。

在北京公安局搞的一大疊材料中，魏的主要罪行是：七九年二月二十日，中越戰爭的第四天，魏京生向西方記者提供了我國參戰部隊的指揮員姓名，出兵、增兵數目，戰鬥進展和傷亡人數，以及軍委會議日期等軍事情報。

三月十六日，鄧小平在北京人民大會堂慶祝中國軍隊由越南勝利歸來的集會上，發表講話。談了對國際形勢、中越戰爭的看法，談了北京、上海各地的街頭運動情況，其中談到社會秩序遭到破壞，有人阻攔交通，有人向外國人出賣情報，也有人當暗娼，并表示要逮捕一些人。[12]鄧小平再也不說西單牆和人民廣場「好的很」一類話，而是面有慍色，話中帶火。整個會場是一種嚴肅、沉重的氣氛。

當然，和上海二、五臥軌事件造成的社會影響和經濟損失相比，個別人向外國人出賣情報僅僅是偷雞摸狗的小事。

魏京生聽說了鄧的黨內講話，他應該想到鄧所說「向外國人出賣情報」就是指的他，這意味著將被逮捕的第一個人就是他。他把這事告訴了一起辦《探索》的合作者楊光。[13]

任何人在巨大的心理壓力下都會做出反常的舉動。三月二十五日，北京西單牆又出現了魏京生針對鄧小平的大字報──《要民主，還是要新的獨裁》。「人民必須警惕鄧小平蛻化為獨裁者。」「他的行為已表明他要搞的不是民主，他所擁護的也不再是人民的利益，他正在走的是一條騙取人民信任後實行獨裁的道路。」[14]

魏曾經把他的那篇文章拿到西單牆的「聯席會議」[15]上,說要「舉行大規模的抗議集會,發表聯合聲明,旗幟鮮明針對鄧小平,戳穿這個忘恩負義的獨裁者」,卻遭到幾乎所有人的反對。[16]聯席會議的召集人劉青問魏,「你有沒有做過違法的事？」魏矢口否認。

（索引略,請查看范似棟先生《老虎》）

（5）

草先生的觀念太過陳舊

徐文立

（2016年10月22日）

這樣說,草先生一定接受不了。那我們就看看、論論。

最近在《獨立評論》上,草先生發表了：

草庵居士"我认识的老魏兼谈其他" 2016-10-20 14:32:28

http://www.duping.net/XHC/show.php?bbs=11&post=1369469

通篇文章的觀念還是五、六十年代在中國大陸學來的：什麼社會主義、共產主義、资本主义、极左路线、右翼路线、中国工人运动、領袖等等；以及草先生自己的政治主張：社會民主主義、或者民主社會主義……。草先生文章涉及的其他問題的謬誤，今天暫不談。

為什麼說草先生的觀念和思維陳舊呢？

他能夠告訴我們:世界上存在過什麼叫資本主義國家和社會主義的國家嗎？現在世界上，不就是有民主社會和專制社會、半專制社會之分嗎？不就是有正常社會和非正常社會之分嗎？

特別，在論當今中國事和人上，由於草先生不懂「民主大廈的『基礎論』和『位移論』」，或者不願懂，他的觀念和思維自然陳舊。

我們討論問題不宜搞空對空;特別請不要引用能夠嚇唬死人的洋名詞和誰也聽不懂的話和所謂「經典」來說事。說點我們自己的話。

我們先看看中國的現實——

1, 中國現在是全世界私有化程度最過分的國家。西方民主國家的國有企業，因為嚴厲的法治，它依然是國有企業。中國呢，幾乎所有的國有企業都是權貴「化公為私的私有」；權貴「化公為私的私有」幾乎成為中共一黨專政的經濟基礎、操控市場經濟的黑手、擴大貧富懸殊的源頭。雖然極不合理，但是是客觀存在。由於它沒有任何合法性基礎，遲早是會被剷除的。

2, 中國現在正在逐步實現社會的高度自治。不然人們怎麼那麼樂於談論和斷言：中共中央的政策出不了「中南海」呢？而且，中國包括港、澳、台和網路早已實現多黨制和一定程度的言論自由，「黨禁」和「言禁」在一定意義上已經被打破。儘管中共還用酷刑、綁架、電視示眾，也擋不住社會良知在國內外的輿論舞台上大罵共產黨！儘管千瘡百孔的中共專制者心不甘、情不願，他們也無可奈何。這就是市場經濟（哪怕不完全）、社會自治、私有化、因特網的威力。

「中國的大現實」不能不搞清楚、也不能視而不見、或者故意不肯正視；那，觀念和應對思維就一定陳舊。

不難知道我們期盼的西方「憲政民主」的「基礎論」主要就是二條：

1）全社會的高度自治；

2）公民用契約合法擁有包括土地在內的私有財產的神聖不可侵犯。

這麼一對照，中國的社會整體是不是已經逐步「位移」到一個正常社會的基礎上來了？

但是，中國離一個真正的正常社會還有根本的差異，那就缺什麼補什麼：（此文暫不討論怎麼辦、怎麼補的問題）

1，結束中共一黨專制，極難解決；

2，軍隊國家化是關鍵，極難解決；

3，徹底剷除權貴「化公為私的私有」，很難解決；

4，真正保護私有財產(不包括權貴「化公為私的私有」)神聖不可侵犯，需要以剷除權貴「化公為私的私有」為前提；

5，土地實現公民個體的真正私有化，需要立法；

6，相對合理地調整貧富懸殊，這並不難；

7，實質上實現多黨制和言論自由，已經就剩立法。

所以，現在中國問題不是靠傳統意義上的「革命」、特別所謂「共產革命」、「殺富濟貧」、「工人運動」、「工人領袖」、什麼左派和右派可以解決的。非要這樣說，那就是有點故意了。

中國近現代史告訴我們，中共不可謂不狡猾。而且，它的「革命」，現在看來，實質上是真正意義上的「復辟帝制的反革命」。

中共從上世紀20年代開始，他們不斷調整策略，不論他們怎麼折騰，就是在國民政府十分脆弱、軍閥內戰和割據、民不聊生、社會動盪的情況下，他們也只能在江西、鄂豫皖和陝北有幾個小小的根據地，毛澤東的路線也救不了中共，30年代幾乎被蔣公的國民政府剿滅。倘若不是日本入侵、蘇俄輸血、美國失誤，中共它斷然竊取不了政權。

為什麼？這就是因為民國時期，開始是正常社會的基礎了：

1）全社會的基本的高度自治；

2）公民用契約合法擁有包括土地在內的私有財產的神聖不可侵犯；

這二條就這麼厲害。

所以，對於已經逐步位移到正常社會基礎的中國，也已經不是傳統意義上的「革命」能夠解決的，你也發動不起來；特別是，反對派擁有武器和軍隊的可能，幾乎等於零。就是中共內部的兵變和政變，也跟中國民運幾乎沒有關係。

不過你要說結束一黨專制，實現憲政民主就是「革命」、「顏色革命」，那倒也是。我贊成。

當然我知道、也明白，舊的觀念和思維模式是有慣性的：

無奈中國民運也是喜歡為別人貼標籤、搞「政治正確」的團體；王希哲先生一旦被人們貼上了「投降派」的標籤，他的中肯之言，也就沒有人肯好好地想一想是不是有道理了。

王希哲先生說得極為深刻——

「但怎么革命？一些人主张用枪用炮，甚至提出CIA训练几百名民运斩首突击队，空降中南海斩首习近平一干人，革命成功。多数人还是觉得不现实，提出还是政变好。魏京生最代表，他就讲还是政变，最好军事政变。但政变军事政变，有你民运什么事？只能望天打卦等着好消息。这好消息一定会来，魏京生等好些人都说了，因为中国经济面临危机，什么都危机，很快崩溃，所以革命、政变一定到来，共产党一定被推翻下台。不错的，今日右派左派都在说，中国经济危机一定要来。但大家不要犯马克思犯过的错误。二百多年前，资本主义长期发展后的第一次经济危机来到，天昏地暗，马克思就断言，资本主义生产关系不可克服的内在矛盾要爆发了，资本主义社会要炸裂了，"资本主义的丧钟敲响了"。后来才发现，这资本主义的第一次经济危机，不过是少女初潮的月经，吓得要死，但流点血就过去了，今后每月来一次，从此不再大惊小怪。现在中国面临的经济危机，也不过是共产党领导搞资本主义后必来的第一次经济危机，第一次"少女初潮"，什么"崩溃"呀，"革命"呀，"政变"呀，不敢说一点不来，但还是能应付过去的，今后就不会再大惊小怪了。再说，军事政变，当年叶剑英们必须把主席华国锋抓在手里才能搞，才能正统，才能"挟天子令诸侯"，今天谁能对党总书记军委主席习近平搞"军事政变"？你政变了，就没有人起兵反政变？就能呼喇喇一片支持"伊利埃斯库"，把习近平夫妇逮捕枪毙了，全国平平安安高高兴兴坐下来"搞民主"？没有全面的混乱和内战了？其实，就是真政变了，也是共产党自家的事，某派当政收拾局面，没有民运什么事。魏京生表面高调，实际透露了自己对民运没有了信心。」

希望有人能夠聽懂、能夠明白。

草庵居士　"我认识的老魏兼谈其他" 2016-10-20 14:32:28

老魏出访，偶尔经过洛杉矶。我经常在他转机的时候见面。老魏前一段时间大病一场，其实多年前，每当我看到老魏孤单地走向机场的时候，都会有一种莫名的悲哀。尽管老魏可能有各种缺点，这如同每个人不都是完人一样。老魏也会有各种缺点。但老魏依然是一个值得尊敬和追随的领袖。

老魏本质上是一个左派，就如同王希哲先生所说："老王为什么自归为"右派"？因为他坚信今日资本主义一定胜利，列宁主义的"社会主义"一定失败、复辟。老王说了，他之所以扶助左派，因为不希望资本主义复辟太猛太剧烈，社会大翻盘，于国于民不利。"而不同的是，老魏本身代表着中国工人运动，是西方社会认同的工人领袖，这本是就是左翼的代表。老魏之所以成为右派，我不觉得是"赌博"，也不觉得是"摇摆"，更不是"投机"。这是中国社会现实造成的。

当年中共是极左的，这毫不容置疑。1979年之后，胡赵接班之后，中共开始走向中间路线，很有可能走向社民主义路线。但在1989年之后，中共走向了极端的右翼路线。早年的老魏、王希哲、徐文立、王军涛相对中共的极左路线下，他们都是右翼路线。而随着大量异议人士流亡海外，右翼成为了中国民主运动的主流。

但是，到了今日，中共成为了中国右翼路线代表的时刻，海外民运的右翼路线几乎成为了中共的同路人，特别是在私有化及国民福利待遇上，已经远远落后于中共的右翼路线，这就造成了海外民运运动无法超越中共的"与时俱进"，无法领导中国百姓的一个障碍。而中国国内的民主运动已经大幅度向左翼扭转的时刻，海外民运依然以右翼自居，这就造成了目前我们的困境。

无法自我突破，无法跟随国内形势的发展，无法与时俱进，这是我们海外民运的主要问题。

2008年，老魏来洛杉矶，我和老魏讲过，老魏应该竖起工人运动领袖的大旗，坚持左翼运动。

今年，在欧洲丹麦，我再次劝老魏坚持左翼路线。成为左翼领袖。这不是投机，也不是摇摆。在我看来，老魏本身就是左翼路线的代表。我一直说，政治学博士王军涛在与我讨论时也承认，在历史上，右翼独裁远甚于左翼独裁，而且更残暴。左翼不代表着错误，也不代表着是列宁主义或者是共产主义。中共也不敢自称为左翼路线，他们自称是中国特色的社会主义，他们实际执行的路线是极端的右翼路线，国有资产私有化，物权法不都是右翼路线的典型代笔吗？2015年，纽约时报曾刊发一文，专门谈到了中共的右翼本质，称其为中国特色的极右翼国家社会主义。

在今天，我们看到中国的最大问题是什么？是维权。维权是什么？是寻求公平和正义，是谁在维权？是百姓在寻求维权。在百姓眼中，自由民主是第二位的，首要的是眼前的利益，需要公平正义。其实，这也是左右两翼的分歧所在。海外民运，自称是右翼，其实大家所作的都是左翼的事情，只不过是为了"政治正确"，高喊的是右翼口号而已。从这点看，中国民运的问题，每位民运大佬都有责任，老魏不是"王伦"，是我们每位民运成员都没有真正的认识到中国社会在转型，民运运动需要从右翼路线转型到左翼路线。

这个世界上，每一个人都尿过床，每一个人都做过错误的事情，每一个都有一个成长的过程。我们需要看的不是过去的成长中的烦恼，而是应该看到一个人的坚持。至少，在我的眼中，老魏在来美之后的政治决定和判断是成功和明确的，他的判断远高于其他民运大佬。仅此一点，老魏就值得我们尊敬和追随。如果我们苛刻的眼光看待赵紫阳，我们就可以确认他是一个自私而且怯懦的人，因为他不知道忍耐，为了自己的清明名声而毁掉了中国民主事业。我们可以试想，如果当年赵紫阳低头，邓小平就可能顶住陈云、王震等人的压力,保住赵紫阳的位置,等这些老人们死去,中国民主转型可能就会实现。至少这些民运大佬们可以少在海外流亡十年。但历史就是历史,每人在当时的判断不会都是正确和具有历史性眼光的。我们不可以苛求每个人。

未来中国的民主运动不会再是右翼的运动,而必然将会是左翼成为中国民主运动的主流。这不是人的主观臆断,而是历史和社会潮流变迁所造成的必然结果。

最后编辑时间: 2016-10-20 14:54:15

民主宪政的"中国模式"

——王希哲在纽约《中国政治变局与民主化前景》讨论会上的发言

一个存在着两大尖锐敌对的,你死我活不可调和矛盾政治势力的社会,是不能搞什么民主的,也不能有什么民主的。要改变它,只能是革命,和革命后的胜利者集团势力专政。"民运"仇恨共产党,这会上,大家都纷纷表示决心革命推翻共产党,清算共产党,那末,又怎能要求共产党向你们开放民主呢?

民主是一种社会关系,它不是"搞"出来的,不是设计出来的,而是必经社会各利益阶级的长期博弈,演进发展,在社会中实际形成了某种民主社会关系,再以改革的方式做成适应它的政治制度,被称之为"民主制度"

的。这种民主的社会关系实际发展到什么程度，适应它的民主制度也就进步到什么程度。当然这民主制度也有反过来对社会实际民主关系的发展起极大促进作用。

但怎么革命？一些人主张用枪用炮，甚至提出CIA训练几百名民运斩首突击队，空降中南海斩首习近平一干人，革命成功。多数人还是觉得不现实，提出还是政变好。魏京生最代表，他就讲还是政变，最好军事政变。但政变军事政变，有你民运什么事？只能望天打卦等着好消息。这好消息一定会来，魏京生等好些人都说了，因为中国经济面临危机，什么都危机，很快崩溃，所以革命、政变一定到来，共产党一定被推翻下台。不错的，今日右派左派都在说，中国经济危机一定要来。但大家不要犯马克思犯过的错误。二百多年前，资本主义长期发展后的第一次经济危机来到，天昏地暗，马克思就断言，资本主义生产关系不可克服的内在矛盾要爆发了，资本主义社会要炸裂了，"资本主义的丧钟敲响了"。后来才发现，这资本主义的第一次经济危机，不过是少女初潮的月经，吓得要死，但流点血就过去了，今后每月来一次，从此不再大惊小怪。现在中国面临的经济危机，也不过是共产党领导搞资本主义后必来的第一次经济危机，第一次"少女初潮"，什么"崩溃"呀，"革命"呀，"政变"呀，不敢说一点不来，但还是能应付过去的，今后就不会再大惊小怪了。再说，军事政变，当年叶剑英们必须把主席华国锋抓在手里才能搞,才能正统,才能"挟天子令诸侯",今天谁能对党总书记军委主席习近平搞"军事政变"?你政变了,就没有人起兵反政变?就能呼喇喇一片支持"伊利埃斯库",把习近平夫妇逮捕枪毙了,全国平平安安高高兴兴坐下来"搞民主"?没有全面的混乱和内战了?其实,就是真政变了,也是共产党自家的事,某派当政收拾局面,没有民运什么事。魏京生表面高调,实际透露了自己对民运没有了信心。

王军涛说,"推翻了共产党,就大家选呗。"但怎么选呢?在中华人民共和国宪法法统内选?你们承认这个法统吗?中华人民共和国宪法法统是共产党革命的果实,正是反共右派最仇恨的要推翻的东西,怎能在这个法统内选?怎能按这个法统规定的选举规则来选?辛亥革命废了前清法统,孙派制定了民国约法和组织法,袁派不服,要改,要自己解释甚至要废,孙派就要打,袁派更要打,于是就打。梁启超说中了,"革命再革命"。王军涛又说,平等的"圆桌会议"。总要人召集吧?谁来召集?谁能参加?谁来主持?魏京生召集,魏京生主持,你王军涛服吗?我王希哲就一定不服,肯定要和魏京生打(魏京生底下喊话:"我不和你打。"王回应):这话,王军涛昨晚也对希哲说过,他会"让"王希哲,不打。但是要知道,这不是个人意志为转移的。那时,王希哲、魏京生、王军涛们都各自代表了一定的社会利益势力集团,你个人也许想相让不打,你背后的政治势力会推动你去打,会代理你去打。近20年前,老魏刚来美国，我劝老魏拜望一下民运各山头人物，巩固自己的基础。老魏不屑，说："美国人认我就行。到时他们自然会过来。"希哲不以为然。认为中国的政治家必须代表中国的利益。魏的想法，显然定位自己是美国扶植代表美国（西方）利益的政治家来挟制中国民运，垄断中国民运领袖地位(万年"主席")。这一来，"中国民运"就不是为中国的民运而是为他国的"民运"。希哲20年从来反对。因此，哪怕"民运"反共革命成功，先把拥共左派反革命势力全部镇压下去，别的不说了，王希哲势力和魏京生势力也必将打起来。魏京生说对王"让"，不可能，西方对中国的利益不会允许他让，王希哲这边更不会让。况那时，哪里止王希哲魏京生？为争"圆桌"主导权，国内派国外派不打？国家统一派"民族独立"派不打？精英派草根派不打？徐文立派王军涛派杨建利派费良勇派盛雪派王丹派封从德派……不打？"秦失其鹿，天下共逐之"，这是中国传统的必然局面，秦后如此，汉后如此，晋后如此，隋后如此，唐后，宋后，元后，明后，清后，袁后，莫不如此，无一能外。直至大英雄出，扫平群雄，一统天下，建立起他们的胜利者集团政权，将社会再安定下来。

又要讲台湾。这里都在赞扬蒋经国开明，开放党禁，成功"民主转型"，台湾成为榜样、"灯塔"。我看不然。蒋经国正如曹操所言，"图虚名而得实祸"。原教旨台独血统上精神上传承日本皇民，他们与"中国殖民统治势力"你死我活，不共戴天，根本不承认中华民国的宪法法统，他们的最终目标是消灭"中国"国民党，消灭中华民国法统，在"台独"口号下回归母国日本。他们与以抗日胜利光复台湾为历史最高荣耀和价值的大中华民族主义的中国国民党，怎能和平？台湾，根本没有民主的条件，根本不能搞什么"民主"。但蒋经国却要搞。他定下了党禁开放的两条界限：一不准宣传共产主义，二不准宣传台独。不错，他如当年孙科一般预想了，开放党禁回复宪政，国民党可能会下台，但他不会设想不会允许中华民国法统被颠覆，中国国民党被消灭。他设下了禁区。他以为设下了那两条禁区界限，开放"民主"就没问题了，他大错了！李登辉势力上台，一下就把他的两条界线主要是台独界线推倒了，废除了。台独势力汹涌而来。今天我们看到结果了：中华民国法统名存实亡，国民党被"割喉割到断"。在民进党当局"转型正义"剥夺国民党党产的最后致命一刀之下，奄奄一息的国民党活不了几天了！（还能振作再次"轮替"上台？作梦去吧！）这台湾"民主"能作为"榜样"搬来大陆？很好，右派精英都这样聒噪，要共产党"开明"，学蒋经国开放民主。于是，角色变换。大陆，民运扮演了民进党，共产党扮演了国民党。民运以"民主"的外衣行革命之实，步步进逼，最终颠覆中华人民共和国法统，消灭了共产党。此法大妙。但是，共产党能上当吗？假使共产党真出个"蒋经国""戈尔巴"，民运在民主外衣下行颠覆革命，真能是台湾式的"和平革命"吗？历史上得到过共产党革命和社会主义利益的拥共左派民众势力就坐以待毙不奋起反抗了吗？那一定是全面的内战和厮杀，非常惨烈的。

又问，为什么台湾皇民革命就可以和平，就可以没有厮杀和内战？老王说过多次，那是因为外部有中美两座"鸟笼"罩着，民进党可以温水煮青蛙消灭掉国民党，却始终不敢走出废除中华民国招牌的最终一步。但即便"中国国民党"，相信，在它垂死挣扎作困兽最后一搏之时，它极可能"护法"起义，引旗号"中国国民革命军第十八集团军"海陆空天军过海入台的！

大陆的外部天空，有这样的保障反共革命在民主外衣下"和平"进行的"鸟笼"吗？没有，也不可能有。有的，恰是相反的大国撕裂中国的推波助澜。这样，怎能没有惨烈的内战？叶宁也承认一定惨烈。他说"夺人100美元支票都很惨烈，何况夺人政权！"但他坚定认为，推翻共产党是"替天行道为民除害"，再大乱，再惨烈也不怕。要经受得起这段痛苦。我就喜欢叶宁，因为他不欺骗。他不像这里满场的人们都在幻想中自欺欺人，一口咬定了，推翻共产党革命后，根本不会大乱。干什么要这样蒙骗？你承认了革命后必经战乱，但你勇于承担，这才有点反共英雄气概。

民运并不是从来都反共的。虽从未获得合法地位，但其诉求，长期是中华人民共和国宪法体制内的民主要求。自六四镇压，激愤之下才海内外主体反共。但体制外愈趋极端及至反华的高调，是脱离中国最广大民众的，它只能使民运愈趋衰败和孤立。任何反对运动，只有争得合法在体制内，起码诉求在体制内，才能获得与民众切身利益深入结合（即所谓"接地气"）而得到发展的机会。共产党1927年"4.12"被国民党砍了一刀，被迫出走造反，上了井冈山，发展十分艰难，几近败亡。幸得西安事变，共产党抓住时机，"承认三民主义为今日中国之必须"，重回中华民国体制内，这才获得了大发展的机会。皖南事变，国民党又砍了共产党一刀，想再逼共产党出走。这回共产党沉着应对，毛泽东压制住党内报仇冲动，咬紧牙坚决不反出体制，坚持"国民革命军"番号不变，这才有了合法组织动员民众，继续发展自己，直到抗战胜利与国民党叫板的实力本钱。

与共产党革命有历史的阶级政治仇恨的那部分民运，尽管继续反共革命去，给共产党以外部压力。但与共产党并无历史仇恨仅仅反对共产党专制的那部分民运，为什么不可以尽力回到在中华人民共和国宪法体制内求民主争发展的轨道上来呢？什么是"花瓶党"？一切听命共产党的所谓"民主党派"才是花瓶党，你坚持在合法基础上对共产党的独立批评立场，怎么会是"花瓶党"？刘因全多年前提出，中国社会民主党可以承认共产党的执政地位，不与共产党竞争执政权，只要求共产党让渡出监督权检察权给人民，让各民主党派团体能有权监督和检察共产党依宪执政。这是正确的路线。因为它是中国绝大多数人们都能接受而且经过努力完全有可能达至的目标。一说"民主宪政，多党政治"，难道就一定要是多党竞争票选国家执政权？一党稳定执政，真正的多党政治共和，政治协商，政治监督为何就不能算"民主宪政"？恐怕这才是最适合中国历史和现实条件下的民主宪政的"中国模式"。

但即便中国社会民主党在这种理性路线上也往往是动摇的。因为海外的组织是需要钱的，钱从哪里来？彭明在国内搞"中发联"，标榜是温和批评中共的"绿色"组织。他国内写书的确很温和。到了海外，便一跳极端又极端，公然声称"投毒""炸电网""造假钞"反共。问他为何剧变？他说："海外不高调反共，谁给你钱？"这是海外民运组织的癌症。

于是，活跃于国内，能与人民共呼吸患难，对中共的经济政治金融民生外交各项政策不断进行切中时弊批评抨击的，就只是各层次的左翼政治反对派了。他们也还未能有效组织起来，也还未能得到合法的承认。但只要他们真诚地勇敢地为人民代言，人民在互联网天天听到了他们，认同了他们，汇聚向他们，他们就将在人民的心目中首先得到了承认，这才是最重要的合法性承认。有了人民的承认，组织起来再向前跨进一步，就是争得法律的承认，合法的地位。中国模式的民主政治，于焉突破。这正是"先有了一定的民主的社会关系，再有适应它的民主制度"的题中之义。

谢谢

2016年10月3日

xz7793@gmail.com

---

(6)

魏京生先生是值得尊敬和追隨的領袖嗎？

徐文立

（2016 年 10 月 20 日）

不少的人出於對中國民主事業的熱忱，在保護魏京生先生不受批評和質疑。可是這些朋友想過嗎，這般護短，對魏京生有好處嗎？對整個民主事業有好處嗎？我們不是一再批評中共別聽不得不同意見嗎？不能雙重標準啊！

而且最近，有人不斷告訴我們：「跟对了人，胜读十年书」。

更有人在《獨立評論》上，明確地告訴我們：「老魏也会有各种缺点。但老魏依然是一个值得尊敬和追随的领袖。」「至少，在我的眼中，老魏在来美之后的政治决定和判断是成功和明确的，他的判断远高于其他民运大佬。仅此一点，老魏就值得我们尊敬和追随。」

空口無憑，讓我們看看實例。

我是1993年底至1994年初，受魏京生約請，和他一起幾乎是天天一起工作了大約四個月左右的人。

我就舉魏京生最津津樂道的所謂「外交」工作的二個實例，來看看魏京生是不是像某些人所說的「依然是一個值得尊敬和追隨的領袖。」

按說，就我們現在一群散兵游勇的所謂的民運，又不是國家主權的代表，根本沒有什麼資格談什麼「外交」的，魏京生就偏偏喜歡這樣叫。

那我們就從此入手。

政治和外交，並不像一位在哥倫比亞大學涉險過關的所謂的政治學「博士」告訴我們的：就是分贓和背信棄義。

正派、並且走得遠的政治家和外交家，首要的是清廉和守信，並且視若生命。魏京生恰恰背道而馳。不信，我們就看看魏京生所謂的二次「外交」實例。

1994年2月，美國負責人權事務的助理國務卿約翰·沙塔克訪問中國。我先從路透社駐北京首席記者那裡得知了這個消息，我立即通知了魏京生，他很是興奮。

我向魏京生提出建議：可以由他的秘書立即和美國大使館聯繫，希望和沙塔克見面。但是，一定要保密，就是見了面也要保密。當然，中共方面不可能不知道；倘若這一次中共方面不出面干預，下一次別的國家領導人來華訪問，我們就再安排秘密見面，中共方面倘若再不干預，就是默許。特別注意開始階段，雙方談話的內容也不宜太過敏感；而是禮儀性質的。一次、二次、若干次都成功的話，逐漸我們中國反對派就可以以這種方式登上國際政治舞台。當然，這也只是倘若。我們的人常常喜歡把「豆漿」就當成「豆腐」吃了。「豆漿」不經過點鹵和加石膏「固化」的過程，是吃不上「豆腐」的。魏京生欣然同意了。

魏京生和秘書主動地和美國使館聯繫了，結果是：開始完全背著我了。

幾天之後，沙塔克和魏京生見了面。

見面之前，魏京生就安排了記者會，片面地公開了見面消息，事後美國朋友對我說，他們對魏京生不守承諾的作法十分不滿。

當然，有人會說，這是你徐文立心懷不滿的孤證。《美國之音》不是說，在這件事上是沙塔克的錯嗎，魏京生沒有錯。那請問為什麼《美國之音》中芮效儉大使又明確地說：「我们为助理国务卿沙塔克安排了一次和魏京生的低调会面。他们的确见面了。然后魏京生公开宣布，他见了沙塔克。然后他很快就被抓进监狱了。」

此事之後，魏京生就安排秘書到處散佈，魏京生的被捕是因為沙塔克見了他，責任完全在美國政府方面，逼迫美國政府方面營救他。

再看第二件事，1997年美國總統克林頓為了向美國政府內部表明他營救中國異議人士的功績，事先和魏京生約定在白宮，以在圖書館「不期而遇」的方式見面，都不向外界聲張。

可是，魏京生永遠耐不住要收穫一切馬上到手的成果的機會。

他又毀約。事先又安排了記者會，出了白宮門，就公開發布了消息，並且大事宣揚他怎樣教訓克林頓總統要認清中共的本質。在一個以反共為國策的美國總統面前，充分暴露了魏京生的無知和狂妄。從此，他在西方民主陣營完全沒有了信譽。

然而，西方的紳士、甚至民眾又偏偏把信譽看得比生命重要！

緊接著，本來去歐洲的訪問一路泡湯：英國原訂首相見他，不見了；改為外長，也取消了。魏京生在倫敦大罵英國政府屈從中國政府壓力。

早早準備好的法國、德國等等國家紛紛取消原訂的最高層的見面計劃！最後，魏京生能夠見到的就剩下了捷克同是異議人士出身的哈維爾。

魏京生在所謂「外交」上由於失信、急功近利造成的失敗，對整個的中國民運的打擊是致命的，簡直是罪孽深重！注定了日後的中國民運的頹勢，無可挽回！

2001 年 6 月，魏京生被哥倫比亞大學趕出了校園；後來再來一次機會，進入西部伯克利分校，也被人家趕了出來！

不是他命不好，是太好了。但是，他從不知道謙卑、自律、珍惜和感恩。

魏京生開始造謠，中共在追殺他，所以他要在美國公路超速開車；甚至說克林頓政府要謀害他；美國報紙只好說：魏京生和全世界為敵。

時至今日，還有哪一位嚴肅的外國政要、學者願意見一見魏京生先生？可是什麼外國政要、學者請教他這個、請教他那個，總是放在他的口頭。急了，魏京生就乾脆給外國政要頒發一個什麼獎，來見一見，摟一摟，居然把一位美國前女議長摟得幾乎喘不上氣來，好笑不好笑！

最後，我們簡單地講一講政治運動都必需的五大要素：政治理論、政治綱領、政治路線、政治組織、政治行動。

既然你們要擁蘴魏京生當領袖，他具備那一條？

別忘了他今天早已經不再是你們嗲嗲地說的 15、6 歲的小寶寶了，也是 60 歲開外的老人了！還拿「第五個現代化」說事？那是和「四個現代化」一樣的政治口號，魏京生不過有點小聰明順著中共的習慣語言給你們個新口號而已，那不叫政治理論、也不叫政治綱領、更不叫政治路線。

政治組織呢？1997年魏京生以准未來中國最高領導人的身份亮相國際舞台，來到美國，那麼多人追捧，甚至有人賣命地勒令解散所有海外民運組織，統一歸順魏京生的所謂的「海外聯席會議」，當年不可謂不表面壯觀，20年下來，剩下了什麼？只剩下了七八條槍，基本是一個人就代表一個所謂的黨在那兒支應，一年一次的會都開不成，就到處化緣、借雞下蛋、當蹭吃蹭喝的寄居蟹。之外，又做了些什麼更上不了檯面的！他進了那麼多的錢，都用到哪裡去了？有帳嗎？就不說了……！

只有一條他做到了：20年的「萬年主席」。

政治行動？1978至1979年和1993至1994年，魏京生一模一樣，就混了不到半年，就進去了；這就叫「一混就現、一玩就栽」：一次「出賣什麼破情報」，一次「要買什麼供銷社性質的所謂銀行」！

時至今日，魏京生發動、領導過什麼像樣的政治行動？在美國、西方民主國家，只會站大街向來訪問的中共頭頭吼一吼，不算什麼有實質意義的政治行動！

難道這些魏京生的擁躉們都沒有看到，還是故意健忘？！如果是故意，那人們就不得不問一句：你們是什麼人，又為的是什麼？！不待這麼害中國民運的！

可是，這就是1997年被「全美學自聯」吹捧為偉大領袖的魏京生;這也就是1997年被有人勒令解散所有海外民運組織，歸順到唯一偉大領袖領導下的魏京生。所以，長期以來無數人告誡人們：跟著魏京生，中國民運的前途就是投烏江！

　　1997年和1998年，我曾經就魏京生問題發表過二封公開信，今天請人們再看看：魏京生的所作所為是不是被我說中了，他的劣跡幾乎是罄竹難書，太多太多！這樣的人還適合當什麼中國民運的領袖？！那些擁躉們在開中國民運什麼玩笑！你們安的什麼心？！

────────────

附件：

1，徐文立1997年11月23日致魏京生公開信

2，徐文立1998年3月10日致海內外朋友的一封信

────────────

致魏京生的公开信

（一九九七年十一月二十三日）

美国　　纽约

魏京生先生：你好！

　　首先祝贺你获得了人身自由和言论自由。你十几年来两次入狱，长期被中共监禁，所表现出来的勇气和毅力令人钦佩。中国人民和世界人民特别是参與中國民主運動的朋友們給予你熱烈的歡迎和崇高的榮譽，是理所當然的。你出獄後的第一次記者招待會和在其他場合所表現出來的機智和不失幽默，贏得了更多的讚譽，也是十分自然的。但是令我十分遺憾的是你在出獄短短的幾天內，就在一系列重大的原則問題上犯了你不應犯的錯誤，因為事關重大，它關係到中國民主運動的前途，它關係到中國命運的前途，我不得不公開地致你這樣一封信。

在 1978 年底開始的民主牆時期，儘管我們是並肩戰鬥的戰友，由於各自的工作都非常繁忙，你我之間只有過一次匆匆的握手。遺憾的是，你卻在當年你的一篇著名的文章當中很不友善地不顧事實地不點名的譏諷過我，但是，我並不因此，在你遭受中共迫害的時候袖手旁觀，我和朋友們當年盡了最大的努力為你抗爭，這一點成了中共迫害我的主因之一。可能因此，當你第一次出獄之後不久，當你周圍的許多朋友紛紛離你而去的時候，你來找我，我們有過較多的交往，讓我有可能近距離地深入地瞭解你。所以當你第二次入獄後，有的朋友和你家人希望我出面推舉你為諾貝爾和平獎的候選人時，出於對你的深入了解，你的專橫跋扈、目中無人、言而無信，你身上殘留的紅衛兵遺風和前後一貫的盲動、冒險的政治傾向，是我斷然拒絕的原因。鑑於你再次身陷囹圄，我不贊成對你的批評公之於眾。令我吃驚的是，從現在公布的你第一次出獄期間與海外某組織的朋友的談話錄音中透露，那時你已經著手運作爭取諾貝爾和平獎，並以中國這樣的大國竟然沒有一個人得到過諾貝爾和平獎這種世界級大獎，是中國人的恥辱為理由，去刺激那些年青朋友，這種急迫心情使你犯了一個起碼的政治常識性的錯誤——尊敬的達賴喇嘛是中國諾貝爾和平獎的第一獲得人這個事實。

更令人吃驚的是，你居然不顧中國民主政治史的起碼常識，在記者把你是不是中國民運之父的問題擺在你面前的時候，你卻不敢明確地承認自己不是，竟然油滑地用"別人這樣稱呼我是喜愛我"這種模棱兩可的手法默認了你是中國民運之父的這種完全錯誤的幾近肉麻的吹捧。

在中國的民主政治歷史上，唯有偉大的民主先行者——孫中山先生，才是當之無愧的中國的民主之父。再不會有第二位。

這是不爭的事實。

所有的民主戰士，只是孫中山先生的繼承者和新的歷史時期民主事業的開拓者。

這是一個原則問題，這是個大是大非的問題，這是考驗每一個民主戰士的政治品德的問題。

我們中國，已經有太多的歷史教訓，我們曾經盲目地崇拜過不值得崇拜的偶像，也跟隨製造過許多本不應去造的神。當我們在為中國民主社會的到來艱苦奮鬥的時候,當我們在尋找新的領袖和領袖群體的時候,我們不應忘記,沒有什麼救世主。能救世能救中國的,就是你、我、他——每一個覺醒了的中國人。

無數個看似弱小的豆芽,可以把巨大的磨盤頂起。

多元的社會只有從多元的思想和實踐開始。任何形式的一個主義、一個政黨、一個領袖,都不是中國人民的福祉。憲政民主的中國,再也不會接受一統天下的獨裁者。沒有任何一個人是不存在著致命的缺陷的。民主社會正是建立在不承認個人絕對權威的前提下,以憲政民主來保障每一個人的民主、自由和一切基本權利。

當然,民主社會並非不需要必要的權威和人們公認的領袖和領袖群體,但是,它會比任何社會都更加注重領袖和領袖群體的個人品德,甚至他的一言一行。從某種意義上說,民主社會要管的主要對象正是他的領導者和各種潛在的領導者,而不是民眾。

很自然,對非民主社會的領袖人物的評價,也不是可以草率行事的。

所以第三個令我吃驚的是,你為了凸顯自己的政治家的風度,和作為民主人士的寬容,你在第一次公開評價不久去世的鄧小平先生的時候,你卻不顧全體中國人民的感情,特別是"六四"死難者親屬的感情,一筆勾銷了鄧小平在"六四"事件中對中國人民欠下的血債,在這點上輕易地寬容了他，我想鄧小平自己地下有知的話，也會感到吃驚。鄧小平的功是功，過還是過，他在"六四"對人民犯下的是罪行，不是一般意義上的過。他自己當年就曾心虛地用了一個中性詞彙稱"六四"事件為"風波"，既然他臨終前也不肯道歉，你有什麼理由在獄中作為一個階下囚用向他家屬寫慰問信的方式來顯示你對他的寬容和大度呢？如果你要辯解說，你並沒有在"六四"事件上寬容他，那麼為什麼在向美國記者評價鄧小平的時候不提到這"這片刻都不容忘記"的罪行？以至你在赴美後的各種公開場合，在等到了幾十年都沒有的言論自由的時候，除了一次批評天安門事件中學生犯了重大錯誤之外，甚至提都沒有提到"六四"屠殺這個血的事實和促成"六四"事件中學生犯錯誤的中共官方責任。這起碼是不應該的忽略和失誤。

至於其他的一些事關重大的不同看法，就不再一一贅述。

我衷心地希望你能夠聽得進不同的意見，如果這些意見還有一定可取之處的話，為了艱難的中國民主事業，也為了你自己。因為是戰友，才這樣坦率地對你說這些，有不妥之處請批評指正。

祝你身體健康！

藉此機會，問候海外的所有朋友！

      徐文立　　1997 年 11 月 23 日於北京

地址：中國北京 100053 白廣路二條四號

電話／傳真：86 - 10 - 63517814

****

致海內外朋友的一封信

徐文立

（1998年3月10日）

　　看了魏京生最近在香港《前哨》雜誌上的放言，還真是有一點可憐他。怎麼中共拱手把他送給美國人才三個月，他所獲得的鮮花、美酒、西方政要的歡迎，就驟減到讓他歇斯底裏的地步。雖然這一切均未出我之所料，也不免有些可憐他。

　　近來，不知他為什麼要不斷地向外宣稱：絕對不會成為獨裁者。他這種表示是不是有一點太自作多情了，歷史給不給他這種機會，還太難說，他想得太早了。如果正如他自己所說"開始就把自己定位成什麼角色"，"定得太高"，當事與願違的時候，難免"心裡不平衡"，到那時，就一定更加歇斯底里。

　　未成想，他這麼快就把自己那篇"成名作"的老底給抖落得一清二楚。原來，他當年直指鄧小平為獨裁者，竟然是毛澤東式的"陽謀"的重演，並非是什麼真誠地想提醒全國人民認清鄧小平的真實面目，而是因為他有共產黨一般幹部的家庭背景，"我在共產黨內部認識的人非常多"，有比老百姓優越地獲取"內部情報"的特權，所以不但為換取個別淺薄的外國記者所賜予的美元，當年大談《參考消息》都登載過的所謂"中越邊境戰爭"的"內部情報"，讓某些外國記者錄下音來出賣給共產黨，作為共產黨治他罪的根據。現在，他又不無驕傲地透露了真情，當年是因為他得到了"內部情報"，才"那麼直接地點名抨擊"鄧小平，老牌的鄧小平"居然經不起"他這一挑逗，親自派人把他抓了起來。

真誠的人們，原本以為是一場嚴肅的政治鬥爭，竟然就這樣被魏京生"陽謀"了。於是，魏京生很有"資格"地把鄧小平和真誠的人們一起玩弄了一番。

難怪，魏京生對第二次入獄不但不氣憤，反而在有人批評美國主持人權事務的副國務卿沙達克私自在1993年會見魏、而牽連了魏的時候，魏一反小氣的作風，竟然說，他不但不批評沙達克，反而要感謝他。要感謝什麼呢？是要感謝沙達克"傻冒"地成全了他第二大"陽謀"：背信棄義地把沙達克事先約定的"雙方均不對外報道"的承諾拋在了一邊，迫使中共不得不抓他，否則就認可了中國已有公開反對派領袖的事實。

如果魏京生第一次入獄還能引起我的同情和對中共的義憤的話，深知他為人之後的我，更知他第二次"陽謀"的底細的我，對他第二次入獄只有鄙視。因為他深知，由於第一次"陽謀"的成功，第二次"陽謀"不用再付出十幾年的代價，所以他才在華盛頓 DC 向記者誇口"我早料到有這一天"，可以坐在"很熱"的白宮裏；所以他才在赴美的飛機上向記者炫耀他的"寬容"；作為"階下囚"的他，一聽鄧小平去世的消息，就迫不及待地表示他"心里很難過"，並肉麻地向鄧的家屬寫慰問信。

他的一切表演，讓我不由得想起毛澤東奪得政權後，竟然不斷地感謝日本人"侵略"的咄咄怪事，看來他真懂得毛澤東式的"陽謀"：為達目的，可以不擇手段。

既然，兩次魏先生都賭"贏"了，又何必總是把"十八年"掛在嘴邊？有一點歷史常識的人都知道，冤死在共產黨監獄里頭的政治犯大有人在，1979 年前就坐過共產黨監獄的政治犯不計其數，坐過十八年以上的共產黨大獄的政治犯不勝枚舉。這些為國為民的無名英雄和為理想犧牲了的英靈，可以無愧地向世人宣布：我是真誠的。

自己揭了自己"陽謀"的老底的魏京生，還敢說自己是真誠的嗎？！

大獨裁者毛澤東、小獨裁者鄧小平，在他們早年參加政治活動的時候畢竟還是真誠的愛國者，在他們掌握國家大權之前的長期的政治生涯中，遠非一帆風順，也受過肉體和精神上的折磨。這一切，並沒有阻擋住他們"去當獨裁者的那種私心"。何況，一踏上政治舞臺就抱著搞"陽謀"的賭徒心理的魏先生的"擔保"，實在讓人難以相信。所以，魏先生大可不必擔心，不輕信他的人民大眾，會在他的身上壓上太重的擔子："重得我（魏京生）都挑不動"。

請放心，那些倍受魏先生冷落得海內外朋友，時至今日，不是連很輕的擔子都沒有壓在他的肩上嗎？相反，卻不斷地為他分擔照顧他親屬的責任。

對對手居然那麼"寬宏大度"的魏先生，怎麼竟然指責昔日的戰友們沒有主動地跟他聯系？多數還處在艱難環境中的朋友，哪曉得，他那"底特律福特醫院的高級病房"的電話號碼？接受不接受我們打得起的"對方付款電話"？

真讓人想不通，有辦公室、又有基金會、又在通訊條件那樣發達的美國的他，怎麼會忘了我這個1993年底他迫不及待地要找的戰友呢？在我批評他之後，有更"非常方便渠道"的他，怎麼"根本沒跟我聯系"？是不是因為"不當獨裁者"的魏京生，僅僅因為我批評了他，就已經被他斷到了"共產黨的立場上"，成了他的敵人？那當他的敵人也太容易了，難怪現如今的他，應驗了他前秘書喜歡說的一句話：我方將士僅二人。

很聰明的魏京生，不應該這麼快就把民主運動的老前輩和被魏先生指稱為"奴才"的知識分子、"民主牆時期"的老戰友、"八九時期"的新朋友都"趕盡殺絕"。當年，他不是聰明地把大家都主張的"政治民主化"，用共產黨語境中毛澤東、鄧小平最愛用的什麼"一大二公"、"三面紅旗"、"四個堅持",概括為"第五個現代化",成為"時尚"那樣,把大家也"概括"在他這個"很重要的""一個核心"的周圍,"這沒有什麼不好,這非常好","我(魏京生)希望大家能夠說得到也做得到",圍繞在"魏核心"的周圍,管它什麼多元民主的社會能不能真正形成呢?!

夠了,真希望魏先生要大聰明,不要再耍小聰明了。

歷史,怎麼能憑他信口雌黃、隨意捏造呢?!僅僅發生在他一個人身上的事都難以做到實話實說:今天他說,在獄中挨了打;明天又覺得自己這麼大的"人物"挨打,丟面子,又讓其弟找國外媒體去更正。出獄後,他覺得還是說"挨了打"能夠博得同情,於是在赴美的飛機上,斬釘截鐵地對記者說:只挨過一次打。過了幾日,他又覺得,說"經常被打,而且是江澤民、李鵬親自指使的",更能夠抬高他的身價,就不顧與世隔絕的他,怎麼會知道江、李的手諭的疑問,也不顧前後矛盾,大造起"受難史"來。

這樣造來造去,真不知道他那本將要出版的長篇的"蒙難史"能有多大的可信度?!

更何況,那些大家都知道得一清二楚的不爭的事實呢?其實,朋友們是念他畢竟做了十八年共產黨大獄,更為了顧全民主事業的整體利益,才給這位"政治明星"

留點面子，他卻不知羞恥地指責民主牆的朋友們"太慚愧了，不敢說當時的事實"。

總喜歡往自己臉上貼金的魏先生，不應該忘記，有一次，在我的家宴上，他面對著眾記者和外國友人，居然攻擊八九年為我和他呼籲的三十三位著名知識份子，嘲弄我們還感激這三十三位知名人士，魏京生信口雌黃地說："方勵之他們是因為事先知道了鄧小平要放我們，才發表了呼籲書，反倒讓我們出不來。你們還『傻冒』似地感謝他們。"

事後，一位外國友人專為這歷史事實，去求證當事人中的一位老教授，氣得老教授從心底裏徹底把他否定。

對於這位從不知"感謝"為何物的魏京生，我本不奢望他對我和其他朋友有一點感激之情，更不打算在國內事務忙得不可開交的時候，去清算他冒險盲動、扭轉"民主牆"正確方向的錯誤，他卻得意忘形地挑戰歷史，挑戰"民主牆"的諸位朋友。

那我們就不得不抽點時間去回憶那一段難忘的歷史。

劉青先生不會忘記，早在1979年3月當魏剛發表他那第二篇"成名作"的時候，你就發表了著名文章，批評魏的輕率和盲動。後來，劉青去了美國，依然在回憶錄中批評魏提前斷送民主牆的錯誤行為。這，都是有案可查的。這一點，劉青不會忘記，都尚健在的我們不會忘記，歷史更不會忘記。

歷史，他篡改不了，任何人也篡改不了。

三個多月了，劉青不會不對他介紹那段歷史。他怎麼能自圓其說地在那里捏造他並沒有親身經歷的那段歷史事實呢？

1979年3月底，由於魏的盲動入獄，迫使民主牆的朋友們不得不站出來，為他不負責任的"言論自由"奔走呼號，首先為此罹難是任畹町，之後民主牆的朋友們不斷地發表聲明，並在民主牆前由我主持民意測驗和討論會，向中共當局施加壓力，要求釋放任和魏；並冒著極大的風險，搞到了審魏的現場錄音，並由《四五論壇》整理、發行了這錄音紀錄稿；劉青按事先約定好的分工，去北京市公安局承擔責任，被判三年勞教；我則設法去營救劉和照顧劉的老母，並專門為此成立了"營救劉青委員會"。我同時冒著被捕的風險，在民主牆上公開發表為魏辯護的文章《不公正的判決》。當我被判十五年徒刑、四年剝權時，北京市中級法院在我的刑事判決書中，明白無誤地記載著我的主罪之一："被告人徐文立於1979年4月8日在『西單牆』散發傳單，污衊《通告》是『使用暴力鎮壓』，『扼殺民主』，煽動群眾抗拒政府法令的實施。被告人徐文立還搞所謂『民意測驗』、發表演講、撰寫文章、張貼散發傳單，歪曲事實，顛倒黑白，煽動群眾，反對司法機關對反革命分子的公正判決和對違法犯罪分子的正確處理。"

以上這些歷史記載，是當時在獄中不可能再做事情的魏先生不願意承認的歷史事實呢？還是我徐文立"不敢說當時的事實"呢？

今天，魏先生招惹得我不得不回憶，這些現在看來多少有一些荒唐、而又不得不做的事情，我至今無怨無悔，並非指望魏先生能良心發現，只求後來人再也不要為魏京生的"兩次大陽謀"付出不值得同情的眼淚。

各位朋友，如果有可能，最好能勸勸魏先生，少在電臺訴說他那些自認為光榮的"先知先覺史"，因為它也是那樣前後矛盾，漏洞百出。

記得1993年他對一位香港女記者吹噓他小時候住在中南海，怎樣被江青阿姨抱過的歷史，他後來長大了，當上了"聯動"頭子如何如何。文革期間的北京人，哪個不曉得"聯動"的厲害，和由它掀起的"紅色恐怖"？但魏京生也沒有必要通過炫耀這段歷史來證明自己血統的"高貴"。可能魏先生沒有想到，就有那麼一位愛較真的老先生，居然把電話打到他父親那裡求證，魏老伯比他的兒子坦誠得多，他說：我怎麼可能住到中南海去呢？（最近魏京生又把中南海改為頤和園了。然而歷史的記載，毛澤東入住中南海之前是香山的「雙清」——徐文立注）

到了 1997 年，《自由亞洲》的現場採訪，魏先生怎麼突然又搖身一變,成為文革時期就識破了毛澤東、江青翻手為雲、覆手為雨的"民運先驅"了呢？上下一連貫，不難解讀清楚。魏先生的"先知先覺"不過是對當年毛澤東、江青一會兒視"聯動"為紅小鬼，一會兒又因為這些紅小鬼濫施淫威、而把他們定為反動組織的不滿而已。既然如此，魏京生今後不要忘記，再也不要提江青阿姨抱過你的那段野史了，否則真讓"我的人民"（直接采自魏先生那天現場的話語），一旦成了"聰明一點"的中國人時，豈不太容易識破他那"先知先覺"的把戲了嗎？！

附件

A Chinese Dissident Turns Freedom in U.S. Into a Prison

《华尔街日报》

一位把在美國的自由變成監獄的中國異議人士

http://www.wsj.com/articles/SB97425584747997975

魏京生在美国处境悲凉，仇视美国政府以及海外民运

http://forum.netix.com/messages/6113.html

【提要】美国联邦调查局工作人员David Welker说，

"人们觉得，魏京生已与整个世界对立。"

摘自华尔街日报 于 March 07, 2006 12:15:51：

魏京生在美国处境悲凉，仇视美国政府以及海外民运

子夜，美国95号州际高速公路，一辆小车以超过100英里（160公里）的时速向南急驶。驾车的是以"保外就医"为名定居美国的中国前政治犯魏京生。车是借来的。魏京生不停地看看后视镜，对同车的其他人说，"我不得不越快越好，否则，我不知道是否有人在跟踪我。"

已经五十岁的魏京生每晚睡眠不过5小时，但烟是一根接一根、一盒接一盒地抽，不管品牌。

魏京生只用两小时多一点的时间即从纽约开到华盛顿，一般人需要4小时，因为在他看来，追击他的人可能潜伏在任何路口，而这些追击者可能是曾将他关进条件残酷的监狱18年的中国政府；可能是中国流亡海外的民运领袖柴玲、鲍戈、王希哲、王炳章、王军涛、王若望等（魏京生称他们为"疯狗"，可能是中国共产党的特工）；可能是哥伦比亚大学，因为原先为他提供住房的哥伦比亚大学已在赶他离开校园（魏京生说"这是出于政治原因"）；可能是克林顿政府，尽管白宫曾在1997年欢迎他出狱，魏京生说，"他们现在希望我还是死了好"。

魏京生断定，最近，他出了一系列交通事故，罪魁就是这些人。

魏京生的车风驰电掣，路边的交通标志一闪而过，上面的文字他多半看不懂。

1997年，魏京生出狱后来到美国时，台湾陆委会及美国国会的个别议员曾寄希望于他对北京当局的控诉有助于加强国际舆论谴责中国的人权状况的声浪。然而，时隔不久，他的狂妄和无知便使几乎所有在他来到美国后见过面的人士都与他如同陌路。

由"中国劳改基金会"负责人吴弘达推荐给魏京生当助手的美国联邦调查局工作人员David Welker说，"人们觉得，魏京生已与整个世界对立。"

魏京生在中国并没有受过多少教育，作为北京动物园的电工及"文革"极端组织"联动"的基层成员，其见识的浅薄和言谈举止的粗鲁是可想而知的，何况他自1979年以来大部分时间是在监狱中度过的。有鉴于此，现居美国的中国著名异议人士严家其、王若望、刘宾雁等曾一再劝告他抓紧时间补习初中文化课程，并多看些书籍，增长知识，以免对公众发言时贻笑大方。然而他觉得这些忠告实际隐含对他的"羞辱"，心生恶念欲图报复。

当有人问魏京生解决中国政治专制体制的办法时，他会不假思索地说："美国根本不应该与中国打交道，应当断绝与中国的所有贸易关系。"哥伦比亚大学的中国问题专家黎安友（Andrew Nathan）说，"我们曾告诉魏京生，'这已不是争论的问题'。但他对我们所说充耳不闻。魏京生已不太为人们重视，因为他的观点已与政策问题不相干。"

从那以后，桀骜不驯的魏京生与朋友们的关系一个一个地闹僵，政治联盟也一个接一个地失败。他毫不掩饰地抱怨，除了几名领取台湾情治机构津贴行事的人士尚能与他"合作"之外，海外民运的著名人物几乎都将他逐之门外。更令白宫气愤的是，魏京生出于强烈的妒忌心竟当众诽谤声望远盖过他的中国民主党的创建者徐文立、王有才。与他有相似经历的另一名中国前政治犯王希哲，为此向纽约法院以诽谤罪起诉他。

在哥伦比亚大学提供给魏的公寓里，地上散满了书籍（大多是用他看不懂的语言出版的，放在房间里仅作为装饰），烟灰缸中的烟蒂、烟灰越堆越高。魏京生在那里一遍遍向来访的记者解释，为什么那些不同意他的观点的人是他的敌人。魏京生说，"对我最大的批评是为什么我不听从别人的意见。当我是对的时，我为什么要听他们的？所有卓有成就的人都有这种特性。"

魏京生说，"我当克林顿是我的敌人，克林顿也把我当他的敌人。当然，他不便直接说，但他指使别人叫我闭嘴。在中国，他们简简单单地将你关进监狱；在美国，他们总有其他办法控制你。"当美国报刊拒绝发表他的文章、政治人物不愿见他时，魏京生相信，他们都是听命于克林顿----一个支持同中国进行自由贸易的人。

美国国务院官员说，克林顿政府并没有把魏京生当敌人。至于魏京生说，美国政府希望他还是死了好，国务院官员说，"他当然有权随他说，但设计交通事故不是美国政府的行事办法。"

光著脚，穿著T-恤的魏京生，从裤袋里掏出一个形同马桶的打火机，出示给记者看，说："中国制造"，接着他便打开话匣子，重复那些至少已被他说过好几百遍的话："人们问我是否恨邓小平，我说，'不，恨他干吗呀？我恨的是那些被中国政府折磨却还替中国政府作帮闲的人。'"在场的人都明白他所指的是谢万军和王丹，因为他们都支持白宫决定实现美中贸易关系正常化。

1999年1月8日，在美国国会的一次情况简报会议中，他与中国流亡民运人士王希哲、薛明德等推推搡搡，高声叫骂，并指王希哲为间谍，结果王希哲愤然以诽谤罪将他告上法院。同年5月，在布鲁金斯研究所组织的天安门事件10周年研讨会上，魏京生再度让满屋子的中国问题学者目瞪口呆----他大喊："华盛顿是天安门镇压中的同谋"。魏京生说，"虽然没有不容置疑的办法证明天安门事件完全是美国政府的责任，但我们可以以此透视美国在人权问题上的态度。"

魏京生几乎与所有中国流亡政治异议人士闹翻，甚至成为永久的敌人。刘青曾是魏京生在北京西单"民主墙"运动中的老友，如今受雇于美国"亚洲人权观察"组织，他告诉记者，现在他们"已没有任何关系。"

1998年，加州大学大伯克利分校邀请魏京生前往该校完成狱中回忆录。他住的公寓禁止吸烟，然而爱烟愈命的他却房间里弄得烟雾腾腾，经常引致公寓的火警警报器大作。6个月后，他被撵了出来，其时他的回忆录尚未完成。

哥伦比亚大学给他免费提供住房和医疗保健，还为他妹妹魏玲提供英语辅导，但该校最近已要求他在明年6月之前搬走。"人权观察"组织的创立者Robert Bernstein说，"魏京生在哥伦比亚大学什么也没干，我们不能永远资助他 。"

接受台湾陆委会津贴的魏京生现在花大量时间在中国问题上游说那里的政治人物，呼吁美国支持台独和藏独，但他的个人见解往往与政治现实间的存在巨大反差，而他丝毫不在意这些。当穿著宽松的蓝短裤、皮凉鞋，拿著香烟的魏京生姗姗来迟地走进会场时，人们多半都不愿搭理他。

前不久，在马里兰州的一家超市，魏京生又一次与那些看不见的敌人交手————他在那里使用信用卡购买一宽屏幕彩色电视机被拒。魏京生说，"他们又在跟我捣鬼。"他断定，中国的特工曾在他的信用卡上作手脚。

目前的孤立处境没有让魏京生倍感烦恼。不过他仍试图说一些自命不凡的大话来引起周围人们的注意，同时安慰自己，比如，他会说：当中国共产党政权崩溃，他当选总统时，历史将证明他魏京生是对的。魏京生的结束语通常是："大多数人不同意我，但最终他们将发现我是对的。我的主张是在监狱中的漫长岁月中思考出来的，永远不会改变。"

（陈政三摘自2000年11月15日的《华尔街日报》）

（7）

不得不說的話

——致 XX 和王康

雅量與認真

（一）

雅量歸雅量；認真歸認真。雅量不等於，可以到不認真的程度。

（二）

貴族是貴族，不等於貴氣。

任何社會只要有 50 年到幾百年的相對穩定期，就會有貴族產生，中國人在這一點上不必妄自菲薄。秦之前、之後都是有貴族的。近現代，宋耀如為宗主的宋家，難道不是貴族？可能中國改朝換代頻乃，一而貫之的貴族稀缺而已。

貴氣，在中國一直是有的。我以為「貴氣」在二方面:(１)關鍵在於對所處的社會和時代有沒有責任感，這和有錢沒有錢、有沒有權勢沒有直接關係；當然也不可否認有錢、有權勢的人也會有人是有「有貴氣」的；「先天下之憂而憂，後天下之樂而樂」的義士、世子，中國自古有之。(２)不可否認「貴氣」包括典雅、與眾不同的生活方式和禮數、修養、修為……，甚至學不來的服飾、搭配和作派，這是一種可以引領社會潮流的「貴氣」。無視、貶斥、妒嫉「貴族」和「貴氣」都是小家子氣；無視、貶斥、妒嫉「貴族」和「貴氣」的民族沒有真正的明天。

（三）

有關 XX 近乎誹謗、挑撥的批評：

XX 2016-10-04 14:41 寫道：「你（徐文立）的书看了一个开头，若水、王康对你评价都适当，但你（徐文立）对王康评价竟然用了林彪对毛泽东式的评价。」

XX 2016年10月6日下午4:45 又寫道：「我现在还不想放过老康，文立对老康的评价无益于朋友。」

簡言之，XX是想說，我徐文立要像林彪「捧殺」毛澤東一般「捧殺」王康、害王康。

直言之,我說:XX你不對、你大大的錯了!

(1) 我徐文立和王康基本上是兩個領域的奮鬥者,幾乎沒有競爭性,我完全沒有必要像林彪「捧殺」毛澤東一般「捧殺」王康。更何況這是和我徐文立君子坦蕩蕩的一貫性格和作為格格不入的!

(2) 我只是覺得:被中共「泥腿子」的匪氣拉低了的中國,需要「貴氣」。我從2004年左右看王康、讀王康,之後就說出了——網路上的鏈結:(再請看附件:我的《再見王康》一文)

徐文立:用高贵、纯粹的理想在引领着当今中国的中国大陆的学者——王康 ...

d6w2dqn4lwcw.cloudfront.net/0/?url...

(3) 我徐文立在國際上的被評價是(你可以不屑,但是這是事實):

A. 《紐約時報》(NYT) 稱:China's Most Prominent Political Prisoner ——中國最知名的政治犯。

B. 南希·裴洛西稱:Mr. Xu is one of China's bravest, most eloquent and also most measured advocates of democracy. ——徐先生是中國最勇敢,最長於雄辯,也是最能掌握「度」的提倡民主人士之

一。

C.《華盛頓郵報》稱:In the struggle for the values that matter most, Mr. Xu and his compatriots, not their captors, should be recognized as America's true partners. ——在這場為人類最珍貴的價值的鬥爭中，徐先生和他的同胞們才應該是美國真正的搭檔，而不是逮捕他們的人。

D.《英國廣播公司》(BBC)稱: The Godfather of Dissent——異議人士教父。

C. 通常又稱徐文立為：Co-founder, China Democracy Party——中國民主黨創始人之一。

我有必要去「捧殺」王康？！

（4）（你同樣可以不屑，但是這是事實）我徐文立是美國常春藤聯盟布朗大學資深研究員、榮譽博士。我曾是1978年中國民主牆運動的創建者和組織者之一，也是1998年中國民主黨的創建者和組織者之一，因此被中共政府兩次判處28年徒刑、實際服刑16年。1993年和2002年，前後兩次受到美國克林頓政府和喬治·W·布什政府與各個民主國家及國際輿論的特別營救，2002年12月24日我流亡到了美國。

1999年曾榮幸地被提名為榮獲諾貝爾和平獎的候選人之一。

我有什麼必要去「捧殺」王康？！

（5）這個，你XX完全不知道：2013年，我為了配合、幫助王康的美國西部「浩氣長流」巡迴展，我徐文立自費、專門去西部做了王康領導的「浩氣長流」巡迴展的義工一個星期，我大事不插言、只是作小工，搬運 布展……，直至去超市為王康買煙(當然不是想「害」他，只是心疼他，所以有點無原則的「慣著他」！)；布展時，5米高的梯子我照樣登、爬，那年我徐文立也整整70歲了。你XXX見過哪一位所謂的「民運大佬」這樣幫助過別人，為別人做嫁衣裳？我一生幫人無數(不論高低貴賤)，不論是時間還是錢財，對於我這同樣是窮漢的人來說並不容易，特別事後還居然被「良心狗吃了」的魏京生、劉青罵我徐文立是中共高級特務！

今天，我怎麼又成了林彪式的大陰謀家了！

別以為我不想讓你XXX難堪，怕開罪你XXX，你就可以到了信口開河的地步！

我是個典型的不惹事,與人為善,息事寧人的人。但是,又絕對是不怕事和不怕任何人的人。

(6) 再說我致朋友的信,對王康的評價和建議,有哪一條是不當的,是「害朋友」「捧殺王康」?請XX兄一一指出來,不要這樣大字報式的籠統而論。(請見前面有關我曾經高度評價王康的信函)

先從容易的說起:

A. 所謂的「捧信」勸說王康暫時不可回國,現在事實證明是對的。因為我完全把握全局,透徹了解習共的本性和殘忍。這有什麼不對?

B. 我提出撒切爾夫人提醒得不錯,有什麼不對:「我們中國這六十五年來,在思想理論和價值觀上欠了全人類一筆大債」,我這愧疚,是對母國深切的愛和責任。只是希望我們中國士子有點出息!讓撒切爾夫人提醒落空!拳拳之心,天地可鑒!正如王康銘心明理地說得:「是(徐文立)其企盼思想界履行天職久而不果」的焦急。你怎麼就不能像王康這樣,從好一點的角度,想人想事呢?世間會有真情真愛!

C. 我說:「我以為,成為中國大陸的對世界有所貢獻的思想巨人的基本條件是:

1. 有一個天然的、幾乎能夠完全抵制、或抵消共產專制主義的家庭環境和家學淵源;

2. 有完全獨立的人格、不拘小節的優秀品質和百折不撓的超頑強性格;

3. 有全能全才,超凡脫俗,尤其思想獨特又新穎;並俱有開出新學問、新思想、新學派的氣度和魄力;

4. 有通曉古今中外名人名著,且強聞博記、過目不忘,更有融會貫通,超人的綜合、揚棄、昇華、創新的能力;特別要有通曉中國的諸子百家和儒、釋、道傳統文化、哲學和思想的底蘊;此人本身幾乎就是一位百科全書的學者;

5. 有過謙遜、淡定、視名利為糞

土，心無旁騖、一心一意、孜孜不倦的業績；

6. 有過自身苦難，卻能甘死如飴的特別經歷。」

XX兄，您說說這6條，那一條不對？王康那一條不具備？全中國包括您在內，還有誰人，符合這6條？

其實，我說得很是客氣：「可能是我孤陋寡聞，以我視之所及，王康可能幾乎是中國當前唯一可能貢獻給世界的思想巨人。當然，我相信苦難的中國也還會有這樣一個王康式的群體。」

難道這樣的王康，不「是世界幾百年、中國近千年才會出現的奇才」？！難道不對嗎？！

不要就此了結，我希望看到真誠的答覆。

我是動了氣，所以不得不說。但是，希望我們還是好朋友！不然，不作朋友也罷。

徐文立

2016 年 10 月 6 日夜

劉曉波已故，請不要推他登聖壇

——兼答白丁先生

徐文立

（2017 年 7 月 23 日）

（附《天安門湖南三勇士》余志堅遺孀鮮桂娥：隨筆

—也谈对晓波的看法）

（附姊妹篇：懷念林乃湘，魯德成泰國遇險真正的救

命恩人及其他）

逝者如斯夫。

是不是人到了 74 歲才可能更深地體悟其中的滋味。特別是曉波才 62 歲就這樣逝去！

對故去的朋友、熟人、甚或不屑的人，畢竟已經離我們而去，已經沒有辦法為自己辯白了；我們作為同類，難免會想到：每个人也終會有這一天。太過刻薄的批評、太過溢美的推崇，對逝去的人都是不妥。

當然，劉曉波既然選擇了做一個公眾人物，不論生

前死後，自然必須承受公眾的審視和拷問。

白丁先生的文章基本公允、客觀；只是有一些些分析上的主觀和臆斷可以商榷，此文暫不涉及，今後亦也不想涉及。

每個人的觀點，自有他的道理，我一律以予尊重。

我和曉波直接交集的時間十分有限，自1980-2017，不是我在獄中，就是他入獄；或我又入獄，或他再入獄。特別在我第二次入獄時，他和劉霞對我太太的關心和幫助甚多。然而，我們為曉波做的最大的事，莫過於他在大連服刑期間，幫助劉霞為他買書，我1997年在闊別37年後，開著北京吉普二手車回我和曉波共同母校——東北師大附中時，繞道將幾百本書，先期帶到大連曉波父母家中，劉霞每月探監時再分批送給曉波。我們的作為，和曉波對我們和他所知道的所有獄中政治犯家屬的關照，就是小事一樁了。

我記得我太太講曉波：他每日爬格子從不間斷，常常是不到動彈不得，是不肯休息的；凌晨時分，經常要趴在地面，劉霞在他背上踩，才能舒緩他全身的僵硬；他常常說，中共的暴虐，讓你停不下筆；再說只有多碼一些字，多掙些錢，萬一我走了，劉霞才少受點窮困……。

曉波一生畢竟不容易，也夠累，該好好休息了。

我正是基於不希望在劉曉波已經故去的情況下，再推他到聖壇。所以，我在曉波故去的第一時間發表了我的追懷文章，還原他只是一個有強烈自省衝動、追求完美、有血有肉的人，我第一次披露了：「他回憶了1989那次在中共電視台違心的見證，他痛苦地提到中共惡毒讓他父親的遊說，他說，『平日裡我可以和父親論辯至反目，可是當父親在那種地方雙膝向我跪下時，我他X的，徹底崩潰了！』他說，「我從來沒有對誰講過這一幕，今天就想對你說，可是還是不能原諒我他X的自己！特別面對『天安門母親們』時！沒有藉口，只有慚愧，罵自己不是東西！」

之後，他一次次的反省、檢討，訴諸文字和一次又一次的行動，才贏得了『天安門母親們』寬宥和諒解。」

他非要把坐牢做成完美的執著，世所罕見。

請注意，1995年4月24日，劉曉波那天對我說：「我從來沒有對誰講過這一幕，今天就想對你說」，在我內心产生了強烈的冲击和责任，我深知他的信赖，他潛意识里一定希望用我的口说出他的隐痛、巨大的隐痛！

好在曉波和他的父親都相繼離世，我終於可以說出了。（附注：2017年10月20日劉曉波百日祭-波士頓追思晚會上，劉曉波生前好友貝嶺當眾證實劉曉波也在後來的日子里和他說過同樣的實情。）

本質上，這是在控訴共產專制最最反人類的罪惡，此罪惡是戕害中華民族靈魂的罪行！非同一般。

儘管我們常常未能意識到這一點，只要反觀西方民主法治的政體，我們就容易明白。

人類有一條不可逾越的底線，就是：人作為人的底線——就是任何人不受法律之外的懲處，如何人和機構、包括法律機構都不可以強迫人「自證有罪」，更不可以被迫到官方電視台公開認罪；也不可強迫其親屬進行所謂的「檢舉揭發」、或者協助官方強迫處於監禁的親人「自證有罪」，這是人類社會得以正常存在的最最基本的「人倫道理」。

我們有些中國人至今不明白：共產黨統治中國六十八年，為什麼越治越亂？越治道德越淪喪？簡單一句話：共產專制蔑視人類正常社會的倫理之道，自然越治越亂，越治道德越淪喪。

所謂「坦白從寬」似乎在審案時，會有很大的便宜，何樂而不為？可是倘若不坦白，進一步就自然是「刑訊逼供」「屈打成招」，最終必定是遍地冤獄。

親情反目，夫妻攻訐，誰都不信任誰，誰都會出賣誰，誰都敢坑害誰，天下能夠不亂嗎？！毒食品、毒水、毒空氣必然應運而生！

最後的結局，就是倫理道德的混亂，整個社會秩序的混亂！

劉曉波如許許多多、多多少少受過中國傳統教育的人一樣，內心還存有這一條底線，他自己無法說出口：父親無奈的逼求。他一語成讖：「今天就想對你說」，成了我74歲的人，來替62歲故去的曉波說！痛哉！

我作為藏密者，劉曉波既然信任我是可以守住秘密的人，自然我要為朋友守22年。我自幼的家教就是：為人謀豈不忠乎？

想想吧，人世間，什麼人才是你的真正的朋友？有人說：你敢於向他借錢的人；又有人說：你有事，你第一個想給他打電話的人。是，也不是。其實我們作為人，從小就知道：一起玩，誰能夠為你守住秘密，誰才是你的真朋友。

再想想吧？人生，整個就是個無奈。

作為一個社會人，誰不是：一個說得過去理由不能說，那就選另一個說得過去的理由去說。況且，當時的說法和做法也自認為尚好。且兩者並不矛盾。誰不選擇？人人如此，概莫能外，因為你是人。設身處地，想想並不難明白。

公眾人物也是人，審視、拷問也要合乎人情，法治國家法官判案也會有人情考量。所以，白丁先生細考的相隔28年的兩個說法，在人性上，都終有內在的聯繫和合理性，不是嗎？

終於，如此這般，一個政權，以國家力量，以制度的名義，以最不齒的方式，在光天化日之下直播處置了曉波！株連了無辜家屬，最終也遭到整個人類的驚愕和詛咒，讓全世界看到了現今新法西斯政權的再生。從這個意義上，曉波死得其所。

有關劉曉波的話題，不會因為曉波的故去而息止。

今天偶然機會看到《1989 天安門湖南三勇士》余志堅遺孀鮮桂娥女士的隨筆，通俗、深刻地回答了許許多多自詡的文化人都難以回答的問題，我願意學習並和諸位分享。（請見附件一）

喜怒哀樂、七情六慾、煩惱軟弱，人皆有之；人在死神那裡，並無高低貴賤，來自塵土歸於塵土。世界上從人性而言，沒有中國人和西方人的區別，西方人有的優點、缺憾，中國人有；中國人有的優點和缺憾，西方人一點也不少。

「形而上」和「形而下」，我想它們可能也沒有什麼高低貴賤之分，「沒有敵人」是不是屬於「形而上」的話題，不好用「形而下」來評說，我不敢涉獵。我比較喜歡「內心沒有仇恨」這個期許，至少對於自己不那麼「苦毒」，也不會「口出惡言」，甚利於自己的健康；沒有了「苦毒」的淡定，荣辱不惊，心深似海，自然口吐蓮花。願共勉之。

曉波，請不要企望登任何所謂的聖壇，我們都是人。

———

附件（1-4）：

附件一

鲜桂娥：随笔——也谈对晓波的看法（《1989 天安门湖南三勇士》余志坚遗孀作）

2017 年 07 月 21 日

好些天没有失眠了，6 月 27 日，得知晓波先生确诊肝癌晚期的消息，令我震惊不已，心中充满了愤怒和悲痛，是夜辗转无眠。我们知道，美国公民 Otto Warmbier 去了一趟北韩，去前是一位体魄健康的小伙儿，一年后从北韩回来了一植物人。他在北韩遭遇了什么，我们不知道。同理，晓波先生在狱中遭遇了什么，我们也不知道，但是我们能够非常确定的是，我们有保留追究事实真相的权利。

志坚和我对晓波先生一向推崇备至。我们 2006 年婚礼时接到他的电话，志坚用尊敬和兴奋的声音和晓波先生交谈，而我，快乐得直跳。志坚告诉我，晓波先生早在近二十年前就发表了《混世魔王毛泽东》，毫无疑问，晓波先生是一位走在时代前列的极具勇气和智慧的思想先行者。

志坚和我一起生活了十四年，他的思想对我影响颇深，我们几乎就是"臭味相投"，而对晓波先生，我们一直也是赞赏有加。正因为如此，我才在脸书上发文纪念，并表明我所知道的志坚和我共同的立场。

晓波先生的言论一直是惊世骇俗的，有一些掀起过轩然之争。

下面我重述我的脸书言论：

一、"我没有敌人"在我看来是一种基督文明精神，曼德拉似的胸襟。当然，审判和不宽恕魔鬼与敌人，是另一种意义。

二、"中国需要至少被殖民三百年"，是一种世界公民的意识，却被一些狭隘的民族主义者攻讦。

三、"混世魔王毛泽东"，表明他的反毛是在那时很超前和彻底的。

四、《零八宪章》，是他最后用失去自己个人自由投出他生命中的最浓重的一笔，志坚和我在流亡泰国的途中因之而激动并鉴署支持，在他失去自由后我对《一首关于自由的歌》重做了修改……在我看来，他是现代历史中知识分子中的极具份量的丰碑，谁也抹杀不了。

才离我先生过世几个月，此刻又一次心痛如绞。

尤其看到同道中人的所谓暴力革命派的诋毁，我真想仰天大笑或悲哭。去吧，暴力革命派们，你们该做的不是拿笔拿口说革命，你们该回国或在国内流血，以身相许于你们口说的暴力革命，而不是做口诛笔伐的事；这种事儿，本是件能动手就不动口的事，否则，玷污了你们所谓暴力革命派的名头！

准确地说，我丈夫余志坚先生和我也算是准革命派。

志坚写过一篇文章《"六四"枪响,民众奋起抗暴是八九六四的最亮点》,大家可以搜索一下,至少明白 我先生的主张。我们有敌人,但是我们绝不可以把真枪笔枪,对着跨越了仇恨、心中无敌的、为了大多数人的权利与自由而以身殉道的仁者们;况且晓波先生这位仁者一直在对我们共同的敌人的认知和批判上的深度和力度遥遥领先于我们和时代。

拿破仑在临死前说:"我曾经统领百万雄师,现在却空无一人;我曾经横扫三大洲,如今却无立足之地。耶稣远胜于我,他没有一兵一卒,未占领过尺寸之地,他的国却建立在万人心中。"世间有两种武器:信仰和利剑。在短期内,利剑可能凌驾于信仰之上,耀武扬威;从长远看,信仰必将打败利剑。

还加一句:武器或可毁灭人类,但爱却征服世人。

请拿起你们的利剑,刺向真正的敌人,而不是刺向为了我们共同的信仰而选择了用爱以一己之身在敌人的监狱里为所有人殉道的人!

写完,痛彻心扉!

附件二

刘晓波对自己谎言声明的两种解释哪个是真相

2017-07-21 13:42 GMT-04:00 Diane Liu:
I know. (翻译机直译:我知道。)

2017-07-21 7:49 GMT-04:00 Wenhe Lu：

陈迈平 has surrendered.（翻译机直译：已经投降。）

2017-07-20 21:19 GMT-04:00 Diane Liu：

三妹也说说：

感谢白丁先生写出这篇分析文章，节省了我的时间和精力。我已经打好腹稿，没想到我腹稿中的视角和要引用的文件竟然与白丁不谋而合。当徐文立忆刘晓波的文章爆出刘晓波上央视的解释后，我马上就意识到，这与刘晓波以前的解释截然不同。

根据我对刘晓波的研究和了解，根据数个当事人告诉我的真相，足以说明刘晓波人品性格都有严重问题。我最希望住瑞典学者陈迈平能够写出真相，他当初几个小时与我电话长谈，谈当初他任中文笔会秘书长、刘晓波做会长时，刘晓波如何结党营私排斥异己，使他不得不辞职。

在刘晓波问题上，已经有太多的谎言。不过我不着急，就像乌云遮不住太阳，谎言也遮不住真相。

2017年7月20日星期四

刘晓波对自己谎言声明的两种解释哪个是真相——天安门广场没死人声明背后

作者：白丁

迟来28年的消息

2017年7月13日,中国诺贝尔和平奖得主、《零八宪章》发起人之一、正在服刑的刘晓波先生在中共当局严密监控之下病逝。他的突然离世在世界各地引起强烈关注,人们在纪念这位和平主义者的同时对中共发出严厉的谴责。

一天之后,《世界日报》刊登一篇署名"曾慧燕"的文章,标题是"「央视认罪」真相曝光刘晓波父跪求"。文章转述刘晓波的话,说那次在中央电视台做违心见证是因为当局强迫他父亲游说他就范,"平日我可以和父亲论辩至反目,可是当父亲在那种地方双膝向我跪下时,我他妈的彻底崩溃了!"该文的消息提供者徐文立引用刘晓波对他说的原话:"我从来没有对谁讲过这一幕,今天就想对你说……"。徐文立为海外民运人士,曾推荐刘晓波角逐诺贝尔和平奖。曾慧燕的文章一经刊出,迅速被不下十家华文媒体转载。到目前为止,该文披露的消息尚未遭到质疑与反驳。

曾慧燕文章所说的「央视认罪」事件是指刘晓波因参与天安门广场绝食被当局指为幕后黑手并于1989年6月6日被捕,当年9月在中央电视台发表声明(下称"央视声明")宣称"天安门广场没有死人"。(刘晓波于1991年1月因有"悔罪""立功"表现而被免于刑事处罚。)央视声明一经播出,刘晓波立刻受到来自中国海内外民主阵营的一致批评,不是因为他的"悔罪",而是他的"天安门广场没有死人"之说,他被指责"为中共掩盖屠杀事实"。央视声明事件对刘晓波的冲击在曾慧燕的文章中有所表述："之后，刘晓波xx次次地反省、检讨，诉诸文字和xx次xx次的行动，才逐渐赢回昔xx同志的宽恕和谅解。"

事实也的确如此，刘晓波至少两次在正式场合解释当年央视声明背后的动因：一次是在一个时间与出处均不明确的访谈录像中用了5分钟的时间讲述当时为什么作央视声明，另一次是在他的《末日幸存者的独白》（1992年9月，台湾时报文化出版）一书中详细描述了当年他在决定作央视声明之前所经历的的外部压力和内心挣扎。上述两次解释在逻辑和内容上都相当一致（见以下引文），并被此后许多提及此事的文章引用。

但是曾慧燕文章中所引述的解释却与此前刘晓波自己公布的口头与书面解释大相径庭。不仅如此，曾慧燕文章中所引述的解释是自刘晓波1989年央视声明28年以来的首次面世，并且是在刘晓波离世后才被披露。

至此，关于刘晓波当年央视声明背后的动因，现在有了两种完全不同的解释。一段原本已随刘晓波的11年监禁重刑、诺贝尔奖荣耀和英年早逝噩耗而被各方搁置一旁的历史事件又重新浮现出来。

那么上述两种解释之中哪种叙述更接近事实？真相究竟是什么？

从曾慧燕文章的引述来看，刘晓波因为"父亲在那种地方（监狱或看守所）双膝向我（刘晓波）跪下"而感到"彻底崩溃了"，继而在半失智的状态下发出央视声明。无论从高压下人性弱点的暴露还是从中国传统孝道对人的行为束缚的角度来看，这都是一个既符合逻辑又能被世人谅解的行为轨迹。

然而在刘晓波的访谈录像和文字描述中，央视声明则完全是经过缜密权衡之后的理性之举。让我们再来重温一下刘晓波在《末日幸存者的独白》一书中的相关描述：

"1989年9月份，官方（指中共官方）……让我谈谈1989年6月4日清晨我所目睹和经历的清场过程。我非常清楚……这种采访的目的……是官方为自己开枪杀人做辩护……我如果接受采访，就等于甘愿充当官方的工具……但是，他们拿出了《人民日报》所登载侯德健关于清场过程的访问录，并劝说道：事实永远是事实，既然你没有看见打死人，没有看到血流成河，为什么不敢澄清事实，讲真话呢？……我一下子找到了接受采访的充分理由。1．清场时我没见到打死人是事实……。2．德健讲出没死人的事实而我却保持沉默，这等于在证明德健为保存自己而为政府作伪证……如果我出面作证„……可以增加事实的可信度……。3．官方证明了清场过程中天安门广场没死人，并不能证明北京没死人，开枪杀人是铁案，决不会因为清场过程中没死人而改变……"

可以看出，刘晓波通过文字描述的央视声明的决定过程不仅逻辑清晰，而且更符合道德准则，因此同样可以作为对他当年为何现身央视的合理解释而被世人接受。（至于刘晓波在央视声明中的陈述是否客观公正，本文不作探究。）

虽然上述两种解释各自都可作为独立证言而存在，但是因为它们代表了理性抉择和非理性冲动这两个完全相反的行为模式，二者在逻辑上无法并存。更加令人感到困惑的是两种解释都出自刘晓波本人之口，只是一个是公开披露，一个是私下倾诉。

那么，最显而易见的结论就是两种解释之中只有一个是基于事实的坦诚描述。如果真是这样，那么相较于追问哪一个解释更接近于客观事实，人们更会追问为什么刘晓波在提供了真诚解释的同时又给出一个虚幻的描述。这么做是出于对当局的顾忌还是为了凸显当局对人权的粗暴践踏？是为了在友人面前表露自身的软弱还是为了给自己赢得更多的理解和支持？

退一步讲，也许两种解释都是基于事实，也就是说官方劝导下的审慎思考和官方逼迫下的刘父跪求都发生在央视声明之前，但是这两个先行事件在对刘晓波最后决定发表央视声明的影响程度上却有着巨大差别。按照常理推断，一个被刘晓波在访谈录像和书中详尽描述的先行事件应该远比另一个只在私下仅对一个人描述的先行事件更可能是央视声明背后的决定因素。然而如果比较这两个先行事件和随后的央视声明给刘晓波造成的心理冲击，那么相反的推断才更加合乎逻辑。刘晓波在《末日幸存者的独白》一书中写到："直到今天，我对自己出现在官方电视萤幕上讲述清场事实的抉择非常坦然和满意"，而根据曾慧燕的文章刘晓波对徐文立的表述却是："不能他妈的原谅我自己！特别面对『天安门母亲们』时！没有藉口，只有惭愧，骂自己不是东西！"如果刘父跪求是促使刘晓波在情急之下发表央视声明的主要动因，是什么原因使得这个更加真实可信的理由被尘封２８年？

对于刘晓波央视声明背后的动因，之所以先后出现两种截然不同的解释还有最后一种可能，那就是：这两种解释都是谎言。如果真是这样，那么谁是这谎言的始作俑者？谁是它最大的受益者？谎言想要掩盖的又是什么？

最后，我引用６.４之后刘晓波央视声明之前侯德健面对官方电视摄像镜头时说过的一句话作为本文的结束语：我们需要用谎言来揭穿谎言吗？真相难道还不够吗？

（本文的全部探究都是基于一个前提：曾慧燕文章所报道的一切均属事实）

——原载《华夏文摘》，读者推荐

附件三

懷念林乃湘，魯德成泰國遇險真正的救命恩人

——及其他

徐文立

（2017 年 7 月 21 日）

（「有關林乃湘的必要說明，他才是魯德成在泰國遇險的真正救命恩人。」這是我今天一早，在匆忙中可以首先、又簡要地告訴世人的話。）

7 月 13 日到底是個什麼日子啊？我的兩位摯友同一天撒手人寰！

林老突然過世。是我心中最近第二件徹骨哀慟的事件！

為什麼我要發表有關林乃湘的必要說明

這是因為，最近：

一說：「林乃湘年约七十八岁，生前与中国大使馆关系密切，死前身体很好」。

二說：「受托转泰国最新消息：林乃湘的死，是突然坠楼（之前是說車禍），疑点重重！」

三說:「为何多人跟我说林和大使馆关系不错?」

詳細說明待述(現在我有一急事去辦。容後詳述。)

(再續)

為什麼懷念林乃湘會扯上魯德成在泰國遇險之事

我了解,林乃湘先生是一位七十八歲的真正的反共人士、蒙受林乃湘先生幫助的早年到泰國曼谷的異議人士有許許多多,至少在我這裡,林老從來不計較個人得失和利害,怎麼死後卻被人似是而非的「疑為中共線人、或者親共人士」?!

這樣的一生,竟然會得到這樣一個疑評和蓋棺定論;這樣的人生,真得不要也罷!!!

當然,人世間沒有真正的義人,人就是人;每個人都是不完美的;劉曉波不是聖人、林乃湘們亦然。我只是不平,我有義務把我知道的林老講給大家,信不信由你。我現在的信仰告訴我,上帝是公平的:「主說申冤在我,我必報應。」

講林先生之前,我必需申明:正如我對劉曉波的了解和閱讀遠遠不如其他人,我對林乃湘老先生的了解可能也只是皮毛。我只講我個人知道的事實而已,也可能和真實的林乃湘相去甚遠。

但是,我相信我的眼睛,以及和他的直接接觸和實際共事。

我 2011 年十分榮幸地出席了中華民國一百週年的慶典，期間在台灣見到了心儀七八年的林兄，雖然時間暫短，只是我請他吃台式「牛排」的餐聚，短短一個多小時，他對中華民國的深愛、對現狀的失望和痛心溢於言表，老淚縱橫，至今歷歷在目。他同時一定要我過目他經手的、特別是我為了營救 XX 而捐款的餘額至幾百泰幣，一清二楚。

人們常常遠隔重洋、千山萬水，如何才能識人信人。當然，如下所述，我一般識人信人，主要是通過「共事」。

我和林乃湘先生的一次難忘的共事，是發生在 2004 年 12 月 12 日泰國的下午 3 點，魯德成突然在泰國被抓遇險之後。

那麼，首先我要說明為什麼懷念林乃湘會扯上魯德成在泰國遇險之事。

最近，我看到一位勇敢的自媒體人，經常是勇敢地把中共第一把手作為他口誅筆伐的首選對象，這是在習近平表面上集權超過毛澤東、開始殺人（特別是謀殺劉曉波）不眨眼的時刻。我感慨他的勇敢無畏的同時，和他共勉——

我說：「中國民運的歷史使命決定了我們必需「擒賊先擒王」，在這一點上應該也可以不完全同於郭先生曝光的作為和方向；雖然，郭先生有他特有、我們不可替代的作用和使命。共勉！」

又引用高文謙先生的精辟論斷：「習當核心的危險之处在于，他具有红二代典型的二杆子性格，别人是有贼心没贼胆，他是既有贼心又有贼胆，敢于一意孤行。可以预计，习当一天核心，将党无宁日，国无宁日，民无宁日。'习就是一个'口言善，身行恶的国妖。'习无学识和理性，在这网络信息和自媒体时代，还在作'皇帝梦，搞个人崇拜向文革倒退'，螳臂挡车。习的危险性还在于，在他和中共生死存亡的关头，他是有冒险搞大屠杀或者挑起战争的冲动的。因此，去掉习，就是拔掉炸弹的'引爆器'。在中共高层人人都是'巨贪巨腐'的情况下，王岐山较有学识和理性，至少未作'皇帝梦'，和不会轻易挑起战争。当然，中共 19 大如果不能去掉习，让王岐山按照'七上八下'下台，少一个大坏蛋，也是好事。」

另外，我又和這位自媒體朋友商榷：「真正了解一個真實的人唯一方法靠「共事」。「Google+后缀」，是個辦法，那只能是參考。」

幾十年的嚴酷的生活現實告訴我：「唯有『共事』才能比較真正了解一個人」。

2004 年 12 月 12 日下午 3 點，魯德成不知為什麼在處境依然十分危險的情況下，突然在泰國出席一個什麼會議，被泰國警方在中共使館人員指領下被捕；且可能在一、二天內被遣返回中國大陸。

那時，正是美國的凌晨三、四點鐘，我正因為營救一位 1999 年左右，是中共首例從泰緬地區被綁架回中國、受過「酷刑」(最後的事實表明，是此人的吹大牛，嚇倒了中共情治單位)的年輕民主黨人能不能來到美國的關鍵時刻，深夜我臨時請了一位通曉中英文的同事給美國國務院寫重要信函，直至凌晨他要離開之際，突然接到林乃湘緊急電話，林老急切告訴我：魯德成在泰國被警方逮捕，請我趕快想辦法救救他，不然一、二天可能就會被遣返回中國大陸，後果不堪設想！

（注：我至今英文除應對日常生活，其他的一塌糊塗；我在布朗大學任教完全用中文，布朗大學有許多中文極好的學生，學校為我配了幾位學生秘書和一位助教。）

刻不容緩！我只有一個念頭：不能讓吃了 15 年苦頭的魯德成再受二茬罪！

我只有請求那位同事，再起草一封簡短的求救信給美國國務院。次日才知道這位同事汽車因是「掃街日」停在路邊而被罰款……，我抱歉的同時當然承擔了這個罰款。

第二天，我還是儘早到學校上班，十點多鐘就收到美國國務院秘書來信，問：魯德成是誰？為什麼要你SOS？

我的秘書還沒有上班，我想怎麼辦？我突然想到可以去 BBC 網站查魯德成的英文資料，果然有，我立即複製給了那位秘書。不一會兒，美國國務院秘書答應，他們一定關注，並責成美國駐泰國大使館關注。（我是用翻譯機，看這些來信。）

這時候，我又怕萬一營救不及時和不得力，會讓魯德成處於險境。下午，我的學生秘書一上班，我就請他們立即打電話和發 Email 給世界人權觀察主席鮑勃先生和中美對話基金會會長康原先生，分別尋求幫助。魯德成真是好命，當時，美國駐泰國大使正好是鮑勃和康原二位先生私交極好的共同朋友，大使答應立即和泰國政府交涉。因為泰國實質上、傳統上就是一個親美的國家。當天，泰國政府就已經保證，絕對不會把魯德成引渡給中共政府。我心中這塊石頭總算落了地，但是內情我卻不能夠透露出去。

我也知道為了魯德成獲救，同時有許許多多的個人和組織做了比我更多的工作。我直到有人不斷抬高調門，要發動全球中國異議人士到泰國駐各國大使館門前去抗議示威時，我才不得不通過一位有一定影響力的人，告訴大家：魯德成完全沒有被引渡回中國大陸的危險了，我以我的人格擔保。

凡是了解一些政治私下操作的人都會明白，美國大使和泰國政府的承諾是有效和負責任的；再過度抗議，那是害了魯德成。

2006 年 4 月 12 日魯德成終於在加拿大朋友和組

織的幫助下來到了自由的加拿大。在此之前、之後，我將林乃湘第一時間發出營救信號和之後通過美國國務院、駐泰國大使館及泰國政府營救他的過程，用電話詳細、又簡要的告訴了魯德成；遺憾的是魯德成在後來的日子里，不論在 Email 中的感謝信、還是正式發表在網路上的感謝信，提到了幾十位個人和組織，卻隻字不提林乃湘先生。不知道為什麼？！當然，不提我是十分正常的：因為徐文立是被成功邊緣化和妖魔化了、過了氣的人物。

有時被邊緣化反而是大好的事情

其實，可能有人不知道，被妖魔化我雖不喜歡，被邊緣化卻是我求之不得的。

1，　　成功地把我妖魔化和邊緣化，讓我來到美國，十五年得不到美國和西方政府一分錢的資助（這是完全可以核查的），我反而得努力在布朗大學工作十年，自己過著負債清貧卻踏實的生活。我努力得到了一些私人幫助，平均每年我能夠幫助國內外同道 $3,000-$10,000 不等。平平安安平平淡淡平平穩穩地過了十五年。

2，　　我雖然被人說成吹牛：「徐文立一天課也沒有講過」；什麼「徐文立在見達賴喇嘛尊者時搶話筒，沒完沒了，賴在台上不下來，被人轟下了台」；相反，恰恰是達賴喇嘛尊者和他的助理安排我上台講話，歷史紀錄我徐文立講話時間不超過一分鐘！達賴喇嘛尊者還特別和我行了「碰頭禮」；我的上百學生每年最高評分是 1 的情況下，他們給了我 1.12-1.19 等等評分,學校給了我人文科學博士榮譽稱號和畢業典禮演講的殊榮。

3， 我成功地推薦了劉曉波榮獲諾貝爾和平獎，我二度被美國卡特總統和布什總統邀請出席他們主持的特別會議，發言和對話；多次出席美國國會聽證會和其他會議。走訪了英國、法國、德國、加拿大、澳大利亞等等幾十個國家和大學，以及聯合國、包括「酷刑專員辦公室」、國際大赦、無疆界在內的等等國際政治組織。

4， 當然,還是有人在指控 1980 年春節期間就參加了當年就叫「中國民主黨」建黨嘗試、被判組織反革命組織刑的徐文立，18 年後的 1998 年是下山摘桃子。四川劉賢斌說：「"所以我很不愿意看到有些朋友对徐文立、秦永敏妄加指责，我认为至少不应当怀疑他们的个人品行。在我看来，他们当时的所作所为不是投机行为，而是历史关头的当仁不让。"─摘自刘贤斌：《民主党人印象（之四）：秦永敏》」浙江陳樹慶也說：「我在文章中所说"王有才先生1998年4月底5月初趁参加北京大学百年校庆之际，最初动员徐文立先生在北方召集与发起中国民主党的创党活动受挫"不实，由此给徐文立先生造成的"伤害"表示道歉。当然，通过前述两篇文章和本文的澄清，相信流传的那个非常难听的"故事"就从此可以很快消失，这也算是坏事变好事吧！」但是，還是有些人依然不依不饒。然而，中國民主黨全國聯合總部卻得到了二次美國國會領袖南希女士的例外的祝賀，而基本成功地在美國和西方民主國家保持了中國民主黨的正朔和火種。並且保證中國民主黨全國聯合總部可以有效地在第一時間，對國內外重大事件，作出必要的反應。

5, 經驗教訓了我，如其讓別人邊緣化你，還不如自己先邊緣化自己，不然哪有可能有時間和精力做成一些、當然也是微不足道的事情。2002年我剛剛來到美國時，我婉拒了在紐約的一個八萬年薪的主席職務，我不願意取代曾經還是朋友的那位。同時，我決計遠離世俗的虛榮，即美國的主要大城市和大學，我主動放棄了供選擇的波士頓哈佛大學和紐約哥倫比亞大學；最後在耶魯大學和布朗大學之間，選擇了更邊遠的布朗大學，後來才知道布朗大學同為常春藤聯盟之一，居然是美國中學生最喜歡選擇的大學之一、或者之二；它所在的羅德島州是以自由主義著稱，所在的城市（Providence, RI）直譯是「上帝之城」、或者「天道之城」。讓我沒有終日在不會出思想的「戲台環境里」上、或下，得以研究了民主社會基礎論、中國社會位移論而發表《中國大勢》和 2008 年得以出版《人類正常社會秩序概論》。

我喜樂這些，求仁得仁。

被邊緣化，對我來說，是大好事情；但是，有二位：一位 1998 年在美國、台灣的媒體採訪中，一邊為了討錢而迎合李登輝說「山東也可以獨立嘛！」一邊信口雌黃地罵剛剛在中國大陸建立的中國民主黨，是中共特務們組建的黨；一位直到 2003 年還譏諷「中國民主黨就是一個笑話，千萬不要和我講中國民主黨」；2009 年二位搖身一變、異口同聲地說：建立反對黨是民主運動頭等重要的事情，開始雙雙成為了中國民主黨 XXX 的主席和總顧問，卻讓人噁心！

林乃湘老哥，走好！凡塵中的有些事不值得你留戀。對不起了！在你生前沒有機會說說這些話！希望現在說，沒有煩到你。

附件四

追懷摯友劉曉波——當之無愧的諾貝爾和平獎得主

徐文立

（2017 年 7 月 13 日）

曉波先我而去，徹骨痛惜！痛哉，劉夫人霞！

人一生能結識的人，數算不清；有些人擦肩、點頭而已，有些人淺如過手之水，有些人相交如食甘飴，令你終身難忘。劉曉波就是一位在每次的交往都會給你帶來心靈震撼的人，而且更能讓你思想反芻得益。

我和劉曉波相識是在我 1993 年 5 月 26 日第一次出獄之後。當我出獄後，知道了劉曉波在 1989 年天安門運動中種種與眾不同的事蹟，也聽說他在運動之初的「北師大」演講中多次提到我，特別理解我的曾經所為的特殊價值。我內心深處即起共鳴，嚮往能結識這位「未識知己」。

我們第一次見面在我北京的家中，即 1995 年 4 月 25 日。我們交談甚歡，尤其談到以追求完美的標準來觀人省己時的共識，特別合拍。他說：「我、我發現你是一個內心沒有仇恨的人，少見！」

再進一步論到坐牢也有完美與不完美的話題時，他更是興奮。當我敘述到我第一次坐牢「甚至不懂以零口供應對」的種種不完美時，他更是結巴地說：「和、和、和……和你相比，我、我、我，我他X的，那次坐牢太不完美了！」「那次坐牢太不完美了！」他一口貫出。

坐牢還有完美不完美的？好生奇怪，看得出來他內心對自己曾經的「不完美」的不滿、噁心、和痛苦，天下就會有我們這等痴人！他又特別強調：對人的審美是他的交友之道。曉波從此在我心目中已不是一般人，這是一個能掏心掏肺吐真情的摯友。

他回憶了1989那次在中共電視台違心的見證，他痛苦地提到中共惡毒讓他父親的遊說，他說，「平日里我可以和父親論辯至反目，可是當父親在那種地方雙膝向我跪下時，我他X的，徹底崩潰了！」他說，「我從來沒有對誰講過這一幕，今天就想對你說，可是還是不能原諒我他X的自己！特別面對『天安門母親們』時！沒有藉口，只有慚愧，罵自己不是東西！」

之後，他一次次的反省、檢討，訴諸文字和一次又一次的行動，才贏得了「天安門母親們」寬宥和諒解。

我相信和喜愛追求靈魂乾淨的人。

我了解，在全人類和中國歷史上都有過「手無寸鐵的人們面對武裝到牙齒的邪惡武裝」的歷史時刻，那是不多見的；而普通民眾和年輕學子「面對殺紅了眼的士兵的時刻」，則是極為罕見；劉曉波「四君子」之前的種種我不十分了解，我當時在獄中，可是我聽過許多人異口同聲地說，就是在這萬難時刻，劉曉波「天安門四君子」沒有逃跑退縮，反而是迎著坦克、衝鋒槍口，一步一步地、在千鈞一髮、寂靜對峙的黑夜裡，直面可能即刻的流彈和死亡，去和天安門廣場入場鎮壓的中共戒嚴部隊談判！

有人提及，我也曾經歷這樣的事。

當我在1979年10月1日參與領導「星星美展」和平遊行時，經歷過面對三層軍警防線突然出現，千百位圍觀者驚恐得飛奔四散，霎時長安街六部口，寂靜的掉一根針都能夠聽得清清楚楚的時刻，雖然我作為指揮者無所畏懼的鎮定應對，及有服從指揮的我們和平遊行示威隊伍的穩沉配合，也難避免可能有的擦槍走火的危機；但那和劉曉波「四君子」所面對的情況，還是不能相提並論。

上蒼揀選了劉曉波「四君子」，保護了那些尚未撤離的年輕大學生們。歷史不會忘記他們這幾位願意用自己寶貴的生命來保護無辜學子的人！歷史記住了譚嗣同「戊戌六君子」，劉曉波「天安門四君子」也一定會被紀念。

這就是我推薦劉曉波為諾貝爾和平獎得主的理由之一。

推薦劉曉波的理由之二是：

中國當代民主運動始發於 1978 年的民主牆。之後可歌可泣的悲壯事蹟層出不窮。但是一部《08 憲章》一開始就能夠有 303 位中國社會各階層的菁英參與連署，是 1978 年以來所沒有的壯舉。社會菁英對全社會的命運是應該有所擔當，他們的社會效能是和千百萬民眾的力量同等重要、二者不可缺一的。

《08 憲章》的簽署剛啟動就有 303 位社會菁英參與、接著成千上萬的人踴躍連署，在這一點上，我們有誰能做到？沒有！劉曉波他們做到了！在凝聚共識與認同的影響力上，劉曉波做到了以「前所未有的大集體、大集結」公開向中共專制體制挑戰，劉曉波就配得諾貝爾和平獎。

另外，雖然《08 憲章》都是憲政民主的基本的要素，難道美國的民主憲政最倚仗不正是潘恩的《常識》嗎？

真理往往是簡單的；正因為簡單，才難以達至。

鑑於以上的兩項考量，我於 2010 年 1 月 10 日在廖燃的幫助下，鄭重地寫信給諾貝爾和平獎委員會，提出推薦劉曉波應榮獲諾貝爾和平獎的申請，後來才知道達賴喇嘛尊者、圖圖大主教、捷克總統哈維爾率二名簽署人都是當年《七七憲章》的簽名者和 89 年捷克絲絨革命中的領袖人物都參與了推薦。

2010 年劉曉波一舉榮獲了諾貝爾和平獎。

事後，自然有人問過我：「你(徐文立)也被推薦提名為諾貝爾和平獎的候選人，你為何反而推薦劉曉波呢？」答案很簡單，我自認不如劉曉波更有資格成為諾貝爾和平獎的得主。在我的觀念中，諾貝爾和平獎是全人類最神聖的獎項。唯有曾為人類和平地取得自由的歷程中有特殊貢獻、且心中沒有仇恨的人才配獲得。

總有一天，未來中國大陸不論是通過革命、還是通過變革進入憲政民主的正常社會時，已經被殘害撕裂的中國，最最需要的是嚴行法治，釐清歷史真相，撫平創傷。當人們真正懂得需要一位「心中沒有敵人」的「劉無敵」來撫平時，无奈曉波已去矣！

記得聖經希伯來書十二章 15 節說：「又要謹慎，恐怕有人失了 神的恩，恐怕有毒根生出來擾亂你們，因此叫眾人沾染污穢。」

「苦毒」是一場可怕的心靈傳染病，會奴役你，也會奴役全社會。中國共產黨自 1921 年 96 年最大的惡跡，莫過於用「階級鬥爭」的「苦毒」污穢了中華民族，以至誰也不信任誰，幾乎誰都敢害人，幾乎人人背信棄義，現在瀰漫全中國大陸的毒食品、毒水、毒空氣……，首先來自於人性的扭曲與人心的「苦毒」。所以，我覺悟今日的中國，需要一股思想的純正清流來引領、根治這深沉在人心的「苦毒」的病源。

我在 2007 年開始特別推崇王康，強調王康是當今中國最需要的思想家，因為他是用高貴、精粹的理想在引領著當今中國的思想家，繼而呼喚出千萬個王康，齊心重振中華民族。

中國，現在太需要心靈的高貴向善。

會有一天，我們因為了解要從心靈中擯棄「苦毒」的重要而追念劉曉波。

對於我們個人來說，在劉曉波得獎的事情上，我有一個深深的遺憾，就是因簽證未能及時完成之故，沒有能出席諾貝爾和平獎委員會在奧斯陸為劉曉波舉行的頒獎儀式。謝謝諾貝爾和平獎委員會在給劉曉波留一個空椅子的同時，也給予了我們夫婦留二個空椅子的殊榮。（請見照片附件）

當然，刻骨銘心的遺憾是，劉曉波不幸被罹患肝癌離世！

曉波走好！我們不會忘記你和你心茲念茲的民主制憲事業。

摯友曉波，我們愛你！

劉曉波和徐文立 1995.4.24 在北京徐文立的家

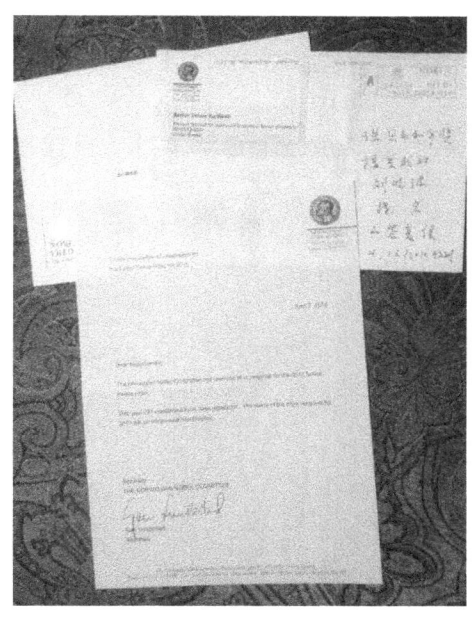

諾貝爾和平獎委員會 2010 給徐文立信函

To the nominators of candidates for
the Nobel Peace Prize for 2010

April 7, 2010

Dear Madame/Sir:

The Norwegian Nobel Committee has received your proposal for the 2010 Nobel Peace Prize.

This year 237 candidates have been registered. The name of the prize recipient for 2010 will be announced mid-October.

Sincerely,
THE NORWEGIAN NOBEL COMMITTEE

Geir Lundestad
Secretary

Senior Fellow Xu Wenli
Watson Institute for International Studies, Brown University
RI 02912-1970
United States

諾貝爾和平獎委員會 2010 年 4 月 7 日接受徐文立對劉曉波博士首次提名答復信（掃描件是回信和信封的部分）

劉曉波諾貝爾和平獎 2010 頒獎禮

徐文立夫婦因政治難民旅行證的延誤而缺席的空席位

(中左面那二個)

附件一：徐文立不克前往出席諾貝爾和平獎頒獎典禮的說明

http://blog.boxun.com/hero/201012/zgmzdlhzb/4_1.s html

　　劉曉波先生榮獲2010年諾貝爾和平獎是中國乃至世界的光榮，特別是中國自由、民主和人權事業的光榮，是中國為自由、民主和人權事業的先進、同道和同仁用生命、青春和鮮血堆疊起的豐碑。

　　11月25日,我和我太太及我特別推薦的瑞典華人代表陳世忠先生一起收到了諾貝爾和平獎委員會的正式邀請，我們感到十分榮幸和責任重大。

此時恰逢美國感恩節長假。

我 11 月 30 日夜從台灣率團觀選返回美國，第二天一早，即 12 月 1 日 9 時就在香港摯友謝中之先生的陪同下，前往羅德島州參議員辦公室尋求幫助，因為我的政治難民旅行證 12 月 6 日到期，我太太多年來為省去費用而未辦此證，我們只有請求參議員辦公室協助，才可能在最短時間內辦到政治難民旅行證。參議員辦公室移民助理立即著手在最短的時間內幫助我們辦理了有關申請，寄往美國中部的移民局辦事中心。之後，南希‧佩洛西辦公室和美國國務院的有關人士聞訊，都盡全力予以協助。12 月 6 日完成了對我們的生物採樣，今天，或明天我們可能會收到新的政治難民旅行證。

但是，礙於挪威駐美國總領館只有上午才開門辦公，我們所在城市距紐約有 500 公里之遙，要立即取得挪威領事館的簽證可能十分困難，儘管和領事館事先已有溝通，他們表示會特意延長辦公時間等候我們的到達。昨天，我們也只好忍痛取消了原定的航班和機票。

現在，我們仍然在等待政治難民旅行證的到來。有一線希望，我們也會付百分之一百的努力，準備隨時假道前往奧斯陸，如期參加頒獎會，可是這種可能已經十分渺茫，我們不得不做出這十分遺憾的說明。萬一不能如期前往參加頒獎盛會，我們衷心預祝百年難得的諾貝爾和平獎盛典圓滿成功。

徐文立 12 月 8 日上午 10 時於美國羅德島州

注：美國政治難民旅行證，一年有效，辦理週期 3 個月至半年不等，費用從 2003 年 100 多美元，到 2009 年的 385 美元，今年是 220 美元。

再附註：今天上午我才可能收到加急寄來的政治難民旅行證，為時已晚，只有遺憾。——2012 年 12 月 10 日

附件二：流亡異見人士徐文立受訪

一個和平獎鐵幕苦痛 30 年

http://hk.apple.nextmedia.com/news/art/20101208/1

4743717

2010 年 12 月 08 日

【(蘋果日報)本報訊】「過去 30 年，中國人為了民主自由，為了追求諾貝爾和平獎理念，付出的代價世所罕見！」流亡美國的中國異見人士徐文立對劉曉波獲諾貝爾和平獎感慨萬千，並透露內地被判刑的中國

民主黨成員不計其數，總刑期逾 1,000 年。他認為，和平獎頒給劉曉波，是對所有為爭取民主自由中國人所付出代價的肯定。

曾獲諾貝爾和平獎提名、準備赴挪威出席和平獎頒獎禮的徐文立，接受本報長途電話採訪時指，過去 30 年是中國人從共產主義鐵幕統治中覺醒、爭取民主自由最活躍時期，但也是受到迫害最慘重時期，「以我們中國民主黨來說，自 1998 年創黨，參與成員被捕判重刑者，受到判刑的總刑期，就達 1,000 年以上！」

徐文立舉例指，中國民主黨創黨初年，他和秦永敏、王有才三人就被分別判 13 年、12 年和 11 年；2006 年四川許萬平和楊天水各被判 13 年；2008 年湖南謝長發被判 13 年；四川劉賢斌坐夠 13 年牢剛出來，前不久又被抓進去，正待判刑，「各地民主黨成員都被重判，刑期都在 10 年以上；中共真是鐵石心腸獨裁黨」。

……

他指，30 年來中國民主運動與諾貝爾和平獎距離不斷縮短。70 年代末的西單民主，成為中國當代民主運動的開端；……

……最終由劉曉波獲獎，「我想說，諾貝爾和平獎頒給劉曉波，既是對他個人的褒獎，也是對過去 30 年中國民主運動參與者的肯定」。

……

而流亡美國的中國異見人士方勵之對本報指,中共對諾貝爾和平獎的態度,完全是根據黨派利益取捨。1964年美國黑人領袖馬丁·路德金獲獎時,毛澤東曾發聲明,支持美國黑人爭取民主的運動,中共還曾在天安門廣場隆重集會聲援馬丁·路德金。他說:「那時中共不說自己干涉美國內政,現在國外支持中國人民爭取自由民主,並獲表彰時,他就不讓別人干涉了!」

一段公案

(2017年7月25日提及)

1,程凡:可惜打不開(《徐文立:劉曉波已故,請不要推他登聖壇》一文)

2,徐文立:直發,應該可以吧

3,程凡:还是打不开

4,徐文立:我已經直發文章了啊!不然你給我你的Email,我發你。

5,程凡:不用麻烦您了,谢谢!
我邮件@hotmail.com 不怎么用

6,徐文立:剛剛寄出,請查看!Email

7,徐文立:不怕麻煩。要是怕麻煩,1998年那次我就不會深更半夜為你一通電話,滿世界呼籲各国舆論關注王有才回學校失蹤的消息而揚名、王開始了不知自己姓什麼的生涯，來美國專門和我爭權奪勢（才有幾個人啊？有什麼權和勢好奪的啊？怎麼勸也不聽；以為我騙他、利用他、現在又裝模作樣「退出」民運），2009年幫助王軍濤、魏京生（原本誣衊、或看不起民主黨的傢伙）強搶民主黨，王有才助紂為虐，組建什麼三王黨（王军涛、王有才、王天成）又退出，到處縱容什麼徐文立下山摘桃子,我十八年前就組黨、1993年出獄又在秘密組黨的人反而成了摘桃派。陳樹慶聽了讒言跟著說那些「難聽的謠傳」時，王有才明明看到，卻任其散佈和幫助傳播,這叫什麼人啊！你（程凡）是老實人，我也不怪陳樹慶,就是這個志大才疏、不對、是野心大又縮頭縮腦的你的老鄉王有才，可能他還是你的校友嗎？

這段公案，你是最知情的人。也該說說了，只少給我聽聽。也不枉我這傻哥哥半夜三更為你而誤揚名王有才這不值得為他勞動的人，他和他們還讓我在浙江朋友中，名聲很臭！嗚呼哀哉！

8，程凡：老徐，老英雄也！

徐文立有關「歷史不能這樣亂寫」的鄭重說明

http://blog.boxun.com/hero/201101/zgmzdlhzb/17_1.

shtml

徐文立

諸位：

我沒有陳樹慶先生 Email，請有陳樹慶先生 Email 的朋友轉發他。謝謝！

--徐文立拜託

美國 2011 年 1 月 24 日凌晨，何德普已回到家中，我和他通了電話之後

徐文立有關"歷史不能這樣亂寫"的鄭重說明

陳樹慶先生在"何德普釋放剩三天，見證中國民主黨人的團結協作精神"一文中提倡的精神和意願都是好的，沒有錯。

但是，他言之鑿鑿地說："例如王有才先生 1998 年

4月底5月初趁參加北京大學百年校慶之際,最初動員徐文立先生在北方召集與發起中國民主黨的創黨活動受挫後,得到了任畹町、趙昕、馬少華、王林海等先生的回應,組建了中國民主黨北京籌委會並於1998年9月16日正式去北京民政局登記註冊,而趙昕先生又和吳義龍、劉賢斌及其他十幾個省的民主黨骨幹積極籌備中國民主黨的第一次代表大會工作。徐文立先生及與徐最要好的幾位朋友11月9日突然宣告成立由他們幾人組成的中國民主黨京津黨部和"中國民主黨一大籌備組"(浙江吳義龍、王榮清等人當時曾對徐文立先生去電話提出過嚴肅批評,但2004年底的《中國政黨法》事件,徐文立先生能不計較王榮清過去通電話直接指責的那些難聽話,在美國大力呼籲營救王榮清先生,此乃後話),迅速膨脹了中國民主黨的力量與國際影響力,但也打亂了王有才、任畹町、趙昕、吳義龍、劉賢斌、姚振憲等人正在醞釀及運作的"中國民主黨一大"準備工作。由此,在北京地區,中國民主黨的兩個組黨群體之矛盾就產生了,很長一段時間難以協調、整合與統一。"

陳樹慶先生的說法,和歷史事實相去甚遠,甚至有捏造歷史的嫌疑

1,"1998年4月底5月初時"之前,我徐文立並不知道"王有才"為何許人。因為1989年的八九民主運動期間,我被關在北京市第一監獄反省號裡,前後達5

年之久。

"1998年4月底5月初時"的一天深夜，浙江一位我當時也並不認識的叫程凡的先生，給我來了一個電話，急迫地告訴我：一位叫王有才的八九學生因為參加北京大學百年校慶突然失蹤了，因為我知道您的國際影響力，您又和各國通訊社駐北京記者熟悉，請您代為發出消息營救王有才。

我毫不猶豫地，從床上起身、穿衣，草擬新聞稿，發向各國通訊社和當時香港盧四清主辦的"中國民運信息中心"，引起了國際社會的關注。

此事可與程凡先生核實，我有的他的Email是："程凡","程凡"，當然不知現在對不對。

之後，王有才也並沒有來找過我。

再次聽到"王有才"這個名字是1998年6月25日。

那麼，從何談起陳樹慶鑿鑿所言："王有才先生1998年4月底5月初趁參加北京大學百年校慶之際，最初動員徐文立先生在北方召集與發起中國民主黨的創黨活動受挫"一事？

陳樹慶不是當事人，說了不合歷史事實的話，還可以原諒；可是作為當事人的王有才，據說他自己在演講中誇的口是"受過良好教育"，卻放任這種錯誤發生，而且近日不斷地向媒體和個人散發這個造假的歷史事實，意欲何為？不得不問！也逼得我不得不稍作回應。

請見：

WangYoucai :陈树庆:何德普释放剩三天，见证中国民主党人的团结协作精神

2，1998年6月25日，杭州一些人向中共政府民政部門申請註冊籌備成立中國民主黨，我和秦永敏當晚，緊急通了電話，雖然我們一致認為，當時組黨的時機並不成熟，早了一點，但是為了中國民主事業的大局，哪怕面臨牢獄之災，我們也決定毅然決然地動員全國（後來知道是28個省市）異議人士同時發起組建中國民主黨，並在7月發起了21省市異議人士營救被中共扣押的王有才等人、也演進為組黨的造勢運動。

王有才2004年初來到美國，我接受美國政府請求，我用自己的工資優厚地接待了王有才一個月的衣食住行，這是我和王有才第一次見面。

王有才2004年初來到美國時，有許多惡言惡行，我今天暫時保留不予全部披露。

2004年初我和王有才見面，他非但毫無感謝之意，反而說，1998年7月我和秦永敏們不應該營救他，他是被中共招待並住在杭州某賓館裡；對我們的營救工作的評價，也和陳樹慶說得一樣的鬼話:什麼我們"打亂了（他）王有才……等人正在醞釀及運作的'中國民主黨一大'準備工作"。不然，他們所謂的中國民主黨1998年就在中國大陸合法建立了，是我們壞了他的大計。

真不知道這是他的大計？還是他和某種勢力的"好夢"？現在是不是又在紐約準備重圓這個和某種勢力暗中勾連的"好夢"？王有才公開說的，那個1998年當年現任的所謂的中共省委書記XXX，是不是還在王有才那個組黨名單中？王有才公開說的，那個1998年他和一位中共神秘人物（他昵稱的老同志）的神秘關係，還保持着嗎？真想問問！也希望他再公開說說。

3， 所謂的"王有才、任畹町、趙昕、吳義龍、劉賢斌、姚振憲等人正在醞釀及運作的'中國民主黨一大'準備工作"。

我和北京及全國的戰友們1998年11月6日之前，從來沒有與聞。

1998年盛夏，吳義龍、姚振憲從西安突然路過我家，我和我太太盛情盛宴地招待他們，安排洗澡睡覺，他們也絲毫沒有和我談起什麼組黨和什麼"中國民主黨一大'準備工作"，當然我也沒有和他們談起我們已經準備了半年之久的"中國民主黨一大籌備組"的工作，好在當時的當事人查建國、高洪明、劉世遵、何德普等等人都還健在，可以查實。

2007年6月4日在中國民主黨聯合總部（海外）第一次代表大會上播放的何德普的妻子賈建英答謝詞，是這樣說的："就是這些一個個象金子般珍貴的人，他們前赴後繼，為中國的民主事業作出犧牲，然而他們無怨無悔，他們的精神讓我們感動；讓我們敬佩；讓我

們愛得刻骨銘心 !'

"我們本質上，是一批為國家、為民族有理想、有擔待，又現實的奉獻者"，志同道合者，這並不是陳樹慶所謂的什麼私人感情的什麼"徐文立先生及與徐最要好的幾位朋友"。

請不要故意貶低我們，我們為事業很傻，但是我們也傻不哪裡去，故意貶低我們，我們看得懂。

另外，1998年中共對的判決書記載着我9個月的"罪行"："一九九八年二月至十一月間，被告人徐文立為組織、策劃、實施顛覆國家政權，積極尋求並接受境外資助，且在《中國民主黨章程》(臨時)中明確規定尋求境外資助。"(請見網絡上的徐文立判決書掃描件)

而決不如陳樹慶所言："徐文立先生及與徐最要好的幾位朋友11月9日突然宣告成立由他們幾人組成的中國民主黨京津黨部和'中國民主黨一大籌備組'。"

中共的情治機構是國家機器，他們對於大陸異議人士的真實面貌，和實際情況的掌握，毋庸置疑，遠遠超過我們和我們的個體。

可惜，據說是"受過良好教育"的王有才，怎麼連這點基本的政治常識都不懂得。

再請看：

在我2004年初慷慨地接待了王有才，之後的第一個早晨，他進入我辦公室的第一句話，就說什麼："老徐，公安局（不知他為什麼說公安局，而不是說中共）怎麼判，就怎麼判了吧。"

他的言外之意是說，他這個所謂發起人怎麼才判了11年，屈居第三位；我和秦永敏只是"下山搶頭功"摘桃子"的，卻分別判了13年和12年？希望他這種沒有必要的耿耿於懷，不要追隨他一輩子，那可就太沒有出息了，那可真辜負了"受過良好教育"的自我美譽了，王有才孜孜以求的參與競選（？）的政治道路還要有很長的一段路要走，請好自為之。

在這一點上，真不知道是中共不懂事理，還是他王有才不懂事理？

對寫歷史問題，我非常敬佩任畹町先生，人到六十歲了還能夠深刻地反省自己，說出了許多歷史真相，並糾正許多不實之詞。2010年5月在法國斯特拉斯堡會議上大聲疾呼："在此，我想提到美國布朗大學研究員，中國民主黨全國聯合總部主席徐文立先生。我們中國人最瞭解我們自己的事業。徐文立先生為中國民主事業鐵窗獻身16年，表現了良好的道德情操，健康的人格人性，忠誠地事業信仰，善於操作和經營民主事業，能夠團結民眾。現代民運經過30年的錘煉、比較、觀察、鑒別，我以為徐文立先生是中國的曼德拉和哈威爾。中國的人權民主事業不能沒有強有力的領袖及領袖集體。組織、旗幟、領袖是我們事業必勝的三大要素。30年艱苦卓絕的現代化事業是產生她優秀領袖的時候了。"

只是畹町兄對於我徐文立的評價，太過譽了。中國民主運動的任何榮譽都是我們共同的。我們中國民主黨現在的領導集團，也是集體式的領導集體。我為有王希哲、任畹町、趙南、孫維邦、鄭欽華、劉士賢等等老朋友和更多的新朋友、以及國內知名不具的朋友們一起共事而自豪和欣慰。

我熱切希望八九這一代的某些後生，好好地學習作為中國民主黨海外核心的王希哲先生、任畹町先生的高風亮節，不要在我中國民主黨需要舉黨一致，面對新形勢到來之際，還在這裡篡改歷史，為功名和利祿所迷惑。

4，"中國民主黨一大籌備組"事是1998年11月6日，而不是11月9日。

據我知道，陳樹慶先生還是有些學術訓練的人，要寫歷史，可不能像以上這樣毫無考證的亂寫。

寫史，一次鑄大錯，就有可能終身難讓別人信任，希望陳樹慶兄能警覺。不可不慎！不要為派性，而障礙了自己的聰明才智。

關於陳樹慶先生重點提到的趙昕先生

1，1993年5月26日我第一次出獄至1998年11月30日再次入獄。期間，我和秦永敏始終站在中國大陸民主運動的第一線，但是我幾乎沒有聽說過趙昕這個名字，更不瞭解他為中國民主事業和中國民主黨奮鬥的業績，我希望陳樹慶先生能具體介紹一下趙昕先生業績，以及趙昕如何逃過了我們都普遍因民主黨案受到的牢獄之災？陳樹慶先生不能這樣籠統"迅速膨脹"趙昕的偉業，否則難以讓人們採信。

當然，網上流傳很廣的《趙昕這個人很八卦》以及他在北京"仁之泉"辦公室的種種……，在我們沒有進一步進行考證之前，自然我們也不會採信。

2，我是2002年12月24日在美國政府和國際輿論的營救下，流亡到了美國。經過近一年的努力，我終於在美國能夠靠自己的工作有尊嚴地生存下來。為了中國民主黨的火種能在海外繼續延續下去，我受王希哲先生的委託，2004年開始重組海外的中國民主黨組織，完全按照黨章所規定的組織原則和程序，進行"三讀、兩議、一決"組織中國民主黨的領導班子和十幾個國家的中國民主黨黨部組織。之前，2003年3月26日我着手組建了非營利組織"關注中國中心（CCC）"。2004年12月3日中國大陸122位知名異議人士熱忱祝賀中國民主黨海外流亡總部成立。

在這個過程中，我一再地誠邀王有才先生，甚至表示我可以帶頭在黨內提議、經過選舉、推選他作為該組織的最高領導人，王有才卻百般地不予合作，而且出爾反爾，謊話連篇。

奇怪的是，正在這個當口，趙昕先生人在北京，高唱什麼"程序正義和實質正義"，卻能在中共的竹幕之後為中國民主黨事向王希哲先生和我毫無障礙地一連發出了"十問"，當王希哲先生不得不進行反駁時，趙昕就高喊什麼"告饒"，落荒而去。

人們不會忘記中國海外老民聯的領袖王炳章先生就是被類似的高調搞垮，並被搞到中共的無期黑牢裡去的，讓中國海外老民聯不但在 1989 年民主運動中發揮不了應有的作用，並且至今一蹶不振。所以，我們不會允許這段歷史在中國民主黨內重演。

3，趙昕嚴重地干擾中國民主黨在國內被全面鎮壓下去之後，在海外保存火種的種種努力，不但，至今沒有一個交代、道歉和認罪。反而出現了下面更加奇特的事情：

大家都知道，胡錦濤執政八年來，在中國大陸不斷出現像高智晟、何德普等人在監視居住期間，就受到慘無人道的酷刑的事例，其他一些如孫文廣教授等等自由知識分子、記者和宗教人士，不斷地遭受中共黑社會打手的蒙面綁架、非法審訊、肌體殘害。他胡錦濤有過一次憐憫、關注和什麼批示嗎？

然而，這位趙昕先生在某旅遊區的酒店裡發生了一個故事，據他說，不但受到了聯合國秘書長、歐盟政要的關切和關注，他更受到了胡錦濤的關切和關注，不但如此，胡錦濤中共政府還為他的故事撤銷了當地的有關官員的職務，並責成該地區的酒店普遍進行了"整改"。這可不是我什麼信手拈來，趙昕先生自己在網絡、電郵中發表的連篇累牘的文字，特別是那篇肉麻的《趙昕致胡錦濤感謝信》就是證據。以此要說他"夠八卦的"毫不委屈。只是不知道他那個八卦都是哪八個內容。

當然，胡錦濤屈於美國政府和國際社會的壓力，在他"榮耀"訪美之後，倘若放逐高先生，那也和趙昕自己敘述的胡錦濤和中共官員對他的厚待是兩回事。

從來顧全大局的王希哲先生，現在再次為了中國民主黨的大局，再次推薦陳樹慶先生《見證中國民主黨人的團結協作精神》的文章，可惜也有誤，錯把 1979 年民主牆時期的中國人權同盟的、現在紐約的趙鑫混同為北京的趙昕。

但是，王希哲先生立即發表了更正："關於趙昕和趙鑫，有誤的說明"

希望陳樹慶先生學習老前輩王希哲先生有錯必糾、有錯必改。

徐文立

2011 年 1 月 24 日凌晨

附件：

附件1：查建国、高洪明：纪念中国民主党联合总部成立十周年

附件2：王平渊：中国政治格局的"有效突破"

附件一：查建国、高洪明：纪念中国民主党联合总部成立十周年

(博讯北京时间 2009 年 2 月 08 日 来稿)

1999 年 2 月 6 日，中国民主党联合总部在北京成立，至今已经十周年了。我们撰写此短文，以示纪念。

当代，在中国大陆首先商讨成立中国民主党，是 1980 年春节召开武汉会议的秦永敏、傅申奇、杨晓蕾和刘二安；事前、事后徐文立与闻并和他们商讨了此事。（博讯 boxun.com）

在中国大陆首先成立中国民主党,是贵阳的朋友们，他们 1995 年成立中国民主党贵州分部，随即遭到中共镇压。陈西被判刑 10 年，黄燕明被判刑 5 年，卢勇祥被判刑 5 年，廖双元被判刑 4 年，曾宁被判刑 2 年。

1998 年 6 月 25 日浙江杭州的朋友们再次在中国大陆冲击组党禁区，而且是中华人民共和国史上首次公开冲击党禁，他们成立了中国民主党浙江筹委会。为此，他们做出了重大牺牲。至今十年已有王有才、祝正明、吴义龙、毛庆祥、朱虞夫、王荣清、陈树庆、徐光、吕耿松、严正学、池建伟、张建宏、魏征玲等等人被判刑入狱，现在仍有八人在狱中。

1998年11月9日中国民主党京津党部在北京正式宣告成立，其主要领导人徐文立、查建国、高洪明、何德普、刘世遵先后入狱，何德普现仍在狱中。在京津党部成立的前后，全国28个省市纷纷组建中国民主党各省市地方党部和筹委会，美国、欧洲也成立了中国民主党分支机构。中国民主党人英勇地冲击党禁的行为，引起了坚持"党天下"的一党专制的共产党统治集团的极大恐慌，随即对和平、非暴力公开建党的中国民主党人进行了疯狂的镇压。全国各地四十多名党的领袖被判刑坐牢，更多的党员受到各种形式的打压。

1999年2月面对徐文立、秦永敏、王有才已被捕判刑的"黑云压城城欲摧"的危机，湖北陈忠和到北京与查建国、高洪明等人商议，成立了由中国民主党北京党部、湖北党部、辽宁党部、天津党部、陕西党部、河北党部、河南党部、山东党部、安徽党部、山西党部、内蒙古党部、北美党部联合成立的中国民主党的第一个联合机构：中国民主党联合总部。

由于当时形势的险恶，沒有条件一步到位，未能成立全国各地大联合的统一的民主党中央领导机构（至今仍无条件成立）。我们设想先北方各省联合起来，逐步推进，最终达到全国党的统一。

联合总部领导机构为总部委员会。由徐文立等三十一名委员组成。总部委员会四常任主席：徐文立、王希哲、秦永敏、王有才（这四人当时有三人在狱中，一人在国外）。总部委员会下设两个常设机构：执行委员会（十一人组成）和监察委员会（七人组成）。执委会还制定了党内一系列规章制度。执委会与监委会按着排名顺序轮流每人主持工作三个月。执委会工作主持人在主持期间为总部委员会执行主席。第一任执行主席查建国，第二任执行主席陈忠和，第三任执行主席何德普。因总部委员纷纷入狱，轮换制度被打乱，被迫停止。

联合总部的首要目标是：在中国争取开放报禁，开放党禁，建立分权制衡的宪政民主。提出三大任务是：加强自身建设，维护公民权利，推动政治改革。

联合总部发布总部临时党章，征求党旗、党徽、党歌的设计方案，印发党内刊物，筹备全国代表大会。联合总部发表各类声明，联署签名发出推动政治改革的声音，积极参与各种形式的公民维权活动和纪念八九民运十周年活动。

在 2002 年底何德普执行主席入狱的同时，徐文立主席被流放国外。徐文立在王希哲先生领导的中国民主党海外原有工作的基础上，受王希哲委托，在美国将中国民主党联合总部的工作继承了下来,2004 年 11

月3日通过网络商讨的"三读二议一决",及网络选举成立了"中国民主党海外流亡总部";2007年5月31日至6月4-5日在美国罗德岛州召开了中国民主党联合总部(海外)第一次代表大会和预备会议、并纪念八九民运十八周年活动,选举了中国民主党联合总部(海外)的领导机构,在海外保住了中国民主党的火种,明确方向,完善规章,健全组织,务实行动,支援国内,随时准备返回国内完成她的历史使命。特别要指出地是,中国民主党联合总部(海外)第一次代表大会,经代表表决,通过了《中国第三共和宣言》,即"中国民主党人追随辛亥革命诸先贤开创的亚洲第一共和,尊重一九四六年制宪国大确立的第二共和,励志建设自由富裕、人权平等、宪政民主的中国第三共和。"

徐文立先生指出:励志建设"中国第三共和",既是我党之崇高的政治纲领,又是我党全体党员的神圣使命,更是我党引领她的赞同者建设"中国第三共和"的胜利旗帜。

十年了,中国民主党联合总部与民主党其它机构组织共同奏起了在中国大陆冲击中共设置的党禁的最强音。中国民主党人前仆后继的牺牲不会白白付出,中国民主党人揭露假民主,宣扬普适价值,树立勇于斗争的榜样这三大作用将深深地推动中国民主运动,而中国民主党人也在这个过程中成长,这一切都鼓舞着我们出狱后为在中国大陆实现自由民主继续奋斗。

查建国 [zhajianguo1951@gmail.com]

中国北京：86-10-52171789

高洪明 [ghm0511@gmail.com]

中国北京（手机）：86 - 13522267658

附王希哲先生有关论述：

王希哲先生说："我坚持认为，在国内高压，事实无法合程序召开全国代表大会的情况下，幼芽的民主党只有两条路：一条消极主义，事实让民主党自然消亡，一条，部分中坚骨干分子站出来先拉起山头（如查建国），成为中流砥柱不畏牺牲坚持到明天。"

王希哲先生又说：查建国的"联总"新路启发了王希哲，他给浙江筹委会同志写信说："本来按照民主党全国筹委会理想的途径，在全国各省或大多省成立民主党筹委会后，每省选出代表，出席召开民主党第一次全国代表大会，正式成立它的中央机构。但随之白色恐怖到来，中共下手逮捕了徐秦王等，加剧了对新生中国民主党的迫害，各省筹委会协商一致到全国代表大会的路线显然走不通了。这时，查建国、高洪明等同志毅然决定，先团结一部分愿意走到一起来的省市立即成立联合总部，有个坚强核心，逐步扩大，最后达到召开全国代表大会的目的，这就有了另一条途径。

现在看来，这条途径是比较现实的，踏实的，可操作的，也是比较正确的。……联合总部则是一个有权威指挥系统的实体机关。没有前赴后继的联合总部权威机关，国内民主党要在这两年白色恐怖下坚持旗帜不倒，是难以想象的。"一年半来的历史证明，中国民主党联合总部成为了白色恐怖下民主党旗帜坚持不倒的中流砥柱；……。查建国、高洪明等同志在紧急关头的当机立断是完全正确的。"

附：中国民主党联合总部（海外）第一次代表大会

"中国民主党联合总部（海外）6月4日在美国召开第一次代表大会的预告"

【《关注中国中心 CCC》www.cdp1998.org 2007年4月19日消息】

2006年12月5日北京著名的时政评论员王光泽先生在他的《梦想中国——自由与繁荣的国度》一文中预言：1998年在中国大陆创建的中国民主党历经17年的努力，2015年终于在中国大陆获得了合法地位，之后又用了5年的成长，成为了中国的第一大党，2020年取得了在中国的执政地位。

自然我们只能把王光泽先生的话作为一种政治预言来憧憬，但联系到中国共产党政府对中国民主党的残酷镇压及近年来冒牌的中国民主党组织纷至踏来、当年反对 1998 年组党运动的一些人现在却对中国民主党趋之若鹜，当年先积极赞同、后又公然背叛者、沉寂近十年最近也突然"现身"、自如进入海外网站、不惜以"炸网"的急迫大肆攻击组党，种种趋向至少表明：1998 年创立于中国大陆的中国民主党将成为中国实现和平民主转型的、具有举足轻重作用的政党是有可能的。

　　1998 年 6 月 25 日由浙江民主党人筹备成立、1998 年 11 月 9 日中国民主党京津党部正式成立达到高潮的中国民主党组党运动有以下五大特点：

　　1．中国民主党 1998 年创建于中国大陆，而不是海外。

　　2．中国民主党浙江筹委会和京津党部组织 1998 年所颁布的党章或临时党章、公告、特别是 2000 年 1 月 1 日中国民主党联合总部所发布的《中国民主党迎接新世纪宣言》都表明中国民主党是有坚实的民主理念为基础的、是有可能发展成为一个成熟的、负责任的、具有现代意义的政党组织。

　　3．中国民主党 1998 年的创建人是一个大的群体，她的主要成员来源于 1978 年的中国民主墙运动和 1989 年的民主运动；她的绝大多数领导人是经过选举产生的；她的 40 多位领导人都经历了监狱的炼狱的考验；至今尚有 20 多位领导人仍在狱中受刑。

4．中国民主党1998年建党运动先后发生于中国大陆的28个省市、自治区,因而她具有了全国性的规模。

5．中国民主党自1998年创建的第一天起,就受到了美国和各国政府、联合国人权会议以及世界舆论的高度关注,1999年度在王希哲先生和王炳章先生的领导、廖燃先生协助下让中国民主党人徐文立、秦永敏、王有才作为一个集体成功地入围诺贝尔和平奖的提名,因而她具有了一定的世界范围的影响力。

1998年诞生于苦难、今天依然战斗在苦难之中的中国民主党人挺过来了,正因为中国民主党的中坚分子,在面对牢狱之灾和险恶的社会环境的时候,他们是高昂着自己的头颅,坦荡地向世人高声宣称:"我,就是中国民主党人!"

时至今日,中国民主党已经成为了中共专制政权消灭不了的一支政治力量,它必定发展成为挑战中共专制统治重要的在野力量。

2004年11月3日建立的中国民主党海外流亡总部现在在全球包括台湾和香港有14个党部,作为中国民主党在海外的流亡组织,负有义不容辞的明确方向,完善规章,健全组织,保护火种,务实行动,支援国内,随时准备返回国内完成她历史使命的神圣职责。

原定2007年夏天召开中国民主党海外流亡总部党

员第一次代表大会，修改中国民主党党章、完善和选举中国民主党海外流亡的领导机构、总结自 2004 年 11 月 3 日通过"三读二议一决"成立的中国民主党海外流亡总部的工作、明确中国民主党海外流亡的组织今后的方向和近远期的工作目标，是完全必要的。

经过 2006 年半年多来的反复酝酿，总部决定自 2006 年 12 月 24 日始，成立了第一次代表大会的筹备组。

自 2007 年 1 月 1 日对外发布了 2007 年夏天召开中国民主党海外流亡总部党员第一次代表大会的公告，就引起了强烈的反响。

为了理顺我们第一次代表大会的法理依据和名称，2007 年 3 月 22 日汪岷提议，王希哲、徐文立附议的提案，经过 9 天，在预备会议的参与者（总部负责人、秘书处负责人和各党部负责人）中的网络审议和表决，按"少数服从多数、特别注意保护少数"的民主原则，通过了汪岷议案。

自 2007 年 4 月 1 日起，我们决定先从党内将"中国民主党海外流亡总部"恢复为"中国民主党联合总部（海外）"将"中国民主党海外流亡总部第一次党员代表大会"更名为"中国民主党联合总部（海外）第一次代表大会"。

2007 年 4 月 18 日将"恢复和更名"的决议昭告了世界。

今日正式通告，中国民主党联合总部（海外）决定2007年6月4日、即"六四惨案"发生18周年之际，在美国罗德岛州首府帕崴登斯市（Providence——英文直译是"上帝、天道"之义）召开中国民主党联合总部（海外）第一次代表大会，预备会议三天，正式会期二天。

党的章程是党的根本大法，是党的灵魂。

籍中国民主党联合总部（海外）召开的第一次代表大会修订中国民主党党章将是这次会议的重大使命，经酝酿：

1．2006年12月24日成立了中国民主党党章修改小组。

2．修改中国民主党党章的法理和文件基础是：

A. 1998年6月25日中国民主党浙江筹委会发布的中国民主党成立公开宣言和1998年10月中国民主党浙江筹委会发布的中国民主党党章（筹委会负责人祝正明起草）。

B. 1998年11月9日中国民主党京津党部全体党员签名议决的中国民主党北京天津地区党部成立公告（第1号）和中国民主党京津党部（临时）党章（严家祺受委托起草，徐文立增修）。

C. 1999年4月11日中国民主党联合总部颁布的中国民主党联合总部（临时）党章（联总文13号）。

D. 2000年1月1日中国民主党联合总部颁布的《中国民主党迎接新世纪宣言》。

E. 2004年11月3日中国民主党海外流亡总部通过"三读两议一决"网络会议决议通过的中国民主党海外流亡总部（临时）党章。

（以上资料均可在 www.cdp1998.org《中国民主党联合总部（海外）专栏》中查询和下载。）

中国民主党联合总部（海外）第一次代表大会胜利召开公告

【《关注中国中心 CCC》www.cdp1998.org 2007年6月5日消息】

中国民主党联合总部（海外）第一次代表大会于2007年6月4-5日在美国罗得岛州典雅的希望俱乐部举行。出席会议的有来自世界各地的代表、贵宾共50余人。联合总部（海外）新闻发言人表示，历经坎坷的中国民主党人迎来了自己的海外第一次代表大会，这是中国民主党的成年礼，标志着组织起来的中国民主党人，正迈开大步，走向中国第三共和。

美国总议院议长波罗西.南希女士给中国民主党联合总部（海外）第一次代表大会发来了贺电，贺电全文如下：

尊敬的徐文立先生

并致中国民主党联合总部（海外）第一次党员代表大会

尊敬的中国民主党代表与贵宾们：

谨祝贺中国民主党联合总部（海外）第一次党员代表大会召开！

贵党将以领导争取中国的自由、民主与人权的斗争而广受赞扬。先驱人士公开反抗当前的专制政权，以争取全体民众应享不可剥夺之自由，这样的行动往往能加快社会迈向自由的步伐。

你们可以确信，我作为美国众议院议长，将一如既往地把促进中国的自由与民主作为头等重要的大事来对待。我们都希望中国人民有更美好的未来，在政治上、文化上、外交上、经济上、在一切方面都是如此。这就是为什么我们务必继续努力，争取中国的变革。我们希望有一天，世界上人口最多的国家将被称为世界上最大的民主国家。

再次感谢贵党对中国民主事业的引导与献身。请接受我对贵党第一次党员代表大会成功召开的最美好的祝愿。

美国众议院议长

南希•普洛西

2007年6月4日

发来贺电贺信的还有流亡美国的中国诗人黄翔、北京王光泽、秦永敏的前妻李金芳女士、山西党部、黑龙江筹委会、香港党部、荷兰党部、韩国党部袁文瑞、（日本）亚洲和中国的民主化支持会会长牧野圣修、日本党部、日本民主中国阵线主席赵南、亚洲和中国民主化支持会中国民联日本分部、中国社会民主党日本党部、韩国武振荣、香港司徒华、何俊仁、陈立民、国内徐高金、贺伟华、刘世遵、任畹町、廖双元、陈西、任诠、吕耿松、岩石、佐夫、李运生、赵汗青等等。

出席开幕式的贵宾有美国原参议员、现任布朗大学沃森国际研究所资深学者Mr.Lincoln Chafee、中国民主党美国之友的代表、台湾民主基金会副执行长杨黄美幸、中国社会民主党主席刘国凯、《北京之春》经理薛伟。美国其它官方和民间组织的代表、世界维吾尔族代表大会主席热碧娅助理Alim Seytoff等观察了代表大会。

十多家新闻媒体的记者采访了开幕式，他们之中有美国NBC、英国卫报、美国帕崴登斯各报社、美国自由亚洲电台、大纪元、新唐人电视台、文汇报（中国大陆）等等。

"一大"会场布置隆重、庄严。会议开始前，会场正前方是纪念"六四惨案"18周年和中国民主党狱中群英照片陈列，会场里播放着18年前天安门广场响起过的激动人心的音乐。

9时正，中国民主党联合总部（海外）秘书长汪岷先生宣布大会开始，在会议中部就坐的"一大"正式代表有：徐文立、王希哲、郑钦华、孙维邦、汪岷、黄华、秦晋、胡尧、郑在勤、江弘锦、叶国忠、黄奔、万宝、鹿邑、楚天舒、陈晓、刘正、韦民、王尧、叶国忠、方能达、唐元隽、金秀红等。

会议首先向"六四死难者"志哀，全场默哀一分钟，并由中国自由文化运动主席袁红冰先生作书面发言："审判中共暴政'六四'（屠杀）人类罪"。

大会向"天安门母亲"群体致意。

中国民主党联合总部（海外）召集人徐文立先生致开幕词，他说：我们会议的所在地帕崴登斯意谕"天道"；"天道•自由•希望"将引领我们的会议。

中国民主党联合总部（海外）顾问王希哲先生宣布中国民主党联合总部（海外）第一次代表大会向国内的优秀中国民主党人颁发奖章和奖金、向国内的优秀中国民主党人的妻子颁发特别鼓励奖的决定：

一，经中国民主党联合总部（海外）第一次代表大会预备会议批准，中国民主党联合总部（海外）特授予以下43位国内优秀中国民主党党员奖牌以兹奖励，这43位国内优秀中国民主党党员是王炳章、秦永敏、查建国、高洪明、刘世遵、何德普、陈忠和、杨涛、吴义龙、毛庆祥、朱虞夫、祝正明、叶有富、刘贤斌、畲万宝、胡明君、王森、李作、欧阳懿、萧诗昌、吕新华、陶加新、王泽臣、王文江、姜力钧、佟适冬、李大伟、岳天祥、郭新民、郭承明、俞峰、王金波、张佑菊、李志友、刘金、张健、孔佑平、宁先华、赵梓云（林飞）、廉彤（潜龙）、陈西、许万平、姜福祯；

二，经中国民主党联合总部（海外）第一次代表大会预备会议批准中国民主党联合总部（海外）特授予以下七位国内优秀中国民主党党员每人500美元奖金以兹奖励，这七位国内优秀中国民主党党员是王炳章、秦永敏、查建国、毛庆祥、刘贤斌、孔佑平、李大伟；

三，经中国民主党联合总部（海外）第一次代表大会预备会议批准中国民主党联合总部（海外）特授予以下二位国内优秀中国民主党党员每人250美元奖金以兹奖励，这二位国内优秀中国民主党党员是胡明君、王森；

四，经中国民主党联合总部（海外）第一次代表大会预备会议批准中国民主党联合总部（海外）特授予中国民主党优秀党员何德普的妻子贾建英女士500美元特别鼓励奖，以兹奖励。

中国民主党的优秀的领导人之一何德普的的妻子贾建英女士就中国民主党联合总部（海外）第一次代表大会授予国内43位优秀中国民主党党员奖牌以及

对9位国内优秀中国民主党党员颁发奖金发来了答谢词。会议接通了她北京家中的电话，贾建英女士激动地表示："我在这里为他（们）高兴。4月27号，我去看他（何德普），也简单地给他写了一个小纸条，给他看了看，他的表情真得非常非常高兴，他不能表示什么，他当时点了点头，很高兴地笑了"。

徐文立先生宣读《中国第三共和宣言》。

代表们表决，除一人弃权，通过了《中国第三共和宣言》。

徐文立先生指出：励志建设"中国第三共和"，既是我党之崇高的政治纲领，又是我党全体党员的神圣使命，更是我党引领她的赞同者建设"中国第三共和"的胜利旗帜。

与会代表、来宾们纷纷在《中国第三共和宣言》的立轴上签名。

在今天的会议上，美国原参议员、现任布朗大学沃森国际研究所资深学者Mr. Lincoln Chafee作了精彩的演讲，表示对中国民主运动和年轻的中国民主党的热情支持。在大会上演讲的还有台湾民主基金会副执行长杨黄美幸女士、中国民主党美国之友Mr. Sidney Gunst、Mr. Noah Sachs、中国社会民主党主席刘国凯先生、国内民主党代表任畹町、廖双元、刘世遵、陈西、任诠、吕耿松、海外中国诗人黄翔、学者武振荣、国内学者贺伟华、徐金高等。

6月4日下午,会议由中国民主党联合总部(海外)副秘书长黄华先生主持。

中国民主党联合总部(海外)召集人徐文立先生作了题为"让我们共同走向第三共和"的演讲。

顾问王希哲先生论述了"中国民主党的几个问题"

一、中国民主党历史上的路线问题;

二、怎样理解"第三共和"问题;

三、中国民主党怎样介入国内维权和把它推向新阶段的问题

四、中国民主党的宣传和外交问题

秘书长汪岷先生呼吁:"联合起来,抓住历史的契机"。

他说:"我今天在这个会上,向大家,向全世界的中国海外民运组织呼吁,团结起来,联合起来,在奥运之前,用一年的时间把分散,各自为政的民运力量凝聚起来,组成一个真正的反对运动,或者一个真正的反对党,在那场未来将来的暴风雨中,去赢得最后的胜利。"

在大会上演讲的还有澳大利亚党部的秦晋先生,他演讲的题目是:"看清路向,把握时机";《北京之春》杂

志经理薛伟先生以"中国民运的新课题难民运动"为题作了演讲；Mr.John Kusumi、世界维吾尔族代表大会主席热碧娅助理Alim Seytoff等都先后发表了演讲。

中国民主党联合总部（海外）徐文立先生特别助理郑在勤先生宣读了"关爱和成长基金会"章程，徐文立先生宣布"关爱和成长基金会"董事会名单。

徐文立先生宣布特聘卢盛鑫律师为"中国民主党联合总部（海外）""关注中国中心"和"关爱和成长基金会"法律顾问。

6月4日晚，会议主持人郑在勤先生请"一大"党章修改小组胡尧先生作修改党章的报告。

代表们审议、批准了预备会议审议通过的《中国民主党章程》。

中国民主党联合总部（海外）第一次代表大会的第一天会议，始终通过网络直播，会议进行过程中，不断接到来自海内外的电话和电子邮件，特别是国内的民主党人，给与大会以热情的支持和鼓励。会议全程由布朗大学沃森国际研究所徐文立先生的秘书蔡若梅小姐任双语翻译。

中国民主党"一大"6月5日继续举行，会议将选举出中国民主党联合总部（海外）第一届的领导机构和成员。

中国民主党联合总部（海外）第一次代表大会胜利

闭幕公告

【《关注中国中心 CCC》www.cdp1998.org 2007年6月10日消息】

【与中国民主党联合总部（海外）第一次代表大会胜利召开公告相同的内容略】

……

发来贺电贺信的还有……郑民生等等。

……

再由中国民主党联合总部（海外）召集人徐文立先生致开幕词。

徐文立先生的开幕词：

"女士们、先生们，大家早上好。

我代表中国民主党联合总部（海外）热烈地欢迎各位来宾。

请允许我首先介绍我的同事、目前担任布朗大学沃森国际研究所资深研究员的美国前联邦参议员切菲先生；我也要特别介绍来自台湾民主基金会的杨黄美幸女士；还有我们"中国民主党美国之友"的朋友们。

我们开会的这个城市被称为 Providence 市，英文 Providence 是'天道'的意思。Providence 市是罗德岛州的首府,当年罗德岛州的 开创者罗杰·威廉姆斯先生由于不满麻省排斥异己的宗教政策,只身徒步来到这里,从此之后仅仅几百年,自由的阳光令罗德岛州繁荣昌盛。

我们的会场设在'希望俱乐部','希望俱乐部'这个名称对中国民主党而言是一个巨大的鼓舞,更让我们感到希望无限。

天道·自由·希望将引领我们的会议。

'希望俱乐部'的经理和员工为我们大会提供了周到的服务和方便,对此我们表示衷心的感谢,同时也要感谢大会秘书组的成员们,你们辛苦了。大家是否注意到在讲台的对面坐着的这位年轻人,他正在负责为发言者做发言时间到时的提示。

正好我讲话的时限到了,谢谢大家!'

接着,中国民主党联合总部(海外)顾问王希哲先生宣布中国民主党联合总部(海外)第一次代表大会向国内的优秀中国民主党人颁发奖牌和奖金、向国内的优秀中国民主党人的妻子颁发特别鼓励奖的决定:

……(贾建英的书面答谢词附后)

贾建英电话答谢后,徐文立先生宣读了《中国第三共和宣言》。

……

在6月4日上午的会议上，美国原参议员、现任布朗大学沃森国际研究所资深学者 Mr. Lincoln Chafee 作了精彩的演讲，表示对中国民主运动和年轻的中国民主党的热情支持。在大会上演讲的还有台湾民主基金会副执行长杨黄美幸女士、中国民主党美国之友 Mr.Sidney Gunst、Mr. Noah Sachs、中国社会民主党主席刘国凯先生、国内民主党人任畹町由徐文立、廖双元由郑钦华、刘世遵由胡尧、陈西由楚天舒、任诠由江弘锦、吕耿松由黄华代为演讲、海外中国诗人黄翔由鹿邑、学者武振荣由秦晋、国内学者贺伟华由郑钦华、徐金高由黄奔代为演讲，海内外英豪们汇聚在希望俱乐部大厅的麦克风前那一刻，蔚为壮观和令人感动。

6月4日下午,会议由中国民主党联合总部(海外)副秘书长黄华先生主持。

……

6月4日晚，会议主持人郑在勤先生请"一大"党章修改小组胡尧先生作修改党章的报告。

代表们极为认真地审议、批准了预备会议审议通过的《中国民主党章程》及《中国民主党联合总部（海外）党章附件》。

……

中国民主党"一大"6月5日继续举行，会议选举出了中国民主党联合总部（海外）第一届的领导成员。

6月5日的会议由秘书长汪岷主持。

首先由选举工作小组负责人胡尧宣布"中国民主党联合总部（海外）第一次代表大会选举规则和程序"。

会议经过无记名投票，选举徐文立为中国民主党联合总部（海外）主席。

会议经过无记名投票，选举徐文立、郑钦华、孙维邦、汪岷、黄华、秦晋、郑在勤、万宝和各党部负责人为中国民主党联合总部（海外）委员会成员。

之后，由徐文立主席主持召开了中国民主党联合总部（海外）委员会会议，选举产生了徐文立、郑钦华、孙维邦、汪岷、秦晋、胡尧、郑在勤、万宝中国民主党联合总部（海外）执委会，特聘王希哲先生为顾问、任命黄华为副秘书长。

上午10：00－12：00，由汪岷秘书长主持召开了中国民主党联合总部（海外）新的领导班子及顾问王希哲先生参加的记者招待会，并向海内外直播。记者招待会的详情将另发。

之后，汪岷秘书长代表"一大"筹备组，向大会作了"一大"财务的初步报告。

下午，由与会的友党代表周延风、来宾倪国兴，代表方能达、唐元隽、鹿邑、刘正、楚天舒、黄奔、金秀红等人发表了热情洋溢的讲话。他们特别肯定了会议"先立规矩，再开会"的原则，因而大会形成了紧张、热烈、而有序的会风。他们并坦率地提出了建设性意见，还对新的领导班子提出了殷切的希望。大会在热烈和团结的气氛中落下了帷幕。大家恋恋不舍地聚积在典雅、古朴的俱乐部内和门前合影留念。

附：何德普的妻子贾建英答谢词

（2007年6月4日）

得知我获得中国民主党颁发给我特殊鼓励奖，这是继美国二十一世纪基金会颁发给我第三届家人奖后，第二次获此殊荣。

我很感动，也很内疚，我对民主党领导人徐文立先生说：我不行，比起前辈那些姐妹们来，我不算什么。

记得有个律师曾对我说："你丈夫被判八年，你要一直坚守，不容易啊！因为，他不是一个普通的刑事犯，你会在此期间受到很多干扰的。不是一般人能承受的了的，做民运家属真不容易。"

我说："没什么，我前面已有很多榜样，有的姐妹为丈夫苦守十多年"。当时，在场的一些人都惊叹："啊，十多年！"

是的，我们很多姐妹在丈夫深陷牢狱中时，一个人独自撑起一个家庭，照顾老人，抚养孩子。她们忘记了危险，身穿状衣在大街上绝食抗议；她们为了打听丈夫被关押的地点，到处打听、走访；她们站在监狱的大墙外高声喊着丈夫的名字；她们一个人走在探监的路上泪流满面。她们遭受过数不尽的冷落和拒绝，她们经历过无数的冷暖和悲伤。由于常年的牵挂和焦虑，由于过度的困苦和贫穷，她们每个人过早的生出了白发；过多的长出了皱纹。但是，妻子们没有后退，在她们每个人的脸上展现的是无畏和坚强，她们在坚守着家庭、丈夫、孩子。她们坚信：丈夫是好人，他们所做的事情是对的！

几年来，我收到了很多民主党朋友的问候、鼓励和帮助，他们中间有很多都是我不认识、没见过面的朋友。他们很多人都是没有固定收入，靠打工生活。国内大部分朋友因为受迫害，没有任何收入，一方面冒着坐牢的危险去工作，一方面还要经常地帮助我们这些家属，很让我们感动。

记得有个民主党员来看我，要拿出钱帮助我，我坚持不收，他扔下钱就跑。我追上去一再拒绝，他郑重地对我说："我是一个党员，这是我们组织上的事，我应该这样做，你不要拒绝，也不要感谢"。

就是这些一个个象金子般珍贵的人，他们前赴后继，为中国的民主事业作出牺牲，然而他们无怨无悔，他们的精神让我们感动；让我们敬佩；让我们爱得刻骨铭心！

这次大会，在你们最艰苦的情况下，千方百计为我们筹资发放奖励，惦念着我们这些家属，我很荣幸，也好感动！

我会告诉狱中的亲人，让他们放心，朋友们想着他们、惦记着他们、支持着他们！

在这里，请允许我感谢中国民主党的全体党员对我们家属的鼓励和支持！

谢谢！

附件二：王平渊（遗作）：中国政治格局的"有效突破"

五十年来中国政治格局中，中共一党统治的局面在1998年被风起云涌的民间组党运动冲出一道缺口，随着"民运三君子"徐文立、秦永敏、王有才的被判刑，组党运动进入调整期。如何理解、看待这一重要的历史事件，是每一位关心中国政治前途和命运的有识之士所面临的深刻问题。要正确认识这一重要的政治变局，首先遇到的是方法论上的困难，因为任何特定的重大政治历史事件都是具体的，单一的、不可重复也不可逆的，因此，只能对其作描述，不能对其作归纳；另一方面，由于缺乏系统、完整的理论作前提，也无法对其进行演绎分析；同时，由于事件本身的复杂性，一般科学中常用的决定论的、统计的、线性的、非线性的、"新、老三论"的、混沌的方法也都显得无能为力，相对来说只有类比的方法能够较清晰地显示事件的过程，简化并揭示事件的意义，甚至作出较准确的未来预测。但要作出有意义的类比必须首先找出最相似的参照物，以大规模的、复杂的政治历史事件而论，最近似的参照系应该是股市。股市中最深刻，最有哲理性的理论——波浪理论的创始人艾略特就明确指出：他的理论所揭示的规律不单是自然界的，更是社会和人的心理，行为的运动规律，他之所以用于股市是因为股市有几百年积累的最完整的数据资料可供分析，有千万人和亿万资金的大规模运动可供参照和验证。因此，以股市中积累的各种理论工具和概念术语作参照，可以帮我们更清晰地认识复杂的历史事件，并为我们提供一个绝佳的看问题的新视角。

一般来说，股市在底部运行时要想展开一轮上升行情，必须有"基本面"、"技术面"的配合。基本面是指外部的大环境、大气候，技术面则要突破一条沉重的"阻力位"，也叫"颈线"。股市底部不管以什么方式运行——头肩底、W底、三重底，圆弧底，还是潜伏底——要想上攻都必须先突破这条"颈线"的阻力，升势才能被确认。但颈线突破是有条件的，即需要有"成交量的配合"，所谓"带量突破"，如果没有成交量的配合，这种突破就是"假突破"、"无效突破"，甚至"多头陷阱"，就是政治上所说的"引蛇出洞"、"欲擒故纵"，随即"消灭于萌芽状态"。所以，确认颈线突破的是否"有效"，重要的标志是看是否有成交量的放大，即是否有大量买盘跟进。以这种理论分析今年中国政治格局的变化，我们可以看到，在"宏观基本面"角度，随着 97 香港回归和十五大的召开，中共完成了邓以后的权力交接；98年二、三月的"两会"以后，中国政坛出现了"北京之春"的宽松局面；四，五月份的北大百年校庆；六月份的克林顿访华"直播"；十月初的签署"联合国人权公约"；官方报刊、杂志、出版界的相继活跃；使国内的民主气氛升温，自由化呼声高涨，这就为蕴蓄已久，后来遍地开花的大规模组党运动提供了适宜的气候和宽松的"宏观基本面"。

如果像以前的历次小范围,少数人的组党很快被打压下去一样，今年六月的浙江王有才组党一案被打压后无人响应，则通过组党突破中共一党统治铁板一样的沉重阻力和政治颈线的努力就是"孤立事件"或"无效突破"，但我们随后看到的事实却是：六月末"中发联"开始活动；九月山东，武汉提出组党，随即全国十几个省市跟进；十月初"中发联"正式成立并顺利召开第一次全国代表大会，成立的第二天(10月5日)中国政府签署联合国人权公约；在这前后，"自由公民论坛"，"中国文化复兴运动"，"中国人权观察"，"全国反腐败观察"，"下岗工人群体"等政治性组织也相继成立或积极活动，使组党运动急剧升温。直到十一月初，以 徐文立为代表的国内民主党人顺应潮流成立"中国民主党第一次全国代表大会筹备工作组"，国内外民运人士积极响应，紧接着"民主党京津党部"和"武汉党部" 相继成立，把全国组党运动推向高潮,形成组党运动强劲、凌厉的"第一浪上攻"。由于此次民间组党运动对中国一党统治局面的突破是"放量突破"，在浙江组党后有大量后来者跟进，形成"量的放大"和"量能的支撑",即哲学上所说的"量变到质变",故可以确认此次组党对中国党禁"颈线"的突破为"有效突破"。

突破局面形成后一般会遇到什么情况呢？以股市理论来看，由于多方战线拉长，均线发散，支撑减弱，各项技术指标超买、钝化、背弛，上升空间有限，必然会遇到空方的沉重打压，在图形上形成"反抽"或"回调"，甚至"回补跳空缺口"。"调整形态"与"上攻形态"相比极为复杂，时间可长可短，任何理论对此的描述和解释都遇到困难，即股市进入你来我往，扑朔迷离的"盘整期"。如果空方力量强大则向下盘，多方力量强大则是横盘或向上盘，这要依"宏观基本面"的情况而定。以此来观中国的组党运动，9、10 月份组党运动进入高潮后，各地公安机关对异议人士开始加紧监控和打压，各地民主党人士被抓了放，放了抓，对组党形成"上升阻力"。到 12 月初，官方对全国形势作了全面打压，一方面正式逮捕三地民主党领袖徐文立，王有才，秦永敏，多次逮捕各地抗争人士，两次查抄"中发联"北京总部；一方面急剧收紧舆论尺度，整肃以《方法》杂志为代表的国内报刊，杂志，出版社系统。一时间"乌云压城"，终于遏止住了体制外组党势力和体制内民主化，自由化势力的上攻势头。徐文立等人被抓后，国内外人士作出强烈反应和抗争，各先进国家政府也作出迅速，高规格，强有力的反应，但并未能阻止中国政府对徐文立三人的审判和判重刑，12 月 17 日以后，徐文立，王有才，秦永敏三人先后被判刑 13 年，11 年，12 年，把此轮组党突破后的"回调"打到最低点。虽然有国内外民主人士的绝食抗议和各大国及北欧诸国的强烈抗议，仍可以认为组党浪潮进入"调整期"。

从理论上讲，"有效突破"以后的"回调"有三点值得注意：一是"回调"一般不会跌回"颈线"以下，因是"放量上攻"，有"量"的支持和确认，所以，已凝聚起来的社会能量和"人气"一般不易打散；二是调整时间的长短任何理论也无法准确给出，理论上是不可知的，因为影响它的不确定因素和突发因素太多，使它持续的时间可能很短或很长，这要依"宏观基本面"或国内、国际的社会"大气候"而定。三是回调"盘稳"以后的走势必是新一波上攻。上攻的高度任何股市技术分析专家都能告诉你其"量度升幅"在理论上至少可达到多高，如果有宏观基本面的配合，形成"艾略特波浪理论"所描述的"爆炸性"的"主升浪"，则升幅更为壮丽，可观，这是理论上的预期。具体到中国的组党运动，经过第一波上攻突破和打压回抽后，调整期需要多久谁也不知道，但有下一波上攻是肯定的，下一波的"目标位"也是确定的，"宏观基本面"也是配合的。最重要的是"宏观基本面"，任何大规模的民众运动和社会历史事件莫不成于斯，长于斯。那么，我们所面临的宏观基本面究竟如何呢？概而言之，人类历史上的"第三波"世界民主化浪潮"已把全球三分之二的国家推入民主制的广阔航道；人类已进入信息时代，"知识经济"的大潮已涛声拍岸；由跨国公司和国际互联网所推动的全球经济，信息一体化进程正在加速发展，势不可挡；市场经济的根系已深入传统经济的板结土壤，使建立于其上的集权政治风雨飘摇；民主自由人权的观念和"公民"意识正在突破"臣民","顺民"的桎梏，广泛普及，深入人心；开放的国度再退回到封闭状态已不可能；人类将进入下一个千年；正所谓"世界潮流浩浩荡荡，顺之则昌，逆之则亡"。在这样的大趋势下，固守党禁是否合时宜，是否能成功，是否识实务，结论就不言自明了。

在笔者写这篇文章时，据报中国"工人党"已于1999年元月一日宣告成立，国内外民主党人和"文化复兴运动"组织的接力绝食正在继续，"中发联"仍在活动，《方法》杂志99年第一期已出版发行，下一波民主浪潮的能量正在积蓄，随后的事态我们就不必再说什么了。
——王平渊

1999年1月5日

作者简介：

王平渊（原名王建军，2016年已故），男，１９５２年生人，汉族，籍贯山东冠县，１６岁参军，在海军服役四年，复员后在中学教书，恢复高考后，考入大学，毕业后，在大学任教。"六·四"整党期间被校方解职，九一年至今无业。九一年后退出中国共产党。

補記：中國偉大的民主憲政理論家王建軍先生英名千

古

中国民主党迎接二十一世纪宣言秘密执笔人王建军先生 2016 年 7 月 1 日故去

中國民主黨全國聯合總部及王希哲、徐文立致敬禮

迟到的哀悼：六四遭开除的大学老师北大人王建军去世

(博讯 2016 年 07 月 03 日发表)

_____

依然沒有人真正的認為是回事，只有悲涼

2017-08-20 13:20 GMT-04:00 徐文立 <xuwenli2016@gmail.com>:

商業社會需要的「誠信」、「契約」、「守約」、「失約後的救助和懲處」，以及最重要的「信仰」才是憲政的基石。中國社會在民國和現在開始慢慢有了，儘管那麼令人失望。

所以，我才寫了「中國大勢」（2010 年）的「位移論」和「民主社會的基石論」及「人類正常社會秩序概論」（2008 香港出版）。依然沒有人真正的認為是回事，只有悲涼。

補充一點：

中國是從秦始皇以來，專制傳統極為深厚的國家，商人地位很是底下的（是不是秦始皇為了說明他不是呂不韋的非婚子而如此？--存疑，當然不僅僅如此），商人受官府壓榨也極深；反作用就是失去（當然不是全部失去）：商業最要「守信」的信條。連十七世紀遠在法國的孟德斯鳩老人家都知道：中國商人是全世界最狡猾的商人——他們有三桿「稱」（進貨一桿、出貨一桿、供自己了解真實分量的一桿）。

說一句題外話：世界商人又有哪一位如呂不韋那麼成功地以「大秦帝國」為商業的「標的物」，官至一品「宰相」、暱稱為亞夫（當然也存疑）！

2017-08-20 10:02 GMT-04:00 weizhen chen：

把推翻中共作为实现宪政民主的充分条件，是非常错误并且狭隘的。推翻中共，是否是实现宪政民主的必要条件，这个还需要观察。事实上，就连中产及以上阶层的人们，都普遍开始认识到，中国的宪政民主政体，决非单单把中共推翻就万事大吉。显然，还有更加内在更加重要更加根基性的因素需要预备与考虑，有更加隐蔽甚至可以上升到行上格局的因素，导致中国的宪政民主制度就是难以确立起来。我真的希望相关学者与专家的思考，能够更加深入与全面。但无论如何，推翻中共等于宪政民主政体，这是一个错误的命题，至少在当前的情况下绝对如此.

这篇文章很多论述也是不全面甚至偏颇。但是因为在海外的民主人士当中，我就没有看到比较像样的思考并论述中国未来宪政民主制度究竟如何才能确立起来？过去是怎么失败的？失败的内外因素？今后的宪政民主政体究竟需要什么样的内外在因素与条件的预备？很多人就是咬牙切齿要推翻中共。吃瓜的民众进来一看，第一个感觉是，中共不好，可是中共推翻以后怎么弄？到这个层面，基本就是一片空白了。所以说，民众如何能够有足够的信心与动力，去支持民运去推翻中共？像我的弟弟跟我聊到这个问题说，他们要反共，反共究竟目的是什么？

到现在为止，国内无论是维权的还是抗暴的，基本都是自身被逼到无可奈何的处境下而起来抗争。很遗憾，也仅仅是为了抗争而抗争，是一种本能的对暴政的反抗。我坚决维护这种抗暴的权利，我也绝对表示认同与理解，但是就宪政民主政体的建造，显然无法仅仅在民众出自本能的大规模抗暴之基础上就能够水到渠成。他需要更为内在更为重要更为根基性的因素与条件为支撑。

陈XX

书摘：中国宪政尝试的失败及其原因

作者：耿国阶

20世纪初期,中国曾经经历过一段短暂的宪政治理实践,但以失败告终。本文从价值、制度、行为模式、救济机制四个方面分析其失败的原因。

1. 中国宪政尝试的价值体系

在英国那样的先发宪政国家,宪政价值体系是经历过几百年的演化内生形成的。因此,宪政价值体系已经扎根民情,成为社会信仰,是社会力量整合的价值纽带。但是,1912年开始的中华民国是由于革命骤然开始的,是基于"宪政"富国强兵的功效而人为"移植"的,而社会内在价值的演化是一个较长期的过程,远远没有达到支持这种骤然的"制度移植"的程度。可以说,在20世纪初期,人们的价值理念和政治习惯,更多受中华治理传统价值体系的影响,更多转型期的混乱和自相矛盾,宪政的运行缺乏坚实的社会性价值根基。

2. 中国宪政尝试的制度体系

借鉴并模仿西方发达国家的宪政制度体系,20世纪初中国的宪政实践也形成了自己的一套制度体系。1912年公布的《中华民国临时约法》明定"中华民国之主权属于国民全体",并明确规定了人们的各种权利,以及政府的组成。

仅就宪政文本而言,选举制度、代议制度、政党制度、分权制度与司法独立、军队制度等西方宪政治理带有共性的基本制度都在临时约法中得以具体体现，并不逊于某些内生宪政国家的制度文本。

3.中国宪政尝试的行为模式

在中国宪政实践时期，较为完善的宪政制度体系并没有催生新的宪政行为模式，政治舞台上各种政治角色的行为仍然是中国传统政治思维行为模式的延伸，"宪政"沦为装饰和装潢。

权力的运行和博弈依然是由暴力和权力主宰。从袁世凯到蒋介石，都依靠暴力和权术登台，也依靠暴力和权术治国。北洋军阀时期一幕幕选举闹剧和一次次权力更替，更是说明了权力的运行和博弈的真正规则是什么。

权利的维护，权利与权力的对抗依靠暴力，而不是程序。在暴力和权术主宰的强权之下，权利的维护、权利与权力的对抗没法期望按照成熟宪政治理国家的稳定程序进行，实现"政治问题司法化"、"社会运动体制化"，只能依靠非常常规的手段来解决，也就是中华治理传统中的暴力救济。

当一种制度架构没有相应的行为模式匹配的时候，可以说，这种制度基本是失败的。

4.中国宪政尝试的救济机制

民国初期的宪政制度设计中包含着截然不同于传统中国治理的救济制度（如选举、弹劾等），但是并未形成实践，政治实践发展仍然是暴力决定的"成王败寇"，政权更迭。

以1946年的政治协商会议为例，国共两党虽然正式签下了协议，但最终的决定因素仍然是"枪杆子"。

5.中国宪政尝试失败的原因

与西方宪政治理比较，可以发现，中国宪政治理尝试除了制度体系是移植而来，可以在文本上速成以外，其他三个宪政治理的重要要素----价值体系、行为模式、救济制度---都不能匹配和支撑宪政文本制度的要求，而这三者才是宪政治理成功与否的关键所在。究其原因大致有三个。

首先，宪政制度缺乏社会性文化---心理根基。在先发宪政国家，"宪政"扎根于民众的信仰，是民众解决问题的一种习惯和规则，这种情况在英伦尤其典型。英伦的宪章源于古老的习俗，千百年来，盎格鲁撒克逊民族正是依靠这种习俗休养生息。所以，在那里，"宪政制度"不过是对其内在治理传统的一种概括和提炼，而不仅仅是外在于其社会传统和生活习惯的"文字"。"宪政制度文本"可以一夜速成，但这种内生的信仰和习俗却只能经由缓慢的演化而成。

相反，中国的宪政尝试具有明显的功利色彩。对真诚推行宪政的人而言，只是宪政有利于富国强兵、挽救时局。如1898年的百日维新，清末激进的立宪派三次速开国会请愿运动。均是这种立宪决定论的具体体现。显然，这种思想陷入了"制度决定论"，而忽略了制度运行所依赖的根基。对于不相信宪政的人而言，宪政只是一种斗争策略。

因此，自由、权利、民主、法治等基本宪政价值并非当时社会力量的价值纽带，也难以成为以此为价值核心来整合社会力量支持宪政制度。

其次，宪政制度缺乏政治支持。第一，真正支持宪政的力量并没有严格有力的政治组织，不能将对宪政的支持有效地转化为政治支持。以孙中山领导下的同盟会以及20世纪40年代中期的"中间势力"为例，两者在当时皆有比较大的声势，但是同盟会内部鱼龙混杂难以形成一个真正效忠于临时约法的有力的政治组织；20世纪40年代中期，主张宪政与和平的"中间势力"虽然有共同的政治目标，但党派纷呈难以整合成为一有力的政治联盟，影响实际政治发展进程，徒具声势而已。第二，掌握实际政治、军事、财政资源的组织或领导人几乎没有真正支持宪政的，从袁世凯到北洋军阀再到蒋介石，皆以暴力和权术在政治舞台上纵横捭阖，"宪政"不过是其工具和装饰。缺乏政治支持的"宪法"或者是一纸空文，或者沦为表达统治者意志的副本。

最后，不利的发育环境。中国宪政尝试先天不足，缺乏内生的价值和政治支持，后天也连遭厄运。先天不足的宪政模式需要一个较长期的相对稳定和平的环境才能得到比较好的发育，但是在当时的中国面临深刻的政治社会危机，内战频繁，日本的侵略步步紧逼，民族处于分裂和灭亡的边缘，宪政所需的社会基础的发育既没有时间也没有空间。

中国宪政尝试的失败虽然有一定的必然性，却不能归之于"宪政"本身的失败，因为它在很大程度上没有展开自己，没有真正开始过。

我願以一位網路稱為「璇兒」和「@如此就好」的二段話作為本節的結尾：

璇兒：「人本主義到了反思的時候了，啟蒙運動以來，強調釋放人性，尊重人性，是一大進步，但忽視了人性惡性的一面，過度放任了人性的貪婪和自私，正如索爾仁尼琴所說『人們忘記了神』」。

@如此就好：不求現代化，但求正常化！

謝謝🙏你的提法極妙——徐文立

****

習近平是獨裁竊國賊

-兼談習初心和崩盤

徐文立

（2017 年 11 月 1 日）

中共十八大之後，習近平在王岐山的得力協助下，大力反貪。

他們真是反貪嗎？

有人概括得好，那叫：「以貪反貪，以黑反貪，以警反貪」，都是為了實現習近平「攫取中國最高絕對權力和財富」的目的。

不然，習近平用不著用「以貪反貪，以黑反貪，以警反貪」下三濫手段，消除異己，獨霸全權，任人唯親，專橫跋扈。

不然，習近平用不著極力掩蓋 2016 年「巴拿馬文件」揭示出的習近平家族藏匿在海外的巨額資產的事實。

不然，習近平用不著極力迴避 2017 年揭露出來的劉呈傑可能是他私生子的身份和劉呈傑在海內外坐擁萬億財富的真相。

甚至，不惜在海外動用死亡去威脅知情人、爆料人。

甚至，像我這樣的 74 歲退休者在海外的 Email、Facebook 每發有關習近平的敏感話題時，都有人用特種手段控制、或者屏蔽、封鎖。

善良的人們千萬不要以為毛澤東反過貪殺過官，習近平打過虎也拍過蒼蠅，他們自己就兩袖清風、一塵不染。

恰恰相反！

歷史事實表明，一般中共官員貪的是權和利，然而，毛澤東、習近平貪的、竊的是作為「公器」的國！

共產黨毛澤東把中國變成共產黨的私產，習近平的共產黨則是把中國變成了習近平的私產。

中國現在一切（包括外企）都要姓黨，中國共產黨又姓習；那中國不姓習，姓什麼！

他 X 的！更有甚者，他一度竟然誘導全國人民稱他為「大大，即爸爸」。流毒至今！

亙古未聞啊！！！過去的皇帝老兒也不敢啊！！！千古霸帝也！！！

竟然許多人不以為然，甘毒如飴，至今如此！你說這是不是個王八蛋的禿朝？！

毛澤東、習近平才是中國的巨貪竊國賊！

其實這些來自習近平父親的「真傳」：一是「隱忍等待」；二是「共產黨並不可信，習家除了讓習近平等待出頭，其他人能夠出國就出國避險、同時藏匿錢財——陝北老財式的算計」。

其實這些來自習近平母親的「家教」，更只是一條：「做了共產黨，就不要有人性；沒有了人性，在共產黨里，才能做大、做穩」。大雨中 13 歲的「逃犯」習近平飢腸轆轆，也得不到母親一聲憐愛和一口吃食，反而遣送回少管所。在常人看來這還算是母親嗎？還算是人嗎？

從此，習近平得到了做共產黨員和居帝位的真傳。所以現在身居帝位的習近平諳父母深意、報父母深情。

同時，想想也令人扼腕，毛賊東文革的年代，少年的傷痛、絕望是怎樣地鍛造出了一個獨裁者冷酷的心：記得我第二次（1998-2012）入獄，在看電視時看到——彭麗媛素面朝天在廈門、或是福州家中接受採訪，習近平破門而入，機敏的記者拿著麥克風、鏡頭對準他突然發問：習（省長？）當您看到彭麗媛在舞台上光彩奪目地出現時，您有什麼感受？習近平撇著他那特有的嘴型、操著一口京片子，不屑、粗橫地脫口而出：瞧她那份（兒）熊德行！當時，彭麗媛只有苦笑以對。

一下子，讓我看透了習近平的心！

少年的苦難，不一定會讓每一位親歷者都變得善良、曠達；往往令人狠毒、偏狹和多疑。後者的可怕、恐怖，令人毛骨悚然！

可是，特會裝的習近平這些年口口不離「初心」，忽悠了許許多多人幼稚的心。

可是，究其實質，習近平的「初心」就是堅持所謂共產主義、社會主義的邪惡，就是烏托邦、就是騙子主義的共產主義和社會主義。

所以，黨，是我習共的；你們，也是我習共的；全世界，也歸我習共！

習近平的「初心」就是──「有了最高權力才可能有一切，『我才不會像我大大（老爸）被毛賊東欺辱成那慫樣』；一朝權在握，我決不心慈手軟，哪怕身後洪水滔天！」

所以，習近平不但要有絕對的權力和服從，還要海量的資產和安全的藏匿地。

他少年起沒有的安全感，現今更沒有。

他現在走到哪裡，就戒嚴到哪裡；一齣「十九大」，北京成了軍營；去一趟「一大」老巢，300米內沿線的兩側清空；他恨不得隨護的保鑣，把他的座駕圍得水洩不通。

他居然還號稱「自信王」，真是笑掉世人的大牙。

所以，他「大撒幣」的本質有二：除了籌劃在全世界建立所謂紅色帝國；就是在海外洗錢和轉移巨額資產，以備不時之需。

習近平曾經對蘇聯四分五裂時，沒有一人是男兒而忿忿不平、或者不齒，也騙了不少的人。

現如今：

習近平在政界對反對派、異見人士趕盡殺絕；

習近平在學界「七不准」，動輒開除；

習近平在法界縱容酷刑和電視示眾；

習近平在軍界建立習家軍，絕對忠誠，不得妄議；

習近平自己主持的黨的會議，他都要當「話霸」，一霸就是三個半小時；常常還要霸《人民日報》的首全版；

……

習近平，不正在製造中國無男兒嗎？！

假惺惺忿忿不平的習近平在「中國製造無男兒」，目的就是一個：讓習近平他自己成為中國唯一可以竊國的賊！而且天下誰也不敢對他的竊國行徑說一個「不」字，直至終身、世襲，你說習近平霸道不霸道？！

時至今日，居然還有人在鼓吹習近平集權是為了自由民主和憲政的幻象；習近平五年來，有一點點自由民主和憲政的影子嗎？！

這些人(不包括違心者)，也不怕習近平的霸王風，扇掉你的舌頭。

物極必反。事態發展恰恰會和習近平的如意算盤相反，習近平帝王思想竊國野心的大暴露，反而一定促使更多的中國人覺醒、奮起，成為結束中共一黨專制和習近平專制獨裁竊國的基本力量。

中共十九大上，準備再加冕的習近平宣布了一條看似利國利民的「樓市習 49（死就）字」，比毛澤東的話還靈，真是一句頂一萬句，高虛的中國樓市應聲倒了下來、狂瀉⋯⋯

那麼連帶的建材業的虛空倒不倒？建築業的虛空倒不倒？農民工的虛空倒不倒？中產階級的虛空倒不倒？房地產的虛空倒不倒？金融業的虛空倒不倒？⋯⋯

中國大陸幾十年 GDP 的虛空倒不倒？

九千萬中共的虛空倒不倒？

習近平有本事製造、啟動第一張「多米諾骨牌」的倒下，他有本事止住「多米諾骨牌」的全部倒下嗎？讓我們拭目以待⋯⋯

當然，會有人辯解：既然知道有虛空，那麼消除虛空，有什麼不好？可是，這些擁蔓想過沒有：本來就靠烏托邦、虛空起家的中國共產黨經得起虛空的全面坍塌嗎？！

狂妄的前蘇聯「十月革命」100 週年、習近平期盼 2 個 100 年之際：

看它樓起，看它樓塌！

參考附錄:

1) 连外企也要设立党支部 公司老总们表态支持却言不由衷

http://enewstree.com/discuz/forum.php?mod=viewthread&tid=180031

2) 继庆丰包子后 习近平钦点的杂牌小酒顷刻间爆红 (组图)

http://enewstree.com/discuz/forum.php?mod=viewthread&tid=180024

3) 习近平清华上下铺密友出任中组部长 掌握官员生杀大权

http://enewstree.com/discuz/forum.php?mod=viewthread&tid=179977

4) 个人崇拜在中国卷土重来 毛粉则认为习近平没资格(图)

http://enewstree.com/discuz/forum.php?mod=viewthread&tid=179960

5) 习近平亲信李希走马上任广东省委书记 胡春华丢官(图)

http://enewstree.com/discuz/forum.php?mod=viewthread&tid=179959

6) 官媒揭秘政治局委员产生过程 习近平亲自面试拍板(图)

http://enewstree.com/discuz/forum.php?mod=viewthread&tid=179904

7）传习近平派心腹取代胡春华主政广东 要把团派赶尽杀绝

http://enewstree.com/discuz/forum.php?mod=viewthread&tid=179856

8）常委走红毯露玄机 习近平与其他6人已成"君臣"关系

http://enewstree.com/discuz/forum.php?mod=viewthread&tid=179829

9）三个代表、科学发展观和习思想 竟是出自同一人之手？

http://enewstree.com/discuz/forum.php?mod=viewthread&tid=179873

10）十九大党章中塞进这句话 说明习近平根本就不打算退休

http://enewstree.com/discuz/forum.php?mod=viewthread&tid=180176

11）不详之兆：独裁危及习本人、中国、全世界(图)

http://www.wenxuecity.com/news/2017/10/30/6701063.html

附（10和11全文）

10）十九大党章中塞进这句话 说明习近平根本就不打

算退休

http://enewstree.com/discuz/forum.php?mod=viewthread&tid=180176

自由亚洲电台

十九大党章已经"法定"了习近平的终身"核心"地位（Reuters 图片）

　　笔者在本专栏的上篇文章《原来总书记和军委主席都是习近平自己选了他自己》，已经向读者和听众们介绍了 43 年前的人民日报社论《党是领导一切的》声称："加强党的领导，最根本的，是坚定不移地贯彻执行毛主席的无产阶级革命路线和政策"。43 年后的人民日报社论《引领新时代的坚强领导核心》声称："坚决维护以习近平同志为核心的党中央权威和集中统一领导，坚决维护习近平总书记党中央的核心、全党的核心地位，才能凝聚中央委员会、中央政治局成员的智慧……"

　　如上文章刊登和播发后，中共官媒注明是"中国共产党第十九次全国代表大会部分修改，2017 年 10 月 24 日通过"的"习氏党章"在推迟五天时间后终于正式对外公布。

　　为什么在大会"通过"之后还要推迟五天对外公布，无疑是习近平和手下群臣又在全体党代表已经"通过"的基础上斟酌再三、权衡左右，又在本已经被代表大会上"通过"的原始件的基础上删改或添加了新的内容。

这里需要特别关注的是最终出台的"习氏党章"中的一段十九大闭幕时对外公布的"十九大关于《中国共产党章程（修正案）》的决议"中并未出现的内容："必须实行正确的集中，牢固树立政治意识、大局意识、核心意识、看齐意识，坚定维护以习近平同志为核心的党中央权威和集中统一领导"。

这句话因为早在十九大召开之前即已经被广为宣传，所以写进"习氏党章"后并未引起外界关注。殊不知这段表述如果只是持续做为一句宣传口号随时出现整个中共政权的日常政治生活中，那它的存在只不过是阶段性的，就如同江泽民执政时期有"在以江泽民同志为核心的党中央领导下，齐心协力，开拓进取"之类的程式化口号，到了胡锦涛主政时期就换成了"全党同志和全国各族人民要紧密团结在以胡锦涛同志为总书记的党中央周围"……

正是因为当时的党的整个领导集体五年一换届、十年一换代是邓小平政治遗产的最重要组成部分，无论是江泽民还是胡锦涛都要贯彻执行，所以他们才不会要求把自己在位时的阶段性政治口号写进党章。道理很简历，如果胡锦涛要求把"全党同志和全国各族人民要紧密团结在以胡锦涛同志为总书记的党中央周围"写进十七大修改的党章中，那么在十八大修改党章时还要再删除。

还有一个操作上的难题是，党章修改都是要在党的全国代表大会的全体会议上通过的，所以假如十七大修改的党章中已经写进了""全党同志和全国各族人民要紧密团结在以胡锦涛同志为总书记的党中央周围"这一句，那么这一句只管五年不说，而且在十八大上只能把这句全部删除，而不能把胡锦涛的名字换成习近平予以保留。因为每届党的代表大会召开期间，按照党章的相关内容，上届总书记及他领导的整个中央领导层都已经完成使命，大会期间他们只是在大会主席团常委会的名义行使权力。与此同时，新的总书记和整个新的领导集体虽然早已经内定，但必需是要等到大会闭幕之后第二天的一中全会上把他们"产生"一次才正式算数。

综上所述，"习思想"进党章已经不足为怪，"习核心"的表述进党章才是关键的关键。邓小平理论进党章的时候他本人已死，江、胡二人的思想或者观点进党章的时候意味着对他们两人政治生命的"盖棺论定"。现如今，习近平要求把"坚定维护以习近平同志为核心的党中央权威和集中统一领导"这句话明白写入党章，很明显的用意是籍此向全党、全国乃至全世界宣示他习近平已经绝没有可能像他的前任江泽民和胡锦涛一样接受十年换代的"陈规"制约。习近平的"核心地位"和习近平的"特色思想"一样"都必须长期坚持不断发展"！

一九六九年的文革党章产生时，中共政权还是有最高领导人的"接班制度"的，该份党章中明文"以毛泽东同志为领袖的中国共产党，是伟大的、光荣的、正确的党，是中国人民的领导核心"，但同时也申明"林彪同志一贯高举毛泽东思想伟大红旗，最忠诚、最坚定地执行和捍卫毛泽东同志的无产阶级革命路线。林彪同志是毛泽东同志的亲密战友和接班人"

一九七三年通过的第二部文革党章中，只有毛泽东思想，没有毛泽东。

一九七九年通过的十一大党章也没有把时任党主席华国锋的名字写入。

九大之前，一九五六年的八大党章内容中既没有毛泽东思想，也没有毛泽东。

比较下来就不难发现，如今的习近平已经比当年的毛泽东更过分。文革中的毛泽东在林彪死后要求在党章中只出现以自己名字命名的思想，不再要求把他毛泽东的最高领导人身份用写入党章的形式"法定"下来。

中共人民日报的相关文章报道说：十九大的党代表们一致表示，在党的根本大法中明确党是领导一切的这一重大政治原则，确认习近平同志的核心地位，对于全党牢固树立"四个意识"，更加自觉地维护党中央权威、维护党的团结统一，实现党和国家事业兴旺发达具有重大意义。

事实上，一旦把某个人的"核心地位"在党章中"法定"下来，那就意味着他已经没有任期的限制了。

日前自由亚洲刊登文章《习说:不要人夸好颜色，只留清气满干坤》，文中引述一位要求匿名的学者对记者说："现在习近平的目标非常清楚，在中共十九大到二十大之间,要把中国共产改造为习党。他有基础,才能终生执政。习近平思想写入党章只是第一步,最终要实现终生执政"。

该匿名学者发表此说是在"习氏党章"正式公布之前,笔者当时也是持类似看法,认为习近平很可能会在二十大时行恢复党主席制之名,行"法定"他本人终身任期之实。但现在看来,习近平长期执政甚至终身执政的"法理"已经提前奠定。

笔者在半年前曾在本专栏发表《恢复党主席制也许是习近平十九大最想实现的目标》一文。文中说:当年胡耀邦刚刚接替华国锋职务时,还是被称之为主席的,只是十二大召开过程中,邓小平和陈云都想限制党的表面上的一把手的权力,所以才把主席称谓改为总书记。这就是为什么 邓小平和陈云相继去世后,中共党内曾经出现恢复党主席制的呼声,虽然没有被当时已经大权在握的江泽民采纳,但如今的习近平要远比当年的江泽民更加利令智昏,借强调"核心"的机会,让自己的所有职务都变成"主席"称谓不是没有可能,即中国共产党中央委员会主席,中华人民共和国主席,中央军委主席和国家安全委员会主席。

更早一些的时候,笔者在相关文章中即已经断定今年召开的中共十九大再次修改党章的可能性几乎是百分之百,并断定当年江泽民主持的中共十四届四中全会公报中的"核心论"极有可能被习近平下令加入新党章的总纲部分。但当时的笔者听信内地传出的信息,相信十九大上修改党章时会"明确最高领导人权限和职责的问题"。把十二大之后的党章中规定"中央委员会总书记负责召集中央政治局会议和中央政治局常务委员会会议,并主持中央书记处的工作",直接改为"中央总书记是中央政治局会议和中央政治局常委会会议主持人,也是中央书记处工作的主持人"。

现在看来,这一预测并未被十九大验证,但笔者还是倾向于相信二十大修改党章时总纲中的理论部份和指导思想部分基本不会再动,但规则部分应该会根据习近平的具体需要而"与时俱进"。把"党的中央全会闭会期间,党中央主席领导政治局和它的常委会行使中央委会职权,对外代表中国共产党"之类的表述加进去。

11）不详之兆：独裁危及习本人、中国、全世界(图)

http://www.wenxuecity.com/news/2017/10/30/6701063.html

文章来源: 美国之音 于 2017-10-30 16:32:55

北京街头的习近平大幅照片海报前,有行人走过,有人戴口罩（2017年10月26日）

华盛顿 — 中国共产党第19次全国代表大会结束,习近平在中共党内一人独大的地位通过中共19大得到正式的确认。分析家们纷纷指出,习近平思想写进了中共党章,堪比毛泽东在世时毛泽东思想写入中共党章,使毛泽东和习近平在中共党内获得了一种不容质疑的神一般的地位，因为在中共官方看来是代表真理、代表中共集体智慧结晶的习近平思想和毛泽东思想的最权威的阐释者无疑是习近平或毛泽东本人。

习近平宣布中国由此进入了一个新时代。与此同时，国际媒体则普遍报道中国正在进入或已经进入习近平一人独大的新时代，这一新时代跟毛泽东一人独大的时代有诸多不祥的相似之处。中共先前曾经做出正式决议，显示毛泽东一人独大独断专行，给中国和中共带来巨大的灾难。

独裁危及习本人、中国、全世界

路透社星期一（10月30日）发表牛津大学路透新闻学研究所共同创始人约翰·劳埃德的文章，谈到习近平自2012年上台以来将诸多的大权收揽在自己手中，如今又将"习近平新时代中国特色社会主义思想"写入中共党章，这种权力集中对他的个人权力、对中国都构成一种大威胁。文章说：

"习近平的中心目标是加强中国的经济和军力，推进时常是严酷的反腐败运动，并通过坚定地将新闻媒体重新置于最紧密的控制之下来促成这些目标的实现。将他的名字和思想写入中共党章，使任何跟习近平路线相左的意见变成对中共党章的攻击，将进一步使批评性意见和对他不利的新闻披露失去合法性。习近平希望使独立的新闻报道成为不可能之事，完全封杀中国最活泼的批评性媒体即社交媒体。封杀这些批评性意见的主要来源有可能是他迄今为止最大的错误。

"习近平力图掌控媒体的欲望并不是新鲜事。在2013年，这位新上任的领导人在北京举行的全国宣传和意识形态工作会议上发表讲话，声言一些宣传和意识形态工作者即广义的记者及主管记者的人纪律松懈到简直接近于叛国。他随后采取的行动是跟这种信念是一致的。

"然而，随着这种打压的持续和加深，来自社会的反弹也在增长，坚韧不拔的记者和影视制作者在继续记录中国的阴暗面。……

"压制禁闻和评论比以往任何时候都更加困难。……中产阶级在中国已经人数过亿。管理咨询公司麦肯锡估计，在未来五年里，也就是在习近平的这个任期内，中国将有75%的城市中产阶级的生活水平接近意大利。

"这个更为独立而且思想也常常更为独立的年轻群体正在迅速成长，他们的社交媒体使用也在迅速增长。这两股力量的汇合不可能有利于维持那种听天由命的被动服从心态，而这些年轻人群体的很多人曾经出过国，更多的人将通过互联网阅读外国的东西，这种局面就更不会有利于维持那种听天由命的被动服从心态。

"这种局面发展下去的结果有可能是促成中国公民发出更多的询问，更为富有批判精神，他们会质疑为什么先前造成几千万人死亡、现在又不由分说地决定公民可以阅读什么、可以彼此发什么短信的政治权力垄断是否应当不受挑战。

"习近平将一切大权收揽在自己手中，他正在下的赌注是，他和他所控制的势力可以限制上述的发展。但是，他们的限制不会持久。贪污腐败，环境污染，贫富悬殊，官僚滥权，媒体受控，这一切将促成抗议。习近平选择加强而不是放松独断统治将被证明是对他本人，对中国的一个大错误。这种大错误的影响将超越他本人和中国，因为中国如今在世界舞台上正在扮演一个至关重要的角色。"

中国大学之烂的新证明

习近平的新时代将前途光明还是前途暗淡？各方的评论家们还在争论。但是，被众多的意识形态和政治宣传的绳索捆绑的中国大学之烂，之垃圾，似乎已经获得中外许多人的公认。

在当今中国，不但有成千上万的中国人选择花费巨资送孩子到国外上学以避免中国的垃圾教育，连中共各级官员、包括习近平本人在内的中共最高级官员也选择将自己的子女送到西方国家接受教育。

中国的大学到底有多么烂？在习近平宣布中国进入新时代之际，外国媒体又获得了它们认为是确凿无疑的最新证明。

美国新闻网刊《石英》星期一发表报道，标题是"中国大学争先恐后纷纷宣布教授'习近平思想'"。报道说：

"在中国国家主席习近平将他的名字和教条写入中共党章之后，中国大约20所大学已经设立了研究中心，专门教授'习近平思想'。

"习在10月18日首次提出了他的理论，即'习近平新时代中国特色社会主义思想'。当时，他宣布五年一度的中共党代会召开，并做了三个多小时的讲话。在为期一周的党代会结束之际，他的第二个任期开始，他的意识形态连同他的名字一起写进了中共党章，成为中共的'行动指针'的一部分。"

"如今中国官方正在开足马力在各级政府、中共党组织和军队单位、国有企业和大学落实习近平思想。根据中国的新闻门户网站新浪的新闻综述，中国各地至少20所大学和其他政府控制的研究机关为此设立了专门的部门。"

《石英》杂志还在报道中提供了中文链接，让可以读中文的读者得以亲眼目睹来自中国高等教育界的滑稽景色：

最新要闻 多地高校成立习近平新时代中国特色社会主义思想研究机构

中国人民大学习近平新时代中国特色社会主义思想研究中心成立

山东成立习近平新时代中国特色社会主义思想研究中心

河北大学成立习近平新时代中国特色社会主义思想研究中心

天大法学院成立习近平新时代中国特色社会主义思想研究中心

天津师范大学成立习近平新时代中国特色社会主义思想研究中心

河北经贸大成立习近平新时代中国特色社会主义思想研究中心

井冈山大学成立习近平新时代中国特色社会主义思想研究中心

天津理工大学成立习近平新时代中国特色社会主义思想青年学习会

天津财经大学成立习近平新时代中国特色社会主义思想研究中心

湖南师范大学成立习近平新时代中国特色社会主义思想研究院

武汉东湖学院成立习近平新时代中国特色社会主义思想研究会

云南大学成立习近平新时代中国特色社会主义思想讲习会

海师成立习近平新时代中国特色社会主义思想研究中心

河南师范大学成立习近平新时代中国特色社会主义思想研究中心

电子科大成立习近平新时代中国特色社会主义思想青年学习会

哈师大成立习近平新时代中国特色社会主义思想研究中心

……

新党章的习近平色彩

日本《产经新闻》星期一从北京发出报道，题目是"中共党章'习色彩'突出 全文发表 各地组织新思想学习会"。报道说，"在本月24日闭幕的中共党代会修改的党章已全文公布，其中载入习近平总书记（国家主席）的指导思想'习近平新时代中国特色社会主义思想'，并将它定为党的行动指针，对原先的党章做出一百多处修改，通过强化'习色彩'而突出中共的绝对统治。中国的大学争先恐后地设立'习思想'研究所和学习会。

"从北京到地方，各地方的领导人召开干部会议赞美'习近平思想'，下达指示要认真学习。习思想展示了'习总书记的巨大的理论勇气，举世无双的政治智慧，高超的见识，和独创的思想。'（中共北京市委书记蔡奇）'必须认真学习，用习近平思想武装头脑，指导实践。'（中共重庆市委书记陈敏尔）北京的中国人民大学和天津财经大学等中国各地的大学纷纷设立学习习近平思想的'研究中心'。

"习近平思想的主线是综合推进'五位一体'的政治、经济、文化、社会、生态文明建设，其中包括全面推进'建设小康社会'、'深化改革'、'实行法治政治'、'严肃中共党的纪律'等'四个全面'。但是，这些内容都是胡锦涛前领导班子时代就提出的理念。虽然习近平打出强国路线和加强中共统治等主张算是他的特色，但难说他有什么一以贯之的思想。

"有中国政治研究者预测说，'习近平领导班子可能这只是提示在 2018 年下次中共党代会之前的习思想新内容，力图提出和提升系统性的'习近平思想'。"

****

徐文立三評習近平

****

徐文立：透視習近平二則

（2018 年 3 月 1 日）

說來好怪，習近平妄想稱帝的最先「推手」竟然是一些所謂民運人士和民運大佬，最先企圖和習近平「稱兄道弟」的竟然也是一些所謂民運人士和民運大佬。

說怪也不怪。人各有志。一些人的理想不能實現，尋找一些迫不得已的替代方式也是有的；更何況一些所謂民運人士和民運大佬原本就是所謂的、甚至就是中共的人。

難道習近平真的值得我們期待嗎？

中國有句老話：三歲看小，七歲看老。當然，難免以偏概全。但是，一個人的率性所為，常常會不經意露出他的本相；不然曾國藩、蔣介石等等政治家如何能夠憑一面、一眼、一言、一行，準確論斷一個人的一生一世呢？

那我們就從習近平的二則人生實例看看、或許能夠透視他。

一

「記得我第二次（1998-2012）入獄，在看電視時看到——彭麗媛素面朝天在廈門、或是福州家中接受採訪，習近平破門而入，機敏的記者拿著麥克風、鏡頭對準他突然發問：習（省長？）當您看到彭麗媛在舞台上光彩奪目地出現時，您有什麼感受？習近平撇著他那特有的嘴型、操著一口京片子，不屑、粗橫地脫口而出：瞧她那份（兒）熊德行！當時，彭麗媛只有苦笑以對。

一下子，讓我看透了習近平的心！

少年的苦難，不一定會讓每一位親歷者都變得善良、曠達；往往令人狠毒、偏狹和多疑。後者的可怕、恐怖，令人毛骨悚然！」

我斷習近平的生性：狠毒、偏狹和多疑。

二

2009 年 2 月 11 日自認為是「儲君」的習近平出訪墨西哥，會見華人華僑的外事場合就信口開河地說：「有些吃飽了沒事幹的外國人，對我們的事情指手劃腳。中國一不輸出革命，二不輸出饑餓和貧困，三不去折騰你們，還有什麼好說的。」

這樣粗俗無禮，斯文掃地，說明他是個沒有真正讀過書、或者讀懂書的領導人；他不懂「普世價值」，甚至藐視「普世價值」。有人可能說，他憑什麼不可以粗俗無禮、藐視「普世價值」了？當然可以，那是你們的自由；但是，那就不要忽悠我們：習近平會是千年明君，會走向憲政民主！！！

我曾經說過：

「中國大陸怎麼就偏偏攤上了這麼一對說謊從不臉紅、又妄想當全國人民爸爸 (什麼"『大大』) 媽媽 (什麼『麻麻』) 的『活寶』夫婦！

「大大」加上「麻麻」＝大麻？大麻不就類鴉片嗎？

善良的人們千萬不要以為毛澤東反過貪殺過官，習近平打過虎也拍過蒼蠅，他們自己就兩袖清風、一塵不染。

恰恰相反！

歷史事實表明，一般中共官員貪的是權和利。然而，毛澤東、習近平貪的、竊的是作為『公器』的國！

共產黨毛澤東把中國變成共產黨的私產，習近平的共產黨則是把中國變成了習近平的私產。毛澤東、習近平才是中國的巨貪竊國賊！

中國現在一切（包括外企）都要姓黨，中國共產黨又姓習；那中國不姓習，姓什麼！

他 X 的！更有甚者，他一度竟然誘導全國人民稱他為『大大，即爸爸』。流毒至今！

亙古未聞啊！！！過去的皇帝老兒也不敢啊！！！千古霸帝也！！！

竟然許多人不以為然，甘毒如飴，至今如此！你說這是不是個王八蛋的兲朝？！

無奈也可憐！

真是應了聖經所說「瞎子領瞎子，至終一起掉入坑中」。

中國人只有自愛、自主、自醒、自救，今日就從反對習近平稱帝開始。

徐文立：習共最大的危險在於「無疆界」

（2018年3月2日）

2010年12月7日我萬分不情願地預告：

「中國社會將進入一個政治嚴冬期和經濟衰退期。」——《中共即將開始少東家專權的時代》（http://blog.boxun.com/hero/201101/xuwl/1_1.shtml）

八年過去了，現實竟然如此了！心情只有更沈重。

否極泰來，當然未必不會如我進一步所料：「中國共產黨將離死期不遠」。

值得人們擔心的,反倒是世界各國對中國變化的某種麻痹；自然各國也沒有義務那麼在乎中共的一舉一動。

十九大之後，中共實現了姓「習」的蛻變。

當下所謂「兩會」之後,中國可能出現紅色帝王「毛二」的蛻化；但是，習想超毛幾乎沒有可能，習式「五一六」遮遮掩掩、阻力不斷、事事親躬就是明證。

最危險的是：在此之前，中共透過它的「大文宣」不斷叫囂：我們（中共）的利益在哪裡，我們（中共）的邊界就在哪裡。

換言之，現在中共的利益已經在美國華爾街的話，中共他們的邊界就在美國華爾街⋯⋯。

這正合習近平癡迷不忘的「解放全人類的共產主義初心（無論真假）」。

但是，危險並不在外，遭殃的終會是中國；在朝玩核火，首先遭罪的是東三省百姓和軍隊。

所以，習共對全世界和中國的最大威脅在於：

1）它宣布的中共勢力的「無疆界」；

2）它不惜成本地偷竊美國、西方最新技術，擴軍備戰，勞民傷財；

3）它同時以所謂的「人類命運共同體」的「霧霾」、對美國西方政要的前倨後恭、低眉順目、超豪華的款待、收買，麻痺着美國和西方社會；

4）它比中共任何時期都更四面樹敵，以愛國主義愚民、奴民；

5）它以「大撒幣」和新殖民主義大力進軍南亞、非洲和南美洲⋯⋯及所到之處，輸出軟性的共產主義價值觀⋯⋯；儘管「一帶一路」處處受阻、處處遭挫⋯⋯；

6）它用資金投入，及建立所謂「孔子學院」的方式，攫取世界性的紅利的同時，軟性控制全世界的上層、精英和輿論。

世界人民和各國政府對習共的實際威脅,再不能置若罔聞了。

當然,中共在實質上向美國、西方、周邊國家準宣戰的態勢,也只會加速習

共及政權的崩潰和滅亡。前蘇聯殷鑑不遠,庚子之亂依然歷歷在目。

前途倒不需要我們悲觀。

———————————————

徐文立:習近平的前景

(2018年3月3日)

任何類比可能都是不精確的。人們還是可以類比。

有人把習近平比作中國的「普京」,我以為普京、習近平他們倆至少有一點明顯不同和一點暗藏的較勁:

第一,普京批判共產主義思潮;然而,所謂「解放全人類」的共產主義,卻是習近平不知真假的初心。

第二,習近平譏諷前蘇聯崩塌時「竟無一人是男兒」,自然包括前蘇共黨員、克格勃頭目普京;也就是說:大腹便便的紅色資本家習近平,看不上健康矍鑠的普京大帝,難怪普京在公眾場合也時不時用斜眼鄙視習近平。

我欣賞周周侃(觀山)的慧眼:習近平可能更似前

蘇聯的勃烈日涅夫。

勃烈日涅夫統治前蘇聯十八年，軍備世界第二、國民經濟和國民社會生活卻停滯了十八年。

當然，低估對手，是人的通病。能夠蒙蔽世人、急速集權的習近平也不可小覷。

勃列日涅夫晚年開始大搞個人崇拜，並嗜好勛章成癖，具有濃重的「勛章情結」，有「勛章大王」之戲稱，一生獲得至少 114 枚勛章。1976 年 12 月，70 歲生日時獲得「蘇聯英雄」（一般只授予在軍事上為蘇聯國家和社會做出偉大貢獻的人士，蘇聯歷史上只有朱可夫及勃列日涅夫本人先後 4 次獲得該勛章）以及蘇聯元帥軍銜。同樣出於慶生，他還獲得列寧勛章（蘇聯最高國家勛章）8 次。1978 年他還獲得軍隊最高勛章「勝利勛章」，成為二戰結束後唯一獲得該勛章人士。他死後，1989 年蘇聯取消了他的這枚勛章資格。

酷愛扮「統帥」閱兵、充「皇帝」接受萬邦朝拜、超豪華盛宴「寬衣」「大撒幣」、幾十個「組長」頭銜的習近平在這一點上，和勃列日涅夫是有一拚的。

但是，中國不同於前蘇聯。中國有過撕心裂肺的「八九六四」慘案，習近平至多熬到涉「八九六四」、雷陽血案的中青年們成長起來、有能力向中共索命的那一天；當然，積怨盛極的共產主義資本家總代表隨時暴斃也是合乎邏輯的。

****

「民主制憲與黨主憲政」之辯

（一）

馮勝平先生意欲何為？

——答馮勝平《致徐文立先生的一封公開信》

http://www.duping.net/XHC/show.php?bbs=11&post=1325057

徐文立

（2014 年 12 月 29 日）

馮勝平先生一反"著名"的"三封萬言書"，對習近平先生的"含情脈脈"；以編故事、造謠言的《致徐文立先生的一封公開信》來向我徐文立"興師問罪"。人們不禁要問馮勝平先生"意欲何為"？

馮勝平先生《致徐文立先生的一封公開信》，2009 年 11 月 26 日初稿，2014 年 12 月 26 日修改，2014 年 12 月 29 日借他人之手發表；一篇文章整整準備了 5 年，才在現在公開發表。人們不禁要問馮勝平先生"意欲何為"？

我的確是在退休之後，卻還是不斷提醒朋友們：海內外民運中彌漫著"失敗主義、取消主義、替代謀略、爭當'國師'、準備被招安之五大邪風，甚囂塵上。"希望大家保持高度警惕。

我的確是在接到國內學者鐘國平先生《美國歷史上從未有過"華盛頓革命集團"——評馮勝平先生《致習近平先生的一封信》等三封信後，不斷地將這三封信轉發給各位朋友們。因為這三封信特別點出了馮勝平先生"頂層設計"是："通過篡改美國歷史而編造出來的'華盛頓革命集團'理論試圖為'取消民主運動'、'歸順權勢集團'、'建立[黨主立憲]的假民主憲政'等各種輿論造勢，提供所需要的'歷史源頭'及'理論基礎'。假以民運人士加美國學者身份、深諳民情的萬言書尤其是加上一些'故作尖銳狀的時局批判'，極容易騙取讀者信任，將其鼓吹的'假民主憲政'和虛假歷史當作真民主憲政和真實歷史，引導讀者主動放棄自由與民主的念頭與行動。

馮勝平先生說'人民應該再給這個黨一個機會'，如果你問'憑什麼'，那麼這就是他的答案：——

你們既然崇拜美國的憲政民主，那麼我以30年'美國歷史專家和美國學者身份'告訴你們：美國的民主憲政是由'華盛頓革命集團'通過結合'普世價值'與美國'特色'搞的'黨主立憲'而來的，所以你們應該歸順'中共革命集團'，等他們結合'普世價值和中國特色'，搞一場'黨主立憲'，之後中國就民主了，你們老實呆著，等到那一天就行。既然'華盛頓革命集團'打天下坐天下到今天，那麼，如果你們要學習美國,就意味著等待'中共革命集團',他們會聽取和采納我的'諫言'而效法'華盛頓革命集團',你們等著就是了!

一段杜撰、捏造的美國憲政歷史讓人們等到的將是'中共黨主'的'帝王夢',其實就是'假憲政夢'。"

這樣一來,不但讓馮勝平先生在民運朋友和民眾中失了起碼的學術和政治信譽,恐怕也讓習近平先生察覺到了馮勝平先生在"忽悠"他!

這樣一來,就讓人們明白了,為什麼:"馮勝平先生一反著名的"三封萬言書",對習近平先生的"含情脈脈";以事事、句句都是編故事、造謠言的《致徐文立先生的一封公開信》來向我徐文立"興師問罪"了?

馮勝平先生《致徐文立先生的一封公開信》,2009年11月26日初稿,2014年12月26日修改,2014年12月29日借他人之手發表;一篇文章整整準備了5年,才在現在公開發表了。

馮勝平先生,還用我多說什麼嗎?!

附《美國歷史上從未有過"華盛頓革命集團"——評馮勝平先生《致習近平先生的一封信》等三封信。馮勝平先生的致習近平先生的進言信,恐怕就不勞我再發表了吧?至於,世人皆知的馮勝平先生當年如何攻擊誹謗王炳章先生的往事,也就不必由我來重提了吧?

朋友們再看看附件中的鐘國平先生的評論,恐怕什麼都明白了。

附件 1-4

鐘国平:美國歷史上從未有過"華盛頓革命集團"

——評馮勝平先生《致習近平先生的一封信》

馮勝平:黨內民主,以法治國:讓少數人先民主起來

——致習近平先生的一封信（略）

鐘国平:是皇帝接班問題還是憲政民主問題？

—— 評"馮勝平先生致習近平總書記的第二封信"

馮勝平:黨內民主,以法治國:既得利益集團是憲政改革的動力

——馮勝平致習近平總書記的第二封信（略）

鐘国平:裸奔的馮勝平《致習近平先生的第三封信》

—— 評馮勝平的"黨主立憲"即"行中國《1982 憲法》"

馮勝平: 黨主立憲:政治走出叢林,軍隊退出政治

—— 致習近平先生的第三封信（略）

致徐文立先生的一封公開信—— 兼答民運中熱衷抓特務的人（略）

附件一

美國歷史上從未有過"華盛頓革命集團"

——評馮勝平先生《致習近平先生的一封信》

鐘國平

馮勝平先生在《致習近平先生的一封信》中主張"黨內民主,以法治國:讓少數人先民主起來",他以美國實現民主化的"歷史"為藍本,試圖說明"從一黨為大的黨內民主出發"可以達成全社會的民主。他的"美國藍本"說,當年美國就是以"華盛頓革命集團"為核心開始搞"黨主立憲",從而發展到了今天。這位號稱三十年前到美國讀書時就通讀了《美國制憲會議筆記》巨著的"學者"馮勝平先生,以學者和專業人士的身份提出了"華盛頓革命集團"的說法,筆者搜遍所有的英文學術與非學術資料,沒有找到任何一個此種說法的學術出處,而文中對美國歷史的篡改與歪曲,更是隨處可見。筆者將之集中分析於以下五個要點中:

一、馮先生說:"美國建國初期,也是一黨——華盛頓革命集團——獨大,沒有與其它 政治勢力分享政權......沒有與被趕到英倫三島的保守派共同制憲,也沒有與國內自由派 托馬斯·潘恩和亨利·帕特里克分享政權。(華盛頓的)朋友麥迪遜忠實地記錄了制憲會議的全過程。"

事實上根本不存在一個"華盛頓革命集團"。1774年,富蘭克林召集13個殖民地秘密組成大陸議會並召開第一屆會議,1775年的第二屆會議任命華盛頓為總司令,因為在所有議員中他最有作戰經驗,指揮過不超過1200人的軍隊。任命華盛頓更是出於政治上的妥協:非常多的議員厭惡北方殖民地的那種反抗精神,而華盛頓是弗吉尼亞州的農場主,而且具有領導能力、作戰經驗,富有貴族精神,家境富裕。因此他的背景讓每個議員都覺得滿意。獨立戰爭勝利後,他解散部隊,辭去一切職務,回老家經營農場去了,直到1787年再次被選為弗吉尼亞州的費城會議代表。

費城會議代表都是各州指派的專業人士,原定70名代表,實際到會55名代表,平均年齡42歲。富蘭克林被尊為議長("patriarch");華盛頓為會議主席,就是主持人,自己不參與發表意見;威廉·傑克遜被選為秘書長,做會議記錄,但他的筆記太簡略,而麥迪遜的筆記並非由代表們指定,但內容詳細,最終成為歷史文件留下來,與華盛頓無關。52名代表曾在殖民地政府或州政府任過職,一半以上是律師,75%曾經當過大陸議會或邦聯議會的議員,29名參加過獨立戰爭。這些人為一個獨立的國家而戰,沒有任何人以華盛頓個人為中心形成過"華盛頓革命集團"!

美國史料記載:傑出人物中有人未參加制憲會議,原因如下:托馬斯·傑斐遜在法國任大使,他在給在英國任大使的約翰·亞當斯的信中表示對這次會議的支持;帕特里克·亨利(這才是此人的姓名的正確順序,大學者連人名都沒搞清楚)拒絕參加費城會議,他說他聞到了"專制"

的味道;其他的如約翰·漢考克生病;另有未入選者是因為選民認為他們不適合和平時代的國家管理。馮先生提及的托馬斯·潘恩是 1775 年才移民到美國的,雖然寫的膾炙人口的小冊子《常識》銷量極大,1777 年卻因密通法國而後遭到邦聯政府解職,1787 年他已經去了倫敦,加入最終於 1789 年爆發的法國大革命。……所有這些原因都與華盛頓無關!

二、馮先生說:"美國的憲法是人制訂的。具體地說,是戰勝了英國殖民者的華盛頓革命集團制訂的,在相當長一段時期內也是由這一集團執行的。"

真實情況是:費城制憲會議既不是華盛頓提出的,也不是他擔當實際領袖,更不是他參與意見的:1786 年 5 月,南卡羅來納州的查爾斯·平克尼在馬里蘭州的安納波利斯召開的安納波利斯會議上向邦聯議會請求召開修改邦聯條例的會議,得到 6 個州的強烈支持,通過了一項議案,呼籲所有州在 1787 年 5 月相聚於費城以討論如何在"大公約"下改善邦聯條例。這就是費城會議的來歷。所有代表都是由各州依照他們的法律推舉出來的,制憲會議上代表們尊富蘭克林而不是華盛頓為議長("patriarch"),也就是說制憲是在富蘭克林領導下完成的,馮先生很誇張地說的"富蘭克林一錘定音"之類的酸倒一整排牙齒的話恰好印證了富蘭克林而不是華盛頓在會議中的領袖地位,也說明了沒有一個"華盛頓革命集團"在制定美國憲法!

史料記載,華盛頓沒有搞助選活動,也不因為當選總統而興奮,他的太太還因華盛頓的當選而不高興。但因為初任總統責任重大,他更是全國最富有的人之一(這一點很重要,因為當年的總統薪俸低,卸任後沒有收入,若沒有強大的財富做後盾,卸任後的生活質量會大受影響),加上他的威望高,所有州都投票給他。華盛頓是美國歷史上唯一全票當選的總統和唯一一個無黨派總統,約翰·亞當斯數票第二,為副總統,亞歷山大·漢密爾頓被任命為財政部長,托馬斯·傑斐遜為國務卿,埃德蒙·蘭德夫為司法部長,這樣的內閣成員從能力和從資歷上看,哪一個不是最佳人選?哪一個與所謂的"華盛頓革命集團"有關係?哪個"其他政治勢力",如果還存在的話,比這些人更加稱職?居然說沒與"托馬斯·潘恩"分享政權,請問馮先生知道他連大學都沒讀過,在英國是一個破產的小業主,於1774年底到的美國,1777年任外交部長期間,因與法國秘密談判的醜聞被揭露而於1779年被從邦聯議會開除的經歷嗎? 還有帕特裏克·亨利,他是律師也曾擔任弗吉尼亞州州長,但他是反對憲法的"反聯邦主義者"的代表人物。根據美國憲法,所有人就職必須宣誓捍衛憲法,馮學者認為他合適入職內閣嗎?還有什麼人,請拉個清單!

關於政黨問題。第一屆總統任期中,華盛頓就因為兩黨之爭感到頭疼,已經擬定了不再連任的告別信,但是考慮到正在與法國、西班牙等國進行領土方面的外交談判,以及國內形勢不穩定,各界仍然強烈要求華盛頓繼續擔任一屆總統,兩個對立黨派的創始人漢密爾頓和托馬斯這時居然也聯手要求華盛頓繼續擔任一屆總統,這樣華盛頓沒有發表這封告別信,勉強繼續擔任一屆總統。然而兩個黨派之間的分歧越來越大,華盛頓自己年事已高,對政黨之爭感到困頓,毅然決定必須辭任第三屆,讓其他人擔當此職。華盛頓修改了幾年前寫的告別信,於大選前兩個月在報紙上公布,很快轉載於全國100多家報紙和其他媒體。這樣華盛頓擔任了兩屆總統。

"華盛頓致美國人民的告別詞"已成為美國重要的歷史文件,至今每年華盛頓總統誕辰那天上午參議院都指定議員朗讀。在信中,華盛頓特意提到他反對政黨政治,他寫道,"我已經告訴過你們這個國家處於政黨之爭的危險中,尤其是以地區為界限來分黨立派的危險。現在讓我以更全面的角度,以最鄭重的態度告誡你們全面警惕黨派問題的惡劣影響。不幸的是,這種派性與我們的本性是不可分割的,並紮根於人類思想裏最強烈的欲望之中。它以各種(即隱性和非正式的——筆者)形式存在於所有政府中,但多少還能受到抑制、控制或約束,而在顯性的形式下(即公開的政黨形式——筆者),派性問題特別明顯且確實是政府最危險的敵人。"

三、馮先生說:"美國第一次總統選舉,390萬人中,只有不到20%的人有選舉權。沒有選舉權的人包括女人(50%),2/5的黑人(10%),不納稅的窮人和反對過革命

的人 (20%)。"

實際上,1787 年舉行的聯邦制憲會議就把投票資格交由各州決定。選舉人口的確定在當時依據以下法律:

根據從英國普通法演變而來的州法律,婦女婚後沒有財產,財產屬於丈夫。因此當時人們認為由丈夫代表全家投票是恰當的。

關於黑奴,南方代表要求算人頭以增加南方州的人口基數從而獲得較多議席;北方要求 不算,因為黑奴是市場上購買的,屬於財產,應該征收財產稅提高政府收入,而且算人頭會虛增人口基數,不公平。最後妥協為:每個黑奴按 3/5 的人頭算人口,在憲法中屬於"所有其他人"。

投票權需要年滿 21 歲的男性公民,但參加叛亂或其它犯罪而被剝奪權利的人除外。

至今美國憲法仍不保證是公民就必然有投票權,投票權依然由各州法律決定。例如現 在,多數在外國和海外屬地出生的美國公民、未在選舉機構登記的、緩刑期的、假釋的、在監獄服刑的以及被判重罪的美國公民,和 18 歲以下美國公民不能投票。

四、馮先生說:"華盛頓革命集團完成了從革命黨向執政黨的過渡,自我分裂成聯邦黨和反聯邦黨"。"這不是君主立憲,也不是民主立憲,而是典型的'黨主立憲'"。

這完全不符合歷史事實。當年邦聯議會授權代表們修改邦聯條例,由於整個會議對外保密,當會議結果是一部美國憲法而不是邦聯條例修改案的時候,整個公眾社會一片驚愕!於是社會立即分裂為贊成的和反對的兩大陣營,贊成者被稱為聯邦主義者,反對者稱為反聯邦主義者——不是"政黨"。反聯邦主義者擔心一個強大的國家政府會侵害他們的個人自由及權利。漢密爾頓、麥迪遜和傑伊三位費城會議代表撰寫了一系列文章向公眾解釋憲法,消除反聯邦主義者的擔憂。這些文章被統稱為《聯邦主義者》文集。

根據美國史料記載,在第一屆政府產生以前,美國根本沒有政黨,不存在"黨主立憲",美國歷史上第一個政黨——聯邦黨是在1791年成立的,由財政部長漢密爾頓發起,主要是銀行家與企業家,第二年,國務卿托馬斯·傑斐遜組建了民主共和黨與之抗衡。雖然華盛頓總統同情聯邦黨,但是他始終在兩黨中間保持中立。也就是說,兩黨成立根本不是從任何一個黨分裂出來的。事實上從聯邦政府剛產生,內閣的兩位部長就對憲法理解發生了分歧。

五、馮先生說:"美國國父們的傑出貢獻在於把權力制衡的原則(普世價值)和美國現實(美國特色)有機地統一在一起,創造了人類歷史上第一部以三權分立為基礎的國家機器。制憲會議代表要決定的第一個問題是總統的人數和權力,富蘭克林一錘定音;爭論的另一個焦點是議會的權限,代表們終於在富蘭克林的另一句名言上達成共識。"

這完全是捏造。在200多年前的18世紀,全世界根本沒有普世價值這個概念,更不存在與美國特色結合的問題。而且,制憲會議爭論的第一個問題是議會結構而不是總統的人數和權力。當時南卡羅來納州的查爾斯·平克尼拿出一個方案,沒有被采納,埃德蒙·蘭德夫代表弗吉尼亞州拿出麥迪遜的方案,該方案對人口眾多的大州有利,人口少的州反對此方案,於是新澤西州的威廉·彼得遜拿出一個替代方案,但是大州又反對,亞歷山大·漢密爾頓也拿出一個方案,由於和英國太相像而被放棄,於是在弗吉尼亞與新澤西州方案之間產生了劇烈的爭論,導致會議處於停頓狀態。最後不是富蘭克林一錘定音而是康涅狄格州代表羅傑·謝爾曼提出合並兩個方案,國會由上院(二樓)與下院(一樓)組成,上院按每州兩名代表,下院按照每個州的人口比例。這就是著名的"謝爾曼大妥協"。隨著這一大妥協的達成,會議也較順利地就行政權問題達成了協議,為了避免一個機構獨掌權力(像英國議會那樣),美國憲法給予總統較大的權力:包括官員任命(含法官)、否決法案,三軍統帥等。同時就商業也達成妥協:所有涉稅法案只能由下院提出。

後記:

通過篡改美國歷史而編造出來的"華盛頓革命集團"理論試圖為"取消民主運動"、"歸順權勢集團"、"建立'黨主立憲'的假民主憲政"等各種輿論造勢,提供所需要的"歷史源頭"及"理論基礎"。假以民運人士加美國學者身份、深諳民情的萬言書尤其是加上一些"故作尖銳狀的時局批判",極容易騙取讀者信任,將其鼓吹的"假民主憲政"和虛假歷史當作真民主憲政和真實歷史,引導讀者主動放棄自由與民主的念頭與行動。

馮勝平先生說"人民應該再給這個黨一個機會",如果你問"憑什麼",那麼這就是他的答案:——

你們既然崇拜美國的憲政民主,那麼我以30年"美國歷史專家和美國學者身份"告訴你們:美國的民主憲政是由"華盛頓革命集團"通過結合"普世價值"與美國"特色"搞 的"黨主立憲"而來的,所以你們應該歸順"中共革命集團",等他們結合"普世價值和中國特色",搞一場"黨主立憲",之後中國就民主了,你們老實呆著,等到那一天就行。既然"華盛頓革命集團"打天下坐天下到今天,那麼,如果你們要學習美國,就 意味著等待"中共革命集團",他們會聽取和采納我的"諫言"而效法"華盛頓革命集團",你們等著就是了!

一段杜撰、捏造的美國憲政歷史讓人們等到的將是"中共黨主"的"帝王夢",其實就是"假憲政夢"。

附件二

是皇帝接班問題還是憲政民主問題?

——評"馮勝平先生致習近平總書記的第二封信"

鐘国平

從整體內容上看,馮先生這封信完整敘述了中共主導下的"憲政民主"戰略規劃和憲政民主改革的路線圖。在這封信中,馮勸諫習近平"主動開展以憲政民主為核心的政治改革",而"政治改革的核心就是'在共產黨的領導下'實現憲政民主"。若將這兩句話合在一起,意思很明確,就是要"打起憲政的旗幟,貫徹執行(中共)自己制定的憲法"馮先生認為既然既得利益集團和自由派都不會支持習近平的"強國夢",但都會支持習"搞憲政",那麼與其打壓不如因勢利導,用馮先生的話說"與其鞠躬謝幕,擊鼓 傳花,把矛盾留給下一代,不如開創歷史,推行憲政。"

馮先生所說的"憲政民主"是什麼概念?雖然文章並未定義,但在信中已經提出來, 1、"要實現憲政,當務之急是落實法律的尊嚴和權威",也就是,"黨可以在法之上,但它必須以法治國",而不能"置自己規定的法律條文而不顧"。2、要實施民主 就是從"黨內民主選舉"開始:"先在若幹城市設立政治特區,做民主選舉的模擬實驗",然後在即將退位的時候,"實行黨內民主選舉"。"在可控的情況下,由地方選 出黨代會代表,黨代會代表選出中央委員,再由中央委員選出總書記。"另外,他還用 "歷史事例"引述憲政改革成功的"寶典"———可控性(也就是強權政治),就是:整個憲政改革必須由大權在握的鐵腕人物主導,路徑則是:"頂層設計,強制推行"。

總之,馮先生所倡導的"憲政民主"是以"強權鐵腕"為前提的、由皇帝親自領導的、黨在法之上的"依法治國"

和皇權交接過程中的"黨內選舉"。所依之法是中共自己的憲法,所指的民主是"黨內民主"。皇權交接的具體步驟是:在"可控"情況下,以"黨內民主"方式逐級選舉"黨的代表"、"中央委員"、最終選出"總書記"。換句話說,馮先生關註的並非憲政民主,而是關心在皇上穩坐龍椅十年之後,如何選擇一位以"總書記"為名的非血親的新帝,也就是十年後的新皇上接班的問題(看似特別有遠見)!為了安撫大眾,這種皇上接班策略以"憲政民主"的外衣出現,以避免既得利益者和自由派對皇上所提的"強國夢"的不滿。

鑒於馮先生將皇帝的接班問題歸為"憲政民主"問題,我希望呈請幾個基本概念,以便 讀者真正認識憲政民主與皇帝接班之間的差別:

憲政民主是否能接受"黨比法大"?馮先生強調中國目前"有憲法無憲政",認為黨比法大不是問題,有憲法卻不遵守才是問題。然而,憲政民主的必然特徵就是"人人平等、法律至上",這個平等包括任何黨派與任何個人的平等。若黨大於法,那麼社會就不是人人平等了,也就從定義上不屬於憲政民主社會了。在美國,政府行政機構雖然為 權力機構,而且通常為執政黨指揮,加上非常有錢,但是在法律面前,它的地位與被它 起訴的哪怕是一個非法移民的地位都是相同的。這是因為憲政民主社會不接受人人不平等,當然也更不接受"黨比法大",否則執政黨將因為違憲而下臺。

什麼是法制?馮先生所談的"依法治國"實際上是法制而不是法治,其淵源最早來自古代法家思想:統治者先設定一個法律,他自己不受該法律的制約,但其他人都必須遵守 該法律,然而在一個管理失控 腐敗墮落的皇權專制體制下,原本為皇上不受法律制約的律條演變成整個權力階層均不受法律制約的實際操作。於是歷史上有強勢官員在皇上的撐腰下,對朝廷進行整肅(改革),於是"改革"幾乎成為"進步"的代名詞,這就 是馮先生所形容的"法律的尊嚴和權威",但是以悲劇告終的"改革者"為多,例如商鞅變法以自己被五馬分屍而處死。不過馮並未提及強權推行法制者多以失敗告終的事實。

遵守法律是否等同於"法治"?馮先生描述"中國人重情,美國人講法;中國人辦事托關係,美國人有事找律師"。馮先生認為這"體現了兩種不同的生活方式,也由此衍生出兩種不同的政治制度——人治和法治。"但這不是人治與法治的差別,而是不同社會在日常生活中的法律執行層面的問題,也就是"法制"的問題。那麼法治與人治的區別是什麼?法治是"法律為王,一切個人、黨派、機構、權力擁有者,一律處於法律之下,任何個人和機構不得置於法律之上"。人治是什麼?簡單說,就是"王就是法律"!詳細說,就是法律服從於統治者的意誌,也就是以"法制"為工具的"帝王高於一切(含法律)"的體制。所以,遵守法律是法制的問題,不是法治的問題。

強權是通向民主憲政的必由之路嗎?馮先生說"掌控權

力是改革成功的前提",",歷史上凡成功改革,如俾斯麥、彼得大帝和蔣經國的改革,無一不是大權在握的鐵腕人物"。從歷史背景看,彼得大帝是 18 世紀的人物,那個時候即使非改革者也照樣得強勢,否則會被趕下臺去性命難保,然而在那個時代,即使強權人物也照樣有改革的失敗者,如拿破侖;俾斯麥為 19 世紀的人物,雖然號稱"鐵血"首相,但是在他之上的國王才是真正擁有實權的國家元首,他晚年就因為與新國王不合而被迫辭職,結局雖然不像商鞅變法,但也是以改革失敗而告終,而且他的改革並不與民主憲政有關。只有蔣經國的例子與民主憲政有關,然而蔣經國改革在 1987 年末,當時臺灣處於國際孤立地位,且世界格局正發生巨大改變,從 1980 年起,許多國家開始走向民主化,根據 Cheibub, Gan-dhi, and Vreeland (2010)的統計,二戰剛結束時,民主國家有 34 個,1980 年民主國家已上升到 54 個,並從此進入民主轉型高峰,到 1988 年臺灣民主化的時候,民主國家已經達到 66 個,而 2008 年民主國家已經達到 118 個。這就是蔣經國民主轉型的國際背景。臺灣利用民主化打破被大陸孤立以解決臺灣在國際上喪失合法地位的問題。也就是說,臺灣的 轉型成功不是因為蔣經國的強權,而是因為國際和國內形勢的綜合條件促成的,他轉型時已經要去世了,根本不存在強權問題。

附件三

裸奔的馮勝平《致習近平先生的第三封信》

——評馮勝平的"黨主立憲"即"行中國《1982憲法》"

鐘國平

馮勝平先生(下稱"馮")近日再次以"萬言書"向習近平表忠心:"憲政之路"就是 實行"六十條"(即中共習近平的三中全會《決定》);"憲政就是嚴格按照《82憲法》治國"。這次馮非常直接,他說:中國的"立憲,只可能是'黨主立憲',......, 行的是中國'1982憲法'。"不僅如此,馮還以最直白的方式攻擊"民主",他說, "民主不能結束專制;它往往只是專制的另一種形式。在古典政治學意義上,民主是最壞的一種政治制度。亞里士多德視民主為暴民政治,成為兩千年西方政治學主流。"在光天化日之下,馮又生造謊言了:首先,馮所說的"憲政"就是執行某一部憲法,但即使在亞里士多德的時代,憲政也沒有如此簡單。而亞里士多德的著作中根本沒有說"民主是最壞的一種政治制度"!更何況我們憑借常識也能知道"民主就是暴民政治"的所謂理論根本不會是西方政治學的主流,西方政治學主流是建立在社會契約理論基礎上的憲政民主,與暴民政治有著天壤之別。

2013年2月馮公開發表的第一封信與第二封信裏,我們還能看到披著民主憲政外衣的假 "憲政"和假"民主",而這封信直接丟掉外衣裸奔了。有興趣的讀者可以隨筆者回顧一下這兩封信:在第一封信中,馮主張《黨內民主,以法治國:讓少數人先民主起來》,這個時候雖然馮通過編造一個"華盛頓革命集團"來提出"黨主立憲"的假憲政,他解釋說中共可以"效仿",即以習近平為核心,搞中共"黨主立憲",但他仍試圖承認假憲政的目標是:"從一黨為大的黨內民主出發",達成全社會的民主。馮的第二封信也在字面上尚未將民主當作洪水猛獸加以否定和攻擊。馮提議通過逐級選舉"黨的代表"、"中央委員"、最終選出"總書記"的方法搞所謂的"黨內民主",以求皇權交接過程的平穩性,使得紅一代、紅二代、......紅世世代代維持紅色江山。

那麼,馮何以能夠公開地攻擊民主、推銷假憲政的呢?

這次,馮又玩上了假學術。他說:亞里士多德的《政府論》談到共和制異化後變成民主制,這是"多數人的專制(TYRANY OF THE MAJORITY)。"並舉蘇格拉底的例子說"民主就是暴民政治"。

然而,這一小段話就有六處之多的謊言陷阱:

1)《政府論》不是亞里士多德寫的,而是英國哲學家約翰·洛克寫的,這篇文章倡導 的就是主權在民的民主社會。文章說,政府的合法性建立在與人民訂立的社會契約而不是神或家族的權威基礎之上,政府若違反社會契約或不建立社會契約,人民就有權推翻它。該民主思想深深地影響了美國和法國的大革命。

2)亞里士多德寫的是《政治學》。真實的內容是:它將那個時代存在的政治制度分為 三大類,這三大類中,運作成功的政治制度以位於今突尼斯的君主制、位於斯巴達的貴族制和位於雅典的憲政制為代表。與這些同類但已經被異化了的政治制度分別為:暴君制、寡頭制與民主制。《政治學》第四卷指出:在運作不成功的制度中,民主制是對社會傷害最輕的一種"![i]亞里士多德提出:所有六種形式中,憲政制是最好的制度。他評價制度好壞的標準是:好的制度維護所有人的利益,而壞的制度僅維護一部分人的利益。

3)馮再次通過移花接木推出一個似是而非的概念叫"多數人的專制(TYRANY OF THE MAJORITY)"。其標準術語是"多數人暴政",英文拼寫為"Tyranny of the Majori- ty"(馮再次拼寫錯誤)。"多數人暴政"(或馮所說的"暴民政治")並非由亞里士多德在兩千年前提出,而是由美國的約翰•亞當斯(Adams, J. 1788)首次提出。亞歷克斯•德•托克維爾(Tocqueville, A. d,1835)出版的著作《論美國的民主》引用了該術語,並被廣泛接受;約翰•斯圖爾特•米爾(Mill, J. S,1859)發表的《論自由》又引述了托克維爾的這個術語,使之真正流行起來。

4)蘇格拉底的例子並不能印證"民主是暴民政治"。他的被處死盡管讓後人遺憾,但是柏拉圖在著名的作品《對話》中說,蘇格拉底拒絕逃離監獄避免一死,因為他認為就算他被不公正地定罪與判刑,但作為一個公民,他要留在雅典以維護法律的權威,因審判與判決符合法律程序[ii]。從亞里士多德那個年代來看,這樣一個個案的審判不影響對 一個政治制度的定性。

5)現代意義上的民主制度,其目標就是以法律為基礎維護全體公民的權利與利益,如果不考慮所有人生而平等這個條件的話,這與亞里士多德談所的六種制度中最好的"憲政制度"有某種相通性。在今天,一旦這種制度異化為亞里士多德所說的"民主制度"的時候,它便成為當今社會中一部分人維護自己利益的工具。那麼即使當權者號稱執行的是"憲政或民主制度",它在本質上就是約翰•亞當斯所說的"多數人暴政"。馮借助亞里士多德的《政治學》中的民主制來否定現代意義上的憲政民主制度,繼而混淆今天的真民主制度與披著民主制度外衣的多數人暴政這兩個概念之間的差別。

6)從另一角度看,現代意義上的民主制度與亞里士多德時代的最好的制度"憲政制"仍然有差別:亞里士多德認為憲政制只適合"有財產的男性自由人"。他在《政治學》中說,奴隸要麼是天生的,要麼由統治者(君主或議會等)按照法律剝奪自由而成為奴隸的,因此對他們要專橫;對兒童要有權威;對妻子要像政客一樣,只不過不是輪流執政。[iii]而現代意義上的民主制度認為人一律生而平等,不分民族、種族、地位、性別、財富,而且任何人或政府都不可剝奪這種平等的權利。為保障所有人的平等權利,避免以假"憲政"為借口、以偽法律為工具打擊少數人,現代民主社會建立了以社會契約為基礎的憲政民主體系,它是憲政民主制度。

馮舉出歷史上幾個例子來攻擊現代意義上的民主制度,

說這些例子證明(現代意義上的)民主制度就是多數人暴政。且不談時間錯位導致歷史上的制度與現代民主制度完全 是兩種制度的問題,即使今天看這些例子,也不能證明這些歷史悲劇是當年的民主制度引起的。而今天所談的多數人暴政,那些執政者卻總是在表面上披著民主的外衣,故意 讓人混淆民主與多數人暴政的概念。實際上,多數人暴政所保護的"多數人",不是真正的多數人,而是披上民主外衣的"以多數票為依據"的假多數[iv],它實際上以法律甚至憲法的名義威脅少數人、剝奪體制外的人[v]的平等權利。例如在信仰方面,權力機構以多數"票"為由,將馬列主義、愛國主義確立為官方信仰,從而以"合法"的外衣 排擠少數[vi]及打擊體制外不服從的平民,指控他們為異端、邪教或反馬列主義者、損害國家利益的賣國者,強行改造宗教教規、強拆教堂,甚至逮捕入獄。

就馮所談的法國大革命的例子來看,那是剛形成的君主立憲制度因為議會的無能與低效而遭到毀壞,那以後開始了幾十年的政治動蕩;納粹德國則是在民主制度被希特勒操縱而遭到毀壞後,轉變成暴政的歷史悲劇;中國文革是毛澤東為了保住皇位自毀法律造成的制度性失敗,但在法律被毀之前,毛政權也不是民主政權,所以根本談不上民主制度被毀壞的問題。總之,這些國家的悲劇都發生在沒有民主制度或民主制度遭到毀壞的時候,因此並非民主體制本身的特徵,而胡亂地把"屎盆子"扣在民主制度的頭上,恰恰只能說明真正的民主制度而不是披上民主制度外衣的"多數人暴政"是多麼的重要。馮將多數人暴政定性為現代民主制度的特征加以攻擊,這是完全的謊言。

下面看看現代民主制度如何針對多數人暴政的問題進行防範,以此說明多數人暴政並非現代民主制度的特征:首次對多數人暴政問題采取防範措施的歷史事件是美國 1787 年的費城制憲會議。制憲代表們就議會模式和結構問題發生異常劇烈的爭論甚至使會議陷入多日停頓。這是因為如果按照人口比例表決,那麼人口多的州有可能損害到人口少的州 的利益。然而如果按照每州票數相等的原則來投票,那麼人口少的州就會壓制人口多的州的意見。也就是說,任何一種方案都可能導致多數人暴政。最終代表們終於達成以下協議來應對可能發生的問題:1)給少數派以否決權(設置兩個並行的議會,一個以人口做基數的眾議院,一個按每州兩票的參議院,任何法案若在任何一個議會遭否決,就不能成為法律);2)將立法、司法及執法(行政)權力分開,使之相互獨立,以防止 濫權;3)賦予總統否決權與最高法院首席大法官對法律的復核權及解釋權;4)將權利法案以最高權威的內容寫入憲法,禁止一切其他條文或法律與之沖突。這就是現代民主制度的產生過程。

再看馮如何在第三封信中推銷他的假憲政:對於"憲政就是嚴格執行 1982 憲法"的這個觀點,他不論述其合理性與合法性,而是直接跳到結論:實施"1982 憲法"就是憲政。為什麼省掉論證過程?因為這種說法沒有任何理論依據或現實根據(他舉的例子都是錯誤的),沒有道理的東西,誰也無法論證。那麼他怎樣博得讀者信任呢?就是再次利用閃耀著"學者"光環的派頭,以"直言各種危機和社會弊病"的"膽量",去分析"執行1982憲法的重要性和必要性"。他說:強勢反腐使得既得利益集團失去安全感,於是在貪婪與恐懼的雙重刺激下,強烈希望有一部法律以能保證他們的安全,用馮的話說,這是實施1982憲法的"現實基礎"。這封信不再提"人民應該再給黨一個機會"了,不再需要看人民的力量和聽人民的聲音了,他甚至說,"除了平等,國人對自由也有一種先天的恐懼",還說國人"三日無君而惶惶然"。這也就是說經過一年半的時間以後,馮開始認為國人是實施"憲政"的障礙了,換句話理解,那等於是說,只有既得利益集團才是實施1982憲法的關鍵的支持力量,而且既得利益集團對習近平實施憲政的支持才是至關重要的。

然而無論可行性分析是否成立,它都不能替代回答"為什麼實施1982年憲法就是憲政"這樣一個問題,更不能以此來論證"實施1982憲法就是實施憲政"。他之所以用偷梁換柱的方法顧左右而言他,回避論述他自己提出的命題,是因為,無論從公共知識還是專業知識角度[vii],他對憲政的定義與內涵的解釋都違背了"憲政"的真實定義與內涵,他說的憲法根本不是憲法,而是偽憲法;他說的憲政根本不是憲政,而是"暴君專政"。然而從客觀效果來看,他貌似在用歪曲和生造的方法使讀者接受他說的內容,誤認為他的論述不是謊言而是來自於公共知識和專業知識。

除上述問題外,筆者還要澄清馮關於"英國三百年前"的那場歷史事件的扭曲。馮說 "通過憲政,英國貴族放棄一部分公權,保留一部分特權,換取了財產和人身的安全"。馮指的顯然是1688年發生在英國的光榮革命,然而所引述的這段歷史卻是又一次 篡改、虛構歷史故事,他將之套用於中國現狀之上,手法上與馮的第一封信如出一轍, 那封信制造一個不存在的"華盛頓革命集團",然後套用在"毛澤東(反)革命集團"上。真實的光榮革命起因於英國國王詹姆斯二世。他因信仰羅馬天主教而嚴酷迫害清教徒,並頒布信仰自由的法令要求英國議會廢除因為信仰而拒絕羅馬天主教信徒擔任政府公職的法令,同時國王還因親法國並損害了英國在貿易中的利益,這些引起貴族們不滿,此時,清教徒瑪麗二世的王儲地位因為詹姆斯二世得子而化為泡影,於是貴族們請瑪麗二世與他的荷蘭丈夫威廉三世國王回英國統治,最後政變成功,詹姆斯二世終身流亡法國。1689年,威廉三世與瑪麗二世簽署了議會擬定的"權利法案",聯合登基成為英國的新國君,英國從此成為君主立憲制國家。在這段歷史中,放棄權力換取安全的是 英國王室而不是英國貴族,英國君主從此失去絕對權力,議會從此掌握英國政權。

限於篇幅,筆者最後簡單解釋作為公共知識和專業知識的"憲政"的概念,以便讀者根據真正的憲政知識自行判斷"行 1982 中國憲法"是否是憲政,以及中國現政權是否具備合法性:

談到憲法,就必須提到前面所說的英國哲學家約翰•洛克的《政府論》。這是一篇關於社會契約的理論。洛克明確反對君權神授,主張生命、自由、財產是人類不可剝奪的天賦人權。他認為,在自然狀態下人是完全自由的,但是在沒有約束的情況下,強者可以自由地侵犯弱者,如劫掠,強奸,謀殺等,因此,人們需要選出一個社會管理的代理機構,這就是政府,社會中的自然人就是公民。政府的使命是保護每個個人的權利、並使其他人的同等權利得到尊重。然而政府只有得到人民的同意和授權才是合法。如此,憲法成為政府與公民之間訂立的社會契約。由於社會契約的目的是為了人民的福祉,因此,對於法律或政治結構中出現的失誤,公民可以通過選舉或其他手段,甚至暴力來改變它。這個社會契約理論極大地鼓勵了美國及法國的大革命,同時為英國的光榮革命做了強有力的辯護。美國的《獨立宣言》、法國的《人權及公民政治權利宣言》都是以這個理論為基礎形成的。美國是人類歷史上第一個制定以維護每個公民自由與權利為目地的憲法的國家,而在此基礎上形成的政府和各種其他法律制度,就是憲政。我們可以看到現代意義上的憲政與亞裏士多德描述的憲政是完全不同的。而這種憲政與馮描述的"嚴格執行 1982 中國憲法"就相距更遠了。正如馮在他的信中所說,1982

憲法,不僅有四個堅持這樣的剝奪公民自由權利的最高條款或基礎條款,而且他直言:"在'82憲法'中,沒有三權分立,沒有司法獨立,沒有軍隊國家化,也沒有最高領導人的民主選舉。"因此,馮以"執行82憲法可以使得中共政權很安全"為理由"力薦"習政權執行"82憲法",他說"學美國的三權分立,中國學不起。一定要學,只能是天下大亂"。也就是說,他談的憲政不是憲政,而是保證中共政府不倒臺的統治中國人民的策略。他還振振有詞地說"美國沒有照搬英國大憲章,因此中國也不必照搬美國",以此來支持他自己所說的"黨主立憲"。

寫到此,相信讀者能夠自己判斷:中共政府有沒有與公民訂立過約翰·洛克所描述的社會契約?65年來中共所執掌的權力可曾得到過以社會契約理論為基礎的公民授權?中共政權可曾維護過公民的自由與權利?……在此筆者想對馮先生說:如果您建議不要搞現代意義上的憲政,因為害怕和擔心中共失去政權的話,您可以用最直接的方式說出來,何必以攻擊民主的方式來為"專制極權統治"披上憲政的外衣?何必枉言"國人對自由與平等有著先天的恐懼"?何必為了維護中共專制極權統治而說"中國不能學習美國的三權分立"?

最後作為總結,筆者要告訴馮"學者":中國人不需要一個虛假的"黨主立憲",而需要一個您從來不會提起的"公民立憲"。您說美國是所謂的"華盛頓革命集團"制定的憲法,那麼,筆者憑借真正的而不是假冒的專業知識告訴您:美國是人類歷史上第一個以"公民立憲"而不是"黨主立憲"建立政權的國家!中國也會如此,這是歷史的發展趨勢,它或許來得很遲,但是一定能夠到來,由不得為了維持政權而不擇手段的您或中共來阻擋。

參考文獻:

Adams, John (1788). A Defence of the Constitutions of Government of the United States of Ameri- ca, Vol. 3 (London: 1788), p. 291

Mill, John Stuart (1859). On Liberty (2 ed.). John W.Parker & Son., (London:1859), p6

Tocqueville, Alexis de (1835). De la démocratie en Amérique (Democracy in America, English translation printed at New York, 1838.), Vol. 1, Saunders and Otley, (London:1835)

備註:

[i]英文原意:When perverted, a Polity becomes a Democracy, the least harmful derivative government.

[ii] 在此解釋一下雅典的法律程序:雅典判案的法律程序是:由500人組成陪審團,公訴方與 被告各自向500人的陪審團進行演講,為自己的立場做申辯與辯護,然

後由陪審團決定被告是否有罪。然後陪審團再決定對判定有罪的人實施什麼樣的處罰。蘇格拉底做了辯護,但不成功,後陪審團在罰款與處死刑之間進行表決,最後決定處死。學術界認為,蘇格拉底被處死是因為他不相信神,而雅典城邦當時供奉女神雅典娜為城邦的護佑神,而戰敗的雅典人認為就是蘇格拉底的教育使年輕人背離了他們的信仰,使雅典遭遇厄運。

[iii] 英文原意:Rule over the slaves is despotic, rule over children kingly, and rule over one's wife political (except there is no rotation in office).

[iv]這裏的多數指投票時的多數,它以全部投票人而非全社會的總人口為基數,如中國 13 億人並非計算多數的基數,而 3 千多有投票權的人大代表才是計算多數的基數,由於這 3 千多人不代表普通平民,所以平民的利益成為這個所謂的"民主體制"外的利益。

[v] 少數人指的是有表決權的代表及其所代表的部分人(在中國,人怕站錯隊,就是基於對所謂的民主政權的淫威的恐懼);還有一群人被排斥在"民主體制"之外,其利益沒有任何人代表,他們是"沈默的大多數"。他們的名義總是被"有表決權的大多數"利用,聲稱自己代表這群人,這就是"綁架民意"。

[vi] 這裏的少數就是在有投票權的群體中持反對意見的人,由於制度對少數的排斥,人大會議總是以絕大多數贊成票甚至全票通過,在假民主體制中,從眾心理就

是因為個人安全得不到保障而產生的社會心理問題。

[vii] 公共知識指一般社會中所有人或絕大多數人共同認可的某些不涉及某個具體專業學科的 大眾化認知,它屬於全社會的共同認知,無需作任何學術引用;專業知識為從事具體學科專業的,在學術圈裏得到廣泛認可的學術研究成果,這類成果的復述需要嚴格與規範的學術引用,否則被視為"抄襲"。

附件四

致徐文立先生的一封公開信

—— 兼答民運中熱衷抓特務的人

春秋冬月 2 "轉帖,馮勝平:答民運中熱衷抓特務的人"
2014-12-29 16:15:27

http://www.duping.net/XHC/show.php?bbs=11&post=1325033

****

馮勝平的"革命使人墮落"是赤裸裸的維穩之作

http://www.hxwq.org/?p=2859

鐘國平

馮勝平先生(下稱"馮")一改過去兩年向習近平公開進諫的風格,以"革命使人墮落"為標題,專為"咱老百姓"撰寫了一篇萬言書,苦口婆心地表達了反對將共產黨趕下臺的立場。與我們普通老百姓的觀點不同，我們通常了解到情況是，在民運圈內，對於結束專制政權的路徑的觀點有兩種，兩個不同觀點之間也持續地在爭論，即暴力革命和非暴力民間反抗運動。而我們通常特別將走暴力推翻政權的道路叫作革命，以區別廣場運動、非暴力不合作等等非暴力運動，或借用其他國家的經歷而稱為"顏色革命"、"天鵝絨革命"和"茉莉花革命"。而馮則將暴力革命、顏色革命以及最溫和的天鵝絨革命等統統歸為革命，因為無論路徑如何，最終的結果都是推翻現政權，換句話說，馮認為，凡是以結束中國共產黨統治為目的的任何手段，都是革命。因而，馮的標題"革命使人墮落"的真實意思就是"推翻中共的統治將使人墮落"。

雖然文章的閱讀對象變了，但是與前三封致習近平的公開信相比，其思路、觀點、甚至許多語言都沒有變，並且有諸多重復的和一脈相承的表述。對於馮的前三篇文章，筆者分別撰文指出其造假歷史故事、篡改文獻內容和以個人認知而非真實的公共知識為基礎，對謊造的歷史進行虛假的定性，並特別針對其第三篇文章指出，馮一改前兩篇避免攻擊和否定民主的風格，直接赤裸裸地表示反對民主的立場，並以張冠李戴和直接篡改內容的方式稱自古以來西方學者們就認定"民主是最壞的制度"。我當時將這種公開反對民主制度的言論稱之為"裸奔"，因為異議人士不會如此憎恨和排斥民主制度，堅持專制制度，這是異議人士與普通沈默的中國人的最大區別，也是異議人士之所以為異議人士的原因。

然而馮的這一篇新作更是直接突破了"裸奔"的境界，公開地站到了"堅持維護中國共產黨統治"的立場上，不僅重復地使用中共的語氣和語言，批評國內外的民運人士、維權律師及維權群體，更是直接地表達了馮勝平自己堅決維護中共政權的觀點。至此，他已經表明了自己作為中共維穩大軍的重要寫手的身份，從根本上脫離了"異議人士"這種身份了。

正因如此，馮在開篇直接說他"在政治上是不正確的"，但在邏輯上卻是"站得住腳"的。既然如此，本文先羅列一番馮所表達的"政治上"的立場，以客觀公正地理解馮文的本意，然後分析一下在邏輯上，其表述的政治立場究竟能否站得住腳。全文的目的就是要從實質上懂得馮所表達的真實的政治立場究竟是什麽。記得徐文立先生曾經寫過一篇文章回應馮勝平先生的一封花了5年時間才完成的致徐文立先生的公開信，他的標題就是："馮勝平先生，你，是誰？"，而今天，馮先生以這篇新作自己回答了徐文立先生去年提出的這個問題：他確確實實是那個誰。

馮列出了十點理由來評價他對目前形勢的看法，以最後得出他的全文結論，在此筆者將內容按照其內在的邏輯綜述為五點，以便進行邏輯分析：

1、"動亂"的土壤已經形成

馮開篇即表示：中國已經形成"動亂"的土壤，這個詞彙在中共官方上一次的公開使用是1989年4月26日《人民日報》發表的"四二六社論"，當時中共官媒形容學生請願是一場"動亂"而不是愛國運動。這個社論我們都清楚是李鵬主導的。然而在天安門大屠殺之後，中共逐漸將之前的"動亂"、"反革命暴亂"去掉了，代之以"1989年春夏之交的一場風波"。李鵬竟然發表回憶錄，以推卸其對1989年學生運動的歪曲定性和血腥鎮壓的責任。

這次看到馮對中國形勢的"定性"用詞，猛然讓我回想起了一個窮兇極惡、揮舞著拳頭向全國發表電視講話、譴責學生運動並誓言派軍隊武力鎮壓學生運動的李鵬。我們普通"百姓"或可能使用"革命"一詞來形容我們的抗爭和民主運動，但是根本不會想到用"動亂"這樣的詞彙來描述因我們的抗爭而引發的局勢，而且更不會將自己追求的事業惡毒地形容為"動亂"。

2、所謂推翻中共統治的理由根本不存在，所提之理由是謊言

馮在第一個要點中就指出革命的目的有兩種：改變制度的革命和改朝換代的革命，而由於中國歷史上的革命全都是後一種，即，改朝換代並繼續專制統治，就是他所形容的"取而代"。因此，他推定中國未來若出現革命（即以任何方式推翻中共政權），那只可能是"取而代"而不可能是"改變制度"。馮認為革命者的目的就是

實行新的專制,即,"與其你獨裁,不如我獨裁"。

為什麼革命是根本沒有理由的呢?他的解釋是:當年晚清既然已經承諾要搞"君主立憲",那麼,如果不被推翻的話,清朝開始就走上改變制度的道路了。在這種情況下,孫中山他們憑什麼還要堅持二次革命、推翻清帝國呢?孫中山要求憲政,而憲政都開始了,還有什麼理由革命?據此,馮推論說,既然已經宣布改制,而革命者仍不放棄革命,堅持推翻統治者,那麼,他們自然不是為了改變制度,而是為了自己統治中國,也就是"取而代"之說。這就意味著,所謂的改變制度其實是革命者的謊言。以此類推,現在中共已經承諾"依法治國",正在走向"黨主立憲"的憲政道路了,你又憑什麼要推翻中國共產黨的統治?那自然也是謊言,目的不過是要"取而代",自己上臺搞獨裁。

馮說他的邏輯沒有問題,但是以古喻今雖然看起來很有哲理很高深,但馮的以古喻今在邏輯上卻是不成立的,因為他所引述的歷史事件與他推測的未來事件之間不存在必然的因果關係——我們今天發生了某件事與歷史上某個時刻發生了某件事之間沒有必然的聯系,除非你能證明歷史上的某件事直接導致了今天的某個事件的發生。例如,歷史上胡耀邦的下臺,導致他被認為早逝,從而引起學生公開悼念,最後引發學生運動。這就是歷史事件與當今事件之間的因果聯系。若事件之間沒有這樣的關系而胡亂聯系、強制類推歷史於未來，邏輯上就是犯了機械類比的錯誤。這是基本的邏輯錯誤。

3、若中共的統治被推翻，後果很嚴重：中國將陷入長期大規模流血衝突與混亂

馮以"革命是嗜血的動物"為標題設想了中共被推翻後，不僅被革命的人會喪命，大量的革命者也會遭到血洗清算。他將法國大革命初期的各階層力量輪流奪權以及羅伯斯庇爾主導的"恐怖統治"與中國、俄羅斯的共產黨奪權後的大殺戮相提並論，認為革命都會導致革命者被血洗的命運。

然而事實是，民主革命的許多國家在實現民主化之後並未發生大規模的對反革命者、或革命者的清算，而法國大革命初期持續兩年的"恐怖統治"時期仍處於法國民主化未成功的階段。如英國、美國實現民主化之後沒有如同法國那樣的血洗清算。而對於法國而言，"恐怖統治"雖僅持續兩年不到的時間，而且以"叛國罪"處死的 17000 人在當時震驚了整個法國與歐洲。這場羅伯斯庇爾主導的"恐怖統治"以羅伯斯庇爾本人被斬首為結局，自那以後，所有的政權，無論怎樣輪替都不再出現這種以意識形態與立場不同而處死公民的恐怖統治運動。羅伯斯庇爾墓碑上的文字表達的是整個法國對他的批判和否定，從此民主國家不再有"恐怖統治"。這才是真正民主國家的歷史過程。法國的這段歷史特例讓所有民主國家汲取了教訓，今天，民主國家的政

權都被禁止主導宣傳任何意識形態和確認某個意識形態為正統，這樣保護了公民的自由權利而防止了政府濫權導致的歷史悲劇。

因此，筆者的觀點是：中國若實現了民主化，很難想象會出現法國那種以"叛國罪"為由的對反革命者、或革命者的清洗運動。更難想象會出現馮文提到的獨裁專制暴政的俄共和中共搞的幾千萬人被殺戮的大清洗運動。

馮故意將法國大革命初期的一段特例拿出來與俄共、中共的內部大清算相比，好像任何革命都會導致對反革命者、或革命者的大清洗。而各國民主化的過程中，只有那一段是特例。與此同時，馮將蘇東坡革命的平和形容為民主化過程中的特例，說"蘇東共產黨政權，幾乎都建於一夜之間；一夜之間消失，自在情理之中"。這自然是將法國大革命歷史中的特例作為普遍性，而將蘇東劇變後的平和篡改為特例的歷史的卑劣手法。

馮將民主化初期發生的小概率事件與共產黨的殺人的歷史混淆，給人的印象就是：凡革命就會導致對反革命者、或革命者在勝利之後被大清洗的結局。因此可以推論，中國民主化之後也會有新的對反革命者、或革命者的大清洗。

為了進一步理解法國大革命初期即 1792 - 1793 年間的恐怖統治，筆者簡短介紹一下當時的背景：當時的法國處於歐洲君主專制政權的包圍之中，雖然英國已經民主化，但是英法之間的敵對關係並未因民主化而消失。因此，法國政界當時面對極為複雜的內外交困的形勢一度出現非常複雜的權力更替過程，同時還必須應對對外戰爭。在這種情況下，羅伯斯庇爾上臺執政。他的極大的不安全感導致了利用國家權力對國內公民進行殘酷的大屠殺，他自己將之稱為"恐怖統治"。兩年間共 17000 名法國公民被處死，之後他被推翻並被處死，對國內公民發起的以叛國罪為名的大屠殺運動宣告結束。

歷史告訴我們，民主化革命與專制政權奪取政權的歷史是完全不同的。血腥清洗的是專制獨裁政權的普遍做法，而非民主政權的普遍做法。這種混淆概念和以偏概全的邏輯錯誤，能夠如馮在文章開頭所說的"在邏輯上立得住"嗎？

4、所謂民運其實只是以民主為推翻中共政權的借口，無異於騙子

接下來的第三至第九點，馮以巨大的篇幅，從各個角度論證革命者其實就是騙子，欺騙普通的"百姓"。下面筆者逐條分析馮的論述過程：

第三點馮認為革命者以民主為幌子進行欺騙，根本不是要改變制度。理由是：英國、美國的民主革命是以自由、獨立、憲政為目標，他們提出的是"不自由毋寧死"，而中國人"只會騙"，因為中國人沒有獨立性，不要自由，用他的話說，中國人革命"從來不是為了自由

『……』無論是毛左還是民鬥，都不想結束這個制度，而更想結束自己的政敵。"

我承認，中國民運人士多數不是從追求作為個體的自由獨立出發而從事民主運動，更多地是考慮"民族、國家進步"，這是缺少對民主制度的理解以及受到民族主義愛國主義等愚民教育影響所致。然而馮文將這一現象形容為"上詐下愚"的欺騙，這從邏輯上是站不住腳的，因為馮根本無法證明革命者在主觀上試圖"欺騙"任何人。馮文中沒有任何一個地方可以證明民運人士的目的是欺騙大眾。當他無法提供證據來證實自己的判斷時，那麼他就是在貼標籤、扣帽子，不僅邏輯上因缺乏論證而不成立，現實中也顯得十分卑鄙。

馮文的第四點"革命使人墮落"，應為全文的看點，因為標題就是取自這一論點。那麼，馮的這一判斷又是什麼意思呢？馮認為以改朝換代而非改變制度的虛偽表演，目前正披著"維穩和維權的外衣"緊張地進行著。在這裏，馮說，老一輩民運僅限於"辦辦雜誌"、做一做"思想啟蒙"的工作。新一輩民運卻"沒有底線"，他們在國內時，"只是維權"，而不是要推翻政權（這裏提醒一下：對於馮來說，只要不是以推翻政權為目的，即不是革命——筆者註）。但是後來他們陸續流亡美國，則表現得"一個比一個極端。"（此處當然是形容推翻中共政權的公開表態與行為了）馮的這一段可以換個說法這麼來理解，會更加清晰明確：國內的異議人士表面上不是要革命或者說不是要推翻中共政權，而在逃離中國之後，個個都成為激進的革命者，或者說以推翻中共政權為目標的革命者。按照馮的說法，這些人比老一輩異議人士更"沒有底線"，而這裏"底線"就是指他們說謊，在國內時隱藏了他們的真實意圖。那麼這些人是誰呢？馮指出，是"體制外的死磕派和和體制內的通吃派"。體制外的死磕派又是誰？馮在文章結束語中其實已經指出來了，與政府死磕的就是那些維權律師。當下中國政府在全國範圍內打壓維權律師及維權人士的時候，馮的新文字出臺，形容這些"死磕派們"是在"借維權"的行動而"沽名釣譽"、"造謠惑眾"、"死磕當局"。我想說的是，這些定性用詞不僅與中共的一模一樣，而且面對全世界各律師團體、人權機構以及各國政府正在對中共打壓維權律師的行動進行強烈譴責的時候，馮居然"正大光明、光明正大"地站到了中共政權一邊，所用的詞匯讓人感覺好像在讀新華社的社論。而他給這些死磕派扣的帽子仍然是沒有任何實例證明其結論。這在邏輯上能行得通嗎？

他的邏輯是：《歷史的先聲》記載了中共奪權後要搞民主的承諾，但是最終沒有兌現承諾。而死磕派，他認為"也會這樣"，他認為，人"百煉成渣"，所以，坐牢的人出來了會更加專制暴虐。

請各位讀者自己判斷，上述邏輯是否成立，這種機械類比的邏輯錯誤再次上演。兩個截然不同的歷史狀況硬被他扯到一起，認為二者具有相似性。如果這二者具有相似性，那麼是不是說死磕派律師未來也會如中共那樣真的組織軍隊在國內與中共一拼生死呢？他自己對此又進行了否定，他說死磕派現在要用他人的人頭祭民主大旗，他們自己是不會回國的。筆者不禁想問，為什麼在這裏二者又沒有了相似性呢？這是哪門子邏輯？

接下來，馮以"以卵擊石"的所謂道理來說明，憑借民間力量與強大的政府對抗只會使"千萬人死於非命"。他認為，既得利益集團會"放棄自身利益"，從而達到"人類社會得以緩慢而穩定的進步"的目的。在此筆者提出兩點：1、即使在民眾沒有對抗政府的時候，中共的統治不是使得 8700 萬平民死於非命嗎？那麼死於非命的原因究竟是"推翻政府的抗爭"，還是專制統治的暴政呢？2、為證明既得利益集團會放棄自身利益，馮文舉出兩個實例。一個是華盛頓遺孀主動釋放所有奴隸，算是主動放棄了自身利益。然而，華盛頓遺孀是個人還是處於統治地位的"既得利益集團"呢？這個例子與馮想說的"道理"有何關聯？馮的第二個例子說，中共四中全會確立"依法治國"的政策，就是"主動放棄既得利益"的表現。在此筆者更要問：政府非法綁架、誘捕、秘密關押、恐嚇當事人、拘押不相關的未成年人、剝奪其受教育的權利、拘押無辜的 81 歲的老人、拒絕給予被拘押人士以必要的醫療救助等等等等。所有這些都是在習近平提倡"依法治國"兩年之後的今天發生的事情。

那麼這是否說明政府，作為既得利益集團"放棄了他們的既得利益了"呢？下一個問題就是："以卵擊石"能夠用來比喻民間反抗暴政的運動或革命嗎？若是"以卵擊石"，那麼結局必定是以抗爭者失敗而告終。馮先生又在何處論證了中國人民抗擊專制暴政必定將以失敗而告終了呢？沒有論證的結論符合哪一種邏輯了？

馮文的第六點說，現在的革命者根本搞不了民主，因為他們是刁民，他們改不了制度，那麼馮所說的這些刁民具體指誰呢？馮說，"是目前國內維權和海外民運的主力"。也就是國內的維權人士和海外民運人士。在這一點上，馮的邏輯是：中國努力了三千年都沒有能夠做到，所以他們這些刁民也做不到。請問：三千年的歷史能夠證明未來也只能持續嗎？這個在邏輯上的問題與前面所說的一樣不通，不再贅述。

馮文在第七點提出的觀點與之前寫給習近平的公開信完全一樣，就是"沒有法治的民主是災難"，在這裏，馮將民主與憲政剝離，將民主形容成與法治不相關聯的制度，然而，現代民主制度永遠是靠法治來保障的，今天的民主社會同時也是法治社會，而不是人治的社會，今天的民主法治制度用法律術語來說叫"憲政民主制度"。馮說"民主實際上是人治"。然歷史上，人治的民主只存在於古希臘時代。那麼馮所說的"沒有法治的民主"與中國人今天所追求的常常被簡稱的"民主"的憲政民主有什麼關聯？古希臘那種民主是我們今天追求的民主嗎？既然不是，那麼，用古希臘的民主來否定今天的憲政民主，這又是什麼邏輯？如果連一個判斷句的主語都沒有弄清楚的話，後面的任何論述能夠成立嗎？

另外，馮在這裏還特意強調"任何主義都是危險的"。筆者鄭重地提出，搞"主義"的是中國共產黨。所謂"主義"，用政治學術語來說，就是"意識形態"，是用理論系列闡述的某種哲學思想或理論。然而，馮或許不了懂，自由憲政民主不是主義，不是意識形態，而是普世價值，也就是說，是普世接受的價值觀。價值觀與"主義"是兩碼事。同時，在前面已經談及，任何民主政府，為了避免再次發生羅伯斯庇爾利用公權力以"叛國罪"為名倡導愛國主義濫殺無辜的歷史重演，也為了保障公民的信仰自由，已經悉數否定將任何意識形態（即，主義）拿來作為政治上的標準意識形態。現在只有專制政府才會強制性地灌輸意識形態。因此，馮所強調的"危險的主義"與中國民主事業根本就是沒有關聯的。為什麼要在這裏提及呢？其實質就是讓人們不敢再提作為普世價值觀的自由、憲政和民主，不再為自由、憲政和民主而奮鬥，中共的紅色帝國就能夠永不變色了，如習近平2014年12月視察南京軍區機關時，所指望的："要把紅色資源利用好、把紅色傳統發揚好、把紅色基因傳承好"。

馮文的第八與第九點都采用了同一邏輯，就是直接貼標籤，沒有任何實例或證據去證明。第八點說，精英（即革命者）與貪官一樣，都是腐敗的受益者，所以他們聯合貪官"反對反腐"。這個論斷可以明顯看出，凡是習近平政權打擊的貪官，都是貪官，都腐敗。言下之意，好像是說，習近平政權沒有打擊的都不是貪官，都不腐敗一樣。他說，這些人是沒有良知、投身腐敗的人。他們是誰？馮說，他們是"教師、記者、醫生、律師"。讀者是否能記得，習近平政權要打壓的"新黑五類"不就是這些人嗎？只不過少了一塊"訪民"。馮在第九點顯示自己好像是"異議人士"一樣，陳述了毛的諸多邪惡的行為，尤其是他的鬥爭哲學。然而其目的並非是批判毛，而是要說，每個人心裏"都有一個『小毛澤東』"，意思就是，每個人都是專制的產物，永遠改不了。對於這樣的沒有任何根據的指責，筆者認為不僅邏輯上站不住腳，而且馮也顯示出他自己的共產黨的思維模式，即，以貼標簽代替論證。

最後一點，馮再次重復了致習近平的第三封信的主張，認為"黨主立憲"才是中國的出路，而這個"黨主立憲"絕不是美國的憲政，而是指政府自覺地自我限制自己的權力，並保護公民的私權。然而馮提出政府自我限制權力的前提條件是：保證政府不癱瘓，首先，從政治學上說，君主立憲是指"君主為虛位的國家元首"的憲政制度，而馮提出的"黨主立憲"是否指"中共為虛位的國家元首"的憲政制度呢？如果是，那麼這個黨主是否應當全部退出政治權力體系，成為虛位的政黨呢？如果是,那麼"政府不癱瘓"就不會成為中共需要關註的問題,因為中共不再具有管理國家的實權了。其次,如果馮所談的"黨主立憲"指的是中共憲法中所說的"堅持中國共產黨的領導"的話,那麼,這樣的政府不就是專制獨裁政府嗎?與民主憲政、與立憲又有何幹呢?既然如此,這個觀點不就是二元悖論了?這種邏輯矛盾使人無法理解馮所談的"黨主立憲"究竟是要民主法治還是要專制獨裁。這樣的邏輯健全嗎?

5、結論:只有按照中共現在的"依法治國"和共產黨領導,百姓才能有自由

這一段作為結語,其內容實在有點滑稽。馮指出,維權律師、維權運動使得中國的自由空間更小,還不如不要抗爭,這樣自由還會多一點。那麼,中共統治66年,有什麼時候,中國有過自由了?沒有自由的情況下,談論自由的多少不是很荒誕嗎?馮說,若真有幾百萬人上街,"必再次看到坦克"。這自然是指1989年的民主運動終以六四大屠殺的歷史而結束。不過,這樣的論斷,除了能夠來恐嚇百姓、也恐嚇革命者們,照樣是沒有任何根據沒有任何論證來支持的。事實上,今天或以後的中國局勢與1989年已經非常不同,無論是政治、經濟、意識形態、官民關系、領導人的威信與號召力等等,還是國際局勢、國際關系和地緣政治,都已經發生了巨大的變遷。沒有任何論述,直接說,坦克會再次上街,根本就是缺乏邏輯的妄斷。

至此，筆者就馮的每個論點進行了復述與分析，但是卻沒有發現馮所宣稱的"政治不正確，但邏輯上能說得通"的自我評價。反而，筆者卻找到了徐文立先生去年所提問題"馮勝平先生,你,是誰？"的標準答案。最後，筆者建議所有讀者及馮勝平先生本人再也不要說自己是"異議人士"了，你與中國共產黨之間沒有任何"異議"存在，"得寵"、間或"失寵"算不上"異議"；偽裝的"異議"就更不是什麼"異議"了。馮先生的把戲該收場了。

附件：馮勝平先生，你，是誰？

http://www.aboluowang.com/2015/0117/501432.html#sthash.q0mHNxVL.dpbs

鐘國平：美國歷史上從未有過"華盛頓革命集團"

鐘國平：評"馮勝平致習近平總書記的第二封信"

鐘國平：裸奔的馮勝平《致習近平先生的第三封信》

鐘國平：用篡改美國歷史來合法化毛澤東（反）革命集團的專政

鐘國平：憲政之爭就是政權的合法性之爭

****

徐文立：馮勝平先生——你，是誰？！

http://www.aboluowang.com/2015/0117/501432.html

重 要 史 料

1，25 年前美國作者約瑟夫·布魯達《誰在保護北京的間諜》(刊登於《高級情治概覽》(EIR)1990 年 5 月 18 日，第 73 頁"國內欄目")(附中文翻譯件)

2，小參考總第 515 期(1999.08.19)發表的——

"全美學自聯安全工作組"1990 年《全美學自聯關於中共特務滲入民運組織進行破壞活動的調查報告》

馮勝平先生：你，是誰?!

——請看 25 年前美國報刊上的《誰在保護北京的間諜》及《全美學自聯關於中共特務滲入民運組織進行破壞活動的調查報告》

徐文立

(2015 年 1 月 12 日)

海外特務的故事，講的不是普通人，而是在自由環境下，為幾斗米而享受不斷造謠、挑撥離間、詆毀他人的長舌婦的樂趣。

現在公布 25 年前美國作者約瑟夫·布魯達《誰在保護北京的間諜》(刊登於《高級情治概覽》(EIR)1990 年 5 月 18 日，第 73 頁"國內欄目")的報道及 1990 年《全美學自聯關於中共特務滲入民運組織進行破壞活動的調查報告》,不是想故意地揭露一個可能的"特務",而是鑒於信口雌黃黨現已漸入"狂境",破壞民運至今,而且沒有一個可以拿出來明說的實質性內容!同時,也是為了讓人們了解一些發生在『1989六四』期間幕後的故事。

現在發表的這二篇報道告訴人們,馮勝平就"最可能是特務"的人!是真是假,讀者自有判斷。扯胡平先生等等人,那是馮勝平先生為了掩飾自己的身份而為吧?是為了"洗白"自己,華麗轉身成為"學者"、"專家",乃至"國師"吧?

這樣的人有什麼資格"把民運人士概括為四類",有什麼資格借"扣帽子"的打手方式去攻擊、揶揄民運和中國人?而且,馮勝平先生所謂的"三民論"、"四類論"反反復復地說,越說越得意,越說越癲狂,自以為無人痛斥,猶如"定論"了!和我有過真正接觸和共事的人都知道,我不但坦言、還多次發文,表示不主張在民運內部抓特務,因為:(1)民主是個開放的體系,公開而透明,任何人都有權參與;(2)民運沒有財力和人力去做抓特務這件事;(3)民運沒有處置和懲罰特務的權力;(4)在內部抓特務的結果,只會亂了自己,得意了對手。當然,民運內部高度警惕可能的特務是必然的、也是必須的。至於特務有沒有那麼多,我不敢確切地論斷。如果連中國各地各界各鄉(甚至包括監獄、港澳臺及海外)的各級"情報員、報告員(他們是拿報酬的,不是自幹五)"都算"特務",那麼,有幾千萬,我也會相信。

馮勝平先生以"旅美學者"的身份給習近平"皇帝"寫的公開信我讀過。

不巧他遇到了鐘國平!真是"既生瑜何生亮"?!

讓人們看清了他沒有任何學術和政治的誠信,誇誇其談,吊書袋而已,讓許多好心人猛醒,讓他從可能的"國師"的寶座上跌落了下來!

正如春秋冬月2所說:"鐘國平——他以鋒利的刀筆剝下了馮勝平先生的畫皮"。"我將另開一主貼將他的觀點全盤照登出來,希望看到馮勝平先生的自我辯護,不過我估計馮勝平先生的辯論會是非常蒼白的。"

至今,人們沒有看到馮勝平先生為此的辯白。

讓人頗為感觸的是,一副"悲天憫人、通情達理、純如學子"樣子的馮"學者"居然會造謠言、編故事,居然會弄錯各個歷史人物寫的文章和著述。現在馮先生再以他人名義為自己的觀點辯護,人們已經無法相信了。共黨的核心是一群流氓騙子,這話一點也沒錯。

馮先生的"三萬進言書",唯一值得"肯定"的是他"忠黨愛國"的拳拳之心和盼鐵成鋼的熱情。可惜這個"共產黨、中共國",已經行將就木,只有他這類人不這樣看,還自以為中共"風景這邊獨好"呢!還自認為唯有中共才能救中國,習近平獨裁好得很呢!還自認為中國沒有了中共必亂、必垮呢!還自認為中國斷然民主不得呢!還放肆地認為中國人除了"順民、刁民"，就是"暴民"呢！大陸共產黨都不敢明說的話，馮先生在海外替他們說！那麼，他是什麼貨色不是昭然若揭了嗎？！

只問一句：把一個好端端的國家治理成食品有毒、飲用水有毒、連空氣都有毒，它能不行將就木嗎？你勝平，不甘小平、近平，而是要「勝」平，一旦他們明白你是用捏造的美國、英國歷史，在"忽悠"他們，你的"忠黨愛國"就可能一錢不值、甚至大禍臨頭了！

我一直以來，不告訴公眾我為什麼認為"他最可能是特務"。可是，馮勝平先生 2014 年 12 月 29 日發表的《致徐文立先生的一封公開信——兼答民運中熱衷抓特務的人》，真是非逼我走這一步，公布這二份資料！

至於其他人是否是特務，只要資料充足，各人都會有自己的判斷，需得著馮先生這種人像中共那樣居高臨下地教導我們如何從"政治立場的表象背後"去判斷他人真實身份嗎？你有資格分類嗎？你有資格教我們嗎？你沒有資格，你只有「特別任務」，這不是我猜測的，而是根據這二篇報道判斷的。你若認為這些報道不充分，那麼你自己找點什麼其他的實據，不要拉其他人來墊背。

如果說你是在 25 年前被揭露了這可能的身份，這不表明你今天就沒有這個身份了。特務是終生的工作和"榮譽"，特工不是臨時工。

至於這個大千世界,他人怎麼活著原本不關你的事,尤其在自由的世界。然而你怎麼活著卻有人關心,不是我,是你的卓越的身份引起媒體的興趣。然而,你去嘲弄普通的民運人士怎麼活著,只能說明你眼小、人小!任何人不讀書、不經商、不打工而能活著的就一定是民運嗎?你有人類具有的邏輯思維能力嗎?再者說,民運人士怎麼活著需要你去婆媽地指指點點嗎?他人做什麼需要你過問嗎?我不說婆媽是小人,但你一個六十一歲的男人用婆媽的手法對民運人士和中國人指指點點,你就是一個不折不扣的小人!

馮先生的哲理"寫拿破侖就必須要有拿破侖的胸懷"實在高,是否可以同樣地說"寫民運人士必須要有民運人士的氣概?"是否可以照樣地說"寫中共可以接受的公開信必須要有中共的背景"呢?我應當恭喜你,你獻給習近平的三封"萬言書",能夠自由地發表在國內網站而不被刪除;你向習"皇帝"進言的"實施1982憲法即是憲政"的思想看起來和習近平提的"依法治國"有著高度的"共識";如果你不想當"國師",我不敢相信中國還有誰,如你這般以"前("中共定的反革命組織")中國民聯的核心成員""海外學者"的身份一而再、再而三地"進諫""苦勸"習近平,還踏上了幾十年未敢涉足的臺灣去推銷你的"黨主立憲"!

(馮勝平這一切獻媚,是習近平上台後對中共海外情治系統大洗牌,唯恐失寵的馮某急於表現的自然結果嗎？我們不得而知；可以存疑。）

　　你說民運是中共黨史的最後一章?告訴你不要只懂中共黨史不懂中國民主史，民運起源於共產黨還沒出生的年代，包括在海外，而且只要中國不民主，它還會不斷持續下去，它的起源和中共沒有一毛錢關系，它的結束同樣不由中共來定性、預測，這是人民對自由權利的要求決定的。反抗文明的人只會恐嚇和說謊，但這一套，請不要拿到人們面前來炫耀。中共這個歷史敗類，若說與民運有什麼聯系的話，那就是以民運為名竊國並自立"正統"，然後打擊追求權利與自由的民運人士及民運事業。你對民主制度的攻擊讓我理解了你的立場：中共當政成為"正統"，所以民運不能再搞了，必須跪在皇帝前"進諫"，如同各朝各代那樣。——這就是你的論斷"中共的運動史結束於民運"的真實寫照。

　　中共專制不終，民主運動不竭！

　　至於馮先生寫的致我和我的朋友們的公開信的內容，對不起，你自己去欣賞吧。特務最敏感於他人談論特務，而且只有他們會"對號入座"。但這些不重要，胡平先生的"幾條煙"和"見好就收"在這裏也不重要，重要的是：你，是誰?!

———————————

附件 1-2

———————————

附件 1-1

誰在保護北京的間諜

作者：約瑟夫·布魯達

(翻譯件)

http://www.larouchepub.com/eiw/public/1990/eirv17n21-19900518/eirv17n21-19900518_073-whos_protecting_beijings_spies.pdf

已經有證據顯示布什(老布什——譯註)政府可能在美國的土地上為中國間諜活動提供保護。根據最近披露的消息，一個在去年成功控制了《中國之春》集團的中國人是一個中國國家安全部派出的滲透性諜報工作人員。《中國之春》一直是全美最重要的反鄧小平政權的中國學生組織。但該組織在被馮勝平(馮被指為中國間諜)掌控之後發生了極大的方向性的變化。馮在華盛頓特區的一個雙間辦公室工作，這個辦公室是前國務院情報長官兼 CIA 副局長雷·克萊恩的。克萊恩是喬治·布什的長達幾十年的最信得過的情報人員。這使人們可以得出這樣一個結論：馮所涉入的中國諜報戰是得到白宮許可的。

針對馮的這一指控集中在一系列的(中國)國家安全部的內部文件上，這些文件據報道是被泄露給反北京政權的反對派手中，抑或是被他們偷出去的，然後以私帶方式送出中國大陸。這些文件，加上相關的證據，都證實了：他們當時正集中力量對付當時持續了幾個星期的中國學生運動問題。

其中一份文件簽署時間為1989年4月，標題為"進展總結"。這份文件談到了中國派駐美國的旨在破壞中國學生組織的間諜活動。該文件詳細描述了馮勝平在"滲透"《中國之春》的活動中所擔任的角色。文件稱，馮以及他的"任務小組"(這是國家安全部對他們的稱呼)在當時的目標就是一個州一個州地接管在美國的組織，而馮和他的任務小組的工作使得這個目標有望實現，而文件說當時這個工作正在進行中。報告說，在反鄧小平政權的組織中，真正的反對者正在被孤立。其他的文件還描述了馮和他的助手們的另一個日常工作，即定期向上級領導匯報在美國的中國學生運動領袖的消息。

《中國之春》由王炳章博士於1982年創辦，是美國第一個反對北京政權的學生組織。它在組織美國的中國學生方面做得非常成功。在1987年春的中共中央第12屆常委會上，鄧小平親口指責王炳章博士。鄧指控王妄圖"帶領中國走向資本主義的道路"(這個就是鄧在1986年底到1987年1月間發生的學運後所談的資產階級自由化問題——譯註)。

北京——很可能還有它在華盛頓的盟友——很焦慮。而且，中國本土上的學生也變得越來越激進。《中國之春》的平面印刷雜誌那時是通過私帶的方式進入到大陸的，這份雜誌加劇了中國學生的激進程度，這也是中共官方在那以後一直這樣說的。

馮發動圍攻

在1989年1月8日，馮和他的15名支持者在《中國之春》執行委員內部發起攻勢，將王和所有的組織創辦者全部開除出去。馮，原本是普林斯頓大學一個默默無聞的學生，此時立即進駐華盛頓特區，在克萊恩的一個兩間房的辦公室裏面工作,辦公室位於K大街。馮擔任《中國之春》負責人後的所做的第一件事就是發起指控王炳章貪汙款項的大規模行動。王被迫建立一個新組織———中國民主黨，但局面遠不如從前，加上當時正處於天安門大屠殺前夕。1989年6月30日，北京時任市長陳希同，發表講話，為天安門大屠殺做辯護。他在講話中特別點名指控王博士和他的中國民主黨"煽動學生"並"趁動亂之際直接插手"。

接管北京之春不久後，馮和他的同伴開始修正他們對中共政權發出的反對聲音，使得批評變得非常溫和。同時，雷·克萊恩創建了一個新的刊物,《中國及亞太通訊》，任命馮為編委會成員。通過那個編委會，馮交往了一系列現職的和已經退休的美國情報機構人員。

事實證明,克萊恩對馮的"投資"非常有用。在北京1989年6月的大屠殺事件發生不久，克萊恩隨即拽著馮參加在華盛頓特區的一個又一個的記者招待會，以在會上"解釋"所發生的事情，也"解釋"喬治·布什總統的行為，布什總統當時的行為導致整個社會斥責他為背叛了被屠殺的中國學生的膽小鬼，並激起國際社會的憤慨。

克萊恩與馮一起組建了一個新的組織，叫做"中國團結委員會"。這個新組織表面上宣稱要作中國學生運動和美國情報人員之間的橋梁。雖然我們不知道馮以此身份與哪些人見面，但是克萊恩的親密同僚，具有亞洲情治背景的前CIA局長威廉·柯爾比和前五角大樓情報機構長官理查德·斯蒂威爾將軍必然包括其中。

由於有了這樣的關係，《中國之春》發言人所采取的路線會變成那樣也就不足為奇了：他們說什麽北京學生"做得太過"以及"應該通過協商"等等之類的話。這其實是白宮的路線。而且就在發生天安門大屠殺之後不久，馮開始指責林頓·拉魯切(登載本文的雜誌創辦人——譯註)以及《高級情治概覽》(就是登載本文的雜誌——譯註)的"極端主義"，並扣之以"騙子"的大帽子。這，也是白宮的態度。柯萊恩自己也曾指責過林頓·拉魯切是中國學生面前的"魔鬼"。

本文刊登於《高級情治概覽》(EIR)1990年5月18日，第73頁"國內欄目"

英文原文鏈接——

http://www.larouchepub.com/eiw/public/1990/eirv17n21-19900518/eirv17n21-19900518_073-whos_protecting_beijings_spies.pdf

註:"王被迫建立一個新組織——中國民主黨",有可能叫中國自由民主黨。

附件 1-2

誰在保護北京的間諜

作者:約瑟夫·布魯達

(英文原件)

Click here for Full Issue of EIR Volume17, Number21, May18,1990

http://www.larouchepub.com/eiw/public/1990/eirv17n21-19900518/eirv17n21-19900518_073-whos_protecting_beijings_spies.pdf

Who's protecting Beijing's spies?

by Joseph Brewda

Evidence has emerged that the Bush administration may be protecting mainland Chinese intelligence operations on U.s. territory. According to recent revelations, a Chinese national who seized control of the China Spring group last year is a penetration agent of the People's Republic of China Ministry of

State Security. China Spring had been the most important U.S.-based Chinese student organization opposed to the Deng Xiaoping regime. Its policy changed dramatically after Feng Shengping-the alleged P.R.C. operative-took charge. Feng works out of the Washington office of former State Department intelligence chief and CIA deputy director Ray Cline. Cline is a decades-long trusted operative for George Bush. This has led some to conclude that the P.R.C. intelligence coup involving Feng was approved by the White House.

Accusations against Feng center around a series of Minis- try of State Security internal documents which had reportedly been leaked to, or stolen by, opponents of the Beijing regime and smuggled out of the mainland. The documents, and sup- porting evidence, have been making the rounds of the Chinese student movement over recent weeks.

One document, dated April 1989 and entitled "Summary of Progress," deals with P.R.C. intelligence operations in the United States directed against Chinese student organizations. The document details Feng Shengping's role in "infiltrating" China Spring. It notes that a state-by-state takeover of the U.S. organization, made possible by Feng and what the min- istry refers to as his "task force," was then in progress. It reports that actual opponents of the Deng regime within the organization were being isolated. Other documents report on Feng and his associates' role in regularly funneling informa- tion to their superiors relating to Chinese student movement leaders in the United States.

China Spring was formed in 1982 by Dr. Wang Bing-zhang, as the first U.S.-based student organization opposed to the Beijing regime. Its organizing among the Chinese student community in the U.S. proved to be quite successful. In the spring of 1987, Deng Xiaoping himself denounced Dr. Wang in his speech before a plenary session of the 12th Chinese Communist Party Central Committee. In that speech, Deng accused Wang of trying to "lead China on the road to capitalism."

Beijing-and possibly its allies in Washington-was worried. Meanwhile, students in China itself were also be- coming increasingly radicalized. China Spring literature smuggled onto the mainland became instrumental in that growing radicalization, as Chinese authorities have since stated.

Feng launches a preemptive coup

However, on Jan.8,1989, Feng and15 of his supporters

ran a coup within the executive committee of China Spring, and expelled Wang and all of the organization's founders. Feng, who had been an obscure member based at Princeton University, promptly moved to Washington, D.C. to work out of Cline's two-room office on K Street. Feng's first action as head of China Spring was to initiate civil action against Wang for allegedly pilfering funds. Wang was forced to establish a new organization, the Chinese Democratic Party, in greatly reduced circumstances-and as the revolutionary events in Tiananmen Square approached. On June30,1989, the mayor of Beijing, Chen Xitong, delivered a speech justi- fying the Tiananmen Square massacre, in which he specifi- cally denounced Dr. Wang and his Chinese Democratic Party for"inciting students" and having had"a direct hand in the turmoil."

Shortly after taking over China Spring, Feng and his associates began modifying their opposition to the P.R.C. regime to that of mild criticism. At the same time, Ray Cline formed a new publication, China and Pacific Rim Letter, and placed Feng on its editorial board. There, Feng joined a number of active and retired U.S. intelligence agents.

Cline's "investment" in Feng proved to be handy. Imme- diately following the June 1989 massacre in Beijing, Cline dragged Feng from one Washington press conference to an- other, in order to "explain" what had happened, and also to "explain" the behavior of President George Bush, whose cowardly betrayal of the massacred Chinese students was then provoking international outrage.

Cline then worked with Feng to form a new organization known as the China Solidarity Committee. The stated pur- pose of this new organization was to serve as a liaison be- tween the Chinese student movement and the U.S. intelligence community. While it is unclear whom Feng is meeting with, Cline's close associates with Asian intelligence back- grounds include former CIA director William Colby and for- mer Pentagon intelligence chief Gen. Richard Stilwell.

Given such connections, it is not surprising what the line adopted by China Spring spokesmen has become. The Beijing students "went too far" and "should have negotiat- ed," they say. This is the White House line. It was also shortly after the Tiananmen Square massacre that Feng began denouncing Lyndon LaRouche and EIR for "extremism" and for being "crooks." This is also a White House line. Cline, for his part, has taken to denouncing LaRouche before Chinese students as the "devil."

EIR May18,1990

©1990 EIR News Service Inc. All Rights Reserved. Reproduction in whole or in part without permission strictly prohibited.

附件2

1990年全美學自聯關於中共特務滲入民運組織進行破壞活動的調查報告

小參考總第515期(1999.08.19)專門報道各種受中共查禁的言論和新聞

http://www.bignews.org/990819.txt

全美學自聯關於中共特務滲入民運組織進行破壞活動的調查報告

90(4)1

報送：

全美學自聯總部，理事會，監委會，救援委員會

中西部學自聯常務理事會

全加學自聯總部

全澳學自聯總部

抄送：

中國民主陣線理事會，監委會

中國民聯聯委會，監委會

中國自由民主黨聯絡委員會

香港全支聯常務委員會

主席，付(副)主席，各委員：

現將我們調查到的有關中共派遣特工滲入民運組織進行破壞活動的部分情況，向學自聯和各主要民運組織報告如下：

為維護其專制獨裁統治，中共反動派歷來敵視海外民運組織。國安部把對民運組織的滲透破壞，列為其海

外特務工作的重點，以實現中共特務總管喬石"有計劃派入，分步驟導控"的目標。

"八九"民運期間，中共暴政受到國內民主運動的巨大沖擊，中共獨裁者陷入極端孤立的境地。但作為當時海外主要民運組織的中國民聯，因遭到中共特務的嚴重破壞而分裂，陷於癱瘓，除發表幾個聲明外，無法在鬥爭中發揮應有的作用。

"六四"以後，中共對民主運動的血腥鎮壓震憾了全世界，絕大多數有良心的中國人從這次大屠殺中擦亮了眼睛，看清了中共反人民的本質，也喚醒了相當多的中共黨員的良知，不少國安部的特工人員目睹鄧李楊集團的法西斯暴行後痛心疾首，或自動停止活動，或倒戈起義，站到人民一邊來。由於中共的法西斯面目的暴露，我們的國大陸下工作和國外反間諜工作進行得相當順利。

但必須指出，少數死心塌地為中共效忠到底的特務，為了實現其罪惡目的仍在猖狂活動。令人痛心的是救援國內人士陳子明、王軍濤的行動，由於特務密報連絡暗號和行動路線致使二十多位傑出民運人士被捕，參加救援工作的同誌幾乎被一網打盡。中共頭子得意地稱："這是近年來海內外配合得最漂亮的一仗"，並傳令嘉獎得力特務分子。

我們在全美中國學生學者大會期間負責大會的聯絡、接待和安全保衛工作。因特務破壞了王軍濤、陳子明等同誌救援工作，全美學自聯授權我組對中共特工混入民運組織進行破壞活動展開深入的調查。我組根據掌握到的國安部的有關檔案，在大量人證、物證、書面證據的基礎上我們又進行了多渠道的核實查證，現已查明：

房志遠(丁楚)是出賣王軍濤救援工作的罪魁之一，房志遠和更早混進中國民聯的中共國安部成員馮勝平(余叢)一起策劃和進行了一系列的分裂中國民聯和破壞民主運動的活動。

丁楚真名房志遠，北京大學國際關係專業畢業，出國時遵照國安部的指示，護照上使用房西苑的名字。

丁楚在一九八零年北京大學國際關係專業就讀時，曾與王軍濤、胡平等參與自由選舉，在中共秋後算帳的壓力下，丁將北大自由選舉的內情向中聯部作了詳細交待，得到中聯部賞識，畢業後即被分配到廣東省港澳辦公室(原隸屬中調局的特務機構)工作，備受重用。

一九八六年丁楚為出國留學，接受中共國安部潛入中國民聯作特務工作的條件，履行了加入特務組織的手續，接受特工訓練，專赴北京接受指示，於一九八六年底持 F-1 簽證入美(按規定國家幹部須持 J-1 簽證，才準出國，國安部為使其特工人員長期潛伏美國，不受 J-1 回國兩年的限制，八五年後，大多數特工持 F-1 赴美)。

丁出國後，即向國安部駐美頭目楊長春報到，打入民聯後，丁根據國安部的指示，參與策劃分裂民聯的活動，使民聯陷於癱瘓。丁被任命為民聯陣總幹事和中國之春雜誌的主編，一手掌握了民聯的組織、財務和宣傳大權，長期向中共提供情報，其中包括中春雜誌投稿人的真名實姓、原稿復印件及民聯組織情況和民聯秘密成員登記表。在中共追捕王軍濤、陳子

明的行動中，丁楚鑽進救援組織，騙取聯絡暗號和聯系方法，通過國安部特務組織，定時向中共大使館黨組書記王維琪(國安部駐美特務頭目)報告王、陳出走路線及有關線索，直接導致王、陳兩人被捕和國大陸下救援組織的破壞，使民主運動蒙受無法彌補的損失。

另一滲入民聯核心的中共特工馮勝平(余叢)，一九八二年復旦大學國際關係專業畢業。余叢出國前正式加入中聯部，並履行入黨手續。余叢初進入美國時的任務是向美國政府滲透，民聯成立後奉命打入民聯，隨時向中共提供民聯及留學生的情報。他曾數度回國向中共情報部門聯系，一九八六年底和一九八七年初，國內發生大規模學潮，余受中共急召火速專程回國匯報留學生動態。

余叢曾配合中共在美的其他特務進行活動，國安部副處長級幹部以國內某機構駐美代表赴美活動時，余叢曾配合他進行搜集情報。

余叢與丁楚一起，按照國安部的指示，積極策劃和從

事分裂民聯的活動，余還極力向美國政府和美國國會滲透，最近余叢試圖鑽入美國國會籌辦的中國民主與人權基金會做執行幹事，由於特務身份暴露，被美方斷然拒絕。

以上丁楚 余叢兩人問題的每一細節都有充足的證據，在此僅公布部分材料。

(一)，我組通過國安部內線協助，查到房誌遠及馮勝平兩人正式加入中共特務組織--國家安全部，其中有房誌遠和馮勝平的正式編號登記表格。

(二)，我組由國家安全部內線，查到房誌遠密報給國安部的中國之春雜誌投稿人的有關書面資料(包括投稿人真實姓名和背景材料，以及投稿人的原稿考貝件)、民聯組織活動的書面報告其中有民聯秘密成員的名單和正式登記表格等絕密資料。

(三)，由國安部內線提供的機密文件，見簡報 1989(8)16 號，該文件清楚顯示國安部通過其特務進行分裂民聯的罪惡活動，控制了民聯的核心及內部動作，達到了中共特務機關對民聯制訂的"有計劃派入，分步驟導控"的目標。

(四)，國安部內線 X 提供材料：丁楚(房誌遠)和余叢(馮勝平)，在美國的領導原是中共駐美大使館的楊長春，後為王維琪。丁、余二人來美後，先後到楊處報到，楊是國安部的一個小頭目，公開身分是教育處的黨組書記,具體負責特務工作。丁向楊報到時,有人問楊:"他為什麼要到使館向你報到?"楊答:"天知,地知,我知,別人沒有必要知道。"

(五),國安部內線Z揭發:丁楚一直向國安部報告民聯情況,他是經過一個中間人向上報的。而余叢常親自跑到大使館匯報。國安部對民聯和中春的情況記錄得很詳細,每發生一件事,國安部立即知道,楊長春為此得意洋洋地說:"中國之春的一舉一動都在我的眼皮底下。"

(六),國安部內線K揭發:八九年四月間的一個晚上,余叢去使館找楊長春匯報,因為時間太晚,楊留余在使館過夜,教育處的一秘王祖榮與楊不合,就質問楊:"幹嗎叫一個民運分子在使館過夜?"為此,王祖榮還向北京的上司打了小報告,說楊與民運分子勾搭。楊說:"馮勝平是中聯部正式外派人員,王想陷害我。"事情鬧到了韓敘大使那裏,韓向王交了底,才把事情擺平了。

(七),國安部內線D揭發:在一次教育處會議上,王祖榮發牢騷說:"丁楚、余叢有什麼了不起,楊長春把他們當寶貝,就知道往上爬。"楊長春和王祖榮鬧矛盾,知道丁楚、余叢真實身分的人就多了。

(八),國安部內線H揭發:最近民聯總部從紐約搬到華盛頓余叢辦公室,是國安部的幕後主使,他們早就策劃這件事了,因事先沒有通知王祖榮,事後,王很不高興,揚言:"我就是要不斷地提余叢和丁楚,提他們的身分,他們也得歸我管,看你安全部尊不尊重我。"

(九),國安部內線 L 揭發:王軍濤、陳子明被捕後,某說:"多虧了丁楚"。丁楚隨時與王軍濤聯繫,王軍濤很相信丁楚。因此中共掌握王、陳的線索,一直等到最後一刻一下子抓了他們,也抓了港支聯的策應人員,對中共來說,丁楚真是立了大功。事後國安部指示丁楚,有人問王、陳是怎麼被捕的,你就說是王軍濤的一位助手出賣的。(註:王軍濤被捕後,丁向外面解釋說,王軍濤是被他的助手費遠出賣的。)

(十),國安部內線 J 揭發:八八年下半年,中共僑辦主任廖暉來紐約,丁楚參加了廖暉的座談會,丁故作姿態提了幾個問題,說要與政府對話,有人為此大罵丁楚,國安部的頭目脫口說:"這個人不要罵了,人家進去在裏面作不容易。"

(十一),國安部內線 M 揭發:"國安部要我監視某校的民聯分子,告訴我幾個人的名單,還把這幾個人給中春投稿的拷貝件給我看了,這些拷貝件是丁楚提供的,有一個留學生參加民聯才一個星期,他周圍的同學都不知道,但國安部卻知道了。"

(十二),國安部內線 A 揭發:"民聯開除王炳章之後,召開四大之前,我接到國安部指示,要在留學生中間多講丁楚的好話,說丁楚這個的能幹,觀點溫和,實際,目的是要使丁楚出任民聯要職。

(十三)，國安部內線 N 揭發：中共國安部官員在內部介紹丁楚的情況時說："丁楚有時動搖，但關鍵時刻還是能配合。安全部在民聯內放了不少人，最起作用的要算丁楚，我們對民聯的情況非常清楚，大部份靠丁楚。"

(十四)，民聯秘密成員 Y.J. 揭發：一次，我的一個同學突然跑來問我："你怎麼參加中春了？領館都知道了。"我大吃一驚，因為我的同學都不知道我參加了中春，他接著對我說："昨晚我在一個中國同學家聊天，聊到民聯和中春時，一個在座的同學講，中共領館對中春的情況了解得很清楚，這個學校的 Y.J. 就是中春的。他用 Y.J. 的筆名給中春投稿，領事館都知道了。"我細想一下，中春內知道我的真名的，只有兩三個人，而知道我的 Y.J. 筆名的，就只有丁楚一人，別無他人，因此我覺得丁楚有問題。

(十五)，中共高幹子弟 H.W. 揭發：房誌遠(丁楚)1980 年在北大參與學生競選挺積極，事後聽說有秋後算賬，他很害怕，托人向中共求情，在一位高幹子弟的安排下，中聯部派人與房誌遠聯系，那時房誌遠在北大讀國際關系，業務歸中調部和中聯部管，中聯部的人找房說："你可以寫個材料，詳細說明北大選舉的情況，再認識認識，我們可以幫你疏通。"房照辦了，上面認為這份材料寫得不錯，有很多內情，上面很滿意，房因此沒有挨整，後來很受重用。

(十六)，民運人士某某某，某某某，某某某等揭發：去年七月二十八日，丁楚對某某某講，我已和王軍濤聯系上了，還派人送給王軍濤兩萬美金。

丁又對某某某講，我與王軍濤、陳子明隨時都有聯系，我們經常通話。十月份，王軍濤、陳子明被捕後，丁突然改口否認上述講話。丁還對某某某講，我們已查清，王軍濤是王的助手費遠(經改所副所長)出賣的。在另一場合，丁又講王的被捕，是因為香港方面有問題，但香港方面的人說："我們參加營救數十次，從來沒有出過這樣的事，一定有國安部特務臥底。"

(十七)，國安部內線 Q 揭發：去年七月，丁楚通過一個中間人，向大使館的國安部負責人王維琪定時密報王軍濤、陳子明等的逃亡路線。陳、王被捕後，上級透露："捕王、陳是海內外配合最漂亮一仗，相關人員都立了功，房誌遠立了大功。"

(十八)，國安部內線 K 揭發："馮勝平我很熟，我們前後腳來美，我們都屬於中共情報系統外派較早的一批成員，我在西部，他在美東，他曾跟我說過："我們幹這種工作很夠刺激。"聽使館的領導說過，馮勝平是個很能幹的人，他原來的任務是，畢業後打入美國的政治圈。但不知後來他怎麼跑到民運組織中去了。我們倆曾共同策劃過一些事，如組織人員到以色列去秘密訪問，就是我倆一起搞的。"

(十九)，國安部內線 T 揭發："馮勝平當然是 AGENT(間諜),他和我同校同一專業畢業,比我高一年級。現在復旦國際關係專業歸國安部管(以前是中調部和中聯部管),大部份復旦國際關係專業畢業生被送出國前,都要履行手續,我還沒有見過一個不履行手續就可以出國的。

(二十),留學生某某某揭發:"我來美之前,我母親告訴我,馮勝平剛參加了中聯部,為正式工作人員。並且入了黨,那時,馮很驕傲地跑到我家,向我媽媽道別,他說要到美國去了,參加了中聯部,並入了黨,那是一九八二年的事。"

(二十一),中共官員S揭發:八六、八七兩年,某某某以體改所駐美代表的身分來美活動,他赴美前曾被賈春旺(中共國安部長)召見,任命為國安部的副處長級幹部,赴美從事活動。某某某說他每次去美國都是先住在馮勝平家裏,他在美國的活動,很多是馮勝平幫助安排的,他倆合作在美國奧克拉荷馬州TULSA市舉辦了一次吸引美國商人前往中國大陸投資的討論會。

以上是我們已經查證的部分事實,因涉及保護當事人的原因,有些重要材料沒有列入。

上述材料清楚證實中共特務滲入民聯核心之後所起的嚴重破壞作用。我們必須認識中共是有長期特務統治經驗的法西斯政黨,我們與中共特務組織的鬥爭,是爭民主反專制的一條重要戰線。我們不可書生氣十足,被中共特務的喬裝打扮蒙蔽了自己的眼睛,被中共特工所散布的謬論所誤導，把複雜的鬥爭看得太簡單了。

(在適當的時候，我們將發出第二批材料。揭發材料中的有關證人，必要時可向有關部門作證。)

附件：

中華人民共和國國家安全部情況簡報

(1989)(8)10 號

略：這個簡報總結了國安人員邵華強反水事件，通報了國安人員道(導)控下"有效地引導了中國民聯四大"，孤立王炳章，最終作出決議開除王炳章出民聯的過程。

全美學自聯安全工作組

王晾(簽字)[博訊來稿]

****

這是關乎中國民主運動方向、使命、尊嚴和榮譽的保衛戰

我們永遠不可能裝作什麼也沒有聽到、看到，

而吞下出賣人格、運格、集體墮落的苦果

答吳建民，這是中國民運的保衛戰！

（2017 年 11 月 28 日）

請反覆聽聽錄音的 18:50 分鐘處。

這是中國當代民運四十餘年，從來沒有聽到過、看到過的歷史文本：那就是他們（可能是李偉東、再加上錄音中的第三人）毫無羞恥、露骨地承認了他們和老習（習近平）老郭是「同出一門、用同一個劇本」在不同場子里忽悠、愚弄廣大百姓：所謂從獨裁才能走向民主；

至於習、郭認不認，或者只是他們（可能是李偉東、再加上錄音中的第三人）的一廂情願、攀附、吹牛，那是另外一回事；

錄音中的所謂「高人」是向李洪寬指點迷津，明明白白地讓李洪寬懂得「我們和習、郭」本質上是一家人、一夥的。「我們和習、郭」不要內鬥。

當然，這位「高人」也說了一些冠冕堂皇的話，但是又惟恐李洪寬聽不懂真正的深意，壞了他們的事，就只好越說越明白，也就有意無意洩露了他們投靠共產黨的實質和天機：他們是明處各唱各的戲，暗中緊密配合的，就越說越明：「……還有一個寶（寶？此詞不甚清楚），這個東西沒法說，啥意思呢，我跟你講，老習呀，其實嚴格講，跟老郭我們都是一個門的，大家劇本是一樣的……」。

我們不能就此袖手旁觀、默默認可！那中國民運成什麼東西了！！！

李洪寬恐怕也是故意「揭露」出來的！！！李洪寬恐怕也是無可奈何又忍無可忍！！！

　　李洪寬恐怕也刻意為此錄音加了封面，提示我們參與通話人是李洪寬之外哪二位了。

洪宽推墙162：感恩节与友人谈老郭为习近平剿灭民运

https://www.youtube.com/watch?v=2KweftHIrEU

我已經公開發表了文章和表了態，就看你們青壯年派了！

http://enewstree.com/discuz/forum.php?mod=viewthread&tid=182333&extra=

徐文立公開請問李洪寬：

有人所謂他們和老習老郭是同出一門、用同一個劇本是什麼意思？

（2017年11月27日）

　　洪寬：謝謝你公開發表了「洪寬推牆162」，這是當代政治史冊上極為重要的文獻之一。

　　倘若，當代中國民主運動是從1976年「四五運動」特別是從1978年「民主牆」開始，也有四十年的歷史了。不可否認，在某些人的骨子里，一開始完全就是為了自己撈權和撈錢，在「成功地」蒙蔽世人：暗中卻和當權的中共是同出一門、用同一個劇本、只是在不同的場子唱而已（當然，實際上能不能做得到、或者一廂情願熱臉貼冷屁股、甚或吹吹牛而已，那是另外一回事；那，也是無恥之尤了）。

剔除談話錄音中一些冠冕堂皇的話，我是第一次聽到有人這樣公開、坦白、直率地承認：作為所謂的反對派的自己（們）和中共獨裁統治者是同出一門、同用一本，在不同的場子合夥愚弄百姓！！！

震驚也不震驚。

當然，我這一問，也一定會有幫兇和愚氓出來圓場洗地。

但是，那些為中國神聖的憲政民主事業付出青春和生命的人（亦包括幾十年如一日、一人就是一個通訊社的在辦著「大參考」和「推牆」的李洪寬）不是這樣！！！

那些為中國神聖的憲政民主事業付出青春和生命的人也不能聽而似未聽、見而似未見，坐視不管！！！

我們把中共和它的首領看成中國、世界的罪惡之源從來不是私仇，也不是簡單的義憤；是因為中共近一百年來的罪惡滔天、罄竹難書，並禍延至今，習近平作為當代最蠻橫的獨裁者又要「四個自信」地把中共的罪惡推向全世界，今年就要效法惡名昭彰的「共產國際」召開全新的中共為首的國際政黨大會。

所以，我要問李洪寬：

1，那位「沒法說，卻說出了真正秘密：實質上他們和老習（即習近平）、老郭（即郭文貴）同出一門、用的同一個劇本，只是在不同的場子唱（當然，習、郭可能不屑、甚或不是，那是另外一回事）」是誰？

2，這通談話錄音中後加入的第三個人是誰？你們三人是不是一直都在同一通電話上，一起談的嗎？

3，為什麼在此之後，你並沒有聽那位所謂的「高人」指點？

《洪寬推墙162：感恩节与友人谈老郭为习近平剿灭民运》錄音的要害在這通電話錄音的 18:50 分鐘前後——（我已經錄下了這通錄音的全部內容）——

那位所謂「高人」說：「……還有一個寶（寶？此詞不甚清楚），這個東西沒法說，啥意思呢，我跟你講，老習呀，其實嚴格講，跟老郭我們都是一個門的，大家劇本是一樣的……」。

1）洪宽推墙162：感恩节与友人谈老郭为习近平剿灭民运

https://www.youtube.com/watch?v=2KweftHlrEU

2）洪宽推墙163:感恩节与老领导谈郭文贵灭民运

https://www.youtube.com/watch?v=dBlUFyGaqVY&t=53s

3）洪宽推墙 164：感恩节与老领导谈文贵爆料影响了谁

https://www.youtube.com/watch?v=13n3y0BSeao

4）洪宽推墙 165: 郭文贵心里有没有民主

https://www.youtube.com/watch?v=aEN1RHt3HEA

聰明乎？愚笨乎？痛答陳尔晉

徐文立

（2017 年 6 月 11 日）

【按：陳尔晉寫關於徐文立（2017-06-10 見於《獨立評論》這類攻擊性文章，已經進行十幾年，現在不得不以予適度的回應。】

　　正如范似棟很中肯說過：「陳爾晉是個天資很高、意志堅強的人，而且異常勤奮和勇敢。可惜少年時代命運不濟，高小畢業以後就失去上學的機會。以後他刻苦自學，但耳濡目染，能學的全是共產黨的那一套。他自己也承認這一點。」

又如范似棟很智慧說的:「陳有問題的地方多得是。陳當年的蠢動不能說是詐騙，但害了不少人，包括他自己，愚蠢至少不是好的品質。」「害人不淺，害己不淺的人，不應說是壞人，比較準確的是蠢人。但這個蠢人又很聰明」。

聰明過了頭，就難免愚笨。

僅僅舉大中小三例:

(一)在中國，陳尔晉本想寫一部大部頭和種種條陳，犯險獻「投名狀」給中共歷任出爾反爾的最高魔頭們:毛澤東、鄧小平、江澤民、胡錦濤、習近平，怎麼轉而「陈泱潮致教宗等宗教領袖暨各国首脑敕令——(引自陳語)」起來?!匪夷所思。

(敕令:chì lìng，也寫作『勅令』、『敕諭』、『法旨』。詞典上的解釋是指帝王所發布的命令、法令或立法。——百度百科)

中國紅色皇帝的謀臣、國師都當不成，反而要「敕令教宗等宗教領袖暨各国首脑——(引自陳語)」，這明明白白是離魂式的瘋狂嘛!你(陳尔晉)問過自己幾斤幾兩嗎?全世界「宗教領袖暨各国首脑」哪怕有一位知道你陳尔晉、或者陳泱潮呢?殘酷的現實是:沒有。知，都不知道，他們就會承認你(陳尔晉)是上帝人子？同時又是什麽彌勒、紫薇真人在世？還是什麽全世界所有宗教的統一者？宇宙大皇帝？甚至可以相信你能淫亂幾百年前的陳圓圓？(有關這則淫聞，他陳尓晉可說得繪聲繪影、信誓旦旦)

真是個全世界級的超級政治狂人和神精妄想狂。

所以在他眼里，凡不信服者統統都是「王倫」！黑道枭雄！

一旦誰都不理會他，他就唯有以撒潑打滾，裝神弄鬼，來吸引眼球達幾十年之久，真是「異常勤奮和勇敢」哩！

每每想起2006年在德國柏林機場外，陳尓晉斜掛「綬帶」、一個人拉著十幾米長的大型標語，強拉每一位民運參會者和他合影、並一定要我當場答應加入他的什麽大聯盟（他一再「誠懇」地表示「成功不必在我」的大公無私，但是務必容他先當第一屆盟主，承諾我當第二屆盟主）的情景，真是讓人哭笑不得！本質上，他的專斷獨行比中共還要赤裸裸！真是「一言九鼎」：天下事，他一個人就包辦了。

這叫什麽民主？連一點點民主的影子也沒有啊！

見過無恥的，真還沒有見過這樣愚笨又無恥的人！

聰明乎？愚笨乎？此其一。

其實，我並非不相信超自然的神蹟奇事。但是，神蹟奇事總是青睞謙卑的人，而不會是毫無底線、無處不為自己臉上貼金愚笨又無恥的人。

（二）1979年《四五論壇》編輯部出於對一位來自祖國西南邊陲、自學成才、獻書毛澤東不成反遭監禁、雙臂被繩索勒進肉里、一再獻書無門的人的高度同情和義憤，而奮力出版了陳尔晉的《論無產階級民主革命》(若干年後，在中國「無產階級」不吃香了，陳尔晉改成了「陳泱潮」；《論無產階級民主革命》也改成了《特權輪》)。

當年的《四五論壇》編輯部成員基本上是業餘鬧「異議」，一天上班（包括政治學習）10小時之後，完全義務的工作：審稿、討論、進原材料、刻板、一頁一頁地推油滾子、裝訂、運輸、出售、會計結帳等等……常常臥地而息，徹夜不眠。

此時，陳尔晉「聰明」地實現了在北京出版十幾萬字書的第一步，未成想，他與此同時就開始了種種「愚蠢」的充份暴露，正應了「可憐之人，必有可惡之處」：

（1）陳尔晉從我手中接過第一個月的20元生活補貼（我當年的月工資才是39.80元），他就忙不迭地外出「把頭髮染了個黑，又吹了一個毛式大背頭」「吊腳褲下，露出一雙猩紅的新襪子和新皮鞋」，再趕回來吃飯。

（2）他不再是見人就點頭哈腰的陳尔晉了，而是左手如毛澤東樣式地叉在後腰上，時不時揚頭撫髮，搔首弄姿，高談闊論，頤指氣使，裝腔作勢。可是，依然是見了女人就沒了脈。

（3）不久就讓中共知道了我徐文立「安排严涛护送我（陈尔晋）离开北京，到郊区密云县一个名叫尚峪的古长城要塞隐蔽起来——（引自陳語）」。

陳尔晉啊，全然活脫脫一副沒見識、淺薄、得意便猖狂、不顧別人死活的架勢，他哪有一丁點尊重別人的民主氣息、風度？！此等人是成事不足，敗事有餘，萬萬沾不得！他只有一條出路：死不悔改，孤家寡人，終老一生。

聰明乎？愚笨乎？此其二。

從此，陳尔晉也就從我和《四五論壇》多數人的視野中被抹去了。《四五論壇》有些人甚至恨不得想要抽他！被我制止。我則是再也不對他說什麼，不說什麼；做什麼，不做什麼有絲毫的興趣了。實在被他纏得不行時，只有「虛與委蛇」，盡可能避免更大的傷害。

1979年10月1日我參與領導的「星星美展」遊行，取得了完全的勝利：1，「星星美展」被扣藝術品盡數退還；2，「星星美展」連續三年分別在北海「皇家畫舫齋」和中國美術館展出；3，「星星美展」看展者人頭攢動，讚不絕口；4，「星星美展」畫派聲名遠播,「星星美展」畫派紛紛成為世界級藝術家;5,「星星美展」並無一人因遊行事入獄。然而,陳尔晉卻斥之為「蠻動」。

請參看:《徐文立:1979年10月1日民間人士舉行的"星星美展"和平示威遊行——記民主墙的一場行動》

http://blog.boxun.com/hero/200906/xuwl/3_1.shtml

http://blog.boxun.com/hero/200907/xuwl/1_1.shtml

此一時,彼一時。

1980年下半年至1981年初,風雲突變,烏雲壓城,我通告全國同仁「緊急下潛」(傳達中共九號文件的北京市文件有記載),陳尔晉確反其道而行之,上躥下跳,公開、半公開地組織什麼大而無當、有名無實的「《中华民刊协会》、《中华公权大同盟》、《民主爱国护法请愿团》」,事實上加速了同樣愚蠢的中共1981年4月開始在全國範圍,對已經保存下來的異議人士的大搜捕。這就是陳尔晉所謂的他「长于理论,长于战略谋划」嗎?!

理論、戰略到實戰謀劃的高低、優劣,觀者自明,無須贅言。

再有,我1993年5月26日才被假釋出獄,我怎麼可能在1992年就請查建國找他聯絡?1994年左右我怎麼知道不知所蹤的他的電話號碼?還主動給他打了電話？！真是撒謊不用打草稿啊。

可是，他還在那裡：做他那真命天子、我為他做所謂「周恩來」的一廂情願的春秋大夢呢！可悲，還是可笑啊？都不是，只有噁心！

所以，我早就對一些知己的朋友說過：「本質上，他(陳尔晉)和中國真正的民主運動沒有任何關係」。

（三）再說一個小小的例子：

陳尔晉為了說明他是第一等重要的政治人物，他還真舔著個臉，說得出口：他「有期徒刑 10 年，附加執行有期徒刑被剝奪政治权利刑期 5 年（我的被剝奪政治权利 5 年是有期徒刑被剝奪政治权利最高刑期，徐文立只是 4 年）——引自陳語」。

可是，人們都知道：徐文立在民主牆案是被判了最重的徒刑的人——15 年徒刑、剝奪政治权利 4 年。

那麼，是剝奪政治权利多 1 年罰重，還是有期徒刑多 5 年罰重？這是每一位正常的人都能夠算得清楚的小帳，遠超「神人」的陳尔晉反而算不清了，利令智昏啊！

聰明乎？愚笨乎？此其三。

我的人生信條是：絕對不和太過自以為聰明的人共事和做朋友。

當然同時，我也知道這類人是得罪不起的，因為他們是⋯⋯。

　　這次例外了。因為我也是 74 歲的人了，我不希望多數人至今不了解我徐文立、和不了解我看人共事的「人性、人品角度」，更希望陳尔晉就是死也要死個「明白」：我這位被他 2003 年來信稱為「小市民」、還威脅「敢不敢請他作同窗」的我（同窗是同學啊，而不是他現在所承認的所謂「訪問學者」啊；實際上我是「WENLI XU, L.H.D. Senior Fellow, Watson Institute for International Studies, Brown University. Xu Wenli's main works [A Theoretical Inquiry into the Rational Structure of Human Society]——徐文立 人文科學榮譽博士，布朗大學沃森國際研究院資深研究員，主要論著《人類正常社會秩序概論》」）為什麼長期地不理睬他。

　　還是范似棟先生說得好：「好歹為當年的異議人士留點臉面吧」。不再說了。惟此一次。

****

附件（1-4）

1，咬餵食人的手，永遠不光彩

2，《獨立評論》版主對陳尔晉的忠告

3，原《四五論壇》三召集人之一呂樸最近談陳尔晉

4，賀信彤側記：業餘辦民刊之無奈

5,魯凡:陈尔晋"特权论"是对暴政中共的劝进书、拯救书、献策书、效忠书(2007-05-12 發表於《中國郵遞》)

附件一:

咬餵食人的手,永遠不光彩

(1)

徐文立說——

陳尔晉寫關於徐文立(2017-06-10 見於《獨立評論》)——這種攻擊進行了十幾年,這是最近的一次,才不得不反擊。(注)

你徐文立对中国民主革命是有罪的!!!有罪的!!!!!**陈泱潮**

"所以,中國古代才早有「東郭先生」的故事提醒和教育我們"

(2)

徐文立說——

所以,中國古代才早有「東郭先生」的故事提醒和教育我們。

咬餵食人的手,永遠不光彩。

（3）

徐文立說——

《四五論壇》是當年唯一有「章程」的、制度健全的、嚴肅的民刊：有健全的財務制度；會計、出納和原始憑證。

《四五論壇》的財務紀錄，現在在中共法院檔案庫裡。

《四五論壇》的全部檔案，總有一天會再見天日。檔案紀錄會說話。青史會說話。

《四五論壇》參與者都還健在。

另外，你說的 TXX，人就在紐約，你為什麼不打電話求證公佈？

你（陳尔晉）的道聽途說不是證據。誰告發，請誰舉證。

————————

附件二：

《獨立評論》版主對陳尔晉的忠告

斑竹 09 陈泱潮先生请进。*2017-06-14 16:28:16* [点击:237]

近日删了您至少两帖。
1，请不要重复上贴。 例如,《徐文立有责任必须交待清楚!》一帖的内容完全重复另一帖的内容。

2，本坛禁止对网友使用四类词汇(详见《江湖坛规》)，例如"屁滚尿流"。

3，非坛务问题请不要提及版主。

敬请留意。

附件三：

原《四五論壇》三召集人之一呂樸最近談陳尔晉

2017-06-20 19:43 GMT-04:00 徐文立 <xuwenli2016@gmail.com>：

深謝！深謝你（呂樸）的來信！

現在他（陳尔晉）開始說我是有罪的了——不肯給他這位上帝人子兼在世彌陀、紫薇真人、宇宙大皇帝當什麼「毛式周恩來」的孫子，這種無知無畏的瘋子，真是讓人哭笑不得！！！

他幾乎天天在《獨立評論》等網路上罵我！由他去吧！

2017-06-19 0:59 GMT-04:00 呂朴：

老徐，你好：

　陈尔晋出狱后先是在云南混了几年、不得志。又跑到北京，先是见了李盛平，李将他引见给我。我问李，陈现在如何？他说你自己看吧。

因此我和陈约在一间小饭馆吃饭、叙谈。席间他滔滔不绝，讲得云山雾罩，什么鬼神、梦合、皇上等乱七八糟的。让我再也没有和陈继续接触的愿望。后来他越境、转辗泰国去了瑞典（是丹麥一個偏遠地區——徐注）。这是后来他到瑞典安顿下来之后在和他邮箱联系时得知的。其实原本有些非常有意义的，和瑞典合作的事情，但是我绝对不敢找他。

当年"四五论坛"以绵薄之力，是否出版陈尔晋的《论无产阶级民主革命》一书，发生了争论。我感觉出这本书的意义不在该书的内容，而在于这一题目对于思想界的破题。只要能够对社会打出这个题目就是民主运动的成功，就是《四五论坛》的历史性业绩。事后看，这个作用的确是起到了。

不过对于陈尔晋的人品、格调，我从开始就没有好感。我和你虽然后来政见不同，但是个人朋友关系不存在任何问题。可是对陈尔晋的确没有这个兴致，从开始就是这样。我不知道陈尔晋说了你什么，但是我肯定是站在你这边的，因为我相信你、不相信他。

衷心祝愿你和信彤幸福、快乐。

吕　朴

****

附件四：

賀信彤側記：業餘辦民刊之無奈

辦論壇及講座，約稿、審稿、刻版、印刷、出售、郵寄等等，雖然辛苦，卻因此結識了許多志同道合者，彼此勾通，互相啟迪，深入探討，相見恨晚，成為摯友、同道，但是總有例外，人家陳爾晉本來是迢迢萬里，趕著給毛澤東、鄧小平支招、獻策的，被逐出門外，兜兜轉轉來到牆前，說小學學歷，不敢不憂國，編委會討論再三，《論無產階級民主革命》光這個題目就煩人討厭，劉、呂等說，難為小學生碼字這麼多，我們也是辦刊而已，發表不同觀點也是我刊一貫作風。此人秀肌肉，亮臂膀，「看，這是我為發表此文被迫害印證！」大家都是要上班，要工作的，加班加點，搭錢搭工夫，出刊外帶養下那廝，每月擠出捉胸見肘的銀兩，免得他招搖到街上當盲流捉去，留宿管吃喝，大家的血汗錢那廝立馬花費在理髮館，洗、染、吹，直至腳上鞋襪都亮豔，出門不忘偷戴主人家墨鏡，口中唸唸"這北京的女子竟然如此各個優雅！"當即被同行的論壇趙潤生先生，按住其頭，扳正，喝道，不是怕公安跟蹤你，你有危險嗎？如此這般，恐怕不是政治問題，大約要流氓現行嘍。……而後，這廝一系列令人作嘔的毛病讓幫其出刊的民間論壇人員個個眉頭緊皺，口中嘖嘖，彼此唏噓，怎麼如此不堪！

出刊後，為確保他安全，送他到一個安全的朋友處，人家供他吃住，這廝卻很快四處招搖，說《四五論壇》多麼保護他，因為他多麼重要，不幸的是，這個保護他多日的朋友卻被陳爾晉出賣，找上了麻煩。

被中共壓迫而風雨飄搖的西單民主牆被取消，形勢驟變，我們編輯部全體人員開會，投票全票通過停刊，只有楊靖和他的妻子馬夙季及和王湘明違背決議「繼續」辦刊，不是《四五論壇》的陳爾晉竟然也參與其中攪和，他們僅僅辦了一期便也停止了。

　　多年後，馬夙季說他們繼續辦了那麼一期，才真正明白貢獻出自己的家辦刊有多不容易，也進一步看到索中馗、陳爾晉有多不堪，此生尤其不想再見那個陳爾晉。

****

附件五：

陈尔晋"特权论"是对暴政中共的劝进书、拯救书、献策书、效忠书

http://www.duping.net/XHC/show.php?bbs=11&post=695956

作者:鲁凡 "特权论""是针对共产专制暴政的民主运动启程碑"吗？ *2007-05-12 12:22:39*

核心提示:"特权论"是"文革造反派"马列毛思想"极左派"的代表作，是共产主义、共产党、马列毛思想的劝进书、拯救书、献策书，对毛泽东的效忠书。

"特权论""是针对共产专制暴政的民主运动启程碑"

吗？

鲁　凡

2007年5月12日

——"特权论"对马列毛共产思想的同质性、继承性、发展性、顶峰性

——"无产阶级民主革命"与"民主革命"辨析　截然不同的体系

——"特权论"对当代民运的诡辩、偷换、混淆和颠倒

——"特权论"的主标题是"论无产阶级民主革命"

——"特权论"举证揭秘

——比对"特权论""民主墙"是现代"人权文化""民主法治"启蒙运动的举证。

陈泱潮（陈尔晋）文：

"《特权论》是和《资本论》相对应的著作"，"文化大革命中新思潮的巅峰代表作《特权论》首次明确提出了在共产世界进行民主革命的完整的理论体系"，"是针对共产专制暴政的具有划时代意义的民主运动启程碑"，是"迄今为止亦无的思想理论体系"，"令人惊讶的超前著作"，"在《特权论》成书数年之后，才爆发了民主墙运动"，"文化大革命是中国民主革命的序幕"。

第1部分　11111111111111111111111111111

陈泱潮（陈尔晋）是民主墙的老战士，民主事业的忠实追随者，国家、民族命运的冥思苦索者，铁窗民运志士，是民运队伍值得敬仰的活跃老将。76年，他作为忠诚狂热的中共"文化大革命"的造反青年成文上书

的"特权论"是那个时代诠释共产主义，修正主义，马列主义毛泽东思想的卓越思考。他从马列主义者成长、觉醒为民主主义者是当今"自由民主派"民运群组的一个缩影。

2006年陈泱潮（陈尔晋）就《特权论》写作时代背景等若干问题答研究者说：

尽管毛泽东有过关于反对"官僚"反对"特权"的支言片语，但是，无论毛泽东或者马克思、恩格斯、列宁对此都没有有份量的专著，因为他们的社会存在使他们还不可能形成这样有份量的著述。

陈泱潮始终向人们诉说着一个道理，即"特权论"具有对马列主义毛泽东思想的同质性、继承性、发展性、顶峰性。

文革后期，有的造反青年经由马列主义本身已经认识到共产社会主义的超经济历史发展的空想性，在否定了社会主义实践应补资本主义之课的觉醒之际，"特权论"却发明了"无产阶级民主革命的二阶段论"，"确立共产党的两党制"，设计了"无产阶级民主制度下的上层权力机构"的"三权分立"是"马克思主义法制"的"人民代表会议制"。

"陈泱潮（《特权论》《论无产阶级民主革命》）重印前言"明言第十一、关于科学社会主义部分请读者留意的地方（写道） 首先，关于无产阶级专政问题。 这里提的两党制，是共产党的两党制、无产阶级的两党制，是马克思主义成文宪法及与此相应的法律体制之下，社会主义公有制经济基础之上的两党制。

"重印前言"再次声明了原作的鲜明思想立场是：

★"共产党的两党制"不同于"共和民主"和"社会民主"的"现代多党制"；"马克思主义法制"不同于"宪政主义法治"；"人民代表会议制"不同于"议会民主制"。

★"特权论"发明"共产党的两党制"，"无产阶级民主制度下的三权分立"，"马克思主义法制"的"人民代表会议制"是为了什么？

"特权论"回答"是防止执政的共产党蜕变为官僚垄断特权阶级奴隶总管老爷党的一个有力的措施"；是为"要党不变修、国不变色，不能让红旗落地"；是"为了巩固无产阶级专政和社会主义公有制"；"是要坚持马克思主义的国家学说，坚持马克思主义的辩证唯物史观，建立无产阶级的社会主义民主制度"。（"特权论"）

★"特权论"暴露的杀机是"在无产阶级民主制度下，任何不信仰、不遵守、不服从马克思主义成文宪法的组织、党派，都必须坚决取缔。"（"特权论"）"特权论"里"无产阶级民主革命的直接目的"的"两党制""三权分立""法制"的外衣迷惑、蒙蔽了不求甚解，忽视论证，不当物色"民运政治领袖"的人们。

"特权论"并不掩饰地说,本章文字在马克思主义学说中，不仅算得上对无产阶级专政与民主和法制的关系作了较全面较完整的透彻阐述，而且大概是第一次将无产阶级专政作了历史阶段的划分，首次提出了无产阶级专政初级阶段和高级阶段的区分。

法国、意大利、西班牙的西方马克思主义已有"共产党的多党制"思想，文革之前的中共建制以至于今正是这种形式上虚假的"三权分立"，"司法独立"。

第 2 部分 2222222222222222222222222

不错，四篇十四章的"特权论"全面、系统、发展地重申了马列主义毛思想关于"无产阶级斗争及专政下的继续革命"、"无产阶级武装暴力革命"、"共产主义"、"批判修正主义"、"反对官僚特权资产阶级"的论说。"特权论"充斥了马列毛的引文，是"无产阶级专政""无产阶级暴力民主革命"的狂热鼓吹书，这是作者的各种局限造成的。

"特权论"通篇贯穿着"无产阶级民主革命"的论证，作为个人主张和宣传不可非议。

"特权论"宏传马列毛中的"人民思想"却无力辩识已经转变为专制独裁的马列毛主义，"特权论"所否定的不是马列毛思想，而是否定中共所定义批判的所谓前苏联"修正主义"、"苏联官僚特权资产阶级"、苏联"社会帝国主义"。

"特权论"反对的"官僚特权资产阶级"所指向的并非"中共集权统治"，而是毛泽东打击的"党内走资派"刘少奇，林彪"封建法西斯专政"。"官僚特权资产阶级""封建法西斯专政"一概是中共文件的文字概念，绝非"特权论"的发明。这是应该对"后起之秀"们指出的。

如毛泽东的最高指示："要警惕出修正主义，特别是要警惕在中央出修正主义"；"中央出了修正主义，你们怎么办？很可能出，这是最危险的"；"列宁为什么说对资产阶级专政，这个问题要搞清楚。这个问题不搞清楚，就会变修正主义。要使全国知道"；"苏联是第一个社会主义国家，苏联共产党是列宁创造的党，修正主义的统治是不会长久的"。文革这代人非常熟悉马列毛思想，不必多举。

2006年，陈泱潮在"论对文革的历史定性"文仍旧引用共产党1966年《关于无产阶级文化大革命的决定》证明"必须实行全面的选举制"，继续表现了作者"共产意识形态"和人文经典理念的理论混乱和陈旧思想：

《关于无产阶级文化大革命的决定》曾经强调权力机构"必须实行全面的选举制"

《关于无产阶级文化大革命的决定》即《16条》也已经表示:文化大革命的权力机构"文化革命小组、文化革命委员会和文化革命代表大会的代表的产生，要象巴黎公社那样，必须实行全面的选举制。候选名单，要由革命群众充分酝酿提出来，在经过群众反复讨论后进行选举。当选的文化革命小组、文化革命委员会和文化革命代表大会的代表，可以由群众随时提出批评，如果不称职,经过群众讨论,可以改选、撤换……"（"特权论"）

亲历文革成长于文革的一、二代中青年不难结论："特权论"是"文革造反派"马列毛思想"极左派"的代表作，是共产主义、共产党、马列毛思想的劝进书、拯救书、献策书，对毛泽东的效忠书。

79年,"特权论"发表时尽力为中共三中全会背书。
"《论无产阶级民主革命》)重印前言"继续申明:"当好党的参谋,为支持党中央探求到一条中国式的现代化道路而勇于献计献策","希望作为给五届人大的献礼能传达到党中央负责同志的手中"。"实践雄辩地证明了三中全会公报关于党在理论战线上的任务的规定以及紧接着三中全会之后的中央宣传工作会议关于理论工作必须走在实践前面的一系列方针、政策是极其正确的,解放思想是深有见地具有伟大历史意义的战略部署"。"看吧,决堤的浪头已经迸出——党的三中全会公报就是那醒世的沉钟,就是那疏导的浪头"!

同中共三中全会并行的先锋"民主墙"并非"无产阶级民主革命",而是现代人文主义民主经典引导的深刻变革,是1949年以来,"青年民主派"对"人权文化""民主法制"的初步启蒙。

"特权论"同时提出了共产统治者无力超越的"无产阶级"的"人民性""人民主义"的瞬时光辉,在79民主墙跃升的严格经典意义的"人权""民主"旗下,早已黯然失色。没有必要抹杀"李一哲""关于社会主义的民主与法制"及"特权论"在内部上书中当时马列毛思想理论结构内"人民主义"("人民文革")的积极意义。

"特权论"同李一哲"大字报"之所以不在人们和史家对民主墙主流文献的观照内,是因为它们共产主义的反历史性,马列毛思想的一统性,意识形态的落伍性。

如果,马列主义中反德意志封建专制,反俄罗斯大民族主义专制的自由、民主、平等思想及现代经典人文主义民主主义，同样可以作为中国社会现代化的有力武器，没有什么不好不可。"抓住耗子就是好猫"！

★可是，"特权论"多年表现出与史不符的"首次性"、"国际性""顶峰性"，更显示出强烈的排真性、攻击性、歪曲性。多年来，民运同仁认陈泱潮，无人公开讨论和论驳"特权论"的所谓种种"历史地位"及不实夸张之词，而陈泱潮却自外于民运同仁。

陈说，我个人出身与实践经历的特殊性，这是所有共产中国民主运动先驱者,更尤其是那些妄称"民主运动之父"的人物，假冒"民主运动开山祖师"者所绝对不可企及的。出身书香门第天赋甚高，而又从小身处社会最底层沦为超级农奴倍受迫害和苦难，此乃天命前定，一如灵验无爽丝丝入扣的《推背图》预言之：共产世界民主运动"作事谋始"者，"无王无帝定乾坤，来自田间第一人，好把旧书多读到，义（预）言一出见英明"。

陈文：《特权论》不仅远远走在那些同一时期对"民主"仍然处于朦胧探索小心翼翼文章的前头，而且，更是政治上根本不存在重判滥杀甚至抓捕打压可能的情况下,才来朦朦胧胧呼喊"民主"口号或者才来不痛不痒叫唤"人权"口号者，所绝对、所根本不能望其项背的！看清并提防害群之马争名夺利者对中国民主运动业已构成和将会继续构成的严重危害！

"特权论"究竟有没有决裂于共产意识形态的先锋旗帜价值，可以从"陈泱潮：《特权论》（《论无产阶级民

664

主革命》)重印前言"寻觅可靠的根据。

陈文写道:一九七五年初,传达了毛泽东同志关于要弄清楚无产阶级专政理论问题的指示。我那时已获得的想法正好吻合了这一指示,我感到十分的激动。响应毛泽东同志要弄清楚无产阶级专政理论问题的号召,这是促使我终于下决心写作本文的动机之一;为澄清"四人帮"在无产阶级专政、反修防修等一系列理论问题上所造成的混乱,这就是促使我终于下决心写作本文的动机之二;我相信像邓小平同志这样的老一辈无产阶级革命家与醉心于建立封建王朝的"四人帮"是完全不同的!他们是有可能采纳进行无产队级民主革命、建立无产阶级民主制度的建议的。这使我感到异常振奋。出于支持老一辈无产阶级革命家弄清无产阶级专政理论问题、把国民经济搞上去、谋求一个长期安定团结的局面,这是促使我终于下决心把本文写出来的又一个动机。

旅法学者陈彦在"中国之觉醒"书中认为,民主墙北京之春事实上是一场追求民主的运动,它体现了参与者政治意识的觉醒。这种觉醒不仅表现在魏京生的文章"第五个现代化——民主及其他"、胡平的"论言论自由"、任畹町的"中国人权宣言"以及来自贵州"启蒙社"的李家华的"论人权"等文章里,也同样表现在他们采取的策略方面。

第 3 部分 333333333333333333333333333

"特权论"是主标题"论无产阶级民主革命"的第二题目。

从陈泱潮去到海外的几年看,他后来不再使用主标题,一律改称"特权论",也不再使用"无产阶级民主革命",改用"民主""民主革命"。为什么隐去发表件的主标题,完全改称"特权论"的第二题目?

有人对他指出"无产阶级民主"和(资产阶级)"民主"及"民主革命"这两个用语在毛泽东思想和自由主义,在共产党和资产阶级意识形态上的巨大不同。

"无产阶级民主"是毛泽东思想对马列主义严谨概念的一个"发明"。马列主义的"民主""民主革命"概念是前定资产阶级范畴的,没有"无产阶级民主"一说,"无产阶级专政"同时函盖了这个阶级内部的民主,它的概念是"无产阶级政党"的"民主集中制"。

难道是"特权论"认识到应该抛弃"无产阶级民主革命"这个强烈的共产党意识形态,这个语义不当的用语吗?

可是,为什么"论无产阶级民主革命——特权论"仍旧是作者"安身立命"的出道本钱?因为,可以将"无产阶级民主革命"偷换成(资产阶级)"民主革命"。

《特权论》(《论无产阶级民主革命》)重印前言,《特权论》英文版《CHINA:CROSSROADS SOCIALISM》说明,致《特权论》英译者等国际友人献词及注……对29年前"特权论"中马列毛思想的共产党理论的所有范畴、概念、判断进行了偷换、诡辩、混淆和颠倒,美其名曰"以子之矛攻子之盾",可另成专文。

《特权论》是不是"对民主自由目标和实现之路的明确

宣示",是不是"对共产专制制度的理性批判和对如何实现民主保障人权的理智谋划"!? 引(陈文)◆◆ 今天,面对的重要问题在,"特权论"作者一再常年地对外宣称:"《特权论》是和《资本论》相对应的著作";"文化大革命中新思潮的巅峰代表作《特权论》首次明确提出了在共产世界进行民主革命的完整的理论体系";"是针对共产专制暴政的具有划时代意义的民主运动启程碑";是"迄今为止亦无的思想理论体系";"令人惊讶的超前著作";"在《特权论》成书数年之后,才爆发了民主墙运动";"文化大革命是中国民主革命的序幕"……民主墙产生于78年11月。陈泱潮第一次坐牢于1979年3月7日获释,因"特权论"内部上书于1979年8月10日平反,那时,只具有"文革造反派"马列毛共产主义思想极左派作品思想史的意义,对国内外有反思研究价值。1981年被捕判刑。陈往往把研究价值和现实意义混为一谈。

★★ 接着,面对"特权论"很难回避的尖锐问题是:在"中共文革造反"运动结束后几十年来,中国"自由民主派"们所献身奋斗从事的究竟是制度变革的当代自由民主运动、人权运动,还是"特权论"的马列毛思想"反修防修"的共产主义运动!?是"资产阶级民主革命"还是"无产阶级民主革命",还是"文化大革命"!?是搞现代民主制度还是搞"无产阶级民主制度"!?是搞现代社会"两党制"还是搞"共产党两党制"!?是宪政主义宪法"至高无上"还是"马克思主义成文宪法至高无上"!?是

"共产党的领导不可不要"还是共产党的领导应该消退！？是搞"宪政主义法治"还是"马克思主义法制"！？是反"集权统治"还是反刘少奇"走资派"，还是反"林彪法西斯封建专政"，还是仅仅反中共"官僚垄断特权阶级"！？观"特权论"部分"目录"可窥陈泱潮（陈尔晋）的全文思想。

第一章：修正主义

 一、 新型的吃人不吐骨头的剥削制度

 二、 修正主义制度的特征

  1、 官僚垄断特权阶级所有制

  2、 集体垄断共同占有

  3、 特权资本化

  4、 糖衣砒霜和带血屠刀结合

  5、 劳动和特权的尖锐对立

  6、 法西斯寡头骗子政治：社会法西斯主义

  7、 面临严厉的挑战

  8、 特殊类型的帝国主义：社会帝国主义

 三、 修正主义的现实含义

 四、 修正主义的危险性

第二章：反修防修

 一、 反修防修的伟大意义

 二、 反修防修的理论任务

 三、 中国处在反修防修的最前哨

第六章：官僚垄断特权阶级的崛起

 三、 修正主义侥幸的机会和渺茫的前途

1、 修正主义有了可乘之机

2、 修正主义在今日中国的厄运

第八章：无产阶级民主革命是历史发展的必然趋势

第九章：基本方针

一、 无产阶级民主革命的任务

二、 无产阶级民主革命的直接目的

三、 无产阶级民主制度的三个来源

1、 从十月革命以来尤其是无产阶级文化大革命的事实中发现消除弊端的手段

2、 坚持巴黎公社的原则

3、 吸取欧美社会制度的长处

四、 马克思主义经典作家关于形式问题的几段论述

1、 起初总是因为内容而忽略形式

2、 考茨基之流破产的根本原因

3、 共产主义者的责任

第十章：无产阶级民主制度

一、 无产阶级民主制度下国家的最高领导

1、 党的信任危机

2、 党的领导不可不要

3、 最根本的不是组织的领导

4、 马克思主义成文宪法至高无上

二、 无产阶级民主制度下的政党

1、 两党制

三、 无产阶级民主制度下的权力基础

四、 无产阶级民主制度下的上层权力机构

1、 立法 人民代表会议制
2、 行政 总统制
3、 司法 马克思主义法制

第十一章：无产阶级专政
一、 修正主义所谓的无产阶级专政
二、 马克思主义的无产阶级专政
1、 无产阶级专政的根源、目的和时间
2、 无产阶级专政的本义

有的后起之秀对"特权论"的鼓吹惊人的缺失政治常识历史常识，丝毫没有遵守学术的严谨论证，或是朋友间的感情用事，或是山头结伙，或是"反民运战略"暗中不停策划的民运历史地位之争，以制造纠纷损害团结。

第4部分 4444444444444444444444444

后面直接并结合陈文在海外的一些言论展露"特权论"的主要论点揭示其反人文主义，反自由主义，反民主主义的本相。

◆"特权论"的"无产阶级民主革命"究竟是什么！？是不是我们常言的"6、4民主革命"？！是不是当代民运的"启程碑"！？是不是"文化大革命中的新思潮"！？是不是"民主革命的完整的理论体系"！？"文化大革命"是不是"中国民主革命的序幕"！？请看"特权论"原文！

1、无产阶级第二次武装夺权的必要性

无产阶级必须坚决果断地积极进行第二次武装夺权斗争，必须用革命的暴力摧毁反革命的暴力，发动武装起义或军事政变夺取全国政权，推进全国的无产阶级民主革命迅猛开展。不如此，无产阶级专政和社会主义事业就势必半途而废，世界就势必陷入修正主义的黑暗深渊。让国内常规武器革命战争推动世界革命，争取世界和平，把人类从修正主义奴役和核大战的威胁下解放出来。（"特权论"）

当修正主义上台的现实威胁已经严重摆在党和国家的面前，而唯一能排除这种威胁的就是进行无产阶级民主革命的时候。（"特权论"）

2、无产阶级第二次武装夺权的方式

在党和国家的最高领导权已被修正主义篡夺或教条主义窃取，拒绝并使用暴力镇压和扼杀无产阶级民主革命的情况下，无产阶级必须坚决果断地进行第二次武装夺权斗争，用革命的暴力摧毁反革命的暴力，发动武装起义或军事政变夺取全国政权，推进全国的无产阶级民主革命。不如此，无产阶级专政和社会主义事业就势必半途而废，世界就势必陷入修正主义制度的黑暗深渊。（"特权论"）

如果党和国家的最高领导者是真正的马克思主义者，既具有远大明达的历史眼光和宽广的胸怀，又充满了为整个人类、为全世界被压迫人民的解放事业而忠诚奋斗的革命热忱和斗争精神的话，他是一定会顺应历史潮流，力挽狂澜，决意推行无产阶级民主革命，决意建立无产阶级民主制度的。因而他会成为无产阶级民主革命的领导者和无产阶级民主制度的奠基者，是无产阶级民主制度国家的第一任大总统。（"特权论"）

不如让社会主义事业从绝路上杀出生路来；与其让现代化核战争在地球上掀起血雨腥风，不如让国内常规武器革命战争推动世界革命，争取世界和平，把人类从修正主义奴役和核大战的威胁下解放出来。（"特权论"）

◆ 马克思主义共产党纲领

一、总纲

毛泽东思想是在半封建资本主义半殖民地国家产生的、修正主义制度崛起时代的马克思主义。无产阶级民主革命的思想是在叉路口社会主义国家产生的、无产阶级革命走向全面胜利时代的马克思主义。马克思主义共产党的基本纲领，对资本主义国家是推翻资产阶级统治，用公有制代替私有制，用无产阶级专政代替资产阶级专政，用社会主义战胜资本主义；对修正主义国家则是推翻官僚垄断特权阶级统治，把官僚垄断特权阶级所有制还原为更加完美的社会主义公有制，把官僚垄断[页３９１]特权阶级社会法西斯专政还原上升为更高一级的无产阶级专政，把官僚垄断特权阶级社会帝国主义的侵略性还原为无产阶级国际主义的革命性，用马克思主义战胜修正主义。（"特权论"）

马克思主义共产党纲领

二、任务

马克思主义共产党必须坚决执行《共产党宣言》所有基本原理，必须坚决地与传统的所有制关系和传统的观念实行最彻底的决裂。马克思主义共产党坚持无产阶级革命在达到第一个目标以后,仍然必须继续前进,必须为全面实现最终目的——共产主义而奋斗到底!("特权论")

无产阶级通过共产党取得了国家政权,仅仅是无产阶级革命万里长征走完了第一步,必须坚持革命、继续革命、不断革命。无产阶级革命的第一个目标是推翻资产阶级的统治,夺取国家政权;第二个目标是在掌握国家政权后,对生产资料私有制进行社会主义改造--建立公有制;第三个目标是在对生[页394]产资料公有制改造取得胜利的基础上,进行无产阶级民主革命,即对整个上层建筑、首先是对国家机器政治体制进行社会主义改造,建立无产阶级民主制度。("特权论")

只有在达到这个目标之后,才谈得上奠定了无产阶级专政的基础,才谈得上无产阶级专政,才谈得上无产阶级专政下的继续革命,才谈得上社会主义事业获得了可靠的保障,才谈得上反修防修取得了根本性的胜利,才谈得上更大规模和更高速度地发展生产,实现能够有利于帮助解放无产阶级、而不是有利于进一步奴役和压榨无产阶级的所有权属于无产阶级自己的现代化,才谈得上无产阶级革命确有可能达到消灭一切阶级剥削和阶级压迫的共产主义目的。("特权论")
马克思主义共产党纲领

三、途径

马克思主义共产党在资本主义国家推翻资产阶级的统治，夺取全国政权的途径，在全世界社会主义革命高潮未到来、国际资本主义制度总崩溃之势未形成之前，绝对不应存和平过渡的幻想，无产阶级只有诉诸暴力革命才能达到夺取政权的目的。凡在本地区、本单位翻印、散发、传抄《论无产阶级民主革命》一类文章的小组，即为本地区、本单位筹建马克思主义共产党的领导机构。（"特权论"）

◆ 党的领导不可不要。

社会主义事业如果离开了马克思和恩格斯为之拟定《宣言》的共产党的领导，如果离开了马克思主义的领导，是绝对不能成功的。无疑，"领导我们事业的核心力量是中国共产党。指导我们思想的理论基础是马克思列[页２０９]宁主义。"（《毛主席语录》第1页）问题是怎样才能使共产党的领导永远建立在马克思主义的理论基础之上，而不至于成为叛徒搞修正主义。（"特权论"）

相信无产阶级民主革命的风暴定将在台湾社会内部引起强烈的反响，一定会加速祖国统一事业的完成。

◆ 陈文写道，"《特权论》对推动中共作出改革开放的决策，产生了相当程度的影响。尤其是中共11届3中全会以及停止使用无产阶级专政概念"。

中共不仅停止使用了"无产阶级专政"还停用了"阶级斗争"，但是，11届3中全会之后半年发表的"特权论"却直书于目录第十一章：无产阶级专政 一、修正主义

674

所谓的无产阶级专政 二、马克思主义的无产阶级专政 1、无产阶级专政的根源、目的和时间 2、无产阶级专政的本义。

"特权论"正文自然大谈"专政"："无产阶级民主和马克思主义法制是无产阶级专政的生命和灵魂，无产阶级民主是无产阶级专政的生命。没有无产阶级民主，就没有无产阶级专政。马克思主义法制是无产阶级专政的灵魂。没有马克思主义法制，就没有无产阶级民主的正确方向和准则，就没有无产阶级专政的气魄。马克思主义的无产阶级专政和无产阶级民主革命及其所要建立的民主制度的关系，是鱼和水的关系"。"坚决捍卫社会主义的所有制基础和共产主义方向，把被弄颠倒了的无产阶级专政再颠倒过来，是反修防修的伟大的历史意义所在"。"文化革命提高了新的阶级斗争的觉悟"。（"特权论"）

◆ 陈文：是尼克松《我的六次危机》等著作和刘少奇、林彪等人的下场，以及中国百姓的现实处境，使我清晰地看到了西方民主制度的优胜！我正是从尼克松首次访华开始，自觉献身于中国民主运动的！（陈文）

请看，陈文是如何用自觉献身于"中国民主运动"偷换、混淆为毛泽东中共的"无产阶级民主革命"的？

"特权论"明白写道：修正主义制度的出现，造成了马克思主义运动内部的极严重的危机，造成了国际共产主义运动的深刻的解体，造成了人们对马克思主义信仰的各种动摇。（"特权论"）

无产阶级文化大革命为反修防修的伟大事业打破了坚冰，标明了航向，从而将中国无产阶级革命置于国际共产主义运动反修防修的最前哨，当代社会主义革命的最尖端。如果说，五四运动曾经拉开了中国新民主主义革命的序幕的话，那末，无产阶级文化大革命则是拉开了世界无产阶级民主革命的序幕，（"特权论"）究竟是忠于马列，维护党的事业的根本宗旨，解放全人类，因而也能解放自己，还是背叛马列，保护官僚们的利益，更罪恶地奴役人民，因而最后 必然被人民所打倒，祸及身家？是关系到中国前途和世界命运的大事。（"特权论"）

"所以，林彪一类如上台，搞资本主义制度很容易。"毛主席在一九七四年底，他八十二岁诞辰夜不能寐时所作的这一结论，最清楚不过地表明了修正主义上台的现实威胁！在这样决定生死存亡的关头，如果不直接诉诸于人民，如果不立即果断地诉诸于无产阶级民主革命，社会主义的危机和修正主义的上台，都是在所难免的。（"特权论"）

反修防修实质上就是要把社会主义革命进行到底..

[2007-5-12 20:54:37] 北京 任畹町 Ren Wanding 说：就是要坚持在社会主义革命第一阶段胜利的基础上继续革命，无产阶级只有从对私有制的部分胜利中解放出来，才能从私有制的全部锁链下得到解放。（"特权论"）

在毛主席为首的中国共产党左派革命力量的领导和推

动下，中国确实已经筑起了反修防修的铁壁铜墙。因此，即使修正主义由于上述原因得逞于一时上了台，注定也是不能长治久安的。毛主席在文化大革命开始时就明确指出："我［页１４４］断定他们也是不得安宁的，很可能是短命的。"更何况在经历了整整十年的无产阶级文化大革命烈火的考验和锻炼之后，中国人民已经普遍炼出了识别修正主义的"火眼金睛"，中国人民对修正主义的警惕，对官僚主义者阶级的仇恨，在马克思主义、毛泽东思想的哺育下培养出来的斗争精神、革命意志，是反修防修的宝贵的精神财富和巨大的物质力量。毛主席关于反修防修继续革命的论述，像紧箍一样紧紧地套在了官僚主义者阶［页１４５］级的头上。（"特权论"）

第 5 部分 5555555555555555555555555

有文说，都是喝共党的狼奶长大的，民主墙一代共产党文化太深，否！比对"特权论"，"民主墙"是现代中国"人权文化""民主法治"启蒙运动的举证。

民主墙不仅忠实承续了 300 年的"传统资源"，而且，在中国，启蒙传播了 300 年的"传统资源"。

79 年"中国人权"第？期良药 "对民主运动横加指责实质上是不要民主"文：目前，以西单民主墙为代表的全国性的民主运动如火如荼地兴起。我国的社会主义革命肩负着双重的历史任务，即完成资本主义的工业革命和文化革命。

79 年 1 月"中国人权"第二期愚凡 "关于中国社会

问题的问答"如下：

问：什么是人权？人权是什么时候被提出的？是什么人首先提出的？什么是人道？什么是人性？争人权，讲人道，倡人性，是资产阶级专有的吗？

摘答：人权这一概念的内部矛盾逐渐暴露逐渐成熟起来，反映这一本质的概念也就成熟起来，我们所要揭示的就是在历史和逻辑上基本成熟的人权概念。

人权是人类社会每一个成员的应有权利。人权所包含的三个区别只是到了中世纪末才有了实现的可能。从猿到人的过程，也就是人权三要素中第一个要素区别于一般动物，获得一般动物所得不到的自由与幸福……奴隶、农奴和非自由农和被封建枷锁束身的所有社会成员不愿做牲畜和会说话的工具……因此，可以给人权下新的定义，人类所应有的争生存、争自由、争幸福、争尊严的权利。

由于资产阶级初期所处的被压迫、被剥削地位，由于资产阶级在第三等级所有被压迫被剥削各阶层中具有较高的教育水平，使资产阶级首先发现了人权，倡导了人权，提出了科学、民主、自由、平等、博爱等口号。这些口号不仅代表了资产阶级利益，而且，也代表了全体被压迫、被剥削各阶层人民的利益。

科学、民主、自由、平等、博爱、幸福、尊严、劳动是进步人类的共同财富，是人类的优秀传统和精华，不为哪个特定时代或特定阶级所专有。时代不同，阶级不同，但它们始终是先进的人们在社会实践中不断追求，不断深入认识的理想王国。无论什么时代，无论哪个阶级，只要还未丧失理智，总不能把独断专行叫做民主，把禁锢叫做自由，把饥寒交迫、愚昧无知叫做幸福，把杀人放火叫做博爱吧！

人道是每个社会成员对其他成员人权的承认与尊重。人性是承认和尊重自己和他人的人权。人性是人权与人道的统一。人性是人的自然属性和社会属性的统一。不尊重他人人权是不人道。丧失了人性是自我异化的人。

什么是人的阶级性？……唯成份论、唯阶级论、唯经济地位论给中国人民造成的思想混乱和各种实际苦恼人们记忆犹心。因为承认阶级性而否认人权、人道、人性，是更加荒谬的。

人权首先是新兴资产阶级首先提出的。美国"独立宣言"，法国"人权宣言"，就是人权在理论上和实践上的具有历史意义的辉煌胜利。人权问题只能在中世纪末，由新兴资产阶级所发现，不是偶然的。

在此，有必要指出几年前关于"生存权"的激烈论争早在79年就是论题。 愚凡此文写道，"有人认为人权只包括生存权，这种只限于生存权的人权，在最好的情况下，也不过等于富贵人家豢养的珍爱的阿猫阿狗的权利。除了生存权，还包括劳动权、发言权、出版权、民主权等。"（中国民刊汇编 第一卷《中国人权同盟》部分） 24年后新"维权"玩什么"概念"！

摘《中国人权》第一期孺子牛 "法律和民主"文：

什么叫法律？法是以一定方式调整人们间社会关系的国家条例和国家法律的总和……然而，我国是无法无天的。早在53年宪法制定后不久，毛泽东就说，我就记不住宪法有哪些内容，我们照例不按宪法办事。

什么叫民主？这个词来自希腊文，是由人民和力量、政权两个词根组合而成"人民政权"之意。后借义人民有权参加国事或对国事有自由发表意见的机会。

但据说"人权"是资产阶级的词，无产阶级是"不讲"人权的，（即做人的权利）因此，无产阶级民主在不少"社会主义国家"还只是时装模特，她的肉体即"人权"因为代上了资产阶级的帽子而惨遭枪毙了。自然，人权还不止生存和温饱这两条，它泛指公民的一切权利。不过，我们明白，人民若不从乞丐的地位摆脱出来，他只能求一点做牛马的权利。法国人卢骚说什么"天赋人权"，13年前毛泽东严厉地批判了，他教导我们是"人赋人权"，所以，老百姓变成了鬼。

民主从来是有范围的，关键是"民"的概念的内涵和外延会有不同时代不同阶级的民主政体。中国的民主发源当在公元874年，当时国人撵走了周厉王，选了"共"地的伯爵为临时摄政，史称共和。不过是平民暴动，地位仍高于奴隶。"战国策"有……远古有民主，将来，有民主，只是近百年来没有民主，所以，我们要为民主摇旗呐喊，当民主的护法伽蓝卫道文殊。

在中国，毛不但等于法，而且毛=民主，这种民主即是君主，也是独裁政体之义。文革期间，民主即法西斯之代词也。民主是个柔弱的少女，需要法律这位体面绅士强有力的胳膊保护。可惜，中国的绅士在经常奸污和糟蹋这位少女的同时，在受尽蹂躏后，少女还得被迫承认，这位老爷是爱她、保护她的。

　　法律仅有的几项人民的权利，不过是遮羞布，婊子的牌坊。10年文革是人民做奴隶而不得的时代，民主是奢侈品，是老爷胡子上的香水，脖子上的领带，法律是帮凶，它道貌岸然地保护着老爷，是老爷的刀笔吏和恶讼棍，随时可以招来打手，给人民带上脚镣手铐。 谁能爱民主，谁能为民主献身，哪怕有点骑士风度，这位少女就将给他带来幸福。

　　79年1月29日民主墙民主讨论会上同盟代表"人权运动的意义和当前任务"的演讲：

　　人权运动在我们这种封建（专制）主义盛行的国家里，有着广泛的社会基础和雄厚的社会力量。57年错划的右派……66年以后的十年……资产阶级革命无一不是要求人权的解放，都是★"人权革命"。资产阶级的人权运动，如《北美独立宣言》和《人权宣言》是后来人权运动的宝贵遗产。

　　反专制、反封建是人权运动的普遍意义。遗憾的是资产阶级天赋人权的理想仍然没有实现。那么，马克思、恩格斯所描绘的社会主义愈发达，民主愈发展，一切人的自由愈发展，愈人道的社会，更使人们丧失对他的信仰。在全世界，也没有看到比资产阶级更好。

　　我们要继承资产阶级人权运动中的有积极意义的

成果。因为，这种运动产生了经济革命，使生产惊人的发展，使人民生活水平从几百年到今天也是所有社会主义无法相比的，忽视人权和政治民主现代化的人，要想实现那四化，不大可能。

一说起人权和民主，还有人重新提起"那是资产阶级抽象的口号"的陈词滥调。巧得很，我们的"中国人权宣言"偏偏具体的很，从国家政体的改革，公民权利的真正实现，宪法的实施，所有制的改造，文化艺术以至各阶层群众的切身利益都点到了，反而使有的人认为太具体。

人权运动在中国并不是新的运动。孙中山的辛亥革命就是一场"人权革命"。三民主义就是人权主义。5、4运动也是人权运动。民主革命的几十年就是人权解放运动的几十年，中国人民永远忘不掉为"人权革命"和人权运动奋斗的先烈们。（"中国民刊汇编"第一卷）这个演讲已经在三处提到"人权革命"概念。

摘79年1月《中国人权》第一期 石渡（郭成华）"什么是社会主义"文。

建国以来，中国的马克思主义专家们几番探讨过"什么是社会主义"，至今，他们也没有得出起码确切的使人满意的结论。

核心在第一点，所谓全民所有制实质是国家所有制……它能否决定产生出"无产阶级专政"和"人民当家作主"这些政治关系来。

经济史告诉我们，从19世纪末以来，资本主义由于垄断作用出现了这样的趋势……不需要任何无产阶级革命，资本主义经济发展本身就能实现国家所有制。

60年代开始的亚非拉美一些落后国家几乎一开始就使资产阶级作为国家出现，把外国资本收归国有，直接实行国家所有制。无疑，我们不能说上述两种所有制是社会主义公有制。

想用一个不以真正的人民管理国家为其存在的条件的、空洞地"公有制"名称加上一些无产阶级专政和人民当家作主的漂亮字眼来迷糊人民。今天，人民已经多少明白了全民所有制或"公有制"也不过成为为少数人服务的，变相的资本主义，也许比资本主义更落后的国家垄断所有制而已！

如果，民主运动的敌人指责这个民主要求还属于资产阶级的民主范畴，责任不在民主运动。我们可以反问指责者，对于一个连资产阶级民主还没争取到的社会，有什么力量和条件去争取无产阶级的，即全体劳动者的真正民主呢？（"中国民刊汇编"第一卷）

摘79年4月《中国人权》第三期高山（郭成华）"民主运动的历史根据和理论根据"。

中国民主运动，已经成为全世界都为之瞩目的运动了，对民主政治的渴望和对专制的仇恨，使我们清楚地意识到，如果，不能从历史、现实和理论上阐明这个运动产生、存在和发展的根据，如果，不能根据这些分析明确民主运动的方向、任务、纲领，就不能说服人民，不能驳倒敌人，该证明民主运动完全有力量使自己上升到历史科学高度的时候了。

现代工业国家维护统一主要是依靠现代生产方式创造的巨大经济力量和生产联系……在东方国家，要防止地方军事割据对经济的妨碍，要保证在众多个体生产者的松散基础上产生社会稳定的联系，又迫切需要国家的统一，于是，在经济力量达不到这个目的时，只有依赖组织上高度独裁的封建中央集权制了。

在封建专制体制下，社会每前进一步都要造成巨大损失。而在现代资产阶级民主制度中，社会进步，只要它不是那种以最终消灭统治与被统治的社会阶级为目的的进步，所需要的代价却小得多。前者往往给个人野心家和分裂势力造成成功的机会，社会想制裁他们却不得不靠流血。后者则不允许任何想把个人野心和意志强加在社会经济发展之上的力量存在。这就是资产阶级现代民主比封建专制进步的所在，这就是民主体制有充足的历史根据取代封建专制体制的证明，也就是我们民主运动要求的目标充分符合历史进步的根据。

中国到了今天才提出彻底消灭强烈封建色彩的专制集权现象的任务，要求现代民主作为一种运动走上政治舞台。49年的胜利者建立的政治体制在当时是唯一可能的，进步的，虽然，人民现在完全有理由用专制来指控它。

经济力量不是以美国那样靠经济联系和生产规模达到国家统一，又不是以靠经济本身向外国资本相抗衡来保证本国向现代生产方式转化的落后中国，唯一的办法就是高度专制的中央集权了。几乎一切落后国家要在外国资本的强大压力下发展自己的经济，都直接实行了集权专制的国家垄断制度。有封建的、资本主义的还有社会主义的政治色彩。

我们证明了专制的中央集权政体的历史合理性，也就可以证明它灭亡的历史合理性。中国初具规模的工业及它对市场的依赖已经开始同违背经济规律的政治专制发生尖锐矛盾了。从四人帮得势的历史中，只能得出一个结论，在于中国的社会体制。

我们要驳斥以马克思主义自居的人们对民主运动的指责，就是攻击民主运动是资产阶级范畴的东西，是少数有个人目的的激进分子挑起的。他们与其说是真正在理论上研究过什么是民主及其历史范畴，还不如说他们是出于一种意图：只要人民创造财富，不要人民关心政治！因为，只有"落后的生产力"需要发展，"先进的生产关系"却不需要改造了。

马克思在一切能够证明的地方都尽力论证了资产阶级民主比封建专制的进步意义。而且尤其证明了无产阶级不能不努力去争取这个民主的原因，在于资产阶级民主将给全社会的彻底解放扫清道路。

我们清楚地意识到民主运动的历史任务，才能坚定一个信念，民主运动是符合历史前进方向的，是中国现实的迫切需要，是代表人民的，因此，也就是必胜的！（"中国民刊汇编"第一卷）

民主墙运动飘扬了"人权""民主"两面旌旗,开动了1949年以来现代"人权文化"和"民主法治"的初步启蒙。

余双木在"从体制内变为坚定的自由主义者"文清晰地指出：李慎之的逝世,是中国自由民主事业的一大损失。但从他逝世引起的反响来看,体制外力量早已成为争取民主自由的主力和主流。"(《解放》2003年6月号)

——【中国邮递】首发

最后编辑时间：2007-05-12 13:26:24

徐文立手跡

《中国禁书》对徐文立著《人类正常社会秩序概论》

的简介及评论

https://www.bannedbook.org/forum2/topic6563.html

「正常社会」这个词组，有些人在著作中偶尔提到，但都没有理论价值。给「正常社会」赋予社会学术语意义的第一人，是徐文立先生。这是需要高度重视的理论创新。在《人类正常社会秩序概论》一书中，徐教授系统地论证了「正常社会」的基本要素和建立正常社会的必要性。

什么是正常社会？一言以蔽之，即：人人政治上平等的理性社会。换言之，即：理性的民主宪政社会。徐教授说，正常社会的第一个支点是：人人生而平等。

评论——

https://www.bannedbook.org/forum2/topic6563.html

admin »
2018-06-22 10:06

Re: 徐文立《人类正常社会秩序概论》
好书，多谢分享

Re: 徐文立《人类正常社会秩序概论》

左翼反共人士 » 2018-06-23 20:47

徐先生這本書可以作為中國民主化之後重建社會倫理基礎的重要參考，非常適合民運人士閱讀。

文朗、飛英編校 2018

《文朗出版社》發行

徐文立 Email：xuwenli2018@gmail.com